飞机空气动力学

陈大达 王斌武 ◎ 编 著

西南交通大学出版社
·成都·

```
图书在版编目（CIP）数据

 飞机空气动力学 / 陈大达，王斌武编著. —成都：
西南交通大学出版社，2021.9
  ISBN 978-7-5643-8240-7

 Ⅰ. ①飞… Ⅱ. ①陈… ②王… Ⅲ. ①飞机 – 空气动
力学 – 教材 Ⅳ. ①V211.4

 中国版本图书馆 CIP 数据核字（2021）第 183503 号
```

Feiji Kongqi Donglixue
飞机空气动力学

陈大达　王斌武 / 编　著　　　　责任编辑 / 刘　昕
　　　　　　　　　　　　　　　　封面设计 / 何东琳设计工作室

西南交通大学出版社出版发行
（四川省成都市金牛区二环路北一段 111 号西南交通大学创新大厦 21 楼　610031）
发行部电话：028-87600564　028-87600533
网址：http://www.xnjdcbs.com
印刷：四川森林印务有限责任公司

成品尺寸　185 mm×260 mm
印张　18.75　　字数　465 千
版次　2021 年 9 月第 1 版　　印次　2021 年 9 月第 1 次

书号　ISBN 978-7-5643-8240-7
定价　55.00 元

课件咨询电话：028-81435775
图书如有印装质量问题　本社负责退换
版权所有　盗版必究　举报电话：028-87600562

前 言

　　空气动力学是专门研究物体与空气作相对运动时作用在物体上的力的学科。随着航空科学事业的发展，飞机的飞行速度、高度不断提高，空气动力学研究的问题越来越广泛。与其他工程学科相比，空气动力学的学习具有"三多""二难"与"一少"的特点。所谓"三多"是公式多、原理多、涉及相关学科多；"二难"是入门难、理解难；"一少"则是缺乏模块化、系统性以及实用性的基础教材。统计数据发现，飞机的安全事故往往由飞行员或者维修员的训练不足、基础知识缺乏、观念不正确导致。如果学生连基础知识都学不好，以后就无法胜任航空的维修工作并确保飞机的飞行安全，更不用说具有创新思维，从而对航空工业乃至国家基础产业的发展作出贡献。

　　编者从事空气动力学的教学工作以及航空教育的训练、推广与效能提升等工作多年，深感国内外相关的专著和教材虽多，其中也不乏经典和优秀者，但是适合初学者学习的基础类教材并不多见。再加上有些教材内容过于深奥、缺乏系统性以及未能很好与工程实际结合，原本有心学习的学生顾虑重重，甚至丧失动力与自信。

　　本书结合教育部首批新工科研究与实践项目、广西本科高校特色专业及实验实训教学基地（中心）建设项目的开展，在研究国内外有关飞行原理与空气动力学的相关书籍基础上，结合自己的工作与教学经验，采用项目管理学的模块化、简明式和图解式方法，内容由浅入深、先易后难的编写方式，试图提供一本讲解简练、内容丰富、特色鲜明以及适合航空工程专业学生学习的"空气动力学"基础教材。同时，本书兼顾学历教育和职业教育，希望满足多元层次的需求。

　　全书分为三大部分共计 16 章。第一部分为基本理论篇，其目的在于提供课程学习需要的基本理论。第二部分为理论强化篇，针对学生理论不足，在计算公式方面进行加强，希望学生产生创造力，具备初步研究的能力。第三部分航空应用篇则是将理论与航空实际结合，让学生获得与工作实践相符以及满足社会与市场需求的创新能力。

　　本书由桂林航天工业学院陈大达、王斌武主笔，参与编写的还有宁培杰、安俊伟。全书由陈大达、王斌武统稿。在书稿编写过程中，高琼瑞女士也协助做了较多工作，给了很多支持。另外，在编写的过程中参阅了许多其他作者的著作，在此一并表示谢意。

　　由于编者水平有限，疏漏和不妥之处在所难免，不足之处恳请广大读者批评指正。

编　者
2021 年 6 月于桂林

目 录

第一部分 基础理论篇

第1章 空气动力学概述 …………………………………………………………… 001
 1.1 空气动力学的定义 ………………………………………………………… 001
 1.2 空气动力学的应用领域 …………………………………………………… 002
 1.3 研究空气动力学问题的方法 ……………………………………………… 002
 1.4 气体性质与速度的描述 …………………………………………………… 003
 1.5 气体的特性 ………………………………………………………………… 007
 1.6 气体流动问题的分类 ……………………………………………………… 008
 1.7 迹线、烟线与流线 ………………………………………………………… 012
 课后练习 ………………………………………………………………………… 016

第2章 静止空气动力学 ………………………………………………………… 018
 2.1 大气的飞行特性 …………………………………………………………… 018
 2.2 连续性的考量 ……………………………………………………………… 018
 2.3 静压理论 …………………………………………………………………… 019
 2.4 连通器及其原理 …………………………………………………………… 021
 2.5 压力的测量 ………………………………………………………………… 023
 2.6 帕斯卡原理 ………………………………………………………………… 025
 2.7 浮力原理 …………………………………………………………………… 026
 2.8 热气球与飞艇的载重计算 ………………………………………………… 028
 2.9 虹吸现象 …………………………………………………………………… 028
 课后练习 ………………………………………………………………………… 029

第3章 简单的一维流体流动 …………………………………………………… 030
 3.1 使用假设 …………………………………………………………………… 030
 3.2 计算公式 …………………………………………………………………… 032
 3.3 文氏流量计的测速原理 …………………………………………………… 036
 课后练习 ………………………………………………………………………… 038

第4章 真实气体的考虑 ………………………………………………………… 040
 4.1 引 言 ……………………………………………………………………… 040

  4.2 气流的压缩性 ··· 040
  4.3 稳态一维的不可压缩流 ··· 048
  4.4 黏性流的特性 ··· 048
  4.5 伯努利方程式的修正 ··· 053
  课后练习 ·· 054

第 5 章 超声速空气动力学的基础 ··· 056
  5.1 扰动的传递规律 ··· 056
  5.2 膨胀波与激波现象 ··· 061
  5.3 飞机的飞行速度 ··· 066
  5.4 超声速管流的加减速特性 ··· 070
  课后练习 ·· 072

第二部分 理论强化篇

第 6 章 流体流动参数 ·· 074
  6.1 流体流场与其流动参数的定义 ··· 074
  6.2 系统的概念 ··· 074
  6.3 标量与向量（矢量） ··· 076
  6.4 流体流动的描述方法 ··· 078
  6.5 流体的速度与加速度 ··· 079
  课后练习 ·· 081

第 7 章 控制体积法 ·· 082
  7.1 控制体积法的分类与特性 ··· 082
  7.2 积分控制体积法 ··· 083
  7.3 微分控制体积法 ··· 089
  7.4 流线函数与速度势函数 ··· 092
  课后练习 ·· 097

第 8 章 相似理论与因次分析法 ··· 099
  8.1 产品设计流程 ··· 099
  8.2 相似理论 ··· 100
  8.3 因次分析法 ··· 102
  课后练习 ·· 106

第三部分　航空应用篇

第 9 章　飞机飞行的基础认知 ················· 108
9.1　飞机的机体结构与功用 ················· 108
9.2　飞机的飞行环境 ················· 110
9.3　国际标准大气的描述 ················· 112
9.4　大气气流的特性 ················· 114
9.5　飞行高度的类型与转换 ················· 114
9.6　飞行速度的测量与修正 ················· 116
9.7　飞机的飞行重力 ················· 118
9.8　飞机飞行时所承受的力 ················· 118
9.9　相对运动原理与迎角和侧滑角的介绍 ················· 119
课后练习 ················· 121

第 10 章　飞行过程与状态描述 ················· 122
10.1　飞机的飞行过程 ················· 122
10.2　机场起降模式（五边飞行） ················· 127
10.3　气流与气象对飞行活动的影响 ················· 127
10.4　飞机飞行常用的三大坐标 ················· 132
课后练习 ················· 137

第 11 章　飞机机翼及其几何参数 ················· 139
11.1　机翼的几何外形与参数定义 ················· 139
11.2　翼型系列的命名方式 ················· 144
11.3　翼型迎角的概念 ················· 145
11.4　翼型表面的压力分布 ················· 146
11.5　升力系数与阻力系数 ················· 151
11.6　机翼的设计原则与影响升力和阻力的因素 ················· 152
11.7　机翼与机身的安装角度与位置 ················· 153
课后练习 ················· 155

第 12 章　翼型的空气动力特性 ················· 156
12.1　翼型的空气动力 ················· 156
12.2　升力形成原因的描述 ················· 160
12.3　翼型的升力系数理论 ················· 163
12.4　翼型的升力系数曲线 ················· 165

12.5　失速现象的介绍 …………………………………………………………… 169
12.6　翼形阻力形成原因的描述 ………………………………………………… 171
12.7　翼型的阻力系数曲线 ……………………………………………………… 172
12.8　飞行马赫数对翼型空气动力特性的影响 ………………………………… 173
12.9　迎角和翼型表面状况对波阻的影响 ……………………………………… 182
12.10　超临界翼型 ………………………………………………………………… 182
课后练习 …………………………………………………………………………… 183

第 13 章　飞机飞行的空气动力特性 …………………………………………… 186

13.1　飞机空气动力的定义 ……………………………………………………… 186
13.2　飞机升力的作用 …………………………………………………………… 186
13.3　飞行迎角与迎角失速 ……………………………………………………… 187
13.4　飞机飞行的阻力 …………………………………………………………… 187
13.5　飞机的升力系数曲线 ……………………………………………………… 195
13.6　飞机的阻力系数曲线 ……………………………………………………… 196
13.7　飞机的升阻比曲线与极曲线 ……………………………………………… 197
13.8　飞机的大迎角失速 ………………………………………………………… 200
13.9　增升装置介绍 ……………………………………………………………… 205
13.10　放下襟翼对飞机空气动力特性的影响 …………………………………… 210
13.11　飞机的减升与增阻装置 …………………………………………………… 210
课后练习 …………………………………………………………………………… 212

第 14 章　后掠翼飞机的空气动力特性 ………………………………………… 214

14.1　后掠角的定义 ……………………………………………………………… 214
14.2　后掠角延迟临界马赫数的原理 …………………………………………… 214
14.3　后掠翼的翼根效应和翼尖效应影响 ……………………………………… 215
14.4　后掠翼在亚声速区域对空气动力特性的影响 …………………………… 217
14.5　后掠翼在跨声速区域的空气动力特性 …………………………………… 219
14.6　后掠翼在超声速前后缘与亚声速前后缘 ………………………………… 221
14.7　采用后掠翼机翼可能带来的问题 ………………………………………… 221
14.8　后掠翼飞机延缓翼尖失速的措施 ………………………………………… 222
14.9　突破声障 …………………………………………………………………… 223
14.10　空气动力加热与越过热障 ………………………………………………… 225
14.11　地面效应 …………………………………………………………………… 225
课后练习 …………………………………………………………………………… 227

第15章 现代喷气式飞机的飞行性能 · 229

15.1 飞机性能分析的基本观念 · 229
15.2 载荷系数 · 233
15.3 飞机基本飞行性能 · 239
15.4 飞行包线 · 251
15.5 飞机的续航性能 · 254
15.6 飞机的起飞与着陆性能 · 258
课后练习 · 262

第16章 飞机的平衡、稳定与操纵 · 263

16.1 飞机飞行的自由度 · 263
16.2 飞机的平衡 · 264
16.3 飞机飞行的稳定性 · 266
16.4 飞机静态稳定问题的分类与设计 · 268
16.5 飞机飞行的动态稳定 · 273
16.6 飞机的操纵性 · 280
16.7 飞机的飞行操纵 · 281
16.8 有害偏航力矩 · 284
16.9 副翼反逆 · 286
课后练习 · 287

参考文献 · 289

第一部分　基础理论篇

第1章　空气动力学概述

1.1　空气动力学的定义

根据作用的物体来分类，力学可分为固体力学与流体力学两大类。其中，根据固体受到作用力时是否变形，固体力学可分为刚体力学与材料力学两种类型。而根据流体的可压缩性，也就是流体流动时的密度变化是否可以忽略不计，流体力学分为可压缩流体力学与不可压缩流体力学两种类型。一般而言，研究者高速气体，也就是流速高于0.3马赫（Ma）气体的流动归于可压缩流体力学问题范畴；而将液体和低速气体，也就是液体与流速低于0.3马赫（Ma）气体的流动归于不可压缩流体力学问题范畴，如图1-1所示。

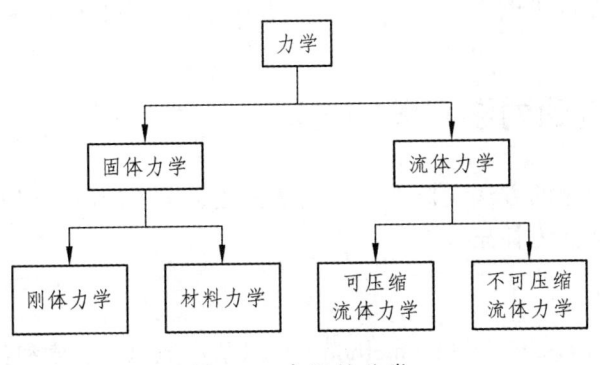

图1-1　力学的分类

流体分为液体与气体两种状态，其中液体的典型代表是水，而气体的典型代表是空气。空气动力学属于流体力学的一个分支，所以其原理与计算公式应用都必须遵守流体力学的基本原则。流体力学的许多观念、原理与计算公式都可以用于空气动力学。例如，空气运动的空间称为空气流场；空气流场所处状态的物理特性，称为空气流场的性质；用来表示空气流动情况的物理量，例如空气流场的性质以及空气流动的速度、加速度、动量与动能等，统称为空气的运动参数。空气动力学是研究气体在静止与流动时流场内部的性质变化、气体运动的基本规律以及气体流动与物体之间相互作用的一门工程学科。

1.2 空气动力学的应用领域

空气动力学是航空航天最重要的科学技术基础之一，它与飞机的产生和发展息息相关，涉及飞机的飞行性能、稳定性和操纵性等问题。随着科技的进步，空气动力学的应用越来越广，除了传统的航空航天工业，还涉及汽车制造以及高速列车设计。另外，空气动力学与工程热力学的相互融合可以应用于冷冻空调与机械散热等方面。机械工业中的润滑、冷却以及气压传动与控制问题的解决，也必须应用空气动力学的理论。在冶金工业中，还会遇到像气体在炉内的流动、通风与冷却等空气动力学问题；风力发电的绿能技术研发与气候的预测和天灾的防护也需要空气动力学。随着生医科技研究的普及，液态药剂的蒸发、气态药剂的传送以及呼吸机与心肺机等设计，都离不开空气动力学的理论。因此空气动力学的应用广泛包括了交通运输工程、能源工程、绿能工程、气象工程、冶金工业、流体机械工程与生医科技等领域，其应用范畴如图1-2所示。

综上所述，空气动力学是许多工业技术部门必须应用和研究的一门重要学科，一个国家要发展科技与工业，空气动力学是一门重要且不可或缺的专业基础学科。本书的内容以传统意义上的空气动力学为主，主要与普通飞机的外形与性能设计有关。如果读者对其他应用领域感兴趣，可以本书内容为基础，参考其他应用领域的书籍与相关知识进行研读。

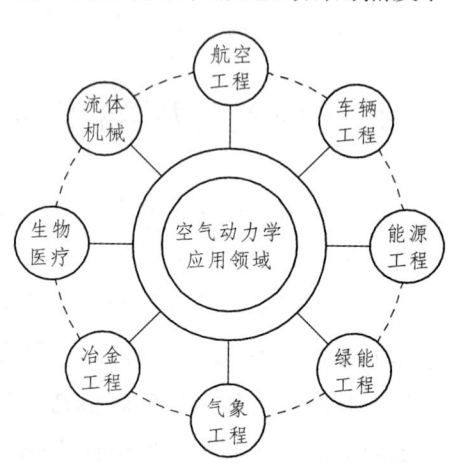

图1-2 空气动力学的应用范畴

1.3 研究空气动力学问题的方法

研究空气动力学问题的方法大概分为理论解析法、实验观测法以及数值计算法3种。它们的特点各不相同，又互为补充。

1. 理论解析法

理论解析法（Theoretical analytic method）是以基本概念、定律和数学工具来计算简单气体流动问题的方法。优点是计算的结果方便分析隐含的物理观念与影响变量的函数关系，但缺点是对于复杂或不规则外形的气体流动问题，无法严密求解，需要通过必要的实验研究加以验证或修正。在早期计算机不够普及且运算能力有限的情况下，多使用理论解析法结合物理条件的简化来解决简单的流体问题。

2. 实验观测法

实验观测法（Experimental observation method）是通过实验观察或测量气体的流动性质与运动速度的变化，以了解气体流动特性的办法。在航空航天研究领域中主要利用风洞或水洞进行模型或原型实验。它的优点是能够提供大量的实验资料，使得研究者能从中发现与分析流动中的（新）现象或者（新）原理。特别地，对利用理论解析法或数值计算法等其他方法计算所得结果,均可由实验观测法的结果作为校验正误的依据。但是它的缺点是成本过高,因为实验观测法研究空气动力学问题往往消耗大量的人力、物力、财力与时间。

3．数值计算法

数值计算法(Numerical algorithm)是利用计算机的快速运算与储存能力强大的特性,结合计算流体力学(Computational fluid dynamics,CFD)的数值方法求解空气流动问题。随着计算机运算能力的日渐强大,其被广泛地用于解决复杂的空气流动问题。优点是费用少且计算能力强大,模拟结果也与现实误差较少。缺点是计算结果为数值数据,不能全面反映物理现象。此外,利用数值模拟或仿真软件设计时的逻辑错误可能造成计算机模拟的误差甚至偏差,所以数值计算的结果有必要通过实验进行验证或修正。

4．综合讨论

这里将3种空气动力学问题研究方法的特性归纳如表1-1所示。

表1-1 空气动力学问题研究方法的优缺点比较表

特　性	方　法		
	理论解析法	实验观测法	数值计算法
研究方式	手工计算	实际观察或测量	计算机计算
主要优点	(1)有明确方程式; (2)计算容易; (3)物理观念与影响变量的函数关系清楚,可用于协助解释物理现象	(1)眼见为凭,具说服力; (2)不需要代入假设; (3)可以探讨真实现象	(1)可以计算复杂问题; (2)不需要使用太多假设; (3)计算机模拟所得的结果与真实现象之间的误差较少
主要缺点	(1)只能求解简单问题; (2)过多假设容易产生严重的误差,使得解析的结果可能会和真实现象不同	(1)需要实验设备; (2)必须校正实验精度; (3)成本过高	(1)需要计算机; (2)必须校正模拟误差; (3)不易掌握物理现象

从表1-1中可知,理论解析法、实验观测法与数值计算法研究各有优缺点。理论解析法与数值计算法的结果必须和实验结果做对比,得以确认理论的可用性与精确度,并促使研究理论进一步发展。反过来,实验观测法也需要理论来指导,否则容易失去研究的方向而陷入盲目的状态。总之,理论解析法、实验观测法以及数值计算法这3种方法对空气动力学问题的研究都非常重要,各有利弊,彼此间相辅相成,在不同的研究阶段需要不同的研究方法。就飞行器的研发过程而言,在初步设计阶段,使用理论解析法进行分析和计算可以完成快速选型的工作;在精细设计阶段,数值计算和风洞实验是主要的研究手段;在飞行器定型后,飞行实验成为研究的主力。

1.4　气体性质与速度的描述

空气动力学主要研究气体在静止或流动时的性质与速度的变化,以及气体流动对物体造成的影响。一般而言，在研究空气动力学问题时，主要是探讨气体的压力、密度、温度、速度与黏性等。

1. 压 力

（1）定义。

压力（Pressure）指物体在单位面积上所承受正向力的大小，用符号 P 表示。

如图 1-3 所示，物体所承受的压力是单位面积所受的正向力（垂直力），即

$$P = \lim_{\Delta A \to 0} \frac{\Delta F_N}{\Delta A}$$

式中，P 为压力，F_N 为指垂直（正向）力，A 为面积。

压力的公制单位是 Pa 或 N/m²。一般而言，地表的平均大气压力相当于 76 cm 水银柱的压力，其值约为 1.013×10^5 Pa，即 1 个标准大气压。

（2）种类。

常用的压力可分为绝对压力与相对压力两种。绝对压力（Absolute pressure）是以压力的绝对零值（绝对真空）为基准测量出的压力，用符号 P_{abs} 表示；而相对压力（Relative pressure）是以当地的大气压力为基准测量出的压力，又称为表压（Gage Pressure），用符号 P_{gage} 或 P_g 表示。绝对压力、大气压力 P_{atm} 与相对压力之间关系如图 1-4 所示。

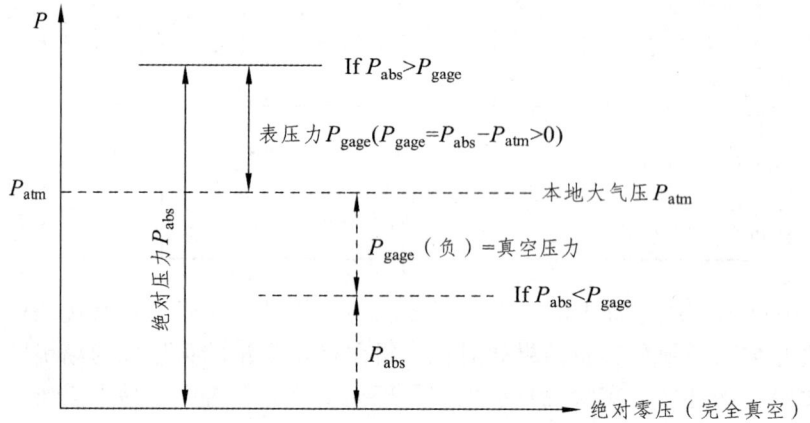

图 1-3 压力的定义

图 1-4 绝对压力与相对压力（表压）之间的关系

绝对压力与相对压力（表压）之间的转换关系为

$$P_{abs} = P_{atm} + P_g$$

虽然压力的表示法有绝对压力与相对压力（表压），但是在空气动力学公式中的压力值，必须使用绝对压力的形式。

【例 1-1】

如果大气压力 P_{atm} 为 9 kPa，而压力表读数为 2.25 kPa，试求绝对压力 P_{abs}。

【解答】

因为 $P_{abs} = P_{atm} + P_g$，所以 $P_{abs} = 98 \text{ kPa} + 2.25 \text{ kPa} = 100.25 \text{ kPa}$。

2．密　度

气体的密度是指每单位体积内所包含气体的质量，用符号 ρ 表示。其公式定义为

$$\rho = \lim_{\Delta V \to 0} \frac{\Delta m}{\Delta V}$$

式中，ρ 为气体的密度，m 为气体的质量，V 为气体体积。

对于空间各点密度相同的气体而言，$\rho = \frac{m}{V}$。在地表上的平均大气密度约为 1.225 kg/m^3，但是大气密度的值随着高度的上升而变小，这是因为随着高度的上升，空气越来越稀薄。研究空气动力学时，很多时候用所谓气体比容（Specific volume）v 或气体比重力（Specific weight）γ 的形式来表示气体的密度 ρ。

其与气体的密度的关系式为 $v = \frac{1}{\rho}$ 或 $\gamma = \rho g$。式中，v 为气体的比容，ρ 为气体的密度，γ 为气体的比重力，而 g 为重力加速度，其值约为 9.81 m/s^2。

3．温　度

温度（Temperature）用来表示物体冷热程度的性质参数，以符号 T 表示。

（1）定义与类型。

温度是用来衡量物体冷热程度的性质参数。在空气动力学中，经常使用的温度包括摄氏温度（°C）、华氏温度（°F）、开氏温度（K）以及朗氏温度（°R）这4种。前两种分别是公制单位与英制单位的相对温度（Relative temperature），后两种则分别为公制单位与英制单位的绝对温度（Absolute temperature）。和气体的压力值一样，空气动力学公式中的温度必须为绝对温度，所以摄氏温度或华氏温度在代入计算前，必须先转换成开氏温度或朗氏温度。

（2）转换公式。

摄氏温度（°C）、华氏温度（°F）、开氏温度（K）以及朗氏温度（°R），这4种类型的温度彼此之间可以相互转换。

摄氏温度（°C）与华氏温度（°F）的换算：

$$A \text{ °F} = (9/5 \times B + 32) \text{°C} \tag{1-1}$$

摄氏温度（°C）与开氏温度（K）的换算：

$$A \text{ K} = (B + 273.15) \text{°C} \tag{1-2}$$

华氏温度（°F）与朗氏温度（°R）的换算：

$$A \text{ °R} = (B + 459.67) \text{°F} \tag{1-3}$$

【例 1-2】

若大气温度为 25 ℃，试转换为华氏温度（℉）、开氏温度（K）以及朗氏温度（℉）。

【解答】

根据公式（1-1），华氏温度为 $\frac{9}{5} \times 25 + 32 = 77$（℉）

根据公式（1-2），开氏温度为 $25 + 273.15 = 298.15$（K）

根据公式（1-3），朗氏温度为 $77 + 459.67 = 536.67$（°R）

4．速　　度

速度（Velocity）是衡量物体运动或流体流动快慢程度的性质参数，航空航天领域多用马赫数（Mach number）来表示，例如在研究飞机飞行时就经常以马赫数的形式来表示飞行速度。马赫数是物体的运动速度或气体流动的速度对声速的比值，用符号 Ma 表示。实验与研究证明，在进行空气动力学的问题研究时，如果物体的运动速度或者气体流动的速度低于 0.3 马赫，可以将气体的密度变化忽略不计；但如果速度高于 0.3 马赫，则必须考虑气体的密度变化。除此之外，如果物体的局部运动速度或者气体流场的局部流速高于声速，也就是局部马赫数大于或等于 1.0，还必须探讨激波对气体性质造成的影响。通常在地表上大气的平均声速约为 340 m/s，在离地 10 km 高度（大型民航客机的平均巡航高度），大气的平均声速值约为 300 m/s，由此可知在对流层内大气的声速随着离地表高度的增加而逐渐减少。

【例 1-3】

如果一架飞机的飞行速度为 120 m/s，声速为 300 m/s，飞机的飞行马赫数是多少？

【解答】

根据马赫数的定义公式 $Ma = \frac{V}{a}$，飞机的飞行马赫数为 $Ma = \frac{120 \text{ m/s}}{300 \text{ m/s}} = 0.4$。

5．质量流率与体积流率

在研究气体在管道内的流动时，通常会使用质量流率来计算气体流经管道截面的密度与速度变化，从而求出其压力的变化。对于低速流动的气体，通常使用体积流率。质量流率（Mass flow rate）$\dot{m}$ 与体积流率 $\dot{Q}$ 的计算公式分别为 $\dot{m} = \rho A V$ 与 $\dot{Q} = AV$。式中，$\dot{m}$ 为气体的质量流率，$\dot{Q}$ 为气体的体积流率，ρ 为流体密度，A 为流体流经管道的截面面积，V 为流体的平均流速。

6．黏　　性

黏性是流体固有的特性，气体既然为流体的一种，自然不可能不具备黏性，流体流动或者物体在流体中运动时，会产生一个阻滞流动的力，流体的这一特有属性，称为流体的黏性（Viscidity）。在空气动力学的问题研究中发现空气的黏性对飞机飞行的影响就好像固体在地面运动时，摩擦力与物体运动的关系一样，空气的黏性会造成飞机的飞行速度降低。我们通常用空气的动力黏度（Dynamic viscosity，简称为黏度）μ 表示空气的黏性，又因为空气的黏性与空气密度 ρ 有关，所以常引入运动黏度（Kinematic viscosity）ν 的观念，其定义公式为 $\nu = \dfrac{\mu}{\rho}$。虽然空气的黏性较小，不容易被察觉，但是其对航空器飞行的影响却不能忽略，因此在研究飞机的外形与性能设计的问题时，空气的黏性是一个非常重要且不可或缺的特性。

【例 1-4】

飞机在静止时会有黏性作用的产生吗？

【解答】

黏性是指物体在流体中运动时，流体对物体产生一个阻滞其运动的力，静止的飞机因为没有运动，所以没有黏性作用的产生。

【例 1-5】

飞机在巡航时是否具有黏性作用？

【解答】

黏性是指物体在流体中运动时，流体对物体产生一个阻滞其运动的力，飞机巡航是指飞机在等高度以等速度飞行，既然有飞行运动，当然会有黏性作用的产生。

7. 雷诺数

在流体力学问题的研究过程中，通常会利用雷诺数的大小来判定流体流动的形态，空气动力学同样如此。从物理观点来看，气体的雷诺数（Reynolds number）可以视为气体流场内惯性力（Inertial force）与黏滞力（Viscous force）的比值，用符号 Re 表示。而从数学上的定义来看，气体的雷诺数可以用计算公式 $Re = \dfrac{\rho VL}{\mu}$ 来计算。式中，ρ 为气体的密度，V 为气体流动的速度，L 为特征长度，μ 为气体的动力黏度。当气体的雷诺数较小时，黏滞力对气体流场的影响大于惯性力，流场中气体流动时的扰动会因为黏滞力而逐渐衰减，因此气体质点做规则性运动，此时气体的流动形态为层流（Laminar flow）；反之，如果气体的雷诺数较大时，惯性力对气体流场的影响大于黏滞力，气体质点的运动呈现不规则性的扰动，此时气体的流动形态为湍流（Turbulent flow）。实验与研究均已证实，如果气体的雷诺数高于某一个数值时，流动形态开始由层流转换成湍流，我们称之为临界雷诺数（Critical Reynolds number），用符号 Re_c 表示，由此可知气体的雷诺数低于临界雷诺数时，则气体的流动形态可直接判定为层流。研究中发现，飞行器在湍流中飞行时，其受到的飞行阻力要比层流的大，因此在飞行器的设计过程中，应该尽量使流经飞行器表面的气流保持在层流状态。

1.5 气体的特性

与流体力学问题的研究一样，在研究空气动力学问题时，首先必须了解气体的固有特

（属）性，才能掌握问题的核心。一般而言，我们常探讨的气体特性有连续性、压缩性与黏滞性3种特性。

1．连续性

在研究流体力学问题的过程中，通常将流体视为连续体，也就是做流体连续性假设，空气动力学也不例外。通常将气体视为一个连续而没有间隙的介质，即将气体当作连续介质（Continuous medium）或者连续体（Continuum）来考虑，这就是气体连续性（Continuity）假设。使用气体连续性假设可以用微积分去处理气体静止或流动时的性质变化，大幅降低空气动力学问题研究的难度。

2．压缩性

气体的密度受压力、温度与速度的影响，所谓气体的压缩性（Compressibility）是指流体受影响时密度变化的程度。实验证明，对于低速流动的气体，也就是流速低于0.3马赫的气体而言，气体密度ρ的变化通常可以忽略不计，也就是气体的密度ρ可视为常数，这就是"不可压缩流场"的假设。使用不可压缩流场的假设可在研究气体低速流动的问题时，不考虑气体的压缩性，大幅地降低问题研究的难度。

3．黏滞性

黏性是流体固有的特性，气体作为流体的一种，也不例外。由于具有黏性，气体在流动或者物体在气体中运动的时候，会产生一个阻滞流体流动或物体在流体中运动的力。由于空气具有黏性，会对飞机产生一个阻滞飞行的力，我们称之为飞行阻力。虽然空气的黏性较小，不易被察觉，但是飞机飞行时空气动力造成的影响却不能忽略，所以在研究飞机的外形与性能设计问题时，空气黏性是一个非常重要且不可或缺的特性。

1.6 气体流动问题的分类

如同对流体力学问题的研究一样，从简到繁，从易到难，在研究空气动力学问题的过程中，我们通常会根据实际需要，在允许的精确度范围内，尽量抓住主要的影响因素并忽略次要的影响因素，力求将问题简化以节省研究问题的时间与成本。这就需要将气体流动的问题加以分类，如图1-5所示。

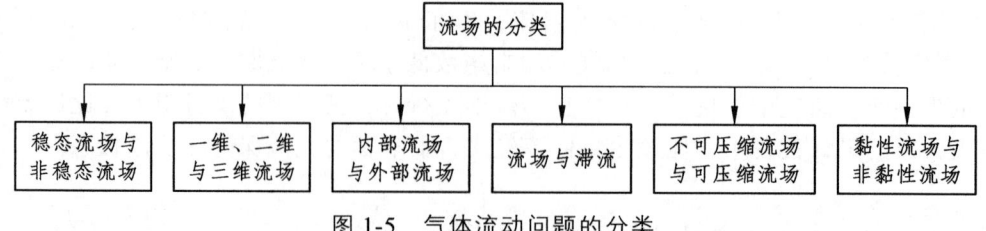

图1-5 气体流动问题的分类

气体流动问题分为稳态流场与非稳态流场、一维与多维流场、内部流场与外部流场、层流流场与湍流流场、不可压缩流场与可压缩流场以及黏性流场与非黏性流场等不同类型。

1. 稳态流场与非稳态流场

根据气体连续性假设，我们将气体流场的压力 P、密度 ρ 和温度 T 以及气体的流速 V 等表示成 $P=P(x,y,z,t)$、$\rho=\rho(x,y,z,t)$、$T=T(x,y,z,t)$、$V=V(x,y,z,t)$ 等函数形式。式中，x、y、z 为直角坐标的空间变量，t 为时间变量。所谓稳态流场的假设是指气体的流动性质与流速随着时间所产生的变化量非常小，以至于我们可以将这些变化量忽略不计，而这种流体流场又称为定常流场。值得注意的是，必须是气体流场中所有的性质或流速的值都不随时间改变，这种气体流场才能称为稳态流场或定常流场。只要有一个气体的性质或流速随时间改变，就不是稳态流场，而是非稳态流场（Unsteady flow field）或非定常流场。对于稳定的气体流动问题，我们通常将气体的流动形态假设为稳态流场（Steady flow field），以降低研究气体流动问题的难度。

2. 维数简化的观念

根据气体连续性假设和流场参数函数可知，气体的流动性质与气体的流速会因空间与时间不同而变化。如果气体流动时在某方向的性质与流速变化非常小，我们可以将其在该方向的变化量忽略不计，这就是维数简化的观念。

如果气体的流动性质与速度必须使用 3 个空间坐标的函数来表示，则气体的流场就称为三维流场（Three-dimensional flow field）；如果气体的流动性质与速度可以使用两个空间坐标的函数来表示，则气体的流场就称为二维流场（Two-dimensional flow field）；如果气体在流动时，气体的性质和流速仅随着单一空间坐标而改变，也就是气体的流动性质与速度可以仅使用单一空间坐标的函数来表示，则气体的流场就称为一维流场（One-dimensional flow field）。而如果气体的流动性质与速度都不随位置与时间改变，则这种流场称为均匀流场（Uniform flow field）。

气体的流动性质与速度会因为气体连续性假设而表示为位置和时间的函数，因此气体流场是否为稳态流场要与维数简化合并考虑。根据流场稳态与否及维数简化的观念，可以将气体流场分成三维稳态流场、二维稳态流场、一维稳态流场、三维非稳态流场、二维非稳态流场、一维非稳态流场和均匀流场等类型。气体流场稳态与否以及维数的选择往往与研究问题所求的精确度以及研究的物理现象有关。例如在研究发动机喷管内流动状态时，如果不需要精确地设计发动机尾喷管，可以近似地认为尾喷管气体的流动参数只沿着喷管轴线方向，也就是如图 1-6（a）所示 x 轴方向变化，而将其他方向的变化忽略。这样原本实际问题中的三维流动就简化成了一维流动。如果发动机处于稳定的工作状态，气体流场就是稳态一维流场；而在发动机启动或停车时，工作状态并不稳定，此时发动机喷管内的气体流场就是一维非稳态流场。又比如，均匀气体流过机翼时，如果翼展比翼弦大得多（可看作是无限翼展），且机翼的翼型剖面形状不变，我们可以忽略机翼两端的影响，也就是将流动参数沿着翼展方向（z 方向）的变化忽略不计，只考虑在 x 轴与 y 轴的方向上的变化。此时气体的流场是二维流场，如图 1-6（b）所示。如果机翼的翼展为有限翼展则必须考虑两翼翼端气流的影响，此时流动参数由 x 轴、y 轴与 z 轴的位置来决定，因此气体的流场是三维流场，如图 1-6（c）所示。

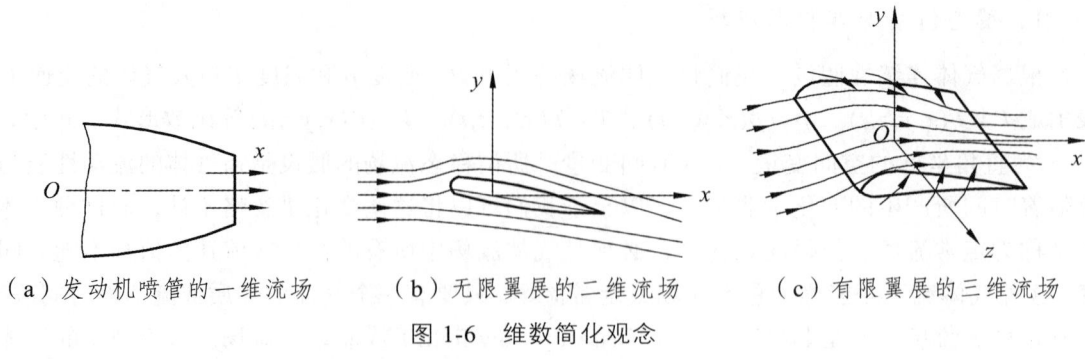

(a)发动机喷管的一维流场　　(b)无限翼展的二维流场　　(c)有限翼展的三维流场

图 1-6　维数简化观念

3．内部流场与外部流场

气体流场可分成内部流场与外部流场两种类型。如图 1-7 所示，我们将飞机模型放在风洞中测试，观察的重点是空气流动在风洞内部的性质变化，此类型流场就叫作内部流场（Internal flow field）。

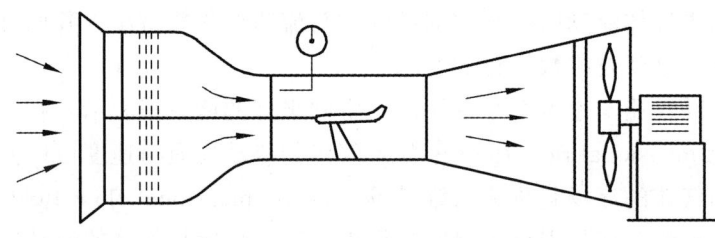

图 1-7　飞机模型在风洞测试

飞机在空气中飞行，观察的重点是飞机表面外部气流的性质变化，则我们将此类流场称为外部流场（External flow field），如图 1-8 所示。

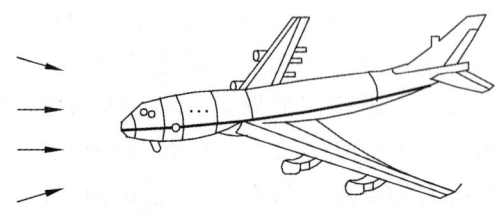

图 1-8　飞机飞行空气流动

通常将管流与发动机内部气流的性质变化归属于内部流场问题研究范畴，而飞机飞行时的空气性质变化、飞行力学与飞行控制则归属于外部流场问题研究范畴。

4．层流流场与湍流流场

英国物理学家雷诺在 1883 年以实验为基础根据雷诺数 Re 将流动形态分成层流流动和湍流流动两种类型。他发现，流体在低于临界雷诺数 Re_c 流动时，流体流动的类型为层流流动（Laminar flow）；而在高于临界雷诺数 Re_c 流动时，流体的流动会逐渐地由层流转换成湍流（Turbulent flow）。层流流场与湍流流场的流动性质变化与速度分布的特性如图 1-9 所示。

从图中可以看出层流流动时，流体做平滑、直线与分层运动，流体质点彼此之间不会互相混杂与干扰，也就是说流体质点做规则运动。而湍流流动时，流体会出现许多小旋涡，流体质点的运动呈现不规则的扰动。层流流动的流体质点为有规则性运动，到目前为止，其理论基础多已完备。但是湍流流动时流体质点运动的不规则性，使得其理论研究极为困难，实际上主要还是利用半经验公式结合实验进行探讨。

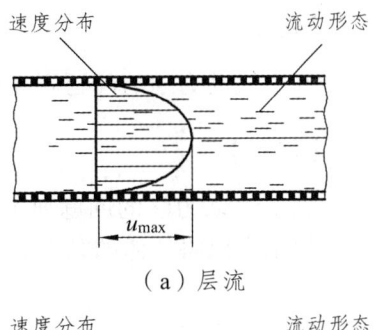

（a）层流

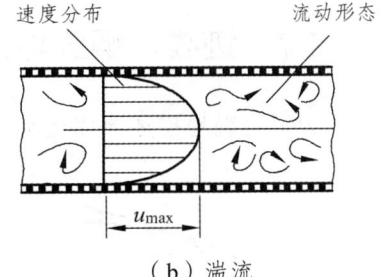

（b）湍流

图1-9　层流与湍流的流动特性

5．可压缩流与不可压缩流

根据气体流动的速度，可以将气体流动的形态分成可压缩流（Compressible flow）与不可压缩流（Incompressible flow）两种。可压缩性是指气体在压力与温度变化时，其体积和密度发生了变化。例如空气流过飞行器的表面时，在一些部位气流速度增加，气流的压力减小，密度也随之下降；在一些部位气流速度减小，气流的压力增加，密度也随之上升，这就是空气流动产生的压缩性在流场内的体现。实验与研究均已证明低于0.3马赫时，气体流动的密度变化非常小以至可以将密度变化量忽略不计，也就是可将密度视为常数，这就是耳熟能详的"不可压缩流"的假设。对于高于0.3马赫的气体而言，密度变化必须考虑，我们称之为可压缩流场（Compressible flow field）。我们又将不可压缩流的气体流动问题归属于低速流动范畴，而将可压缩流的气体流动问题归属于高速流动范畴。

【例1-6】

如果飞机的飞行速度为0.15马赫，流过飞机表面的空气流动形态为哪种类型？

【解答】

因为飞机的飞行速度为0.15马赫，所以流过飞机表面的空气流速小于0.3马赫，其流动的形态为不可压缩流。

6．黏性流与非黏性流

流体的黏性是流体的固有特性之一，任何流体流动或物体在流体流场运动时都不可能没有黏滞效应的产生，所以实际上气体为黏性流体（Viscous fluid）。但是在空气动力学的问题研究时，气体的黏性对理论分析和数值计算等数学建模以及计算时间与成本上都会带来困难。对于某些低速气流的问题，气体的黏性对分析或者计算的结果影响甚微以至可以将气体的黏性忽略不计，也就是假设气体的黏度 $\mu = 0$，即为非黏性流（Inviscid flow）的假设。虽然使用非黏性流的假设会大大简化研究过程，又不会影响某些问题的基本结论，但在实际工作中，根据这个假设去计算和分析往往会影响问题的精确度，甚至计算结果会发生与实际现象不符的情况，特别是在飞机的外形与性能设计等空气动力问题的研究上。所以气体的黏性是研究空气动力学时的一个非常重要而不可或缺的特性。

【例 1-7】

在空气动力学的问题研究中非黏性流假设的意义是什么？

【解答】

在空气动力学的问题研究中，我们常假设气体的黏性对分析或者计算的结果影响非常小，以至可以将气体的黏性忽略不计，也就是假设气体的黏度 $\mu=0$，即为非黏性流的假设。

1.7 迹线、烟线与流线

为了明确地描述流体运动，这里引入迹线、烟线和流线的观念，其概念如图 1-10 所示。

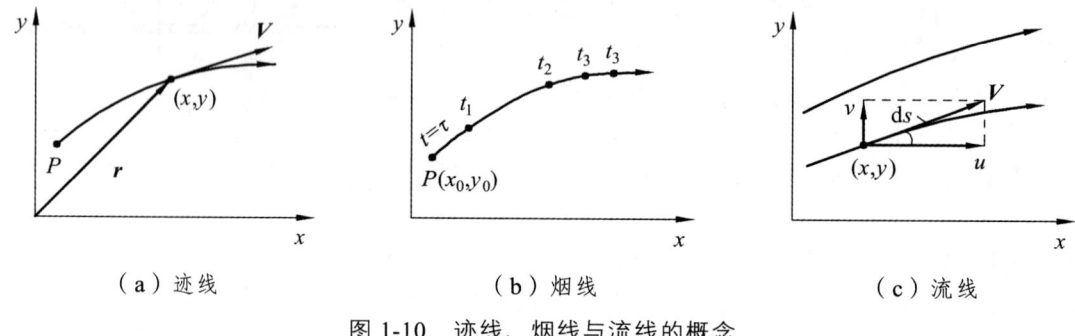

（a）迹线　　　　　　（b）烟线　　　　　　（c）流线

图 1-10　迹线、烟线与流线的概念

1．迹线的意义

迹线（Path line）是某一特定流体质点的运动轨迹，如图 1-10（a）所示。因为流场中有无穷多个流体质点而且每一个流体质点在运动的时候都有一条运动轨迹，所以迹线会有无穷多条。又因为考虑的流体质点是以流动的局部速度随着流体运动，所以迹线必须满足方程式：
$\dfrac{\mathrm{d}\boldsymbol{r}}{\mathrm{d}t}=V(x,y,z)$。

2．烟线的意义

烟线（Streak line）是指在某一固定时刻，通过某一固定点的所有流体质点形成的曲线，如图 1-10（b）所示。例如喷气飞机在天空留下的飞行云，就是在同一时刻，流经喷口的空气流动分子所形成的烟线。因为烟线是某一瞬间将所有曾经通过空间中某一特定位置的流体质点连接成的轨迹，所以通过迹线方程式 $\dfrac{\mathrm{d}\boldsymbol{r}}{\mathrm{d}t}=V(x,y,z)$ 并结合当 $t=\tau$ 时 $x=x_0$、$y=y_0$ 的初始条件求出烟线方程式。

3．流线的意义

流线（Stream line）是指在给定时刻与流体质点运动速度向量相切的各点形成的曲线，如图 1-10（c）所示。由于在流线上每一点的速度向量都在该点与流线相切，因此使用流线可以清楚地表达速度的方向，如图 1-11 所示。对于三维流场流线，流线必须满足方程式

$\dfrac{dx}{u}=\dfrac{dy}{v}=\dfrac{dz}{w}$；对于二维流场，流线必须满足 $\dfrac{dx}{u}=\dfrac{dy}{v}$ 的关系式。

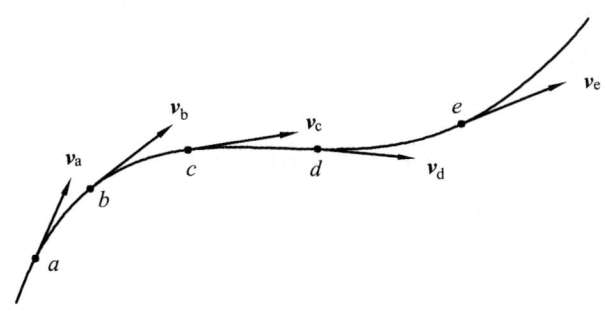

图 1-11　流线与流速关系

一般而言，流场内流线不会彼此相交，如果有两条流线彼此相交，那么位于交点上的流体质点势必有两个不同方向的速度。但是有 3 种情况例外：一种是在速度为零的点上，我们称之为前驻点（Front stagnation point），如图 1-12（a）中 A 点所示；一种是后驻点（Rear stagnation point），它是指物体表面上下速度相交的各点，如图 1-12（a）中 B 点所示；还有一种是速度为无限大的奇异点（Singular point）上，如图 1-12（b）中 O 点所示。

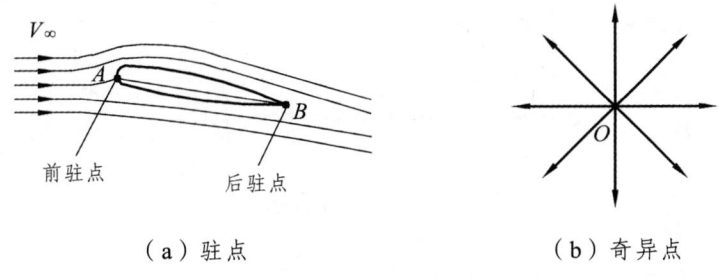

（a）驻点　　　　　　　　（b）奇异点

图 1-12　驻点与奇异点

流线不仅可以清楚地表达流动的方向，而且在流场内，流线的疏密还反映了流速的大小，疏的地方流速小，密的地方流速大，因此使用流线可以明确地表示流动情况。需要注意的是，流线是与时间互相对应的，不同的时刻，可以有不同流线。

4．重合的时机

对于一个非稳态流场，流体速度会随着时间的变化而改变，在不同时刻流线是不同，因此流线和个别质点的运动轨迹（迹线）会有所差异。个别流体质点的运动轨迹（迹线）也不会和流场的烟线相同。一般而言，对于非稳态流场而言，流线、烟线与迹线之间并不会重合。但是如果是稳态流场，流体速度就不随着时间变化，流线、烟线与迹线会合而为一。

【例 1-8】

如果已知的二维流场在 x 轴与 y 轴上的速度分量分别为 $u=x(1+2t)$、$v=y$，此流场是否为稳态，为什么？

【解答】　因为 $\dfrac{\partial V}{\partial t}=\dfrac{\partial u}{\partial t}\mathbf{i}+\dfrac{\partial v}{\partial t}\mathbf{j}\neq 0$，所以不是稳态流场，为非稳态流场。

【例 1-9】

如果已知的二维流场的速度分量分别为 $u=x$、$v=y$，这是否为稳态流场，为什么？

【解答】

虽然 $\dfrac{\partial V}{\partial t}=\dfrac{\partial u}{\partial t}\mathbf{i}+\dfrac{\partial v}{\partial t}\mathbf{j}=0$，但流场是稳态的条件要求满足流动性质与流速对时间 t 的偏微分都等于 0，所以该流场不一定是稳态。

【例 1-10】

如图 1-13 所示，如果已知的二维流场的速度分量分别为 $u=x(1+2t)$、$v=y$，求出

（1）$t=0$ 时通过位置 (1,1) 的流线方程式。
（2）$t=0$ 时自位置 (1,1) 所释出流体质点的迹线方程式。
（3）$t=0$ 时通过位置 (1,1) 的烟线方程式。

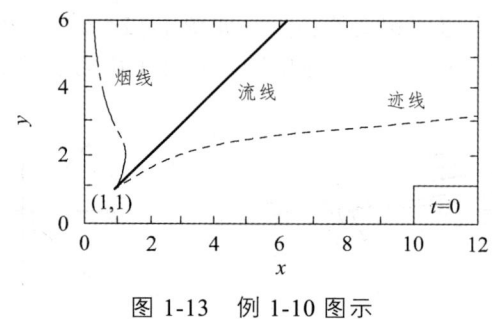

图 1-13　例 1-10 图示

【解答】

（1）流线方程式的求解过程。

① 因为二维流场的流线必须满足 $\dfrac{dx}{u}=\dfrac{dy}{v}$ 的关系式，所以 $\dfrac{dy}{dx}=\dfrac{v}{u}=\dfrac{y}{x(1+2t)} \Rightarrow \dfrac{dy}{y}=\dfrac{dx}{x(1+2t)} \Rightarrow \ln y=\ln x/(1+2t)+C$。

② 当 $t=0$ 时 $x=1$、$y=1$，代入步骤①导出的关系式中，可以得 $C=0$，且 $y=x^{1/(1+2t)}$。

③ 将时间 $t=0$ 代入步骤②导出的关系式中消去时间 t，因此可以获得当 $t=0$ 时的流线方程式为 $x=y$。

（2）迹线方程式的求解过程。

① 因为二维流场的迹线必须满足 $\dfrac{dx}{dt}=u=x(1+2t)$ 与 $\dfrac{dy}{dt}=v=y$ 两个条件，所以求得 $x=C_1\exp[t(1+t)]$ 与 $y=C_2\exp(t)$。

② 将 $t=0$ 时通过位置 (1,1) 的条件代入 $x=C_1\exp[t(1+t)]$ 与 $y=C_2\exp(t)$ 中可以得到 $C_1=1$ 且 $C_2=1$。

③ 由步骤②导出的关系式消去时间 t，可以得到 $t=0$ 自位置 (1,1) 释出流体质点的迹线方程式为 $x=y^{1+\ln(y)}$。

(3) 烟线方程式的求解过程。

① 因为烟线的方程式为 $\dfrac{dx}{dt} = u = x(1+2t)$ 与 $\dfrac{dy}{dt} = v = y$，所以得到 $x = C_1 \exp[t(1+t)]$ 与 $y = C_2 \exp(t)$。

② 将初始条件（Initial condition）代入步骤①导出的关系式中，当 $t = \tau$ 时，$x = y = 1$，因此可以得 $C_1 = \exp-[\tau(1+\tau)]$ 与 $C_2 = \exp(-\tau)$。

③ 将 $t = 0$ 代入步骤①与②导出的关系式中消去时间 τ，可以得到 $t = 0$ 时通过位置（1,1）点的烟线方程式为 $x = y^{1-\ln(y)}$。

(4) 综合讨论：从上面的推导上可以证实，如果流场是非稳态，流线、烟线与迹线不会彼此重合。

【例 1-11】

如图 1-14 所示，二维空间的稳态速度场为 $V = ax\mathbf{i} - ay\mathbf{j}$，$a$ 为常数，试求通过（1,1）点的流线、迹线与烟线方程式。

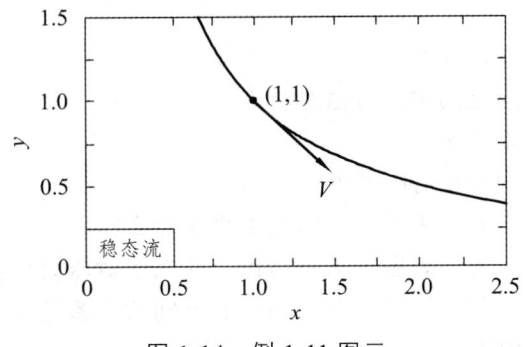

图 1-14　例 1-11 图示

【解答】

(1) 流线方程式的求解过程。

① 依题意，该稳态流场速度分量分别为 $u = ax$、$v = -ay$。

② 因为二维流场的流线必须满足 $\dfrac{dx}{u} = \dfrac{dy}{v}$ 的关系式，所以 $\dfrac{dy}{dx} = \dfrac{v}{u} = -\dfrac{ax}{ay} \Rightarrow \ln y = -\ln x + C_1$ 或 $xy = C_2$。

③ 因为流体质点通过点（1,1），代入步骤②导出的关系式中可以推得 $C_2 = 1$，因此可以获得通过（1,1）点的流线方程式为 $xy = 1$。

(2) 迹线方程式的求解过程。

① 依题意，该稳态流场速度分量分别为 $u = ax$、$v = -ay$。

② 因为二维流场的迹线必须满足 $u = dx/dt = ax$ 与 $v = dy/dt = -ay$，将这两个方程式消去 dt 及常数 a 可以推得 $\dfrac{dx}{x} = \dfrac{dy}{y}$。

③ 将步骤②导出的 $\dfrac{dx}{x} = \dfrac{dy}{y}$ 两边加以积分，得到 $\ln y = -\ln x + C_3$ 或者 $xy = C_4$。

④ 因为流体质点通过点（1,1），代入步骤③导出的关系式中，可得 $C_4 = 1$ 且迹线方程式为 $xy = 1$。

（3）烟线方程式的求解过程。

① 依题意，该稳态流场速度分量分别为 $u = ax$、$v = -ay$。

② 因为烟线的方程式是 $dx/dt = u = ax$ 与 $dy/dt = v = -ay$，将这两个方程式消去 dt 及常数 a，可以推得 $\dfrac{dx}{x} = \dfrac{dy}{y}$。

③ 将步骤②导出 $\dfrac{dx}{x} = \dfrac{dy}{y}$ 两边进行积分，可以得到 $\ln y = -\ln x + C_5$ 或者 $xy = C_6$。

④ 因为流体质点都通过点（1,1），可得 $C_6 = 1$，由此可以得到烟线方程式是 $xy = 1$。

（4）综合讨论：从上面的推导上可以证实，如果流体流场是稳态，流线、烟线与迹线彼此重合。

课后练习

（1）空气动力学的定义是什么？

（2）研究空气动力学问题的主要方法是什么？

（3）流体流场的定义是什么？

（4）描述流体的主要物理量有哪些？

（5）绝对压力与相对压力（表压）之间的关系是什么？

（6）如果气体的相对压力（表压）为 70 kPa，那么绝对压力是多少？

（7）摄氏温度（°C）与华氏温度（°F）两种温度间的关系是什么？

（8）摄氏温度与朗氏温度（°R）间的关系是什么？

（9）如果气体的温度是 27 °C，那么凯氏温度（K）是多少？

（10）绝对温度（凯氏温度）为 0 K 时，摄氏温度是多少？

（11）稳态流场假设的定义是什么？

（12）对于一个直角坐标，如果流体的压力 P、密度 ρ、温度 T、速度 V 可以分别表示为 $P = P(x,y,z)$、$\rho = \rho(x,y,z)$、$T = T(x,y,z)$ 以及 $V = V(x,y,z)$ 的函数形式，这种流场的形态是稳态还是非稳态？

（13）对于一个直角坐标，如果流体的压力 P、密度 ρ、温度 T、速度 V 可以分别表示为 $P = P(x,y)$、$\rho = \rho(x,y)$、$T = T(x,y)$ 以及 $V = V(x,y)$ 的函数形式，这种形态的流场是哪一种类型？

（14）如果一架飞机的飞行速度为 180 m/s，声速为 300 m/s，流经飞机表面空气流场的形态是不可压缩流场还是可压缩流场？

（15）雷诺数的数学定义是什么？

（16）临界雷诺数的意义是什么？

（17）流线、烟线与迹线的重合时机是什么？

（18）如图 1-15 所示，在前驻点 A 点的速度是多少？

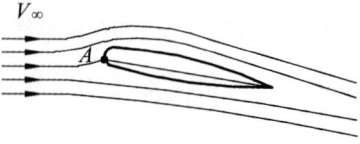

图 1-15 习题（18）图示

（19）在一般情况下，流体流场的流线是否会彼此相交？是否有例外的情况发生？

（20）叙述以下名词的定义：

① 流体（Fluid）；

② 黏度（Viscosity）；

③ 非黏滞性流体（Inviscid fluid）；

④ 牛顿流体（Newtonian fluid）；

⑤ 连续体（Continuum）；

⑥ 不可压缩流体（Incompressible fluid）；

⑦ 稳定流（Steady flow）；

⑧ 均匀流（Uniform flow）。

（21）以物体受到剪应力（Shear stress）所产生的反应来描述固体和流体之间的差异。

（22）已知二维流场速度分量分别为 $u=x(1+2t)$、$v=y$，求出在 $t=0$ 时通过位置（1,1）的流线方程式。

（23）已知三维流场速度分量分别为 $u=x+t$、$v=-y-t$，以及 $w=z$，此流场是否为稳态，为什么？

（24）已知三维流场速度分量分别为 $u=x+t$、$v=-y$，以及 $w=z$，此流场是否为稳态，为什么？

（25）如果二维空间的稳定流速度场为 $V=ax\mathbf{i}-ay\mathbf{j}$，$a$ 为常数，试求通过（1,1）点的流线方程式。

第 2 章　静止空气动力学

静止空气动力学的主要研究内容是探讨在静止时气体性质的变化情况。在航空界，静止空气动力学通常讨论的内容有大气的飞行特性、静压理论、压力测量、毛细现象、液气压系统的原理、热气球浮力产生的原理以及虹吸现象等。

2.1　大气的飞行特性

包围整个地球的空气叫作大气层，简称为大气，飞机是在大气中运动的飞行器，空气动力的产生、发动机的性能以及机上人员的生活都与大气有密切关系。从海平面起，大气的压力和密度随着高度增加而逐渐地下降，由于大气的空气质量有 90% 集中在海平面 25 km 的高度以下，所以现代飞机的飞行多不超过这个高度。大气由干燥空气、水汽、微粒杂质和新的污染物组成。干燥空气主要由氮、氧、氩以及微量的惰性气体组成，其中氮气约占干燥空气质量的 78%，氧气约占干燥空气质量的 21%，而且干燥空气在大气层内，各种成分的比例基本上不会发生变化。干燥空气占据了整个大气质量的绝大部分，而水汽、微粒杂质和新的污染物组成仅占大气质量的 0%～4%。在离地表 11 km 高度以下的水汽约占全部水汽总量的 99%。云、雾、雨、雪、霜、露等都是水汽的各种形态。水汽的蒸发和凝结会吸收与释放热量，造成对地面和空气温度的影响，进而影响天气的变化和引发阵风现象。大气的压力、密度、温度和声速在 0～11 km 高度区间内随高度的增加而降低。

2.2　连续性的考量

流体是液体和气体的总称，它和固体的不同之处在于流体没有确定的几何形状，其具备容易流动或不能抗拒剪应力变形能力的特性，我们称之为易流性。在流体中，液体的代表是水，而气体的代表是空气，在计算空气动力问题时，一般都将流体，也就是将液体和气体视为具有连续性的介质。

1. 连续介质假设

众所周知，任何流体都是由无数分子组成的，流体分子与分子之间彼此存在着空隙，也就是从微观角度来看，流体并不是连续分布的物质。但是我们研究流体力学或空气动力学问题时通常不会去讨论个别分子的微观运动，而是以宏观的观点去研究液体或气体整体性流动。因为从研究实际来看，工程研究的物体总是有一定的体积，它的特征尺寸远大于液体（气体）分子的运动距离，所以从流体工程的角度来看，详细研究分子的微观运动计算过于烦琐，而且意义不大。通常是从宏观上看,将液体和气体视为连续的、没有间隙,而且充满了空间的介质,也就是将液体和气体当作连续介质(Continuous medium)或者连续体(Continuum)。这就是连续介质的假设。

2. 使用连续介质假设的好处

在流体力学或者空气动力学的研究过程中,可以将液体和气体的流动性质与流速表示为位置和时间的函数,并且可以使用微积分方法来处理液体或气体在静止或流动时的性质变化,大幅降低了研究问题时的难度。

3. 连续介质假设的不适用情况

连续介质的假设非常有用,因为可以将液体和气体的流动性质与流速表示为位置和时间的函数并且使用微积分的方法来计算与解析流动时的性质变化。但是连续介质的假设是建立在液体或气体分子与分子之间的运动距离远远小于研究物体的特征尺寸的基础上。高空时空气稀薄,气体分子与分子之间的运动距离大,连续介质的假设就不再成立。此时,空气是不连续的介质。这个范围归属稀薄空气动力学的领域,本书不做讨论。

飞机在大气层中飞行,飞行高度越高,空气的密度会越小,气体分子之间的距离也就越大。一般而言,如果飞机在离地面 40 km 以下的高度飞行,可以认为是在稠密大气层内飞行,此时气体可以视为连续介质,而超过 40 km 高空,气体连续性的假设可能就不适用了。由于飞机活动的范围主要是在离地面约 25 km 以下的大气层内,所以除非特别说明,一般都把航空大气视为连续介质。

【例 2-1】

叙述连续介质假设的意义与不适用情况。

【解答】

(1)连续介质的假设是将流体(液体和气体)视为一个连续而没有间隙、充满空间的介质,所以可以把液体和气体的流动性质与流速表示为位置和时间的函数,并且可以使用微积分方法去处理液体或气体在静止或流动时的性质变化。

(2)连续介质的假设是在流体分子之间的运动距离远远小于研究物体的特征尺寸的基础上成立的,所以在高空(高度超过海平面 40 km)飞行与高真空技术的研究中并不适用。

2.3 静压理论

液体和气体处于静止状态时的压力,称为液体或气体的静压,用符号 P 表示,单位为 Pa(或 N/m^2)。静压理论主要是探讨液体和气体在静止状态时压力变化的基本规则,其在航空工程与流体机械工程中应用甚广。

1. 流体静压作用的方向

由于流体受到剪应力时会产生连续的变形,就会产生流动,因此流体在静止时受到的剪

应力 τ 必定为 0。而其静压作用的方向必定与作用面垂直，并指向作用面的内法线方向，如图 2-1 所示。

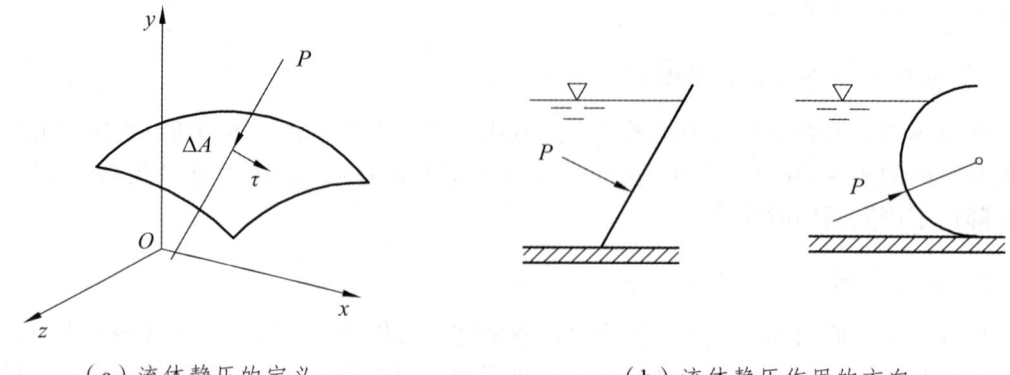

（a）流体静压的定义　　　　　　　（b）流体静压作用的方向

图 2-1　流体静压定义与其作用方向

2．静压理论的计算公式

实验证明，在静止流场中，液体和气体所承受的相对压力，仅与液体或气体的密度和沉浸深度有关，而与其他因素无关，这个结论即称为静压理论（Static pressure theory）。根据静压理论与连续介质的假设，我们可以将液体和气体在静止状态时压力变化的规律写为 $\frac{\partial P}{\partial z} = -\rho g$ 形式。式中，P 是液体或气体在静止时所承受的压力；z 是在直角坐标上的垂直方向的空间变量，并以向上的方向为正；ρ 是液体或气体的密度；g 是指重力加速度，其值约为 9.81 m/s²。静止压力随着高度变化，如图 2-2 所示。

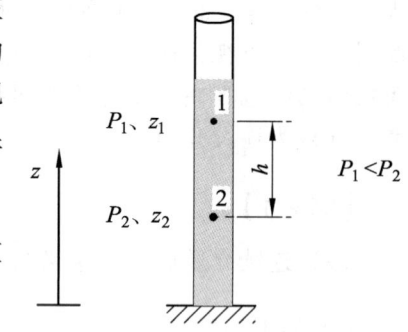

图 2-2　静止压力随着高度变化

3．静压理论所表示的物理意义

我们将静压理论计算公式两边积分可以得到 $P_2 - P_1 = -\rho g(z_2 - z_1)$。$h$ 是液体或气体在静止时流场内质点 1 与质点 2 的沉浸深度差，因此可得 $P_2 - P_1 = \rho g h$，从而推得 $P_2 = P_1 + \rho g h$。

（1）影响静压的因素。

在静止流场中，液体和气体内各个质点所承受的压力差，仅与液体或气体的密度和沉浸深度差有关，而与其他因素无关。

（2）静压变化的规律。

沉浸在静止液体或静止气体内的物体，其承受的压力与物体的沉浸深度成正比，即物体沉浸的深度越深，其承受的压力越大。同时也可以得知，在静止流场中，同一种液体或气体与同一平面的每个质点，彼此之间的压力差为 0。

根据静压理论公式推导得出的结论，我们可以知道，当人在爬山的时候，越往高处，承受的压力越小；飞机在高空飞行时承受的压力比在地面的低。这就是为什么爬山者会产生高山症，而飞机的空调必须增压的原因。

【例 2-2】

如图 2-3 所示，一个玻璃杯，直径为 7.2 cm，倒入 8 cm 高的水，试计算水的表面与杯底间的压力差。

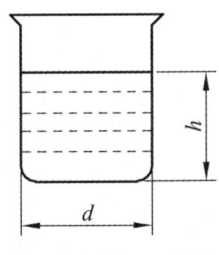

图 2-3　例 2-2 图示

【解答】

因为水的密度 $\rho = 1\,000\ \text{kg}/\text{m}^3$；水深为 8 cm = 0.08 m，所以水的表面与杯底间的压力差为 $\Delta P = \rho g h = (1\,000\ \text{kg}/\text{m}^3) \times (9.81\ \text{m}/\text{s}^2) \times (0.08\ \text{m}) = 785\ \text{N}/\text{m}^2$。

【例 2-3】

试论述静态流体在太空中各个质点的压力差为 0 的原因。

【解答】

根据静压理论 $\dfrac{\partial P}{\partial z} = -\rho g$ 可以知道，静止流场中液体和气体内各个质点承受的压力差，仅与液体或气体的密度、重力加速度和沉浸深度差有关，而与其他因素无关。太空中的重力加速度 $g = 0$，因此 $\dfrac{\partial P}{\partial z} = -\rho g = 0$，所以静态流体在太空中各个质点的压力差为 0。

【例 2-4】

如图 2-4 所示，容器中有两层彼此之间互不掺混的液体，密度分别为 ρ_1 和 ρ_2，试计算 A、B 两点处的压力。

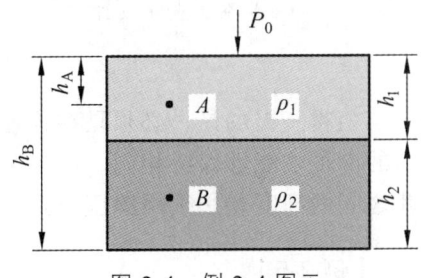

图 2-4　例 2-4 图示

【解答】

根据静压理论与静压公式，我们可以得到在 A 点时的压力为 $P_A = P_0 + \rho_1 g h_A$，而在 B 点时的压力为 $P_B = P_0 + \rho_1 g h_1 + \rho_2 g (h_B - h_1)$。

2.4　连通器及其原理

连通器是根据静压理论设计出来的，在日常生活、航空工程与流体机械设计中有许多应用，例如茶壶喷口、喷泉装置、锅炉水位计、水银真空计、液柱式风压表、差压计与煤气漏气的检测装置等。

1. 连通器的定义

所谓连通器（Communicating vessels）是指几个底部互相连通的容器，其特点是容器内装有同种液体并且达到静态平衡，也就是容器内液体彼此之间不会相互流动时，各个容器内液柱的高度一定是相同的。U 形管是一种连通器，当注入相同液体达到平衡时，U 形管两侧的液柱高度相同，如图 2-5 所示。

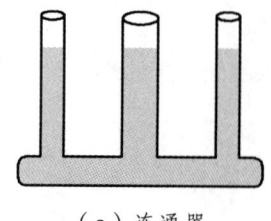 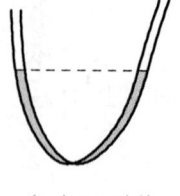

（a）连通器　　　　　　　　（b）U 形管

图 2-5　连通器与 U 形管的外形

2．连通器的原理与应用

根据静压理论，同一流体在同一平面的各点，彼此的压力差为 0，所以在连通器内装盛同种液体达到静止平衡时，每个液柱高度都相同。倘若连通器中的液柱高度不同，液体会由高的一端向液柱高度较低的一端流动，直到每个液柱的高度达到相同，此时液体才会停止流动而静止。在日常生活中，茶壶壶嘴的高度必须略高于壶口，不然茶壶不能装满茶水，而喷泉装置与牲畜自动饮水器的设计也使用了连通器的原理，如图 2-6 所示。

  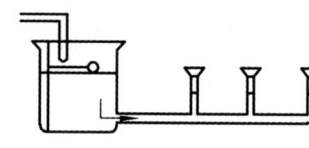

（a）茶壶壶嘴设计　　　（b）喷泉装置设计　　　（c）牲畜自动饮水器设计

图 2-6　几种连通器的应用装置

值得一提的是，必须是在连通器内都装盛同一种的液体并且达到静止平衡，每个液柱液面的高度才能够保持相同。如果装盛的是不同类型的液体，各液柱液面的高度不会相同，彼此之间的高度差必须用静压公式计算。

【例 2-5】

如图 2-7 所示，U 形管内装有水银，向右管中倒入一定量的水后，两管中水银面相差 2 cm，此时两管的液面高度差是多少？

【解答】

（1）根据静压理论，同一液体在同一平面的各点，彼此的压力差为 0，所以 A 点与 B 点所承受的压力相同。

（2）在 A 点的压力为 $P_A = P_0 + \rho_1 g h_1$，而在 B 点的压力为 $P_B = P_2 + \rho_2 g h_2$，所以得到 $P_A = P_0 + \rho_1 g h_1 = P_B = P_0 + \rho_2 g h_2$，因此 $\rho_1 g h_1 = \rho_2 g h_2 \Rightarrow h_2 = \dfrac{\rho_1}{\rho_2} h_1$

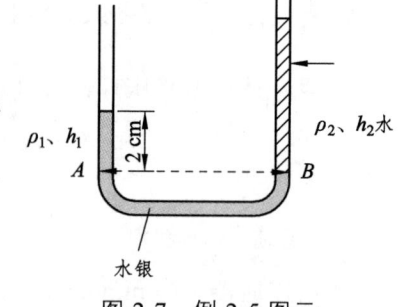

图 2-7　例 2-5 图示

（3）水银的密度是水的 13.6 倍，从而 $\dfrac{\rho_1}{\rho_2} = 13.6$，因此水柱的高度 h_2 是 $h_2 = 13.6 h_1 = 13.6 \times 2 \text{ cm} = 27.2 \text{ (cm)}$。

（4）两管的液面高度差为 $h_2 - h_1 = 27.2 \text{ cm} - 2 \text{ cm} = 25.2 \text{ cm}$。

2.5 压力的测量

液柱式测压计以静压理论为依据，是一种利用液柱高度来测量压力大小的仪器。这里只针对与静压理论有关的压力计（Manometer 或 Barometer），也就是液柱式压力计来介绍。

1．水银压力计

水银压力计是用来测量当地大气压力的一种装置，如图 2-8 所示，由于 $\Delta P = -\rho g \Delta z$，据此可以得到水银压力计的压力计算公式为 $P_{atm} = \rho_{水银} g h_{水银} = \gamma_{水银} h_{水银}$。式中，$P_{atm}$、$\rho_{水银}$、$g$、$h_{水银}$、$\gamma_{水银}$ 分别表示当地的大气压力、水银的密度、重力加速度、水银压力计中水银柱的高度以及水银的比重力。

因为水银的单位体积重力 $\gamma_{水银} = 133 \text{ kN/m}^3$，在标准大气压时，测量出的水银压力计中水银柱高度为 762 mm，所以得到在标准状态下的大气压力为 $P_{atm} \approx 101.3 \text{ kPa}$。

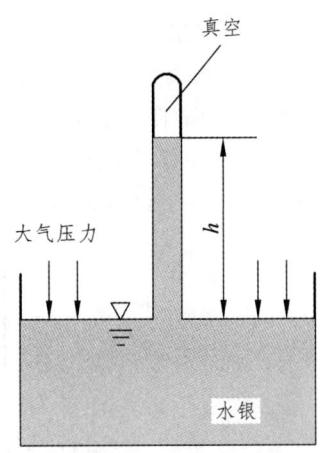

图 2-8　水银压力计

2．U 形管压力计

在需要测定密闭容器内气体的压力差时，通常采用 U 形管压力计。U 形管压力计外观如图 2-9 所示。

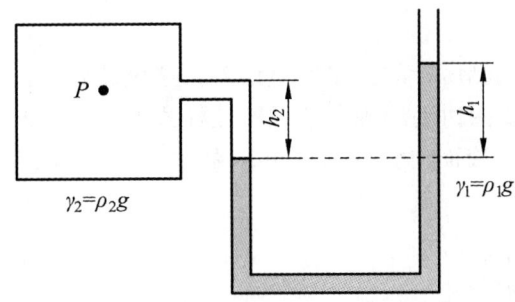

图 2-9　U 形管压力计

在 U 形管压力计中，密闭容器内气体的绝对压力为 $P_{abs} = P_{atm} + \rho_1 g h_1 - \rho_2 g h_2 = P_{atm} + \gamma_1 h_1 - \gamma_2 h_2$。如果密闭容器的流体是空气，则密闭容器内压力的计算公式，可以简化为 $P_{abs} = P_{atm} + \rho_1 g h_1 = P_{atm} + \gamma_1 h_1$。当 U 形管右侧液面的高度大于左侧液面，也就是 $h_1 > 0$ 时，密闭容器内气体的压力大于当地的大气压力；如果 U 形管右侧液面的高度小于左侧液面，也就是 $h_1 < 0$ 时，密闭容器内气体的压力小于当地的大气压力。水银的密度较大，常用来测量压力较大的密闭容器内气体的压力。

3．毛细现象

毛细现象又称为毛细管作用，在日常生活中，我们将直径很小的细管插入液体时，管内的液面会出现升高或下降的情况。例如我们将细管插入水中，管内水面会比管外的水平面高，而将细管插入水银中，管内水银面会比管外的水平面低。这种现象就叫作毛细现象（Capillarity），而这根细管就称为毛细管（Capillary tube）。毛细现象会使液柱式测压计的测量产生误差。

1）发生原因

毛细现象是液体与固体接触面（Interface）的附着力（Adhesion force）与液体内部的内聚力（Cohesion force）相互作用产生的结果。当接触面附着力大于液体内部的内聚力时，液体将沿壁面向外伸展，使液面向上弯曲成为凹面，液柱的高度上升，这种毛细现象称为毛细管的浸润现象（Wetting phenomenon），例如将玻璃管插入水中时就会出现的这种情况，如图2-10（a）所示。如果将玻璃管插入水银中，由于水银的内聚力远大于其与玻璃的附着力，水银的液面向下弯曲形成凸形，水银柱的高度下降，这种毛细现象称为毛细管的非浸润现象（No-wetting phenomenon），如图2-10（b）所示。

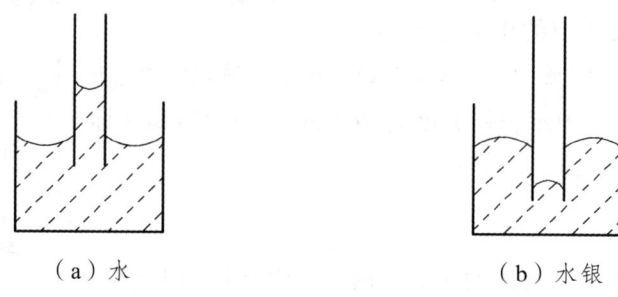

（a）水　　　　　　　　　（b）水银

图2-10　毛细现象

2）误差分析

毛细现象会造成液柱式测压计的测量产生误差，这里试做分析。

（1）接触角的定义。要探讨毛细现象造成的液柱式测压计误差，首先必须知道接触角的定义。将细管插入液体中，液面与管壁的夹角，称为接触角（Contact angle）θ，如图2-11所示。

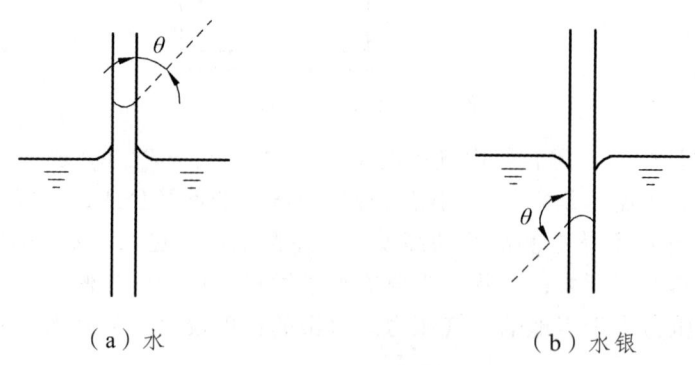

（a）水　　　　　　　　　（b）水银

图2-11　毛细现象接触角

如果接触角$\theta < 90°$，此种毛细现象为毛细管的浸润现象，如图2-11（a）所示，此时管内的液面会上升。如果接触角$\theta > 90°$，此种现象为毛细管的非浸润现象，如图2-11（b）所示，此时管内的液面下降。

（2）升降高度计算。毛细现象的升降高度可以由 $2\pi r\sigma\cos\theta = \rho\pi r^2 gh$ 公式求出。式中，r 是细管的半径，σ 是表面张力系数，θ 是接触角，ρ 是流体的密度，g 是重力加速度，而 h 是细管内液面的升降高度。依据上面公式，可以求得毛细现象升降高度的公式为 $h = \dfrac{2\sigma\cos\theta}{\rho gr}$。

（3）误差忽略条件。工程中常用的测压管，往往会造成较大的误差。我们可从实验与毛细现象的升降高度公式中知道，管径越大，毛细现象产生的误差越小。一般情况下，当测压管的管径大于 10 mm 时，毛细现象造成的测量误差可以忽略不计。

【例 2-6】

何谓毛细现象？在日常生活中的毛细现象有哪些？

【解答】

（1）我们将直径很小的细管插入液体中时，细管内的液面会因为附着力与内聚力的相互作用而出现升高或下降的情况。例如将细管插入水中，管内的水面会比管外的水平面来得高，而将细管插入水银中，管内的水面会比管外的水平面来得低。以上将细管插入液体中造成管内液面升降的情况就叫作毛细现象。

（2）在日常生活中，砖块吸水、毛巾吸汗、粉笔吸墨水、水银压力计的指数会比实际的压力值稍小、吸水纸有吸水性、油沿灯芯向上升、地下水沿土壤上升，以及植物吸收水分都是毛细现象的体现。

【例 2-7】

水银压力计的测量值比实际压力值略大还是略小？是什么原因？在何种情况下，水银压力计的测量误差可以忽略不计？

【解答】

（1）水银压力计的测量值比实际压力略小。
（2）这是因为毛细现象使得测压管内水银液面下降而导致测量误差。
（3）通常当测压管的管径大于 10 mm 时，毛细现象造成的测量误差可以忽略不计。

2.6 帕斯卡原理

帕斯卡原理是用来说明流体在静止时压力传递的原理，在工业中，帕斯卡原理常用于千斤顶与飞机的液压或气压系统。

1．公式说明

所谓帕斯卡原理（Pascal's principle）是指对封闭容器内的液体或气体施加压力时，必定会均匀地传递到液体或气体中的每个部分。也就是说对密闭容器的液体或气体施加压力时，压力会传递到容器的每个位置，且在任何方向的压力都是相同。如图 2-12 所示，根据帕斯卡原理，在液压或气压系统中的一个活塞上施加一定的压力，必将在另一个活塞上产生相同的压力增量。所以我们可以导出 $\dfrac{F_1}{A_1}=\dfrac{F_2}{A_2}$。式中，$F_1$ 与 F_2 分别表示活塞1与活塞2所承受的垂直力，而 A_1 与 A_2 分别为活塞1与活塞2的面积。

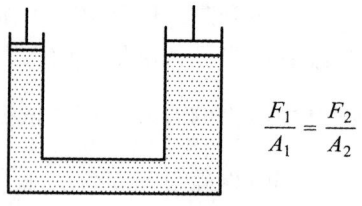

图 2-12　帕斯卡原理

2．公式应用

帕斯卡原理常用于千斤顶与飞机的液压或气压系统，如果不考虑活塞1与活塞2的高度差所造成的压力差 ΔP，F_1、F_2、A_1 与 A_2 之间的关系为 $\dfrac{F_1}{A_1}=\dfrac{F_2}{A_2}$，如图 2-13 所示。从图中能够看出，通过这个装置可以使用极小的力量来举起重物。

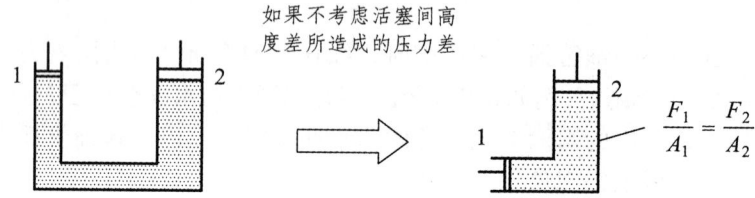

图 2-13　帕斯卡原理应用在液压或气压系统

【例 2-8】

如图 2-14 所示，若车子为 5 000 kg，需要多少的力 F 才能维持平衡？

【解答】

由于车子的重力为 5 000 kg×9.81 m/s² = 49 050 N，而根据帕斯卡原理，车子重力 W 与施力 F 的关系为 $\dfrac{W}{25}=\dfrac{F}{5}$，因此可以得到 $F=9\ 810\ \text{N}$。

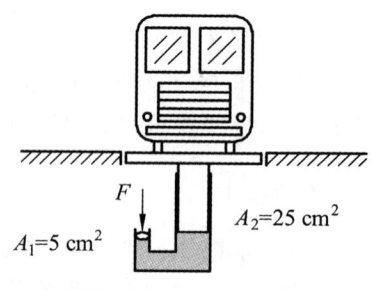

图 2-14　千斤顶的应用

2.7　浮力原理

浮力原理主要是说明沉浸或飘浮在液体或气体中的物体所受到的浮力与流体密度、物体体积之间的关系。因为由阿基米德发现，所以浮力原理又称为阿基米德原理。浮力原理在日常生活与科技中应用甚广，例如热气球的升空和轮船与潜艇的设计，都使用了浮力原理。

1．浮力的概念

所谓浮力（Buoyancy）是指沉浸或飘浮在液体或气体中的物体受到液体或气体向上托的力。浮力的作用点称为浮心，它与物体排开液体或气体体积的质心重合。

2．物体的沉浮条件

如图 2-15 所示，沉浸或飘浮在静止液体或气体中的物体受到的作用力仅有重力（W）与浮力（B）。

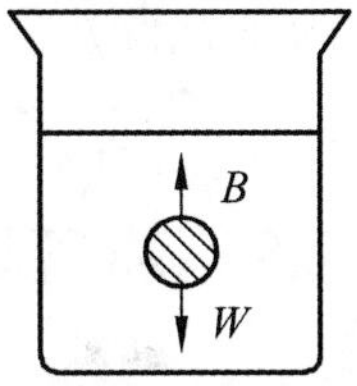

实验已经充分证明，如果物体受到的浮力 B 小于物体的重力，也就是 $B<W$，则物体下沉，直至液体底部或无法飘浮在气体之中，此时的物体称为沉体（Immersed body），如图 2-16（a）所示。如果物体所受到的浮力 B 大于物体的重力，也就是 $B>W$，则物体飘浮在液面或气体之中，此时的物体称为浮体（Floating body），如图 2-16（b）所示。而当物体所受到的浮力 B 等于物体的重力时，则物体处于开始沉浮的临界点（Critical point），物体会在液体中随机平衡或开始飘浮在气体之中，此时的物体称为潜体（Submerged body）。

图 2-15 物体在静止流体中所受作用力种类

（a）$B<W$　　　　　（b）$B>W$

图 2-16 物体沉浮条件

3．浮力原理的定义

物体受到的浮力等于物体排开流体的重力，据此我们可以称之为浮力原理，依据在液体或气体中沉浸或飘浮的状况，物体可以分成沉体与浮体两种状态。

（1）沉体浮力。沉浸在流体的物体，称为沉体，沉体所受浮力等于物体排开流体的重力。

（2）浮体浮力。飘浮在流体的物体，称为浮体，浮体所受浮力等于物体排开流体之重力或浮体本身的重力。

4．浮力计算公式

根据浮力原理，我们可以用 $B = \rho_{流体} \times V_{流体} \times g$ 来计算，这个公式就称为浮力计算公式。式中，B 是物体所受到的浮力；$\rho_{流体}$ 是流体的密度；$V_{流体}$ 是排开流体的体积；g 是重力加速度。

（1）影响浮力的因素。从浮力计算公式中可以得知，物体受到的浮力仅与流体的密度 $\rho_{流体}$ 和排开流体的体积 $V_{流体}$ 有关，而与其他因素无关。

（2）物体沉浮判定的依据。如果物体的密度 $\rho_{物体}$ 大于流体的密度 $\rho_{流体}$，则物体沉浸在流体之内；如果物体的密度 $\rho_{物体}$ 小于流体的密度 $\rho_{流体}$，则物体飘浮在液面或气体之中。

【例 2-9】

体积是 100 cm³ 的铁块，浸没在酒精里，已知酒精的密度是水密度的 0.8 倍，它受到的浮力是多少？

【解答】

因为沉浸在流体的物体（沉体）受到的浮力等于物体排开流体的重力，所以铁块在酒精中受的浮力为 $B = \rho_{\text{酒精}} V_{\text{铁块}} g = 0.8 \times 10^3 \text{ kg/m}^3 \times 100 \times 10^{-6} \text{ m}^3 \times 9.81 \text{ m/s}^2 = 0.785 \text{ N}$。

2.8 热气球与飞艇的载重计算

随着科技发展日新月异，航空器的出现实现了人类在空中飞行的梦想，热气球与飞艇利用大气的浮力使其升空，所以在空气动力学中，我们常用浮力原理来计算热气球与飞艇的最大载重。根据浮力原理，热气球受的浮力是热气球排开空气的重力。又因为飘浮在空气中的物体，所受浮力必定不小于物体的重力，这样才能飘浮在空中，所以我们可以推导出热气球与飞艇的载重公式，也就是 载重 = $\rho_{\text{air},\text{外}} V g - \rho_{\text{air},\text{内}} V g$。式中，$\rho_{\text{air},\text{外}}$ 为热气球外部周围的密度，也就是热气球所处环境的大气密度；V 为热气球占据的体积；g 为重力加速度，其值约等于 9.81 m/s²；$\rho_{\text{air},\text{内}}$ 为热气球内部气体的密度。

【例 2-10】

如图 2-17 所示，假设热气球本身的重力可以忽略不计，且热气球内是空气，试推导热气球的最大载重公式。

【解答】

因为热气球的最大载重 = 热气球的浮力 – 热气球内部气体的重力 = 热气球所排开空气的重力 – 热气球内部气体的重力。所以热气球的载重公式为 载重 = $\rho_{\text{air},\text{外}} V g - \rho_{\text{air},\text{内}} V g$。

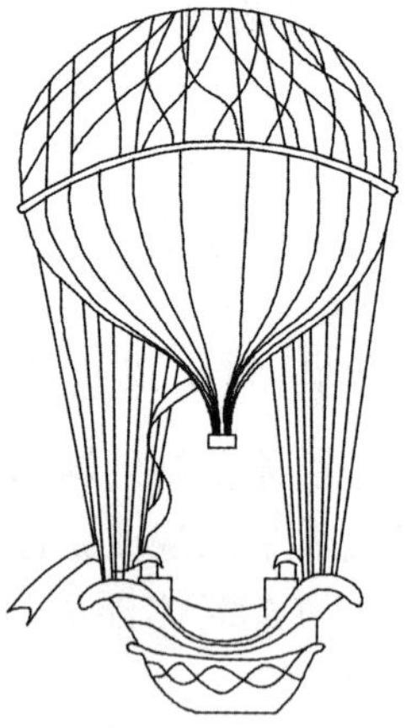

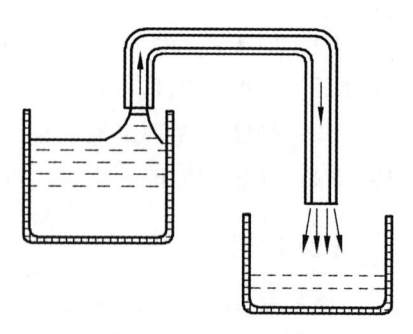

图 2-17 热气球

2.9 虹吸现象

虹吸现象是利用曲管将液体由较高液面位置引向低处的现象，它在日常生活、机械基础以及建筑设计中应用甚广，例如鱼缸的排水、机油的引出以及建筑排水系统的设计都是属于虹吸现象的应用。

1. 虹吸现象的定义

如图 2-18 所示，将软管或曲管（虹吸管）插入液体中，并使管内充满液体后，液体就会持续通过虹吸管从开口往更低的位置流出，这种现象叫作虹吸现象（Siphonage）。

2. 虹吸现象的原理

虹吸现象主要是因为重力和液体分子与分子之间的吸引力而产生。在装置中，管内最高点液体会因为重力的作用往

图 2-18 虹吸现象

低位管口处移动，在 U 形管内部产生负压。此负压再加上由液体分子与分子之间的吸引力所产生的附着力（Adhesion），会导致高位管口的液体被吸入 U 形管内，并沿着壁面到达最高点。然后，又因为重力的作用使液体流向低处。如此连续地作用使液体源源不断地流入低位置容器，直到高位管口处与低位管口处的液面相等或高位置容器中液体流干为止。

课后练习

（1）什么是连续介质的假设？作这样的假设合理吗？研究飞行器在任何高度飞行所受的空气动力时都可以应用连续介质的假设吗？

（2）连续介质的假设有什么好处？

（3）静压理论的存在条件与公式是什么？

（4）什么是静压理论？

（5）在设计茶壶时，为什么壶嘴的高度必须略高于壶口？

（6）用水银柱高度与压力单位 Pa 来表示标准状态下的大气压力 P_{atm}。

（7）液柱式测压计的测量误差通常是由毛细现象所造成的，在什么情况下，毛细现象造成的测量误差可以忽略不计？

（8）液柱式测压计的测量误差与测压管管径的关系是什么？

（9）简单叙述帕斯卡原理并列出其应用公式。

（10）试简单叙述浮力原理，并列出浮力公式。

（11）用浮力原理简单列出物体在液体内判定沉浮的条件。

（12）如图 2-19 所示，冰块置于杯中，当冰块融解后杯内水面是上升还是下降，原因是什么？

（13）如图 2-20 所示，如果热气球的体积为 V，内部空气的密度为 ρ_1，而大气的密度为 ρ_2，热气球的载重是多少？

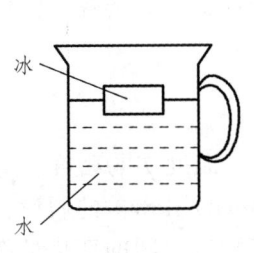
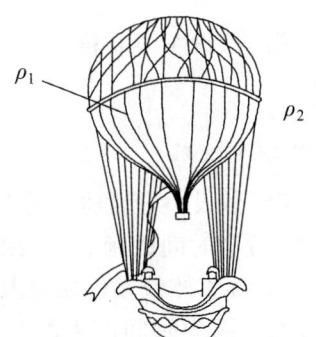

图 2-19　习题（12）图示　　　图 2-20　习题（13）图示

（14）以物体受到剪应力所产生的反应来描述固体和流体之间的差异。

（15）简述虹吸现象在工程技术上的应用。

（16）简述虹吸现象的工作原理。

第 3 章　简单的一维流体流动

流体力学与空气动力学问题研究早期，因为计算机不够普及与其运算能力不够强大，只能够使用理论解析法（Theoretical analytic method）来计算简单的流体流动问题，而简单一维流体流动的数学模式即为流体力学与空气动力学理论发展初期最常使用的数学建模方式。虽然使用简单的一维流动的设定可以大幅简化流体力学与低速空气动力学问题研究的难度，让早期的理论研究得以进一步的发展，但是过度的简化问题也影响研究结果的可用性与精确度。虽然时至今日，计算机技术的迅速发展令其运算能力日渐强大，人们开始广泛地使用数值计算法（Numerical algorithm）解决复杂的气体流动的问题，但是简单一维流体流动的概念仍用于处理空气动力学问题的研究工作。其主要原因有两个：一是在空气动力学问题研究过程的初期，可使用理论解析法所得结果去指导实验研究和数值计算。它们富有成效，少有偏差，并节省了问题研究过程初期耗费的先期投资以及研究时间、人力与成本，或者降低了预判研究时可能发生的风险。二是可利用此培育后续科技人才，训练空气动力学的初步研究者利用假设去简化研究工作的难度以有效解决问题，并在训练的过程中，使其培养具备独立处理问题与系统性创新的能力。这种研究的模式都是运用低速流动或不可压缩流体问题，所以人们又将简单一维的流体流动归属于低速流动或不可压缩空气动力学问题的研究范畴。

3.1　使用假设

研究问题常用的假设主要有稳态一维流动、不可压缩流体、非黏性流体、理想流体、平均流速与流管等。

1．稳态一维流动

由于流体连续性假设，通常将液体与气体的压力 P、温度 T 与密度 ρ 等流体流动性质以及流速 V 表示为位置和时间的函数。所谓稳态流动（Steady flow）的假设，是指流体的压力 P、密度 ρ 和温度 T 等流体流动性质以及流体的流速 V 随着时间的变化量都非常小，以至可以将流动性质与流速因为时间产生的变化量忽略不计。而所谓一维流动（One-dimensional flow）则是假设流体的流动性质与流速仅随着单一空间坐标而改变，也就是流动性质与流速可以仅用单一空间坐标的函数来表示。所谓稳态一维的流体流动（Steady one-dimensional flow）就是假设流体的流动性质与流速不随时间产生变化并且可以使用单一空间坐标的函数来表示。在流动稳定性以及精确度要求不高的工程问题研究中，稳态一维流动的假设可以大幅地降低流体力学与空气动力学问题研究的难度。

2. 不可压缩流体

假设流体流动时密度变化量非常小，以至可以将流体流动时的密度变化忽略不计，即 $\rho = \text{constant}$ 时，可将该流体称为不可压缩流体（Incompressible fluid）。实验与研究均已证明液体与气体流速低于0.3马赫（Ma）时，流动时的密度变化通常忽略不计。例如飞机以低于0.3马赫的速度飞行时，我们可以将流经飞机机体表面气流的密度变化忽略不计。不可压缩流体的假设可以将流动产生的压缩性忽略不计，从而问题的研究简单化，大幅地降低研究难度。

3. 非黏性流体

流体实际上具有黏性，也就是流动时会产生黏性阻滞流体或对运动的物体产生阻力。但是在流体力学与空气动力学问题研究的初期，由于计算机不够普及且其运算能力不够强大，流体黏性给流动在数学建模以及公式的计算上带来极大困难。因此在处理某些低速流动问题时将流体的黏度 μ 假设为0。这一假设就叫作非黏性流体（Inviscous fluid）的假设。使用非黏性流体假设所得结果必须通过实验以检验其精确度与可用性。

4. 理想流体

所谓理想流体（Ideal fluid）的假设是将流体流动时的密度变化与黏性都忽略不计，也就是假设流体在流动时，流体的密度变化与流体的黏度均为0。简单地说，理想流体的假设必须同时满足前面提及的"不可压缩流体"与"非黏性流体"假设。理想流体的假设虽然可以大幅地简化问题研究的难度，但仅能解决某些低速流动问题。

5. 平均流速与流管的概念

在研究低速流动问题时，我们往往使用流管与平均流速的概念。虽然它们是假想的概念，但是在空气动力学问题研究中，却是一个非常有用且不可或缺的处理模式。

（1）流管的概念。

流体的流线不仅可以清楚地表达流动的方向，而且在流场内，流线的疏密还反映了流速的大小。因此，使用流线能够明确地表示流体的运动情况，故流线被流体力学与空气动力学研究者广泛使用。在流场中取任意一条不是流线的曲线 C，并在曲线 C 上的每一点做一流线，如果曲线 C 为一条非封闭曲线，这些流线所构成的曲面称为流面（Stream surface），如图3-1（a）所示。如果曲线 C 是一条封闭曲线，则这些流线所构成的管状曲面称为流管（Flow tube），如图3-1（b）所示。

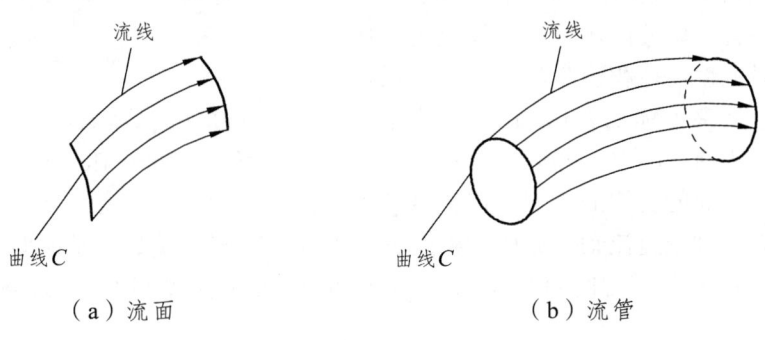

图3-1 流面与流管

因为流管的侧表面是由流线组成的，根据流线的定义："在流线上每一点的速度向量都在该点与流线相切"，且在稳定流场中，流速不会随着时间改变，所以流体稳定流动时，流管的形状不会随着时间改变，流管内外的流体质点只能始终在各自流道内流动，不能穿越管壁。从这个意义上来说，流管虽然只是一个假想的管子，但其可以像真实的固体管壁，将流管内外的流体完全隔开。我们在研究稳定流场时，可以利用流管的概念将流场限制在某特定区域中，以大幅地简化研究问题的难度，如图3-2所示。

流管内部的全部流体称为流束，其大小视流管所取的封闭曲线大小而定，如果流管所取的封闭曲线是管道周围的内部壁面，其流束就是充满管道内部的全部流体。如果流管所取的封闭曲线是流经飞机壁面到边界层厚度之间的范围，其流束就是充满流经飞机外部边界层区域的所有流动气体。

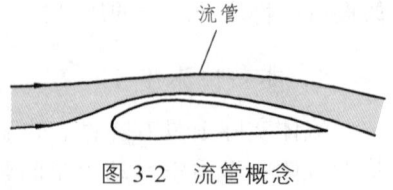

图3-2　流管概念

（2）平均流速的概念。

为了工程计算方便，我们引入平均流速的概念，它是一种假想的流速。假设流体在低速流动，也就是流体流速小于0.3马赫（Ma）时，流体流经某流管截面上的体积流率（Volume flow rate）都是相等的，因此平均流速（Mean velocity）定义为 $\bar{V} = \dfrac{Q}{A} = \dfrac{\iint_A V_n \mathrm{d}A}{A}$。式中，$\bar{V}$ 为平均流速，Q 为体积流率，A 为截面面积，V_n 为流体流经流管截面的法向速度。一般人们常说："在某一管道中某种流体的流速是多少"，其中流速指的就是平均流速，因此平均流速 $\bar{V}$ 上的横杠往往不予标出，而以 V 表示。此假设主要是希望将流体力学与空气动力学问题简化成最简单的稳态一维流动问题来求解。当然，除了速度外，严格地说，截面上的各压力与温度的值也不会完全均匀，我们也可以通过采用取平均值的方法，将实际流动问题当作稳态一维流动来近似处理。

3.2　计算公式

研究稳态一维不可压缩流体的流动问题，使用的公式主要为流率守恒公式与伯努利方程式。

1．流率守恒公式

流率守恒公式是根据流体在稳态一维流动状态下的质量守恒定律推导而得，其在流力工程、热力工程以及低速空气动力学的问题中常用于计算管道出入口的质量流率、体积流率，以及系统或装置在研究区域内的流体流速变化。

（1）质量流率与体积流率的定义与关系。

所谓质量流率（Mass flow rate）是指单位时间内流过管道某截面的流体的质量，用符号 $\dot{m}$ 表示，定义为 $\dot{m} = \rho A V$，单位为 kg/s。所谓体积流率（Volume flow rate）是指单位时间内流过管道某一截面的流体的体积，用符号 Q 表示，定义为 $Q = AV$，单位为 m^3/s。

对于稳态一维低速流动，流体的密度 ρ 可视为一个固定常数。又根据质量流率 $\dot{m}$ 与体积流率 Q 的计算公式，我们可以获得质量流率与体积流率的关系为 $\dot{m} = \rho Q = \rho A V$ 或者 $Q = \dfrac{\dot{m}}{\rho} = AV$。

（2）流率守恒公式的物理定义与计算公式。

流率守恒公式物理定义为"流体在稳态流场中流进管道的质量流率总和等于流出管道的质量流率总和"。根据这一个定义，我们可以得到流率守恒公式为 $\sum \dot{m}_i = \sum \dot{m}_e$。式中，$\sum \dot{m}_i$ 是流进管道的总质量流率，$\sum \dot{m}_e$ 是流出管道的总质量流率。如图 3-3 所示，$\dot{m}_1$ 为流入管道的质量流率，$\dot{m}_2$ 与 $\dot{m}_3$ 为流出管道的质量流率，根据流率守恒公式，$\dot{m}_1$、$\dot{m}_2$ 与 $\dot{m}_3$ 的关系为 $\dot{m}_1 = \dot{m}_2 + \dot{m}_3$。

对于低速流动问题，我们可以将密度变化忽略不计，因此 $\dot{m}_1 = \dot{m}_2 + \dot{m}_3$ 简化为 $Q_1 = Q_2 + Q_3$，其中 Q_1 为流入管道的体积流率，Q_2、Q_3 为流出管道的体积流率。根据前面的结果，可以做进一步的推导：对于同一流管，如果只有单一的进口与出口，则流过任意截面的体积流率都相同，也就是 $Q = AV = \text{constant}$，所以液体与低速气体的流速与截面面积成反比，如图 3-4 所示。

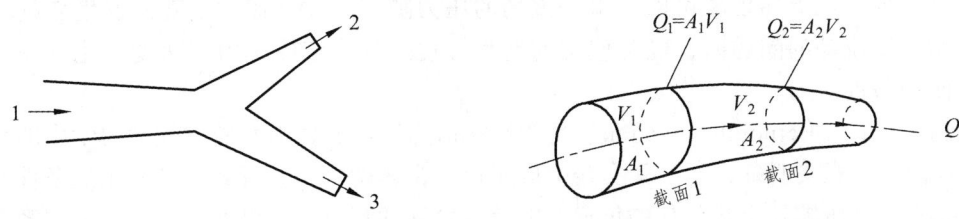

图 3-3　分歧管路　　　　　图 3-4　在低速流管中面积与流速变化关系

【例 3-1】

如图 3-5 所示，低速风洞的进口截面面积为 A_1、空气的压力为 P_1、速度为 V_1、密度为 ρ_1；而风洞测试验段内的截面面积为 A_2，且 $A_2 = 0.8 A_1$。假设空气的密度保持不变，而且摩擦损失亦可不计，截面 2 处空气的速度是多少？

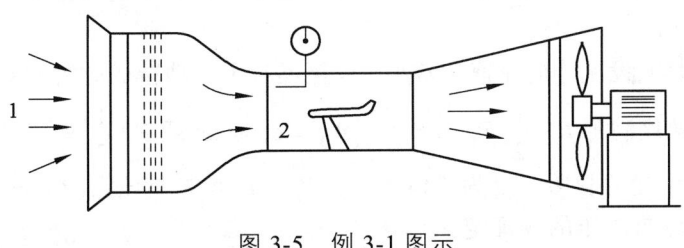

图 3-5　例 3-1 图示

【解答】

假设空气的密度保持不变，我们可以用体流率守恒公式求出 V_1 与 V_2 之间的关系。因为 $Q_1 = Q_2 \Rightarrow A_1 V_1 = A_2 V_2$，因此可以得出 $V_2 = \dfrac{A_1}{A_2} V_1 = \dfrac{A_1}{0.8 A_1} V_1 = 1.25 V_1$。

【例 3-2】

如图 3-6 所示，水自输水管道截面 1 流向截面 2，测得截面 1 处的水流平均流速 $V_1 = 2 \text{ m/s}$，已知输水管道在截面 1 的管道直径 $d_1 = 0.5 \text{ m}$，在截面 2 的管道直径 $d_2 = 1 \text{ m}$，在截面 2 处的平均流速 V_2 是多少？

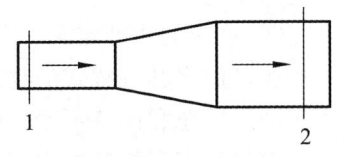

图 3-6　例 3-2 图示

【解答】

因为截面 1 的管道直径 $d_1 = 0.5 \text{ m}$，截面 2 的管道直径 $d_2 = 1 \text{ m}$，所以截面 1 的管道面积为 $A_1 = \dfrac{\pi d_1^2}{4} = 0.785\,4 \text{ m}^2$，截面 2 的管道面积为 $A_2 = \dfrac{\pi d_1^2}{4} = 3.141\,6 \text{ m}^2$。根据体流率守恒公式 $Q_1 = A_1 V_1 = Q_2 = A_2 V_2$，所以 $V_2 = \dfrac{A_1}{A_2} V_1 = 0.5 \text{ m/s}$。

2．伯努利方程式

我们在日常生活中可以观察到流体流速发生变化时，流体压力也相应发生变化。例如，向两张纸片中间吹气，两纸不是彼此分开，而是相互靠近。两艘并行的游船，船体与船体之间也会越行越近。从上述现象可以看出，流场的压力随着流体流速的改变而发生变化。研究液体与低速气体流动的问题时，经常使用伯努利方程式计算流体压力与速度变化的关系。

（1）使用条件。

伯努利方程式（Bernoulli equation）是能量守恒定律在流体力学与空气动力学中的具体表达，它形式简单，意义明确，是工程实践中应用得非常多的一个方程式。其使用的条件是假设流体在稳态、不可压缩且无热与功的传递，以及非黏性的流场中，也就是假设流体的密度变化与黏性效应可以忽略不计。对于低速流动的流体而言，使用伯努利方程式研究流体流动时压力与速度的变化，其计算结果与实际测量结果之间的误差不大，以至我们可以忽略不计。但是对于高速气流，也就是气体的流速高于 0.3 马赫（Ma）的流动问题，使用伯努利方程式计算气体流动时，压力与速度的变化与实际测量所得结果之间的误差却不能忽略不计，且它们的误差随着气体的流速增加而逐渐变大。因此对于高速气流、黏性流体或者对于计算精确度有特殊要求的工程问题，必须视实际需要加以修正，本书会在后续的内容中进行描述，本章就不再说明。

（2）公式介绍。

伯努利方程式是假设流体的流速非常小，以至不考虑流动造成的密度变化与能量损耗。此时，流场内压力与速度满足 $P_1 + \dfrac{1}{2}\rho V_1^2 = P_2 + \dfrac{1}{2}\rho V_2^2 = \text{constant}$ 或 $P + \dfrac{1}{2}\rho V^2 = P_t$ 的关系式。式中，P_1、P_2 与 P 是该点承受的静压，ρ 为流体密度，V_1、V_2 与 V 是该点的流速，而 P_t 则是总压。

（3）静压、动压与总压的物理定义。

要了解伯努利方程式的物理意义，首先必须了解方程式中各项的物理意义，也就是静压、动压与总压的物理定义。

① 静压的物理定义。我们称 P 为静压（Static pressure），它是指质点在流场中承受静止流体的压力。

② 动压的物理定义。我们称 $\dfrac{1}{2}\rho V^2$ 项为动压（Dynamic pressure），它是因为流体流动而产生的压力。

③ 总压的物理定义。我们称 P_t 项为总压（Total pressure），它是静压与动压的总和。

所以伯努利方程式的物理意义是假设流体在稳态、不可压缩与非黏性的低速流场内，静压与动压的总和保持不变。因此流体在流速快的地方压力小，而在流速慢的地方压力大，这就是伯努利定理的基本内容。

（4）空速计的设计原理。

空速计（Airspeed indicator）是利用伯努利原理来测量飞机飞行速度的装置，如图3-7所示。其设计原理是利用空速管迎气流的管口来收集气流的总压以及利用空速管周围的一圈小孔来收集大气的静压，总压与静压间的差值，就是飞机飞行速度产生的动压。因此我们可以根据伯努利方程式 $P+\frac{1}{2}\rho V^2 = P_t$，求得飞机飞行速度 $V = \sqrt{\frac{2(P_t - P)}{\rho}}$。必须注意的是，空速计的速度计算公式是根据伯努利方程式求得的，计算结果会因为流体的流动速度与黏性而与实际飞机的飞行速度有差异，而且误差值随着飞行速度的增加而逐渐变大。因此，飞机在高速飞行时，计算公式所得飞速度必须做进一步的修正，有关于修正方式的介绍，会在本书后续的内容中描述。

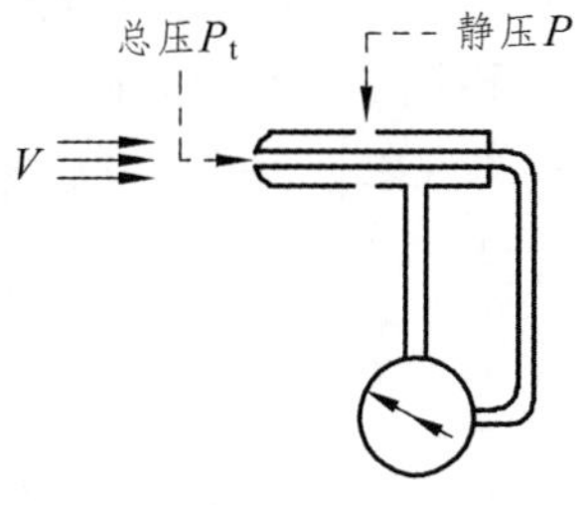

图 3-7 空速计设计原理

【例 3-3】

如图3-8所示，假设流经皮托管装置的流体为理想流体，流体的密度为 ρ，点2的速度 V_2 是多少？用总压管与静压管的液面高度差 h 表示 P_2 与 P_1 的压力差与点1的速度值 V_1。

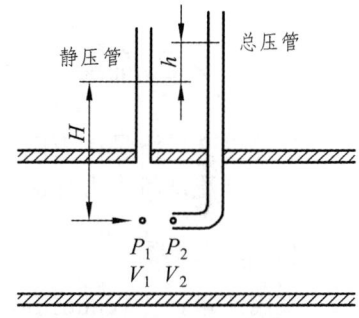

图 3-8 皮托管装置

【解答】

（1）因为点2为滞止点，所以 $V_2 = 0$。

（2）因为点1的压力为 $P_1 = P_a + \rho g H$；点2的压力为 $P_2 = P_a + \rho g(H+h)$。式中，P_a 为当时的大气压力。所以 P_2 与 P_1 的压力差为 $P_2 - P_1 = \rho g(H+h) - \rho g H = \rho g h$。

（3）根据伯努利方程式，我们可以得到 $P_1 + \frac{1}{2}\rho V_1^2 = P_2 + \frac{1}{2}\rho V_2^2 \Rightarrow P_1 + \frac{1}{2}\rho V_1^2 = P_2$，所以 $\frac{1}{2}\rho V_1^2 = P_2 - P_1$。

（4）我们可以得到 $P_2 - P_1 = \rho g h = \frac{1}{2}\rho V_1^2$，因此 $V_1 = \sqrt{2gh}$。

（5）马格纳斯效应。马格纳斯效应（Magnus effect）是伯努利方程式的一种变形应用，它是空气动力学中的一种现象，以马格纳斯的名字来命名。它可以说明在球类运动中，棒球的曲球、足球的香蕉球以及乒乓球的抽球等原因。

① 定义。所谓马格纳斯效应是指当一个旋转物体的旋转角速度向量与物体飞行速度向量不重合时，在与旋转角速度向量和移动速度向量所组成平面相垂直的方向上会产生一个横向力，使物体的运动轨迹发生偏转的现象。这里以棒球的上、下飘球为例，说明马格纳斯效应的发生原理。

② 原理说明。根据伯努利定律，流体速度增加将导致压力的强度减小，流体速度减小将导致压力的强度增加。这样就导致旋转物体在横向的压力差，从而形成横向力，进而导致物体的飞行轨迹发生偏转的现象，如图3-9所示。根据相对原理，物体在运动时，相对气流流动的方向与物体运动的方向相反，所以如果棒球向右运动，则相对气流方向是向左。对于

一个向右投出的棒球，如果棒球逆时针旋转，因为流经球体上方气流的流速被叠加，所以气流的流速增加，而流经球体下方气流的流速被抵消，气流的流速减少。球体下方气流的流速小于上方气流的流速，所以根据伯努利定律，球体下方的压力大于上方，棒球会产生向上飘移的现象。反之，如果棒球是向右以顺时针的方向旋转投出，将会是下坠球。

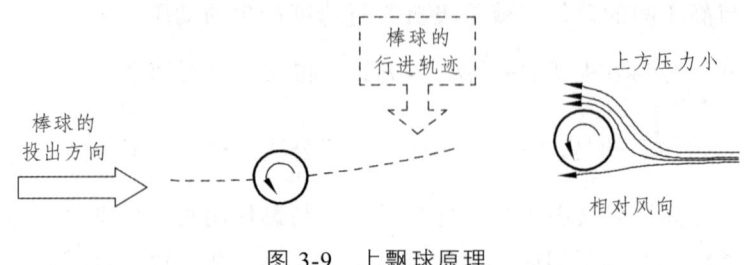

图 3-9 上飘球原理

3.3 文氏流量计的测速原理

这里以文氏流量计为例，进一步了解利用体积流率守恒公式与伯努利方程式来计算流体在稳态一维流动时压力与速度的变化。

1．测速原理

文氏流量计（Venturi flowmeter）是一种用来测量封闭管道中单相稳定流体流速的装置，常用于测量空气、天然气、煤气、水等流体的流量或流速。它在测量低速流动时的设计原理和空速计一样，都是利用伯努利原理设计而得的测速装置，也就是其测速公式是在稳态一维、不可压缩与非黏性流体的假设下获得的。

2．测速公式

如图 3-10 所示，文氏流量计水平放置，被测量流体流速的管道中截面 1 的面积为 A_1、压力为 P_1、速度为 V_1、密度为 ρ_1，截面 2 的面积为 A_2、压力为 P_2、速度为 V_2、密度为 ρ_2，以及 U 形管内的液柱高度差为 h。

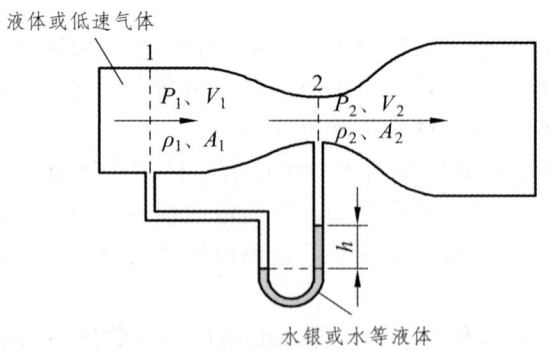

图 3-10 文氏流量计测速原理

如果文氏流量计所测量的是低速气体流速，在工程技术上，U 形管内的液体通常是水。

因为气体的流速缓慢，我们可以用 $V_2 = \sqrt{2(P_1-P_2)/\left[\rho_1\left(1-\dfrac{A_2^2}{A_1^2}\right)\right]}$、$P_1-P_2=\rho_{水}gh$ 与 $V_1=\dfrac{A_2}{A_1}V_2$ 等公式求得被测量管速的管道截面 1 与截面 2 的流速 V_1 与 V_2，因此只要知道气体在管道中测量点 1 与测量点 2 的管路截面面积 A_1 与 A_2，并参考 U 形管液面的液柱高度差，就可以求得测量点 1 与测量点 2 的气体流速 V_1、V_2 与体积流率 Q。如果文氏流量计测量的是低速液体流速，则可能因为流动液体的动压差过大，必须将流量计 U 形管内的液体从原来使用的水改为其他液体，则前面使用的液柱高度差造成压力差的计算公式 $P_1-P_2=\rho_{水}gh$ 中的 $\rho_{水}$ 就必须改为其他液体的密度 $\rho_{液体}$。考虑流体的黏性影响和制造工艺等因素，文氏流量计中流速 V_2 的计算公式还应乘以一个流量修正系数 C_q，即 $V_2 = C_q\sqrt{2(P_1-P_2)/\left[\rho_1\left(1-\dfrac{A_2^2}{A_1^2}\right)\right]}$。式中，流量修正系数 C_q 由试验测得，一般为 0.95～0.98。不过在工程计算中为简化起见，常近似地取 $C_q=1$。

温馨小提醒

在文氏流量计装置中，管道内流动的流体为低速气体，我们可以假设 $\rho_1=\rho_2$，但是测量管速的管道内的流体与 U 形管液面的流体并非同一种流体，因此不可以混为一谈，也就是不可以假设 $\rho_1=\rho_{水}$。

【例 3-4】

如果喷管如图 3-10 所示，流体比重 S 为 0.85 的油经喷口射出，截面 1 的直径 $d_1=10$ cm，截面 2 的直径 $d_2=4$ cm，U 形压差计测量出的压力差为 7×10^5 Pa，求截面 1 与截面 2 的流速 V_1 与 V_2。

【解答】

（1）油的密度 $\rho=0.85\times1\,000$ kg/m³，截面 1 与截面 2 的面积分别为 $A_1=\dfrac{\pi d_1^2}{4}$ 与 $A_2=\dfrac{\pi d_2^2}{4}$，为了简化问题，将测试点之间的位置高度差，也就是位势压差造成的影响忽略不计。

（2）$V_2 = \sqrt{2(P_1-P_2)/\left[\rho_1\left(1-\dfrac{A_2^2}{A_1^2}\right)\right]} = \sqrt{2(7\times10^5)/\left[0.85\times10^3\left(1-\dfrac{\dfrac{0.04^2}{4}}{\dfrac{0.1^2}{4}}\right)\right]} = 4.1$ (m/s)。

（3）根据流率守恒方程式，也就是 $Q=AV=\text{constant}$，得 $V_1=\dfrac{A_2}{A_1}V_2=6.58$ (m/s)。

【例 3-5】

试证明文氏流量计测量的是低速气体流速，流量计 U 形管内使用的液体是水，则其测量点 2 的流速计算公式为 $V_2=\sqrt{2(P_1-P_2)/\left[\rho_1\left(1-\dfrac{A_2^2}{A_1^2}\right)\right]}$。

【解答】

（1）因为管内的空气流速缓慢，我们可以将空气的密度变化忽略不计。根据流率守恒公式 $Q_1 = A_1V_1 = Q_2 = A_2V_2$，我们可以得出 V_1 与 V_2 之间的关系为 $V_1 = \dfrac{A_2}{A_1}V_2$。

（2）根据伯努利方程式，可得到 $P_1 + \dfrac{1}{2}\rho_1 V_1^2 = P_2 + \dfrac{1}{2}\rho_1 V_2^2 \Rightarrow \dfrac{1}{2}\rho_1 V_2^2 = P_1 - P_2 + \dfrac{1}{2}\rho_1 V_1^2$。将 $V_1 = \dfrac{A_2}{A_1}V_2$ 代入，可得到 $\dfrac{1}{2}\rho_1 V_2^2 = P_1 - P_2 + \dfrac{1}{2}\rho_1 \left(\dfrac{A_2^2}{A_1^2}\right)V_2^2$。所以 $\dfrac{1}{2}\rho_1 V_2^2 \left[1 - \left(\dfrac{A_2^2}{A_1^2}\right)\right] = P_1 - P_2 \Rightarrow V_2 = \sqrt{2(P_1 - P_2)/\left[\rho_1\left(1 - \dfrac{A_2^2}{A_1^2}\right)\right]}$。故得证。

课后练习

（1）处理低速流体流动时常使用的假设有哪些？

（2）不可压缩流体的假设与使用时机是什么？

（3）非黏滞性流体的假设与使用时机是什么？

（4）什么是理想流体？什么是不可压流体？什么是非黏滞性流体？它们的应用条件各有什么特点？

（5）理想流体的假设与使用时机是什么？

（6）质量流率的物理意义与计算公式是什么？

（7）体积流率的物理意义与计算公式是什么？

（8）质量流率与体积流率的物理意义和计算公式是什么？

（9）质量流率守恒公式的物理意义、使用假设与计算公式是什么？

（10）体积流率守恒公式的物理意义、使用假设与计算公式是什么？

（11）伯努利方程式的物理意义、使用假设与计算公式是什么？

（12）空速计的设计原理是什么？

（13）空速计的空速计算公式是什么？

（14）如果棒球是顺时针的方向向右投出旋转，则此棒球是上飘还是下坠？

（15）如图3-11所示，假设空气流动时的密度变化量忽略不计，试求速度 V_1 与 V_2 之间的关系。

（16）如图3-12所示，低速流体在流管内压力与速度随着面积变化的关系是什么？

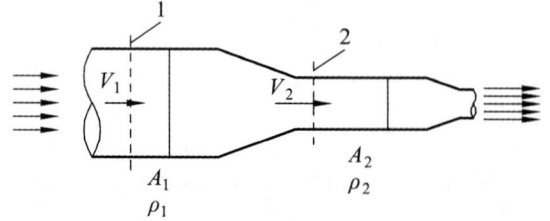

图3-11 习题（15）图示

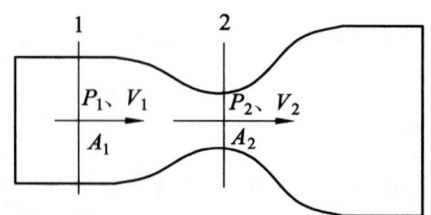

图3-12 习题（16）图示

（17）如图 3-13 所示，空气流速与液柱的关系式是什么？

（18）如图 3-14 所示，三段管路串联，已知直径 $d_1=1\,\text{m}$、$d_2=0.5\,\text{m}$、$d_3=0.25\,\text{m}$，断面平均速度 $v_3=10\,\text{m/s}$，v_1 和 v_2 的速度大小是多少？

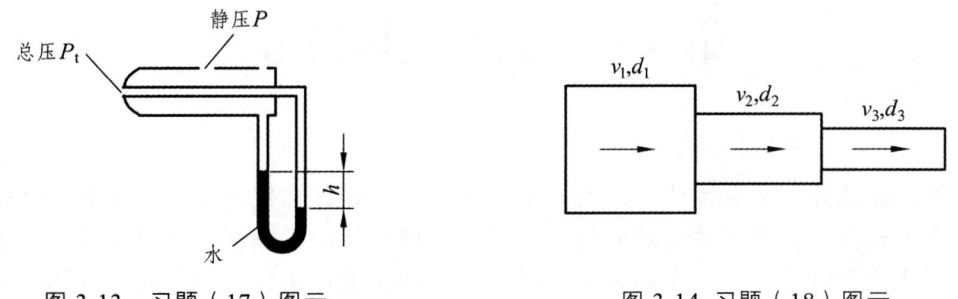

图 3-13　习题（17）图示　　　　　　　图 3-14　习题（18）图示

（19）两船靠近并行，可能会产生什么危险？其原因是什么？

第 4 章　真实气体的考虑

不可压缩流体、非黏性流体以及理想流体是我们在计算低速流体流动问题时经常使用的假设,但是对于高速气体流动的问题,必须考虑气体的压缩性,而且气体与接触物体也不可能不产生黏性作用。由于高速流动时,气体的压缩性必须考虑,而且气体因为黏性作用产生的阻滞效应与能量损耗均不能忽略不计,因此理想流体的假设在处理高速气体流动问题时将不再适用,必须加以修正。本章将真实气体的相关概念与物理现象纳入稳态一维流体流动问题的处理模式,多用于工程热力学、工程流体力学与亚声速空气动力学中,希望学生对流体流动的现象与处理模式能够有更深层的认识,并且具备独立解决工程计算的能力。

4.1　引　言

所谓理想流体(Ideal fluid)的假设是将流体流动时的密度变化与黏性忽略不计,也就是假设流动时,流体的密度 ρ = constant 与黏度 $\mu = 0$。简单地说,理想流体的假设必须同时满足前面内容提及的"不可压缩流体"与"非黏性流体"假设。虽然此假设可以大幅地简化某些低速空气动力学问题研究难度,且能够得到极小的误差,但是实际研究中发现,气体的压缩性与黏性对航空器飞行与物体运动造成的影响经常不能忽略。例如 1752 年法国物理学家达朗伯特根据势流理论(Potential flow theory,也即非黏性流理论),推导出球体运动时所受的空气阻力为 0。这一个推导的结果与一般人的认知有差异,也与实际测量结果产生矛盾,所以此推论称为达朗伯特悖论。达朗伯特悖论是理想流体与实测结果产生矛盾最有名例子。除此之外,如果我们忽略了空气的压缩性,也就是不考虑气体流动时的密度变化,就无法解释激波对飞机飞行造成的影响。如果忽略了空气的黏性,我们就不可能用理论来发现飞机飞行常见的现象,例如飞机失速问题。所以理想流体的假设虽然可以说是简化空气动力学计算难度的一大利器,但是此假设常常对计算结果的精确度造成严重的影响,甚至可能出现推论的结果与真实现象不一致的情况。因此理想流体的假设通常只能用于处理某些简单的低速流体流动问题。

4.2　气流的压缩性

气体的流速高于 0.3 马赫(Ma)时,由于速度的变化对气流的压力与密度造成的影响较大,气体流速对气体密度变化的影响不得不考虑,这就是气流压缩性的考虑。人们在探讨气流流速对气体密度造成的影响时讨论的重点多放在理想气体的特性、气体压缩性的定义、声速与马赫数的计算、气体流速对流场形态的影响与可逆绝热过程等方面。

1．理想气体

理想气体（Ideal gas）又称为完全气体（Perfect gas）。一般而言，探讨气体的压缩性时，气体的流速高于 0.3 马赫（Ma）。除非特别说明，通常都将气体的密度随着温度的变化关系用理想气体方程式来表示，也就是将气体的行为当成理想气体来描述。

（1）定义。

气体的压力 P、密度 ρ 与温度 T 是主要的气体状态参数，三者之间互相影响。所谓理想气体是假设气体在高温、低压以及分子量非常小的情况下，气体的压力 P、密度 ρ 与温度 T 的关系可以用理想气体方程式（Ideal gas equation）来表示，即 $P=\rho RT$。其中，R 为气体常数，空气的气体常数 $R = 287 \ \text{m}^2/(\text{s}^2\text{K})$。必须注意的是，气体的压力与温度要用绝对压力与绝对温度。

【例 4-1】

如果室外空气的温度为 10 ℃，压力为 100 kPa，$R = 287 \ \text{m}^2/(\text{s}^2\text{K})$，空气密度是多少？

【解答】

室外空气的温度为 10 ℃，所以绝对温度为（273.15 + 10）K，从而 $P = \rho RT \Rightarrow \rho = \dfrac{P}{RT} = \dfrac{100 \times 10^3}{287 \times (273.15 + 10)} = 1.23 \ (\text{kg}/\text{m}^3)$。

（2）计算公式。

常用的理想气体方程式有 $P = \rho RT$、$Pv = RT$ 以及 $PV = mRT$，这三种公式看起来似乎形式不同，其实只是密度 ρ、比容 v、体积 V 与质量 m 之间的定义关系转换（$\rho = \dfrac{m}{V}$、$v = \dfrac{V}{m}$ 以及 $\rho = \dfrac{1}{v}$），这三种形式的计算公式表达的物理意义是相同的。

（3）适用条件。

一般而言，如果气体的流速低于 5 倍声速，研究气体的压力 P、密度 ρ 与温度 T 的性质变化关系一般就是采用理想气体方程式，也就是将气体的行为当成理想气体来描述。此时利用理想气体方程式计算，其结果和真实情况相差不大。所以在气体的流速高于 5 马赫（Ma）时，才有必要考虑真实气体的状态方程式，例如范德华方程。

2．流体压缩性的定义

流体的压缩性（Compressibility）是指流体的密度受压力影响改变的程度，我们一般用压缩系数 β 或体积弹性系数 E 来量度流体的压缩性：$\beta = \dfrac{1}{\rho} \dfrac{d\rho}{dP}$。式中，$\dfrac{d\rho}{dP}$ 表示流体的密度随压力改变的程度，$\dfrac{d\rho}{dP}$ 越小，则表示流体的可压缩性越小，流体越不容易压缩。体积弹性系

数 E 为压缩系数 β 的倒数,也就是 $E = \dfrac{1}{\beta} = \rho \dfrac{dP}{d\rho}$。所以体积弹性系数 E 越大,流体的可压缩性越小,流体越不容易压缩。

3. 气体的压缩性与温度之间的关系

由于空气的弱压缩过程可以视为一个可逆绝热过程(Reversible adiabatic process),也就是等熵过程(Isentropic process),而且气体的状态行为能够用理想气体方程式来描述,因此我们将等熵方程式 $P = C\rho^{\gamma}$ 与理想气体方程式 $P = \rho RT$ 代入 $\dfrac{dP}{d\rho}$ 中,可以得出 $\dfrac{dP}{d\rho} = \gamma RT$。从而知道,气体的温度越高,其压缩性越小,气体越不容易压缩。这点可以从日常生活经验中得到证明,例如,皮球被太阳晒过后,相较没有被太阳晒过时,我们需要施加更多的压力才会使皮球变形。

【例 4-2】

试证明气体在等熵过程中 $\dfrac{dP}{d\rho} = \gamma RT$。

【解答】

(1)因为 $P = C\rho^{\gamma} \Rightarrow \dfrac{dP}{d\rho} = C\gamma\rho^{\gamma-1}$,又因为 $P = C\rho^{\gamma} \Rightarrow C = \dfrac{P}{\rho^{\gamma}}$,所以 $\dfrac{dP}{d\rho} = \gamma\dfrac{P}{\rho}$。

(2)将理想气体方程式 $P = \rho RT$ 代入 $\dfrac{dP}{d\rho} = \gamma\dfrac{P}{\rho}$,即可得 $\dfrac{dP}{d\rho} = \gamma RT$。

4. 声速与马赫数

(1)声速的定义。

如果对弹性介质(包括流体和固体)施加一个小扰动,介质中某些参数(例如压力和密度)会产生微小的变化,而且这种变化还将以振动的形式向四周传播。对于气体而言,如果物体在气体的流场内运动会造成流场内的压力、密度和温度等流动性质发生变化,我们称这种现象为气体受到扰动(Disturbance),而由于运动的物体是造成气体扰动的根源,所以其又称为扰动源(Disturbance source)。扰动有强弱之分,如果扰动导致的气体流动性质的变化量非常小,则该扰动称为弱扰动(Weak disturbance),例如鼓膜、声带振动引起的扰动。如果扰动导致的气体流动性质的变化量非常大,则该扰动称为强扰动(Strong disturbance),例如激波与爆炸波。由于弱扰动的传播速度只取决于气体的性质与状态参数,与扰动的种类与成因无关,而声波的传播是人们最常也最容易感觉到的一种微弱扰动的传播,所以习惯上将弱扰动在气体中的传播速度称为声速(Sound velocity)或音速(Sonic velocity),用符号 a 来表示。

(2)声速的计算。

声速是指声音或弱扰动在气体中传播的速度,理论推导中,我们发现其数学定义可以表示为 $a^2 = \dfrac{dP}{d\rho}$,即 $a = \sqrt{\dfrac{dP}{d\rho}}$。声音的传播过程可以视为一个等熵过程,而我们前面已经推导出,在等熵过程中气体的行为满足 $\dfrac{dP}{d\rho} = \gamma RT$ 关系式,因此可以获得声速 a 与温度 T 的关系计算式

$a=\sqrt{\gamma RT}$。式中，γ 为等熵指数、R 为空气的气体常数，T 为绝对温度。从关系式中可以推得，气体的温度越高，声速越快；反之温度越低，声速也就越慢。由于在 11 km 以下，也就是对流层内，大气的温度随着高度增加而逐渐降低，所以声速也随之变慢。航空领域经常使用的声速有两个：一个是地面的声速，其值约为 340 m/s；另一个是海平面 10 km 高度，也就是现代大型民航客机的巡航高度处，声速值为 300 m/s。

【例 4-3】

若飞机在压力 $P=450$ kPa、29.2 ℃ 的情况下飞行，声速是多少？

【解答】

因为大气的温度 $T=(29.2+273)$ K $=302.2$ K，而 $a=\sqrt{\gamma RT}$，所以声速 $a=\sqrt{\gamma RT}=\sqrt{1.4\times 0.287\times 1\,000\times 302.2}=348$ (m/s)。

（3）马赫数与流场的分类。

马赫数（Mach number）是空气动力学中一个很重要的参数，其物理定义为物体的运动速度或气体的流速对声速的比值，数学定义可用 $Ma=\dfrac{V}{a}$ 表示。式中，Ma 指马赫数，V 指物体的运动速度或气体的流速，a 为声速。依据马赫数的不同，我们可以将气体流场分成不可压缩流场、亚声速流场、声速流场以及超声速流场四种形式。

① 不可压缩流场。如果气体的流速均小于 0.3 马赫（Ma），此时不会考虑气体流速对其密度造成的影响，通常将气体的密度 ρ 当成一个常数，即 $\rho=$ constant，气体的流动就称为不可压缩流（Incompressible flow），流场即称为不可压缩流场（Incompressible flow field）。

② 亚声速流场。如果流场内气体的流速均大于 0.3 马赫（Ma）且小于 1.0 马赫（Ma），则该气体的流动称为亚声速流（Subsonic flow），而流场即称为亚声速流场（Subsonic flow field）。该流场内气体的流速均大于 0.3 马赫且小于当地的声速，我们不可以将流场内气体密度变化忽略不计，通常使用理想气体方程 $P=\rho RT$ 描述气体流动性质的变化。当然亦有部分学者把不可压缩流场视为亚声速流场，即气体流速为 0～1.0 马赫（Ma）。

③ 声速流场。如果流场内气体流速均等于当地的声速，则该气体的流动称为声速流（Sonic flow），流场即称为声速流场（Sonic flow field）。实验证明，当气体的流速等于声速时，激波开始出现。由此可知，声速是气体开始产生激波（Shock wave）的临界速度（Critical velocity），当气体流速大于或等于 1.0 马赫（$Ma\geqslant 1.0$）时，必须考虑激波对气体的流场造成的影响。

④ 超声速流场。如果流场内气体流速均大于当地的声速，则该气体的流动称为超声速流（Supersonic flow），流场即称为超声速流场（Supersonic flow field）。流场为超声速时，必须考虑激波对流场内的气体流动性质与流速造成的影响。

飞机飞行时有飞行马赫数和局部马赫数的区别，前者是飞行速度与声速的比值，后者是相对气流流经飞机表面局部的速度与声速的比值，由于飞行时的局部速度并不一定等于飞行速度，例如飞机飞行时，流过机翼表面各处的气流速度就不等于飞行速度，因此为了方便研究，把飞机飞行的速度区域（范围）另行划分。

【例 4-4】

一架飞机以 700 km/h 的速度在高度为 10 km 的空中巡航飞行，若机身外面空气的温度为 223.26 K，试计算声速以及马赫数。

【解答】

（1） $a = \sqrt{\gamma RT} = \sqrt{1.4 \times 287 \times 223.6} = 299.7$ (m/s)。

（2）因为飞机的巡航速度 $V = 700 \text{ km/h} = 700 \times 1\,000/3\,600 \text{ m/s}$，所以马赫数 $Ma = \dfrac{V}{a} = \dfrac{194.4}{299.7} = 0.65$。

5．等熵过程

在研究气体的弱扰动过程（Weak disturbance process）或者高速气体在管道内的流动问题时，我们通常将气体状态改变过程视为等熵过程并配以理想气体方程式 $P = \rho RT$ 计算。

（1）定义。

所谓等熵过程（Isentropic process）又称为可逆绝热过程（Reversible adiabatic process），是指过程在进行时必须同时满足可逆与绝热两种过程的成立条件，所以其定义为"如果一个过程在进行时，系统与外界没有热量交换，而且在过程进行后，系统与外界两者能够以任何的方式，依照能量守恒的原则，回到过程进行前的状态，则该过程就称为等熵过程"。在等熵过程的假设中，它假定工作过程进行中没有能量损耗与热功交换。因此对于高速气体流动而言，在等熵过程的假设下，气体的总压 P_t 与总温 T_t 一定分别保持在一个固定常数。事实上，气体流动一定会因为气体的黏性作用产生能量损耗，且气体流动进行时只要与外界的环境之间有温度的差异就会有热量的传递，所以等熵过程只是一个理想的假想，在现实上并不可能存在。但是由于高速流动过程中，压力 P、密度 ρ 与温度 T 等流动性质变化相当复杂，必须使用许多的假设条件对研究问题进行简化。因此对气体的弱扰动过程或者高亚声速气流，通常使用等熵过程假设来找出气体流动规律或做粗略估算。对于工程精度要求较高的计算问题，等熵过程的假设可能不再适用，必须视实际情况加以修正。

（2）计算公式。

在等熵也就是可逆绝热过程中，气体的压力与密度之间的关系可以使用计算公式 $P = C\rho^{\gamma}$ 来描述，此公式即为等熵方程式（Isentropic equation）。式中，P 与 ρ 分别表示气体的压力与密度，γ 为等熵指数，其值为 1.33~1.4，C 为某一个特定的常数。

（3）压力、温度与密度变化的关系。

根据等熵方程式 $P = C\rho^{\gamma}$ 与理想气体状态方程 $P = \rho RT$，我们可以得到等熵过程中压力、温度与密度的关系：$\dfrac{P_2}{P_1} = \left(\dfrac{T_2}{T_1}\right)^{\frac{\gamma}{\gamma-1}} = \left(\dfrac{\rho_2}{\rho_1}\right)^{\gamma}$。式中，$P_1$ 与 P_2、T_1 与 T_2 以及 ρ_1 与 ρ_2 分别表示在等熵过程中状态 1 与状态 2 的压力、温度与密度。

（4）滞止参数的定义及其与马赫数的关系。

所谓滞止参数（Stagnation parameter）是探讨在稳态、一维与等熵流动时，气体处于滞止状态的气流参数，通常也将滞止参数称为总参数（Total parameter）。有关滞止参数或总参数方面的研究重点放在等熵流动时气体的滞止温度、滞止压力以及滞止密度等参数上，而在工程实践中用得最多的是探讨滞止参数与马赫数的关系。

① 滞止温度。滞止温度（Stagnation temperature）是指在稳态一维流场内，气体的流动速度 $V=0$ 时的温度，也称气流的总温度（Total temperature）。将理想气体等压比热的定义 $h=C_PT$ 代入稳态、一维等熵流动能量守恒方程 $h+\dfrac{V^2}{2}=h_t$ 中即得 $C_PT+\dfrac{V^2}{2}=C_PT_t$。式中 C_P、T、V 与 T_t 分别为气体在流场内的等压比热、温度、速度与滞止温度。可以看出流速为 0 时，气体的温度即为滞止温度。而气体流速不为 0 时，可以根据声速的计算公式 $a=\sqrt{\gamma RT}$、马赫数的定义 $Ma=\dfrac{V}{a}$ 以及理想气体等压比热公式 $C_P=\dfrac{\gamma}{\gamma-1}R$ 将滞止温度的计算公式做进一步的推导，从而得到气体的滞止温度（总温）T_t、流速 V 时的温度 T 和马赫数 Ma 之间的关系：$\dfrac{T_t}{T}=1+\dfrac{\gamma-1}{2}Ma^2$。式中，$\gamma$ 是等熵指数，一般为 1.33～1.4。

② 滞止压力。滞止压力（Stagnation pressure）是指在稳态一维流场内，气体的流动速度 $V=0$ 时的压力，也称气流总压力（Total pressure）。根据 $\dfrac{T_t}{T}=1+\dfrac{\gamma-1}{2}Ma^2$ 以及 $\dfrac{P_2}{P_1}=\left(\dfrac{T_2}{T_1}\right)^{\frac{\gamma}{\gamma-1}}$，能够进一步推导出气体的滞止压力（总压）$P_t$、流速 V 时的压力 P 和马赫数 Ma 之间的关系：$\dfrac{P_t}{P}=\left(1+\dfrac{\gamma-1}{2}Ma^2\right)^{\frac{\gamma}{\gamma-1}}$。

③ 滞止密度。和滞止温度与滞止压力一样，滞止密度（Stagnation density）ρ_t 定义为气体在稳态一维流场内且其流动速度 $V=0$ 时的密度，也称为气流总密度（Total pressure）。气体的滞止密度 ρ_t、流速为 V 时的密度 ρ 与马赫数 Ma 之间的计算公式为 $\dfrac{\rho_t}{\rho}=\left(1+\dfrac{\gamma-1}{2}Ma^2\right)^{\frac{1}{\gamma-1}}$。

④ 滞止参数的变化规律。等熵过程又称为可逆绝热过程，气体与外界环境彼此之间没有能量的损耗与热量的交换。因此可知，在等熵过程中，气流的滞止温度（总温）T_t、滞止压力（总压）P_t 与滞止密度（总密度）ρ_t 会保持不变，各自保持在某一个特定常数。工程计算中，气流的滞止温度 T_t、滞止压力 P_t、滞止密度 ρ_t 与气流的温度 T、压力 P 和密度 ρ 以及马赫数 Ma 之间的关系分别为 $\dfrac{T_t}{T}=1+\dfrac{\gamma-1}{2}Ma^2$、$\dfrac{P_t}{P}=\left(1+\dfrac{\gamma-1}{2}Ma^2\right)^{\frac{\gamma}{\gamma-1}}$ 和 $\dfrac{\rho_t}{\rho}=\left(1+\dfrac{\gamma-1}{2}Ma^2\right)^{\frac{1}{\gamma-1}}$。

【例 4-5】

如图 4-1 所示，如果气体的流动视为可逆绝热过程，驻点 A 的温度为 40 ℃，气体的温度为 15 ℃，试求马赫数 Ma、速度 V、滞止压力 P_t 和气流压力 P 的比值。（γ 的值为 1.4）

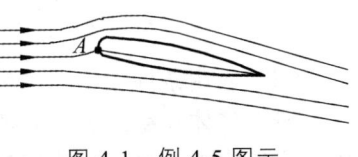

图 4-1 例 4-5 图示

【解答】

所谓驻点 P 的温度就是指气流的滞止温度（总温）T_t。因为 $\dfrac{T_t}{T}=1+\dfrac{\gamma-1}{2}Ma^2$，因此可以

求出气流的马赫数为 $Ma = \sqrt{\dfrac{2}{\gamma-1}\left(\dfrac{T_t}{T}-1\right)} = \sqrt{\dfrac{2}{1.4}\times\left(\dfrac{273+40}{273+15}\right)} = 0.658$。因为 $V = Ma \times a$,故 $V = Ma \times a = Ma \times \sqrt{\gamma RT} = 0.658 \times \sqrt{1.4 \times 287 \times (273+15)} = 222 \ (\text{m/s})$。

根据 $\dfrac{P_t}{P} = \left(1+\dfrac{\gamma-1}{2}Ma^2\right)^{\frac{\gamma}{\gamma-1}}$,可以求得 $\dfrac{P_t}{P} = \left(1+\dfrac{\gamma-1}{2}Ma^2\right)^{\frac{\gamma}{\gamma-1}} = \left(1+\dfrac{1.4-1}{2}\times 0.658^2\right)^{\frac{1.4}{1.4-1}} = 1.34$。

【例 4-6】

空气流过管道时,在 $A = 6.5 \ \text{cm}^2$ 的截面上,$V = 300 \ \text{m/s}$,$Ma = 0.6$,质量流率 $\dot{m} = 1.2 \ \text{kg/s}$,试求该截面上空气的静压和总压。

【解答】

① 气体的流速大于 0.3 马赫,所以必须考虑空气的密度变化。

② 因为 $P = \rho RT$、$\dot{m} = \rho AV$ 以及 $Ma = \dfrac{V}{a} = \dfrac{V}{\sqrt{\gamma RT}} \Rightarrow Ma^2 = \dfrac{V^2}{\gamma RT}$,所以 $P = \dfrac{\dot{m}}{AV}RT = \dfrac{\dot{m}}{AV}\times\dfrac{V^2}{\gamma Ma^2} = \dfrac{\dot{m}}{A}\times\dfrac{V}{\gamma Ma^2}$。

③ 静压 $P = \dfrac{\dot{m}}{A}\times\dfrac{V}{\gamma Ma^2} = \dfrac{1.2\times 300}{0.065\times 1.4\times 0.6^2} = 1.0989\times 10^4 \ (\text{Pa})$

④ 因为静压与总压的关系式为 $\dfrac{P_t}{P} = \left(1+\dfrac{\gamma-1}{2}Ma^2\right)^{\frac{r}{r-1}}$,所以 $P_t = P\left(1+\dfrac{\gamma-1}{2}Ma^2\right)^{\frac{r}{r-1}} = 1.0989\times\left(1+\dfrac{1.4-1}{2}\times 0.6^2\right)^{\frac{1.4}{1.4-1}} = 1.4017\times 10^4 \ (\text{Pa})$。

⑤ 压力、温度以及密度和马赫数的关系。由于气体在等熵流动的过程中,滞止压力(总压力)P_t、滞止温度(总温度)T_t 与滞止密度(总密度)ρ_t 会保持不变,而且其与气流的马赫数 Ma 之间的关系式为 $\dfrac{P_t}{P} = \left(1+\dfrac{\gamma-1}{2}Ma^2\right)^{\frac{\gamma}{\gamma-1}}$、$\dfrac{T_t}{T} = 1+\dfrac{\gamma-1}{2}Ma^2$ 与 $\dfrac{\rho_t}{\rho} = \left(1+\dfrac{\gamma-1}{2}Ma^2\right)^{\frac{1}{\gamma-1}}$,因此进一步地导出 $\dfrac{P_2}{P_1} = \dfrac{\left(1+\dfrac{\gamma-1}{2}Ma_1^2\right)^{\frac{\gamma}{\gamma-1}}}{\left(1+\dfrac{\gamma-1}{2}Ma_2^2\right)^{\frac{\gamma}{\gamma-1}}}$、$\dfrac{T_2}{T_1} = \dfrac{1+\dfrac{\gamma-1}{2}Ma_1^2}{1+\dfrac{\gamma-1}{2}Ma_2^2}$ 与 $\dfrac{\rho_2}{\rho_1} = \dfrac{\left(1+\dfrac{\gamma-1}{2}Ma_1^2\right)^{\frac{1}{\gamma-1}}}{\left(1+\dfrac{\gamma-1}{2}Ma_2^2\right)^{\frac{1}{\gamma-1}}}$。

(5)适用条件。

研究气体在稳态高速时流经同一管道的流动问题,使用等熵过程的假设求出气体流动性质变化的规律,对于工程精度要求不高的问题,计算结果通常可以直接使用,但是对于精度要求较高的工程问题,等熵过程的假设可能就不再适用,必须视实际情况对计算公式加以修正。除此之外,在气体弱扰动的问题研究中,由于气体性质变化量非常小,在计算过程中,通常可以将气体流动过程当成可逆绝热过程,也就是用等熵方式来处理。如果研究的是气体强压缩过程，例如正激波与强斜激波问题，由于气体性质变化剧烈，只能将其过程假设为绝热过程，而不得将其当作等熵过程来处理。

【例 4-7】

假设空气在管道中流动是等熵可压缩过程，$\gamma = 1.4$，已知管道进口处马赫数为 $M_1 = 0.3$，截面面积为 $A_1 = 0.001 \text{ m}^2$，温度为 $T_1 = 62 \text{ °C}$ 与绝对压力为 $P_1 = 650 \text{ kPa}$，管道出口处马赫数 $M_2 = 0.8$，试求管道出口处温度 T_2 与绝对压力 P_2 的值。

【解答】

（1）因为在等熵可压缩流动过程中，空气在管道出口处的绝对温度 T_2、绝对压力 P_2 与管道进口处绝对温度 $T_1 = 62 \text{ °C} = (62+273) \text{ K}$、绝对压力 P_1 的关系计算公式为 $\dfrac{T_2}{T_1} = \dfrac{1+\dfrac{\gamma-1}{2}Ma_1^2}{1+\dfrac{\gamma-1}{2}Ma_2^2}$、$\dfrac{P_2}{P_1} = \dfrac{\left(1+\dfrac{\gamma-1}{2}Ma_1^2\right)^{\frac{\gamma}{\gamma-1}}}{\left(1+\dfrac{\gamma-1}{2}Ma_2^2\right)^{\frac{\gamma}{\gamma-1}}}$，所以 $\dfrac{T_2}{T_1} = \dfrac{1+\dfrac{\gamma-1}{2}M_1^2}{1+\dfrac{\gamma-1}{2}M_2^2} = \dfrac{1+0.2\times0.3^2}{1+0.2\times0.8^2} = \dfrac{1.018}{1.128} = 0.902$，从而得出管道出口处温度 $T_2 = 0.902 \times T_1 = 0.902 \times (62+273) \text{ K} = 302.2 \text{ K} = 29.2 \text{ °C}$。

（2）因为 $\dfrac{P_2}{P_1} = \dfrac{\left(1+\dfrac{\gamma-1}{2}M_1^2\right)^{\frac{\gamma}{\gamma-1}}}{\left(1+\dfrac{\gamma-1}{2}M_2^2\right)^{\frac{\gamma}{\gamma-1}}} = 0.902^{3.5} = 0.7$，所以管道出口处绝对压力为 $P_2 = 0.7 \times 650 \text{ kPa} = 455 \text{ kPa}$。

【例 4-8】

假设空气在管道中流动是等熵可压缩流，$\gamma = 1.4$，已知管道进口处马赫数为 $M_1 = 0.3$、温度为 $T_1 = 62 \text{ °C}$，管道出口处马赫数为 $M_2 = 0.8$，试求管道出口处温度 T_2、速度 V_2 和声速。

【解答】

① 因为在等熵可压缩流动过程中，空气在管道出口处的绝对温度 T_2 与管道进口处绝对温度 $T_1 = 62 \text{ °C} = (62+273) \text{ K}$ 的关系式为 $\dfrac{T_2}{T_1} = \dfrac{1+\dfrac{\gamma-1}{2}Ma_1^2}{1+\dfrac{\gamma-1}{2}Ma_2^2}$，所以 $\dfrac{T_2}{T_1} = \dfrac{1+\dfrac{\gamma-1}{2}M_1^2}{1+\dfrac{\gamma-1}{2}M_2^2} = \dfrac{1+0.2\times0.3^2}{1+0.2\times0.8^2} = \dfrac{1.018}{1.128} = 0.902$，从而得出管道出口处温度 $T_2 = 0.902 \times T_1 = 0.902 \times (62+273) \text{ K} = 302.2 \text{ K} = 29.2 \text{ °C}$。

② 因为声速的计算公式为 $a = \sqrt{\gamma RT}$，所以管道出口处声速为 $a = \sqrt{\gamma RT} = \sqrt{1.4 \times 0.287 \times 1\,000 \times 302.2} = 348 \text{ m/s}$。

③ 由于 $V = Ma \times a$，所以管道出口处速度值为 $V_2 = M_2 \times a = 0.8 \times 348 = 278.4 \text{ (m/s)}$。

4.3　稳态一维的不可压缩流

对于液体流动和流速不高、压力变化较小的空气流动，除少数问题（例如液体流动发生空蚀现象）外，我们都假定流体为不可压缩。事实证明对于低于 0.3 马赫的流动，这样的简化是可行的。但是对于高速流动气体问题，也就是高于 0.3 马赫（Ma）的流动问题，工程计算不得不考虑气体的压缩性。对于高亚声速气流，也就是速度范围为 0.3～1.0 马赫（Ma）的管道流动，通常使用等熵假设，将气体在等熵流动过程中的性质和马赫数之间的关系式与 $P = \rho RT$、$Ma = \dfrac{V}{a}$、$a = \sqrt{\gamma RT}$、$\dot{m} = \rho AV = C$ 等公式结合使用，用于求解高速气体在管道流动时的气体性质与流速的变化。例如气体流经发动机进气道与喷管的流动问题，就是用此方法来计算进出口处压力、温度、密度与流速的变化。

温馨小提醒

事实上，气流与外界环境之间不可能没有热量的交换，同时可逆过程也不可能存在。因此，等熵方程式计算结果与实际测量结果势必有一定的误差，往往利用修正因子或其他方法加以修正。等熵关系式是以过程前后气体的变化量非常小为前提而成立的。所以过程前后气体的变化量越大，等熵过程的关系式计算的误差越大，这点必须引起重视。

4.4　黏性流的特性

事实上，流体流动一定会有黏性，空气既是流体的一种，自然也不例外。黏性的存在使得流体运动的数学描述和处理变得十分困难。对于一些黏性较小的流体（例如水与空气等）或者黏性作用不占主导的流动问题，往往使用黏性 $\mu = 0$ 的假设模拟真实流动问题。但是对于某些黏性作用占据主导的问题，如果忽略流体黏性造成的影响，将会得到完全不符合实际情况的结果，例如前面的内容提及的达朗伯特悖论就是一个典型例子。

1. 流体黏性的概念

流体在流动或者物体在流体中运动的时候，流体本身会产生一个阻滞流动或物体在流体中运动的力量，此属性称为流体的黏性（Viscidity），而流体黏性对流动与物体运动产生的阻滞效应称为流体的黏滞效应。流体的黏滞效应就好像物体在地面运动时，物体与地面接触表面的摩擦效应。研究指出，流体的黏性主要受流体分子与分子之间的吸引力（流体的内聚力）以及流体分子的运动力等因素影响。流体的黏性受温度的影响甚剧。对于气体而言，内部分子的运动力是影响黏性的主要因素，且依据气体分子动力理论，当温度升高，气体内部的动能增加，分子的运动力也随之增加，所以温度升高，气体黏性增加。反之，如果温度降低，气体的黏性减少。实验与研究发现，气体的黏性与液体的黏性受温度的反应趋势刚好相反。另外，流体的黏性受压力的影响通常不大，一般在工程计算中不加以考虑。

2. 无滑流现象

因为具有黏性，所以流体流经物体表面时，流体分子与物体接触表面会因为彼此之间的相互作用，达到动量平衡，因此流体和接触物体表面的速度相同，此现象称为无滑流现象（No-slipping condition）。同理，和物体表面接触的流体分子在物体表面达到能量的平衡，所以流体与接触物体表面的温度相同，此现象称为无温度跳动现象（No temperature jump condition）。无滑流现象与无温度跳动现象主要当作黏性流体在接触表面的速度与温度决定原则。

3. 牛顿流体的意义

一般而言，除非特别说明，流体都当成牛顿流体，气体自然也不例外。所谓牛顿流体（Newtonian fluid）是指定温及定压条件下，流体所受剪应力与流体速度梯度呈正比关系，也就是满足牛顿黏性定律 $\tau = \mu \dfrac{du}{dy}$。式中，$\tau$ 是流体所受剪应力（Shear stress），也就是流体在单位面积上所受黏滞力；μ 为流体的动力黏性系数（Dynamic viscosity coefficient），流体的黏性一般用动力黏性系数来表示，它又简称为流体的黏度（Viscosity）或动力黏度（Dynamic viscosity），与流体种类和温度有关。在许多空气动力学问题研究中，惯性力总是和黏性力同时并存的，流体的黏度 μ 和密度 ρ 的比值起着重要作用，因此，我们定义 $\nu = \dfrac{\mu}{\rho}$。ν 即为运动黏性系数（Kinematic viscosity coefficient）或动黏度（Kinematic viscosity）。

4. 边界层的概念

流经物体表面时，液体或气体在物体表面附近的流场形成所谓的边界层，虽然它是一个假想的概念，却非常有用且是不可或缺的处理模式。边界层（Boundary layer）的概念在1904年由普朗特提出，雷诺数 Re 较大的黏性流动可以看成由两种不同形态组成：一种是固体边界（接触物体表面）附近的流动，也就是边界层内流体的流动。边界层内流动的流体由于黏性产生的黏滞作用不可忽略，必须视为黏性流体。另一种形态是边界层以外的流动，边界层外流体产生的黏滞效应可以忽略不计，我们称其为无（非）黏性流体。这种处理黏性流体流动的方法为近代流体力学的发展开辟了新的途径。

（1）现象说明。如图4-2所示，以空气流经平板为例，虚线代表边界层，在边界层的内部，我们必须考虑流场的黏性，而在边界层的外部，可以将黏性忽略不计。空气与平板之间形成的边界层随着空气流经平板的距离增加而逐渐增厚，这是因为空气流经平板的距离越长，空气受到黏性影响越大。

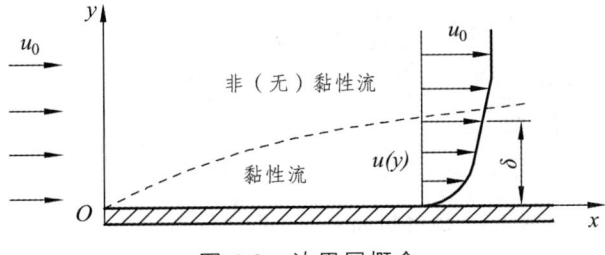

图4-2 边界层概念

（2）边界层厚度的定义。为了区分黏性流区域与无（非）黏性流区，我们必须了解边界层厚度（Boundary layer thickness）的定义。如图 4-3 所示，如果边界层内流速为 $u(y)$，y 为流体流场与固定表面的垂直距离，u_0 为不受流体黏性影响的自由流速度。当流速达到 $99\%u_0$ 时，y 轴的位置 δ 即称为边界层厚度。垂直距离 y 大于或等于边界层厚度 δ 时，都会假设流速不受流体黏性的影响，也就是假设 $u(\delta)=u_0$。

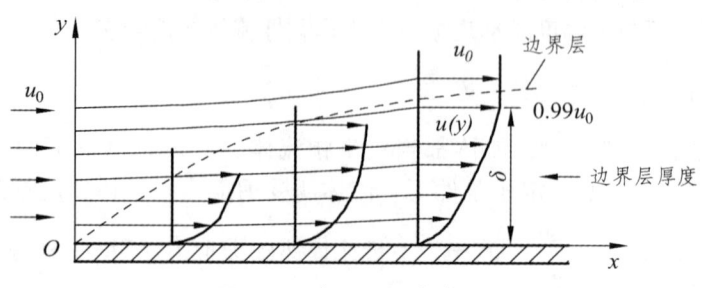

图 4-3 边界层厚度定义

从图中可以发现，流体流动因为边界层效应的影响而造成外围流线有微小位移 δ^*，我们称之为位移厚度（Displace thickness）。由于边界层非常稀薄，也就是边界层厚度非常小，边界层效应产生的流线位移，一般可以忽略不计。

（3）不适用情况。对于雷诺数 Re 很小的流场，由于黏性流区域与无黏性流区之间的相互作用相当强烈，而且其中变化趋势呈非线性，所以边界层理论可能不适用。在气体发生分离现象时，边界层理论也不适用。

5．流体分离的概念

流体分离是空气动力学黏性问题中一个重要课题，例如飞机在亚声速飞行时，气流产生分离的现象会引起升力急速下降，导致飞机失速而造成飞行安全事件。

（1）正负压力梯度的概念。当空气流经物体曲面，例如翼型上表面，从前缘开始，流速逐渐加快，压力逐渐地减小，其压力变化的趋势是负压力梯度 $\left(\dfrac{\partial P}{\partial x}<0\right)$。当达到某一点 E 时，气流的流管最细，气流的流速最快，此时为零压力梯度 $\left(\dfrac{\partial P}{\partial x}=0\right)$。当气流流经 E 点后，气流的流管又逐渐地变粗，流速逐渐减慢，压力又逐渐地增大，其压力变化的趋势将转为正压力梯度 $\left(\dfrac{\partial P}{\partial x}>0\right)$，如图 4-4 所示。

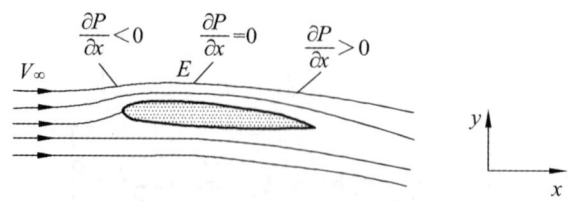

图 4-4 流经机翼翼型上表面气流压力变化

当机翼后缘的正压力梯差到达某一定值时，流体分离的现象会导致失速的发生。

（2）流体分离的定义。所谓流体分离（Flow separation）是指沿着物体表面边界层内气流由于黏性的作用消耗了动能，在压力沿着流动方向增高的区域中，无法继续沿着物体表面流动，以至产生气体倒（回）流，进而离开物体表面的现象。如图 4-5 所示为气体流经平板问题的示意图。边界层的厚度非常小，压力沿着流动方向几乎保持不变，也就是压力梯度 $\frac{\partial P}{\partial x}$ 几乎为 0，即 $\frac{\partial P}{\partial x} \approx 0$。所以当气体流经平板时不会有流体分离的现象发生，只有气体流经弯曲壁面时才可能发生流体分离的现象。

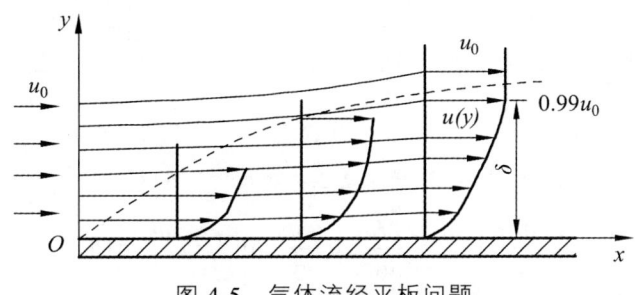

图 4-5　气体流经平板问题

（3）现象描述。如图 4-6 所示，气体沿着弯曲壁面流动，开始在弯曲壁面前方的自由流（Free flow），也就是未受黏性效应影响的气流，即无黏性流（Inviscid flow）的流速 U 因为气流的流管逐渐变细而加速，一直到 B 点。气流到达 B 点后继续流动，气体的流速因为气流的流管逐渐变粗逐渐减速。由此可以推知，B 点之前是负压力梯度，也就是 $\frac{\partial P}{\partial x} < 0$；而 B 点之后是正压力梯度，也就是 $\frac{\partial P}{\partial x} > 0$。至于在 B 点，就是 $\frac{\partial P}{\partial x} = 0$，且气体流速最大。气流到达 B 点后继续沿着弯曲壁流动，正压力梯度 $\left(\frac{\partial P}{\partial x} > 0\right)$ 逐渐地增加，当正压力梯度达到某一定值时，气流因为前方的压力过大而逐渐地无法继续流动，开始发生气体回流的现象，所以沿着物体表面边界层内的气体发生流动分离的现象，如图 4-6 所示 D 点与 E 点。

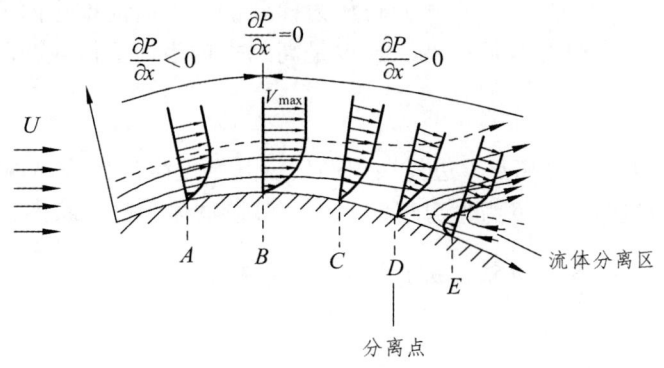

图 4-6　流体分离现象

气体流经平板时不会有流体分离的现象发生，只有在气体流经物体曲面才可能流体分离，且必须在物体曲面后方的气流的正压力梯度大到某一个数值时，才开始有分离现象产生。

（4）现象分析。前述中能够将流体分离现象归纳成一个简单的规律，就是负压力梯度 $\left(\dfrac{\partial P}{\partial x}<0\right)$ 与零压力梯度 $\left(\dfrac{\partial P}{\partial x}=0\right)$ 不会发生流体分离，只有正压力梯度 $\left(\dfrac{\partial P}{\partial x}>0\right)$ 才可能有流体分离的现象。但是微小的正压力梯度不会产生流体分离，只有正压力梯度大到某一个程度时才可能发生流体分离，如图 4-7 所示。

（a）A 点　负压力梯度　$\dfrac{\partial U}{\partial x}>0;\ \dfrac{\partial P}{\partial x}<0$　没有流体分离

（b）B 点　零压力梯度　$\dfrac{\partial U}{\partial x}=0;\ \dfrac{\partial P}{\partial x}=0$　没有流体分离

（c）C 点　微小正压力梯度　$\dfrac{\partial U}{\partial x}<0;\ \dfrac{\partial P}{\partial x}>0$　没有流体分离

（d）D 点　临界正压力梯度　$\dfrac{\partial U}{\partial x}<0;\ \dfrac{\partial P}{\partial x}>0$　开始流体分离

（e）E 点　过大正压力梯度　$\dfrac{\partial U}{\partial x}<0;\ \dfrac{\partial P}{\partial x}>0$　流体分离

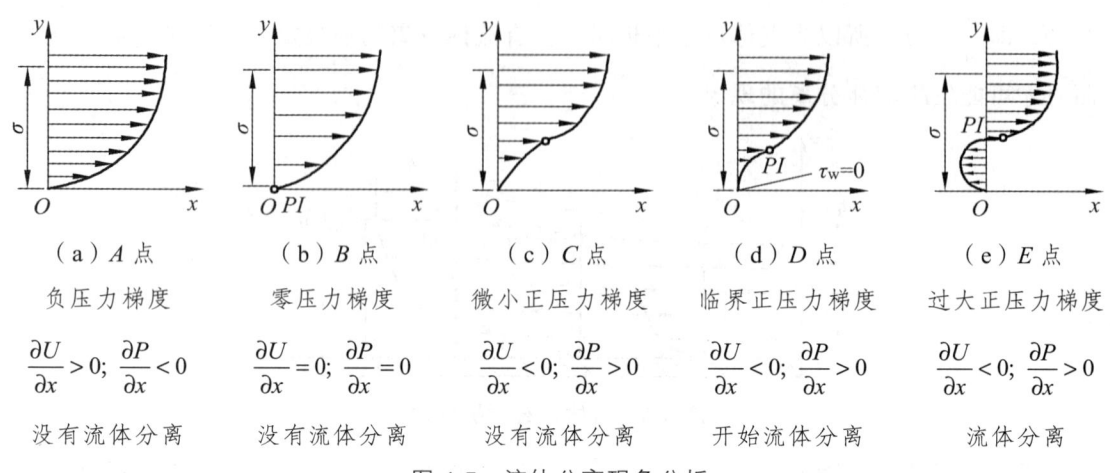

图 4-7　流体分离现象分析

A 点与 B 点由于 $\dfrac{\partial P}{\partial x}\leqslant 0$，所以不会发生流体分离；$C$ 点虽然压力梯度大于 0，但是正压力梯度 $\dfrac{\partial P}{\partial x}$ 过小，所以也不会发生流体分离。当气体沿着曲面继续流动，随着压力梯度 $\dfrac{\partial P}{\partial x}$ 逐渐增加，流至曲面 D 点时，流场开始产生流体分离，D 点的压力梯度称为临界正压力梯度（Critical positive pressure gradient），而 D 点称为分离点（Separation point）。根据流体分离的定义，D 点的壁面剪应力为 0（$\tau_w=0$）。如果继续再沿着曲面推进，气体会因为压力梯度逐渐增加而导致无法再继续沿着曲面流动，从而产生气流回流（Airflow reflux）的现象，造成流体分离。实验证明，流动时的正压力梯度和黏性是气流产生分离的根本原因，而湍流流场因为边界层内流体的平均动量大，在相同正压力梯度情况下向前推进的能力较强，因此其分离点比层流流场的分离点稍微靠后一些，这也是高尔夫球为何要做成凹凸不平的原因。

【例 4-9】

如图 4-8 所示，O 点为分离点（边界层内的气流开始发生流体分离现象的临界点），$u(y)$ 为边界层内气流的速度分布，δ 为边界层的厚度，假设物体为静止状态，在物体表面（$y=0$），O 点的 $u(\delta)$、$u(0)$ 与 $\left.\dfrac{\partial u}{\partial y}\right|_{y=0}$ 是多少？

图 4-8　例 4-9 图示

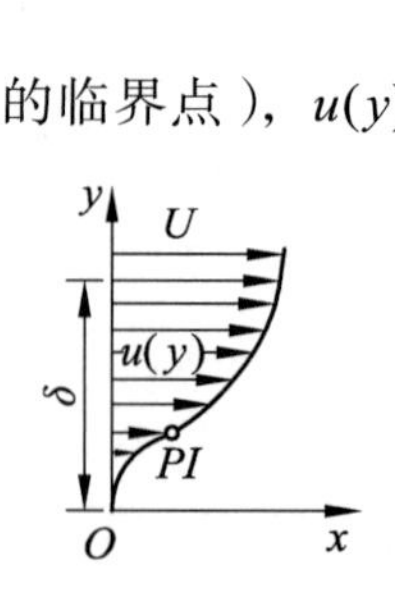

【解答】

（1）根据边界层厚度的定义，$u(\delta)=0.99U$，为简化问题，我们采用 $u(\delta)=U$。

（2）因为无滑流现象，和接触面接触的气体分子与接触面的速度相同，所以 $u(0)=0$。

（3）根据分离点的存在条件，流体分离的临界情况出现在壁面剪应力等于 0 的位置（$\tau_w = 0$），所以壁面（$y = 0$）的 $\dfrac{\partial u}{\partial y} = 0$，也就是 $\left.\dfrac{\partial u}{\partial y}\right|_{y=0} = 0$。

4.5 伯努利方程式的修正

伯努利方程式是工程实践中应用非常多的一个方程式，其使用的条件是假设流动是稳态、一维、不可压缩与非黏性的。但是当气体的流速高于 0.3 马赫（Ma）时，我们不得不考虑气体的压缩性，也不可能完全无视气体黏性造成的影响，为了能够继续研究高速空气动力学的问题，在理想流体假设下使用的伯努利方程式必须进行修正。

1. 可压缩非黏性流体

当气体的流速低于 0.3 马赫（Ma）时，将动量守恒微分方程式 $\mathrm{d}P + \rho V \mathrm{d}V = 0$ 的两边积分，可以得到理想流体假设下 $P + \dfrac{1}{2}\rho V^2 = \text{constant}$，这就是伯努利方程式。但是对于 0.3 马赫（$Ma$）以上气体流动问题，密度 ρ 不视为固定常数，而且其压力 P 随着密度 ρ 改变。只需将等熵方程式 $P = C\rho^\gamma$ 代入稳态一维可压缩无黏性流体的动量守恒微分方程式 $\dfrac{\mathrm{d}P}{\rho} + V\mathrm{d}V = 0$，并对方程式的两边进行积分，即得到稳态一维可压缩无黏性流体在等熵过程中的关系式为 $P + \dfrac{\gamma - 1}{2\gamma}\rho V^2 = \text{constant}$。这也是可压缩流体在稳态一维等熵过程中的伯努利方程修正式。在工程计算中，我们可以使用伯努利方程的修正式结合理想气体的状态方程、马赫数与声速的计算公式和质量流率守恒方程式等来求解高速气体的流动问题。

2. 不可压缩黏性流体

当流体在低速流动时，通常伯努利方程式的计算结果和实际测量压力与速度值之间的误差不大，但是对于精确度要求较高的工程问题，例如，低速流体在非常长的工业管道中传送，或者传送管道管壁过于粗糙，以及流体在工业管道中流经各种局部障碍装置时因为流体的黏性效应或者局部障碍引起能量损失，$P_1 + \dfrac{1}{2}\rho V_1^2 = P_2 + \dfrac{1}{2}\rho V_2^2$ 必须修正为 $P_1 + \dfrac{1}{2}\alpha_1\rho V_1^2 = P_2 + \dfrac{1}{2}\alpha_2\rho V_2^2 + \rho g h_{\text{loss}} = P_2 + \dfrac{1}{2}\alpha_2\rho V_2^2 + \rho g \sum h_f + \rho g \sum h_\zeta$。式中，$\alpha_1$ 与 α_2 分别代表的是动能修正系数，以修正使用平均流速概念造成的动能计算误差；h_{loss}、h_f、h_ζ 分别为低速流动时的总能量损失、因为黏性效应造成的能量损失以及流体流经局部障碍造成的能量损失。

3. 综合讨论

假设条件不同，流动计算求解的模式也就不同，如下所示可将其归纳成 3 类。
（1）理想流体的性质计算。

采用理想流体的假设时，通常使用 $P_1 + \dfrac{1}{2}\rho V_1^2 = P_2 + \dfrac{1}{2}\rho V_2^2$，并结合体积流率守恒方程式

$Q = A_1V_1 = A_2V_2$ 计算理想流体在单一流管中流动问题。

（2）不可压缩黏性流体的能量损失。

计算求解必须考虑能量损失时，使用修正式 $P_1 + \frac{1}{2}\alpha_1\rho V_1^2 = P_2 + \frac{1}{2}\alpha_2\rho V_2^2 + \rho g h_{loss} = P_2 + \frac{1}{2}\alpha_2\rho V_2^2 + \rho g \sum h_f + \rho g \sum h_\zeta$。对于工程计算精度要求不高情况，通常将动能计算误差与能量损失计算误差忽略不计，也就是设为 $\alpha_1 = 1$、$\alpha_2 = 1$ 与 $h_{loss} = 0$ 以简化问题研究的难度。

（3）可压缩非黏性流体的性质计算。

研究低速气体的流动问题时，可以使用等熵过程的关系式 $\frac{\rho_t}{\rho} = \left(1 + \frac{\gamma-1}{2}Ma^2\right)^{\frac{1}{\gamma-1}}$、$\frac{P_t}{P} = \left(1 + \frac{\gamma-1}{2}Ma^2\right)^{\frac{\gamma}{\gamma-1}}$ 和 $\frac{T_t}{T} = 1 + \frac{\gamma-1}{2}Ma^2$ 与 $\frac{P_2}{P_1} = \frac{\left(1 + \frac{\gamma-1}{2}Ma_1^2\right)^{\frac{\gamma}{\gamma-1}}}{\left(1 + \frac{\gamma-1}{2}Ma_2^2\right)^{\frac{\gamma}{\gamma-1}}}$、$\frac{T_2}{T_1} = \frac{1 + \frac{\gamma-1}{2}Ma_1^2}{1 + \frac{\gamma-1}{2}Ma_2^2}$ 和 $\frac{\rho_2}{\rho_1} = \frac{\left(1 + \frac{\gamma-1}{2}Ma_1^2\right)^{\frac{1}{\gamma-1}}}{\left(1 + \frac{\gamma-1}{2}Ma_2^2\right)^{\frac{1}{\gamma-1}}}$，或者使用等熵过程中伯努利方程修正式 $P + \frac{\gamma-1}{2\gamma}\rho V^2 = \text{constant}$ 与理想气体的状态方程式 $P = \rho RT$、马赫数的定义公式 $Ma = \frac{V}{a}$、声速公式 $a = \sqrt{\gamma RT}$ 与质量流率守恒方程式 $\dot{m} = \rho AV = C$ 等，求解高速流动时气体性质与流速的变化。

在研究气体流动问题时，研究者可依据工程计算要求精度与实际需求对气体的状态行为做适当的假设以简化工程计算的难度，用最少的工作时间与计算成本完成要求达到的工程研究任务。这也是大多数工程学科、系统工程（System engineering）或系统设计优化工程（System design optimization engineering）等相关工程学科希望具有的能力。

课后练习

（1）什么是理想流体（ideal fluid）？什么是理想气体（ideal gas）？两者的应用条件有何差异？

（2）理想气体（ideal gas）或完全气体（perfect gas）的定义与假设是什么？

（3）理想气体的状态方程式及其应用条件是什么？

（4）什么是流体的压缩性？通常用什么来度量流体的压缩性？

（5）温度对空气的压缩性有什么影响？其与声速有何关系？

（6）气体的流速对其压缩性有什么影响？

（7）大气高度与温度对空气声速 a 有什么影响？

（8）飞机以相同的速度 V 在大气对流层飞行时，大气高度对飞行马赫数影响如何？

（9）飞机在 27 ℃ 的情况下飞行，声速值是多少？

（10）亚声速流场、声速流场与超声速流场的定义是什么？说明其划分的依据。

（11）等熵过程的意义是什么？在工程技术中可能会有一个过程满足等熵要求吗？论述其理由。

（12）等熵方程式适用于黏性流的计算吗？

（13）影响气体黏性的主要因素是什么？

（14）温度与压力对气体黏性的影响是什么？

（15）如图 4-9 所示，如果气体的流动视为可逆绝热过程，而驻点 A 的温度为 40 ℃，如果气体的温度为 15 ℃，试求当地气流的速度 V 与马赫数 Ma。

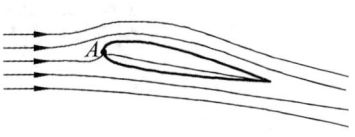

图 4-9　习题（15）图示

（16）空气流过一管道，在面积 $A = 6.5$ cm^2 的截面上，速度 $V = 300$ m/s，马赫数 $Ma = 0.6$，质量流率 $\dot{m} = 1.2$ kg/s，试求该截面上空气的声速与气流温度和气流压力。

（17）牛顿流体的定义与牛顿黏滞定律的公式是什么？

（18）什么是边界层理论？论述其对近代流体力学发展的贡献。

（19）什么是边界层理论？论述其在使用上可能会有的不适用情况。

（20）边界层厚度的定义是什么？

（21）流体分离的定义是什么？

（22）流体分离现象开始发生的分离点的壁面剪应力是多少？

（23）如图 4-10 所示，在流场中 $u(\delta)$ 与 $u(0)$ 的值是多少？

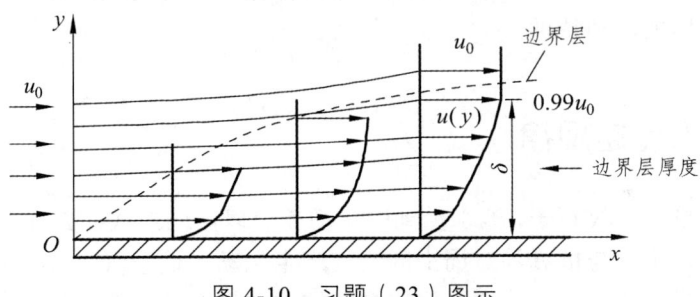

图 4-10　习题（23）图示

（24）对于低速流体在管道的流动问题，可能导致流动能量损失的因素是什么？

（25）对于低速流体在管道的流动问题，如果考虑流体因为黏性效应造成的能量损失，伯努利方程式要如何修正？

（26）利用伯努利方程式 $P + \frac{1}{2}\rho V^2 = \text{constant}$ 求解高速流动问题时是否必须加以修正？如何修正？

（27）试证明高亚声速气流在管道流动的问题研究中，假设气体流动是等熵过程，则伯努利方程式 $P + \frac{1}{2}\rho V^2 = P_t$ 必须修正为 $P + \frac{\gamma-1}{2\gamma}\rho V^2 = \text{constant}$。

（28）假设空气在管道中流动为等熵可压缩流过程，等熵指数 $\gamma = 1.4$，已知管道进口处的马赫数为 $M_1 = 0.3$，温度为 $T_1 = 62$ ℃，而管道出口处的马赫数为 $M_2 = 0.8$，试求管道出口处的速度 V_2 并绘出该管道的形状。

第 5 章　超声速空气动力学的基础

虽然气体的显著特点在于其可压缩性，但是对于流动速度不大于 70~100 m/s 的气体，也就是流速小于 0.3 马赫（Ma）的气体而言，可压缩性并不明显，此时可以把液体的流动规律直接套用在气体上，也就是将其当作不可压缩流体来处理。但是随着流动理论进一步地发展，当气体的流速大于或等于 0.3 马赫（Ma），可压缩性将会明显地影响其热力学和动力学的特性，而且将会随着气体的流速增加而增加。如果按照气体的可压缩性或者密度的变化来做分类，通常将低于 0.3 马赫（Ma）的低速气体流动问题归属于不可压缩流体力学、不可压缩空气动力学与低速空气动力学的研究范畴，而将高于 0.3 马赫（Ma）的高速气体流动问题归属于可压缩流体力学、可压缩空气动力学、气体动力学或高速空气动力学的研究范畴。气体的流速大于或等于 1.0 马赫，即 $Ma \geqslant 1.0$ 时，气体流动的特性又会出现一些与亚声速气体流动在本质上的差异，这种特性称为超声速气体的流动特性，因此高速气体流动问题中根据流动的速度是否大于声速，又可以分为高亚声速气体流动问题与超声速气体流动问题。本章主要描述超声速气体的流动特性。

5.1　扰动的传递规律

向平静的水中投入一枚石子，池水受到的扰动就会以波的形式向四面八方传播。同样地，飞机在空中飞行时，机身与机翼等对周围的空气产生扰动，使空气压力、密度等参数发生变化，也会以波的形式向四面八方传播。物体在流体中运动会使得流场的压力、密度和温度等性质发生变化，这种现象称为流场受到扰动，扰动以波的形式向四面八方传播，扰动传播的速度用声音的传播速度（声速）a 来表示。

1．扰动波的定义

研究流体扰动的问题时，将运动的物体视为扰动源（Disturbance source），而将扰动传递的过程中受扰动的流体与未受扰动的流体之间的分界面称为扰动波（Disturbance wave），如图 5-1 所示。

2．扰动波的分类

一般而言，我们根据扰动波前后压力的变化情形可以将扰动波分成弱扰动波和强扰动波，压缩波和膨胀波，如图 5-2 所示。

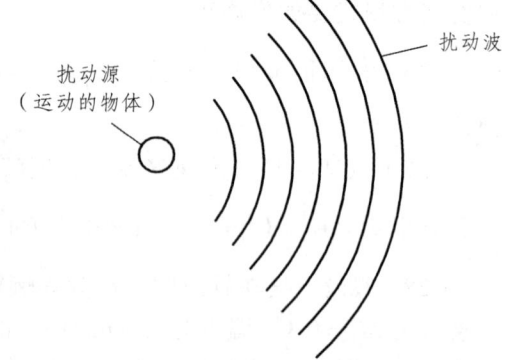

图 5-1　扰动源与扰动波的定义

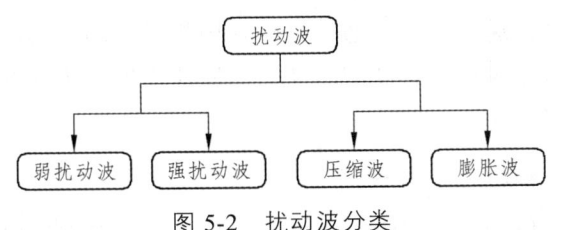

图 5-2 扰动波分类

（1）弱扰动波和强扰动波的区分。

在研究传递扰动的规律时，对于压力差微小的扰动，我们称之为弱扰动（Weak disturbance），例如物体低速运动对流场造成的扰动即属于弱扰动，而弱扰动对应的扰动波就是弱扰动波（Weak disturbance wave）。对于压力差显著的扰动，我们称之为强扰动，例如超声速飞机在空中飞行时产生的激波以及物体爆炸产生的爆炸波都属于强扰动，而强扰动对应的扰动波就是强扰动波（Strong disturbance wave）。

（2）压缩波和膨胀波的区分。

流体在传递扰动的过程中，如果流体流经扰动波后，压力增加（$dP>0$），我们称之为压缩扰动（Compressive disturbance），压缩扰动对应的扰动波就是压缩波（Compression wave）。反之，如果流体流经扰动波后，压力减少（$dP<0$），我们称之为膨胀扰动（Expansive disturbance），对应的扰动波就是膨胀波（Expansion wave）。膨胀波是一种弱扰动波，而压缩波又分为弱压缩波和强压缩波两种，例如物体在流体中低速运动时产生的压缩波属于弱压缩波；炸弹爆炸时周围空气受到强烈压缩，压力急剧升高，形成破坏力极大的激波，也是通常所说的爆炸波或冲击波，这种压缩波属于强压缩波。

3．相对运动转换的概念

在研究流体传递扰动的规律时，根据观察的角度不同，扰动源可分为运动扰动源（Motion disturbance source）和静止扰动源（Stationary disturbance source）两种，例如物体在静止空气中运动时，物体在其运动空间的每一点都对空气产生一个微弱扰动，这个物体就是运动扰动源。根据物理学中的运动相对性原理，将物体在静止空气中的运动，转换为空气流过静止的物体的运动，此时物体视为静止扰动源，而其流动的空气气流称为相对气流（Relative airflow），下文简称来流。来流的流速与物体运动的速度大小相等、方向相反，而静止扰动源发出的扰动是以声速 a 从物体为中心向四周传播，这就是相对运动转换的概念，如图 5-3 所示。

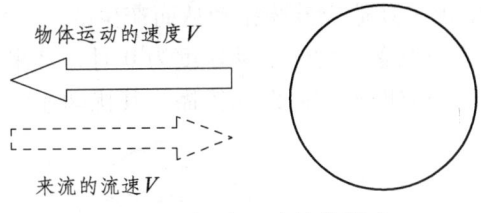

图 5-3 相对运动转换概念

空气动力学是研究气体与物体有相对运动时产生运动规律的一门科学，因此空气动力学的研究离不开来流，不管是气体静止而物体运动还是物体静止而气体流动，只要物体和气体之间有相对运动，就会产生空气动力。在其他条件不变的情况下，只要相对速度相同，两者产生的空气动力就会相同。在空气动力学中，为了简化理论研究的难度，广泛地采用相对运动转换的概念来研究扰动传递的问题。通常是先利用相对运动转换的概念将物体在静止气体中的运动形式转换成来流流过静止物体的运动，然后才去探讨扰动的传递规律以及扰动波前后气体的物理性质的变化。

4．气体传递扰动问题的分类与说明

根据相对运动转换的概念以及来流与声速之间的关系，我们可以将气体传递扰动的问题分成静止气流、亚声速气流、声速气流与超声速气流传递扰动的类型，如图5-4所示。

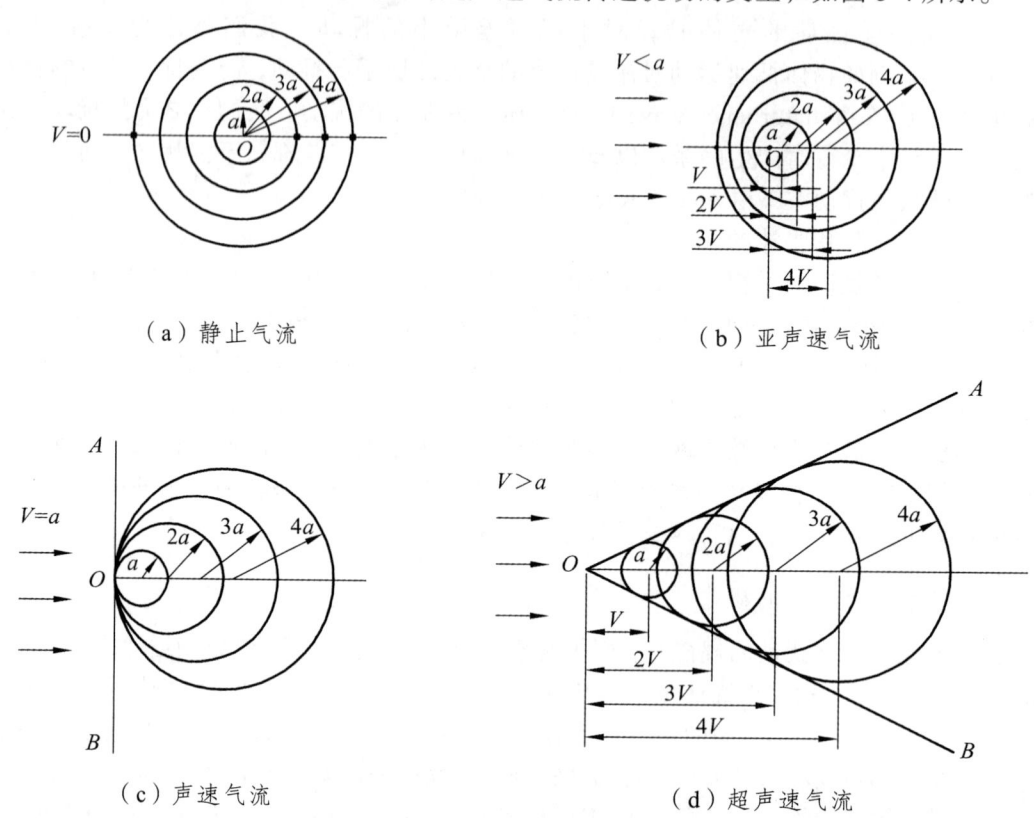

图 5-4　气体传递扰动问题分类

（1）静止气流（$V=0$或$Ma=0$）的扰动传递类型，即物体（运动扰动源）在运动速度V为0时所造成的扰动，例如用锤击鼓造成鼓膜振动从而产生的声音传递即属于静止气流传递扰动的类型。根据相对运动转换的概念，物体运动速度为0时，其来流的速度亦为0，而扰动源发出的扰动以物体为中心用球面波的形式向四周传播，其扰动速度为声速a，如图5-5所示。

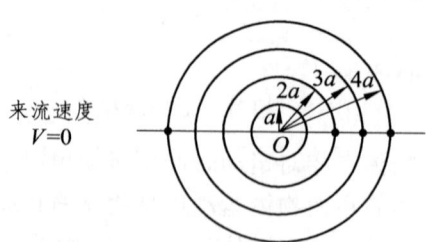

图 5-5　扰动在静止气流中传递

从图中可以看出，受扰动气体与未受扰动气体的分界面是一个球面，也就是扰动波的形状为一个球面，如果不考虑扰动因为黏性而造成的能量损耗，随着时间的推移，这个微弱的扰动将逐渐地传遍整个流场，也就是弱扰动波在静止气体中的传播是无界的。

（2）亚声速气流（$V<a$ 或 $Ma<1.0$）的扰动传递类型。

当物体（运动扰动源）在气体中的运动速度为亚声速时，例如低亚声速飞机在空中飞行所造成的扰动，即属于亚声速气流扰动传递的类型。根据相对运动转换的原理，物体在静止气体中以亚声速 V 的速度运动时，其来流的速度亦为 V，只不过来流与物体的运动速度大小相等、方向相反。当扰动波以物体为中心四周传播时，声速 a 的扰动波形状仍然是球面，但是以物体为中心的扰动源发出的扰动在各个方向上对气流传播的相对速度不再是声速 a，它受到来流的速度影响。扰动在逆流方向，也就是扰动传递与来流速度方向相反的方向，扰动传递的速度会被来流的速度抵消。扰动在顺流方向，也就是与来流速度方向相同的方向，扰动传递的绝对速度则与来流的速度相加。因此在逆流方向上，扰动对气流传递的相对速度为 $a-V$，而在顺流方向，扰动对气流传递的相对速度为 $a+V$。其他方向的传播速度介于 $a-V$ 与 $a+V$ 之间，如图 5-6 所示。

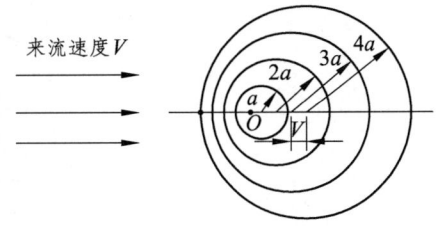

图 5-6　扰动在亚声速气流中传递

从图中可以看出，由于来流的流速 V 小于声速 a（$V<a$），所以在亚声速气流的扰动传递问题中，扰动仍然能够逆流传播。如果不考虑扰动因为黏性所造成的能量损耗，物体运动对空气造成的扰动如果时间足够长，也会随着时间的推移而逐渐地传遍整个流场，即弱扰动波在亚声速气流中的传播也是无界的。

（3）等声速气流（$V=a$ 或 $Ma=1.0$）的传递问题。

当物体（运动扰动源）在气体中的运动速度 V 为声速 a 时，根据相对运动转换的概念，转换为来流流过静止物体的运动形式后所得速度 V 亦为声速 a，以物体为中心的扰动源所发出的扰动在顺流方向，对气流传递的相对速度为 $a+V=2a$，而在逆流方向对气流传递的相对速度为 0，也就是 $a-V=0$。因此扰动波已经不能够逆流地向上游方向传播，随着时间的推移，球面波不断向外扩大，但无论扩得多么大，也只能影响扰动源下游的半个空间，扰动源上游的半个空间则完全不受影响，如图 5-7 所示。

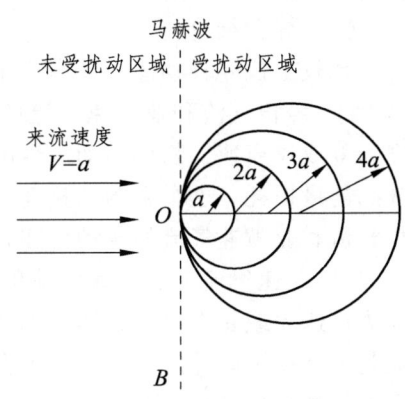

图 5-7　扰动在等声速气流中传递

从图中可以看出，由于来流的速度等于声速，扰动源发出的扰动在逆流方向传播的相对速度为 0，扰动传播的范围只能是物体所在位置且垂直于来流方向的平面后方的空间内，它不能够影响平面的前方，也就是扰动源前方的流场不受扰动的影响。对于声速气流扰动传递问题，受扰动气体与未受扰动气体的分界面是位于物体所在位置且垂直于相对气流方向的平面，此分界面称为马赫波（Mach wave）。

（4）超声速气流（$V>a$ 或 $Ma>1.0$）的传递问题。

当物体（运动扰动源）在气体中的运动速度为超声速，也就是 $V>a$ 时的扰动，即属于超声速气流扰动传递的类型。在来流的速度大于声速 a 的情况下，以物体为中心的扰动源沿着半径的方向发出的扰动，其速度 a 会因为小于来流的速度而造成扰动被来流带往顺流方向，也就是扰动源发出的扰动不但不能逆流前移，而且还会被带至顺流的后方，所以弱扰动的传播局限于以物体所处位置为顶点且面向来流速度的顺流方向张开的圆锥区域内，这个范围称为马赫锥（Mach cone）。马赫锥以内的区域受到扰动影响，而马赫锥以外的区域则不受扰动影响，因此弱扰动波在超声速气流中的传播是有界的，如图 5-8 所示。

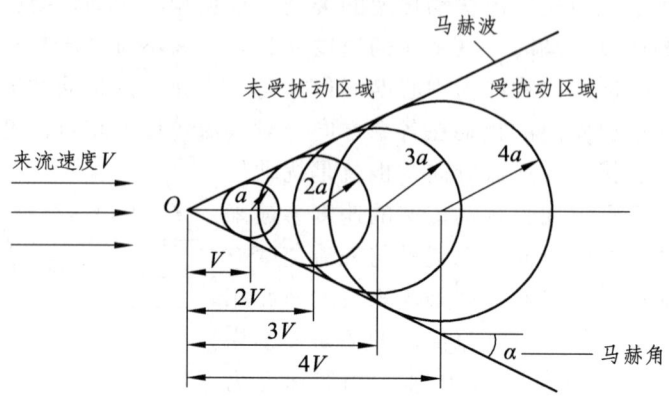

图 5-8　扰动在超声速气流中传递

马赫波和水平面的夹角 α 称之为马赫角（Mach angle），其大小直接反映受扰动影响区域。马赫角越大，受扰动影响的区域越大；马赫角越小，受扰动影响的区域就越小。从图中能够发现马赫角的计算公式为 $\sin\alpha = \dfrac{1}{Ma}$ 或 $\alpha = \arcsin\dfrac{1}{Ma}$。可以看出，马赫角的大小由马赫数 Ma 决定，马赫数越大，马赫角越小，受扰动的区域也就越小；马赫数越小，马赫角越大，受扰动的区域也就越大。但是马赫数的减小是有限制的，最多只能减小到 1.0。当马赫数减小到 1.0 时，马赫角达到了最大值 $\dfrac{\pi}{2}$，如果马赫数小于 1.0，马赫角的计算公式 $\arcsin\dfrac{1}{Ma}$ 已无任何意义，因为马赫角根本就不存在。马赫波只能出现在声速气流和超声速气流的扰动传递类型中。

（5）综合结论。

比较上述 4 种物体运动所产生的扰动传递情况可以得到以下结论。

① 静止气流和亚声速气流的扰动传递规律：如果物体（运动扰动源）在气体的运动速度为 0 或亚声速，物体运动产生的扰动可以逆流向上游传播，而且如果不考虑因为黏性所造成的能量损耗，这个微弱的扰动会逐渐地传遍整个流场。也就是说如果不考虑黏性效应，静止气流和亚声速气流的扰动传递是无界的。

② 声速气流和超声速气流的扰动传递规律：如果物体（运动扰动源）在气体的运动速度为声速 a 或超声速，物体运动产生的扰动不能逆流向上游传播，只能在马赫锥内传播。也就是说马赫锥以外区域的气体不会受到扰动的影响，声速和超声速气流的扰动传递是有界的，界限就是马赫锥（波）。

③ 扰动有界是超声速气流与亚声速气流在本质上的差异。我们可以在亚声速运动的物体前方，听到物体运动的声音，但是对于超声速运动的物体前方，我们无法听到物体运动的声音，而仅能够在某一特定区域才能听到。

【例 5-1】

如图 5-9 所示,一架离地面 5 km 的飞机,在通过观察者 9 km 后,观察者才听到声爆,飞机飞行马赫数大概是多少?

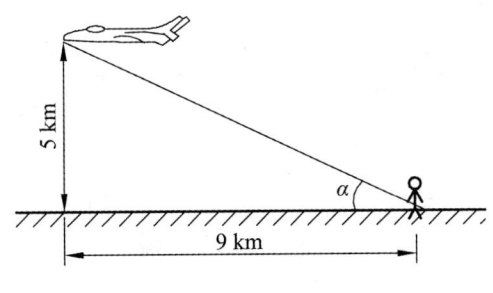

图 5-9　例 5-1 图示

【解答】

从图中可以看出,$\tan\alpha = \dfrac{5}{9}$,所以 $\alpha = \arctan\dfrac{5}{9} = 29.05°$。因为马赫角的计算公式为 $\sin\alpha = \dfrac{1}{Ma}$,所以 $Ma = \dfrac{1}{\sin\alpha} \Rightarrow Ma = 2.06$。

5.2　膨胀波与激波现象

激波与膨胀波是只有在超声速气流中才会产生的现象,它是研究高速空气动力学(气体动力学)时不可或缺的知识。

1. 膨胀波的形成原因与特性

(1)形成原因。膨胀波是超声速气流发生膨胀变化时产生的一种现象,它使超声速气流的流速增加,压力降低。如图 5-10 所示,当超声速气流流经一个外凸壁面时,如果转折角是一个微小的角度($d\delta$),将产生一个微小的膨胀波。研究表明,超声速气流通过膨胀波后,速度增大,压力、温度与密度都减小,但是这些流动性质与流速的变化量都很小,所以膨胀波是一个弱扰动波,且其形成过程可视为等熵过程(Isentropic process)。当超声速气流流经一个有限大小的角度 δ 的转折点,它会产生无数条从同一点(O 点)出发的膨胀波并形成扇形膨胀区,如图 5-10(b)所示。当超声速气流流经一个有限角度的外凸壁面时,气流方向的改变并不是一次性完成的,而是经过无数条膨胀波而改变的,且压力、温度与密度都有一定量的降低,这些变化是连续、渐变的,所以我们仍然可以将此膨胀过程视为等熵过程,也就是可逆绝热过程。

超声速气流除了流经外凸壁面能够产生膨胀波外,在其他一些情况下也会产生膨胀波。例如,超声速气流从喷管流出,如果出口截面气流压力 P_1 高于外界气体压力 P_a,为了使气流压力降低到与外界气体压力相等,从而满足边界条件,喷管出口上下边缘 A 和 B 处就会产生两束膨胀波,如图 5-11 所示。

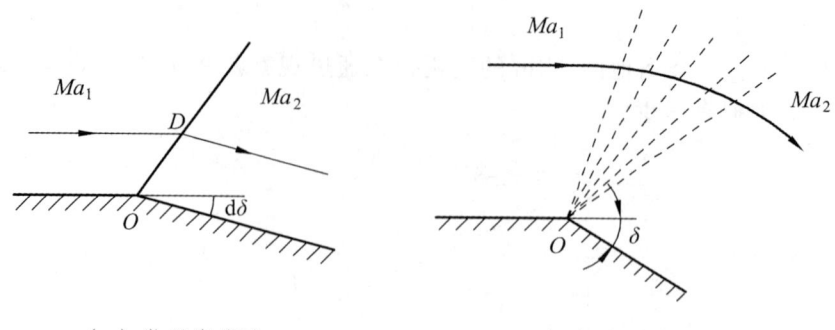

（a）微弱膨胀波　　　　　（b）扇形膨胀波

图 5-10　膨胀波形成

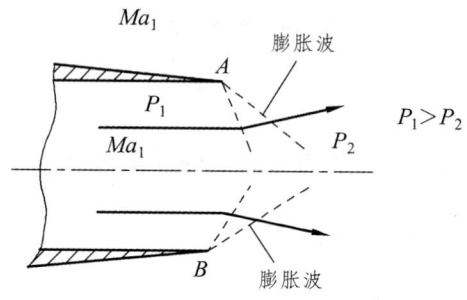

图 5-11　超声速气流在喷口产生膨胀波

（2）气流特性。超声速气流因为流动通路扩张，例如壁面外折一个角度或者因为流动的条件规定必须从高压区过渡到低压区，从而导致气流加速或降压都会出现膨胀波。气流通过膨胀波后，气体的流动性质与流速的变化量都微小，因此可以将膨胀波视为弱扰动波，且气流流经膨胀波的过程视为等熵过程，也就是可逆绝热的过程。

2．激波的形成原因与特性

（1）形成原因。

当超声速气流流经一个具有微小转折角 $d\delta$ 的内折壁面时，在壁面的折转处产生一道微弱压缩波。研究表明，超声速气流流经微弱压缩波后，气体的压力、温度与密度将变大，而流速则降低。不过这些气体的流动性质与流速变化都非常小，所以微弱压缩波是一个等熵过程，也就是可逆绝热过程，如图 5-12 所示。

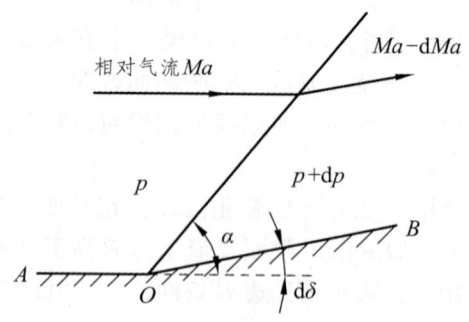

图 5-12　单一微弱压缩波形成

如果超声速气流沿着流动的方向在 O_1、O_2、O_3、…、O_n 的壁面处逐渐地向内偏折一个细微的内凹角度 θ_1、θ_2、θ_3、…、θ_n，则都产生一道微弱压缩波。气流流过这一系列的微弱压缩波，流速逐渐降低，而其压力、密度和温度逐渐升高，因此气流的马赫数 Ma 逐渐减小，而马赫角 α 逐渐增大，如图 5-13（a）所示。由此推知，超声速气流沿着内凹的弯曲壁面相当于沿无限多个向内偏折角度壁面的流动，在内凹的弯曲壁面每一点都会产生一道微弱压缩波，因此超声速气流流经内凹弯曲壁面时，气体的流动性质、流速与折转角都产生有限量的变化且往下游延伸的所有微弱压缩波系会逐渐聚拢，如图 5-13（b）所示。在超声速飞机发动机中，扩压进气道的内壁有时设计成内凹曲壁面形式，因为如此气流的减速增压过程最接近于等熵过程，气体的总压损失最小。超声速飞机发动机内的压缩机组件中的叶栅剖面，也有一段设计成内凹的弯曲壁面形式以减少气流的动能损失，从而提高发动机压缩机组件的效率。

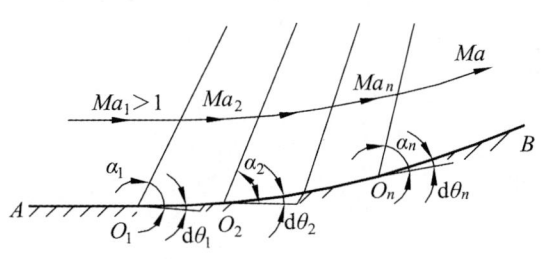 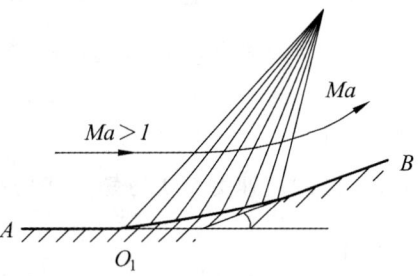

（a）多个微弱压缩波形成的过程　　　　（b）微弱压缩波系形成的过程

图 5-13　微弱压缩波系形成过程

超声速气流流经内凹弯曲壁面时，气流接连向内折转，往下游延伸的所有微弱压缩波系会逐渐聚拢，当这些微弱压缩波系产生的压缩效应聚集到某一程度时会形成一定程度的斜激波（Oblique shock wave）。此时气体的流动性质与流速产生一定程度的变化，气流流经斜激波的过程不再视为等熵过程，如图 5-14（a）所示。如果超声速气流流经某一有限大小的角度 δ 的内凹壁面，当壁面突然地向上转折对气流产生的压缩作用大到某一个程度时，也会产生斜激波，如图 5-14（b）所示。

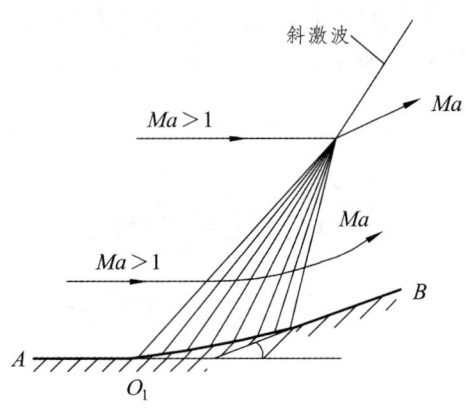 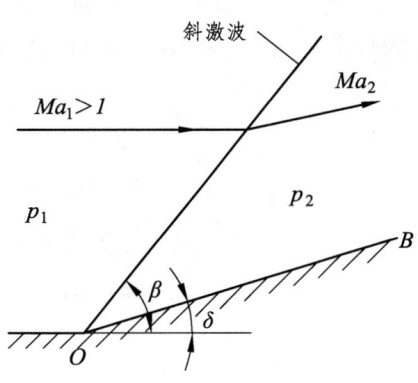

（a）超声速气流流经内凹弯曲壁面时　　　（b）超声速气流流经有限角度内凹壁面时
　　　形成斜激波　　　　　　　　　　　　　　形成的斜激波

图 5-14　斜激波形成原因

斜激波与超声速气流方向之间的夹角称为激波角（Shock wave angle），用符号 β 表示，其大小与斜激波的强度有关。由于超声速气流造成气体压力陡增、速度骤减，因此我们在研究气流流经斜激波过程时不可以视之为等熵过程。

（2）气流特性。

对于超声速气流而言，激波角越大则斜激波的强度越强，也就是超声速气流流经斜激波后，气体流速的减少量与压力的增加量最多。由此推知，当激波角 $\beta=\dfrac{\pi}{2}$ 时，斜激波的波面会与相对气流方向垂直，此时的激波称为正激波（Normal shock wave），正激波是超声速气流在相同流速下强度最高的激波。而当斜激波的激波角为 $\beta=\arcsin\dfrac{1}{Ma}$ 时，斜激波退化成马赫波（Mach wave），马赫波对应的夹角即为马赫角（Mach angle），马赫波的强度最弱，是一种弱压缩波。所以斜激波角 β 的范围是 $\arcsin\dfrac{1}{Ma}<\beta\leqslant\dfrac{\pi}{2}$。

【例 5-2】

如果气流的流速为 2.0 马赫，其马赫角 β 是多少？

【解答】

根据定义 $\beta=\arcsin\dfrac{1}{Ma}$，气流的流速为 2.0 马赫，所以 $\beta=\arcsin\dfrac{1}{2}$，从而可以得到 $\beta=30°$。

3．激波脱体的发生原因

实验发现，超声速气流在一个固定的相对流速下，当气流流经内折壁面的角度大到一定程度，激波会产生脱体现象。同样地，对于一个固定的 δ，当超声速气流的流速达到某一定值时，激波也会发生脱体。脱体激波的形状是弓形，位于物体前方的激波接近于正激波，沿着气流流向的后方延伸时逐渐变为斜激波，而延伸到后方某个位置时激波退化成马赫波，如图 5-15 所示。

对飞行器而言，如果飞行器的头部是钝头形状（偏折角 δ 非常大），在超声速飞行时，就会产生脱体激波（Extracorporeal shock wave），如图 5-16 所示。

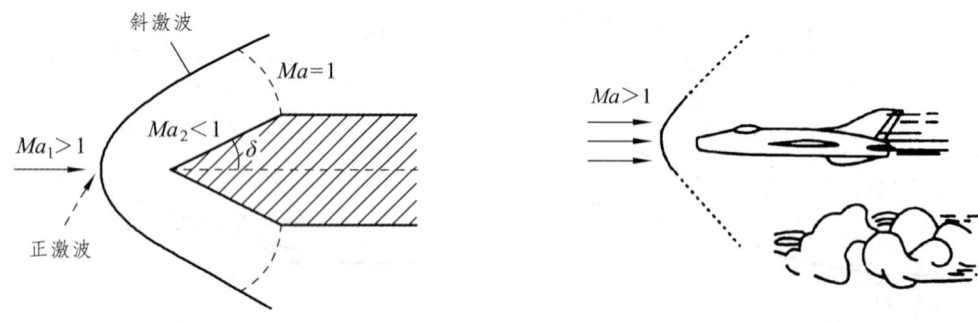

图 5-15　激波脱体　　　　图 5-16　飞机头部激波（脱体激波）

飞机在空中以超声速飞行，来流以超声速流过飞机的外部表面。来流受到机头和机翼前缘阻挡造成压缩效应，因此产生激波。这种因为激波引起的阻力称为激波阻力（Shock wave drag），简称为波阻（Wave drag）。由于正激波产生压缩效应的强度比斜激波的大，因此可以推知，飞机超声速飞行时如果产生脱体激波，飞行阻力（激波阻力）会增加。所以为了减小波阻，超声速飞机的机头与机翼应该是尖头形状，机身也应该为尖头细长体，以免脱体激波产生，如图 5-17 所示。

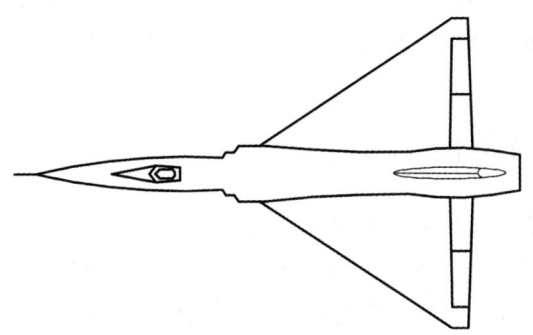

图 5-17　超声速飞机气动外形

4．激波的种类与特性

根据激波的几何形状加以分类，可以把激波区分成正激波（Normal shock wave）、斜激波（Oblique shock wave）与曲线激波（Curve seismic wave，又称为弓形激波）3 种形式，如图 5-18 所示。根据激波与物体有没有接触加以分类，则可以分成附体激波（Attached shock wave）与脱体激波（Extracorporeal shock wave）。

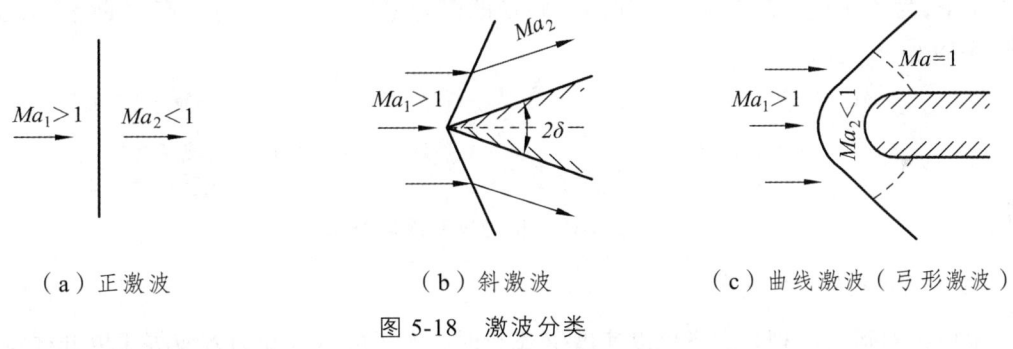

（a）正激波　　　　　　（b）斜激波　　　　　（c）曲线激波（弓形激波）

图 5-18　激波分类

正激波的波面与相对气流的方向垂直，也就是激波的激波角 $\beta = \dfrac{\pi}{2}$，它是一种强压缩波（Strong compression wave）。超声速气流流经正激波后，波后的气流一定是亚声速流。斜激波的波面与相对气流方向的夹角小于 90°，也就是激波角 $\beta < \dfrac{\pi}{2}$。超声速气流流经斜激波后，波后的气流可能是超声速，也有可能是亚声速，视斜激波的强度而定，只有遇到较强的斜激波时，波后才是亚声速流。如果超声速气流流经过大的内折表面，激波会产生脱体现象，此时物体前方的激波为正激波，而沿着气流流向的后方逐渐变为斜激波。

【例 5-3】

试简述激波与激波角的定义。

【解答】

如图 5-13 所示,所谓激波是指超声速气流流经一定角度的内折壁面时,所产生气体的压力、密度与温度等流动性质突然升高和气体的流速突然降低的分界面。所谓激波角是指激波与超声速气流方向之间的夹角,如果激波的波面与气流的方向垂直,我们称此激波为正激波;如果激波的波面与气流的方向的夹角小于 90°,我们称此激波为斜激波。

5.3 飞机的飞行速度

当飞机飞行时,流经各部件的气体流速,也就是局部气流的速度不一定都等于飞机的飞行速度。高亚声速飞行时,流经机翼表面局部气体的流速就可能已经超过声速。如果气体的流速大于或等于声速,即 $Ma \geqslant 1.0$,激波就会产生。为了方便研究飞机飞行的空气动力特性,可以依照局部激波产生与否将飞行速度区域另行划分。

1. 相对运动原理的概念

如前所述,空气动力学是研究气体与物体相对运动时产生运动规律的一门科学。空气动力学研究离不开相对气流,不管是气体静止而物体运动或者物体静止而气体流动,只要物体和气体之间有相对运动,就会产生空气动力。在其他条件不变的情况下,只要相对速度相同,两者产生的空气动力效果就会相同。由于作用于飞机上的空气动力是相对气流,因此在空气动力学中,为了简化广泛地采用相对运动转换的概念来研究飞机飞行时产生的空气动力问题,如图 5-19 所示。

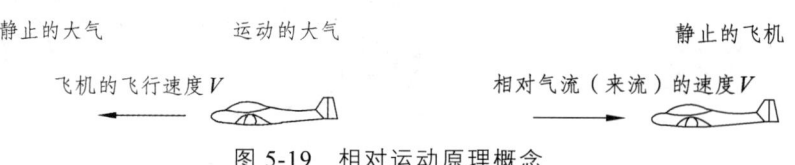

图 5-19 相对运动原理概念

2. 临界马赫数的概念

根据相对运动原理,当飞机以速度 V 飞行时,产生的空气动力效应等于以同样流速 V 的来流流过静止飞机表面,来流流经机翼上表面的突起会造成流管收缩,从而导致局部气流速度大于飞行速度,如图 5-20 所示。

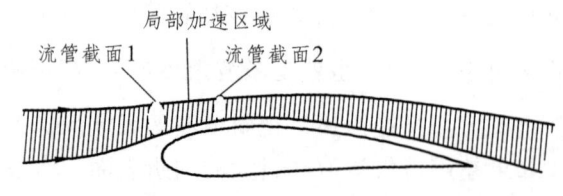

图 5-20 机翼上表面局部气流加速

由于局部气流的加速性,亚声速飞行时,流经机翼的气流仍可能超过声速,且可能产生激波,所以我们定义局部气流到达声速时的马赫数为临界马赫数(Critical Mach number),如图 5-21 所示。

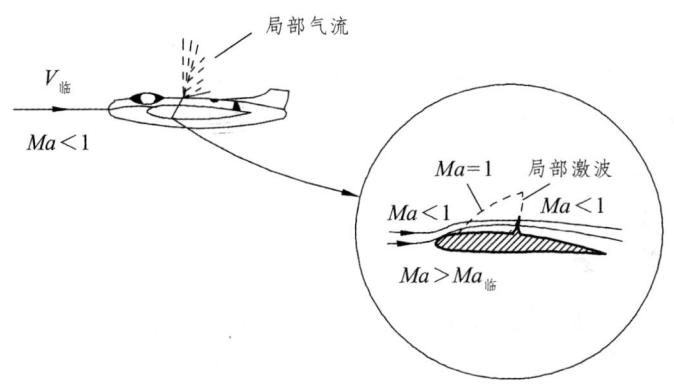

图 5-21 临界马赫数

由于飞行速度在到达临界马赫数时产生局部激波（Local shock wave），从而产生激波阻力，所以为了避免激波阻力的产生，亚声速飞机的飞行速度必须小于临界马赫数。也是因为如此，现代高亚声速的飞机，通常以提高临界马赫数的方式，增加飞行速度，使得飞行性能更进一步地提升。

【例 5-4】

何谓临界马赫数？论述其代表的物理意义。除此之外，它与飞机的最佳巡航速度有何关系？

【解答】

（1）所谓临界马赫数是指飞机接近声速飞行，流经上翼面局部气流的速度到达声速，此时对应的马赫数即为临界马赫数。

（2）临界马赫数是指高亚声速飞机的临界飞行速度，如果高亚声速飞机飞行马赫数到达或超过临界马赫数，流经上翼面的局部气流就会形成局部激波，从而导致激波阻力的产生。

（3）飞机到达临界马赫数时，会导致激波阻力的产生，飞机将消耗大量的燃油，并且还存在飞行安全和噪声问题，因此飞机的最佳巡航速度必须要比临界马赫数稍微低一点。

3．飞机飞行速度区域的划分

飞行到达临界马赫数时，会产生局部激波现象，按照局部激波是否产生将飞机的飞行速度区域划分成亚声速流、跨声速与超声速流 3 个速度区域。

（1）亚声速区域（ $0 < Ma < Ma_{cr}$ ）。

当飞行速度小于临界马赫数 Ma_{cr} 时，流经飞机表面来流一定都小于声速，此区域为亚声速流的速度区域（Subsonic velocity interval）。飞机在亚声速区域内飞行，流场不会有局部激波，不需要考虑声障与波阻问题。

（2）跨声速区域（ $Ma_{cr} \leqslant Ma \leqslant 1.2$ ）。

当飞行速度大于临界马赫数 Ma_{cr} 时，流经机翼的气流就会产生局部激波，因此流场同时存在亚声速气流与超声速气流，在飞行速度超过大约 1.2 马赫（ Ma ）时，亚声速气流才会消失。因此我们称 $Ma_{cr} \sim 1.2$ 为跨声速区域（Transonic flow velocity interval）。因为流场混合的缘故，飞机在跨声速区域飞行时，机翼会产生剧烈的振动，曾经甚至发生过机毁人亡的惨剧。

（3）超声速区域（$1.2 < Ma$）。

当飞行速度超过 1.2 马赫（Ma）时，流经飞机表面的来流都是超声速，因此我们称 $Ma > 1.2$ 为超声速区域（Supersonic velocity interval）。飞机周围流场并无亚声速流的存在，整个气流都是超声速。

4．高亚声速飞机提升飞行速度的方法

一般而言，根据飞行速度可以将亚声速飞机定义为低速飞机和高亚声速飞机两种：如果飞行速度低于 0.3 马赫，称为低速飞机（有些书定义为飞行速度低于 400 km/h）；如果飞行速度接近并略低于临界马赫数 Ma_{cr}，称此为高亚声速飞机。飞机的飞行速度到达临界马赫数时，流场内来流就会达到声速，从而产生局部激波，飞机的飞行阻力陡增，导致相关的飞行安全问题。如果进一步提高速度，就必须提高飞机发动机的推力，但此时流经机翼和机身表面的来流变得非常混乱，从而造成飞机剧烈抖动，操纵十分困难，可能导致飞机坠毁的问题发生。所以要安全提升高亚声速飞机飞行速度的有效措施就是使临界马赫数变得更大或者设法消除在机翼上表面的局部超声速现象。以前传统的飞机采用平直翼，临界马赫数大约在 0.65，现代飞机的制造技术突飞猛进，可以设计成后掠翼与超临界翼，所以现代大型客机（高亚声速飞机）的巡航速度越来越快。例如波音 747，采用后掠翼的设计将临界马赫数提升至 0.85 左右，可以以略低于 0.85 马赫（Ma）的巡航速度飞行，而且不会产生局部激波，使得旅客能够享受更快速、舒适及安全的航程，如图 5-22 所示。

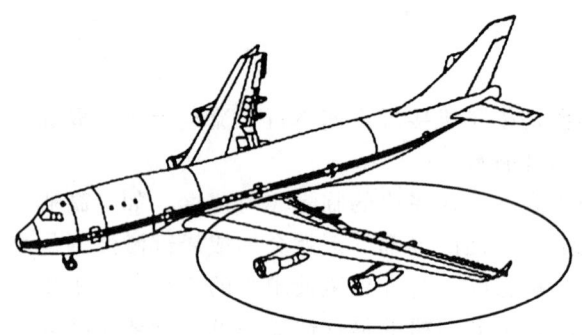

图 5-22　波音 747 后掠翼设计

5．超声速飞机造成的声爆现象

当飞机做超声速飞行时，机头或机身、机翼与尾翼等突出部分都会产生强烈的激波，从而引起周围空气发生急剧的压力变化。飞机各部件产生的激波会彼此干扰和影响，然后汇集成一道机头的前激波和一道尾随机尾的后激波，并传播至地面。前激波与后激波之间的区域是膨胀波区，如图 5-23 所示。在飞行高度不高的情况下，地面上的人在激波经过的瞬间会听到类似响雷或炮弹爆炸般的巨响，因此，我们将这种因为超声速飞机飞行产生激波而引发的现象称为声爆（Sonic boom）现象。

声爆现象对地面影响的强弱与飞行高度、飞行马赫数（Ma）有关：如果飞行马赫数（Ma）越大或者飞行高度越低，声爆现象对地面造成的影响强度就越强；反之，如果飞行马赫数（Ma）越小或者飞行高度越高，声爆现象对地面造成的影响强度就越弱。当超声速低空飞行时，不仅地面能听到震耳欲聋的巨响，影响人们的生活和工作，而且过强的声爆还会震碎玻璃，甚至损坏不坚固的建筑物，造成直接的损失。因此飞机做超声速飞行时要求不得低于规定的高度。

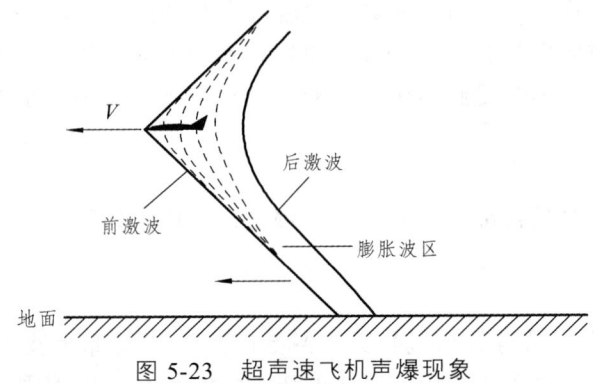

图 5-23　超声速飞机声爆现象

6. 超声速飞机形成的声爆云现象

当飞行速度超过临界马赫，机翼就会产生局部激波，从而产生激波阻力，导致加速困难、机身剧烈振动等问题，这种现象称为声障（Sound barrier）。飞机加速通过声障时人们可能会看到机身周围具有如同白色纱裙一般的锥形薄雾形状，我们称之为声爆云（Sonic boom cloud）。声爆云是与局部激波相伴而生的物理现象，但是它并不总是伴随声爆现象产生，也不是声障被突破时产生的冲击波。它是一种只能在某些特定天气条件下才会产生的特殊物理现象，而且这种现象最多持续几秒钟，如图 5-24 所示。

图 5-24　超声速飞行形成的声爆云现象

声爆云只是航空领域常用的一般性说法，其正式的名称应为普朗特-葛劳尔特凝结云（Prandtl-Glauert condensation clouds）。其形成原因是气流通过激波时，激波后方的气流压力急剧增高，压缩周围的空气，从而使空气中的水汽凝结，并且随着气流的流动，形成了以飞机为中心轴，从机翼前段开始向四周均匀扩散的圆锥状云团的物理现象。当然，大部分声爆云形成于加速穿过声障临界的刹那间，不过在合适条件下，接近声速的飞机也可以产生声爆云。例如 B-52 在飞行马赫数到达 0.8 马赫（Ma）时就有可能产生声爆云的现象。

【例 5-5】

声爆与声爆云的定义是什么？声爆云是否总伴随着声爆现象产生？

【解答】

（1）所谓声爆是指飞机做超声速飞行时，机头或机身、机翼与尾翼等突出部分都会产生强烈的激波，当在低空飞行时，激波彼此干扰所造成的影响就传至地面而形成如雷鸣的爆炸声响，并对地面产生振荡。声爆现象对地面影响的强弱与飞行高度、飞行马赫数（Ma）有关，飞机的飞行高度超过一定值时，地面基本上不会受到声爆影响。

（2）所谓声爆云是指飞机加速超过跨声速区域时，在某些特定的天气条件下形成锥形薄雾状的物理现象。其形成原因是气流通过激波时，由于激波后方的气流压力急剧增高，压缩周围的空气，从而使空气中的水汽凝结，并且随着气流的流动，形成以飞机为中心轴，从机翼前段开始向四周均匀扩散的圆锥状云团。

（3）声爆与声爆云都是与飞行马赫数超过临界马赫数时产生的局部激波相伴而生的物理现象，但是两者在形成原因与表现的物理现象均有本质上的不同。如果飞行马赫数太低或飞行高度太高，地面基本上不会受到声爆的影响，而且声爆云并不总是伴随着声爆现象。

【例 5-6】

高亚声速飞机飞行时是否都不可能产生声爆云，其理由如何？

【解答】

（1）声爆云是与飞行马赫数超过临界马赫数时产生的局部激波相伴而生的一种物理现象。气流通过局部激波，由于激波后方气流的压力急剧增高，压缩周围的空气，使空气中的水汽凝结，从而随着气流的流动形成圆锥状云团。

（2）虽然大部分声爆云形成于加速穿过声障临界的刹那间，不过在合适条件下，接近声速的飞机也可以产生声爆云。例如 B-52 在飞行马赫数到达 0.8 马赫（Ma）时就有可能会产生声爆云的现象。所以高亚声速飞机飞行时也可能产生声爆云现象。

【例 5-7】

声爆云（Sonic boom cloud）和涡流云（Vortex cloud）的形成原因是什么？

【解答】

（1）声爆云是飞机加速超过跨声速区域时，在某些特定的天气条件下形成锥形薄雾状的物理现象。其原因是飞行马赫数超过临界马赫数时，气流通过局部激波，由于激波后方气流的压力急剧增高，压缩周围的空气，使空气中的水汽凝结，并且随着流动形成圆锥状云团。

（2）涡流云是飞机突然大迎角（有的书也称攻角）飞行或急速机动飞行时，气流从机翼上表面分离出来，形成低压脱体涡流，而在涡流内部因为高速流动形成的低温区，使得水汽凝结并在机翼上表面形成一层水雾状。

（3）声爆云和涡流云所表现出的物理现象看上去很像，但是在形成原因上却有本质上的不同，不可以混为一谈。

5.4 超声速管流的加减速特性

低速流体在管道内流动时，流经管道截面的流速大小与管道截面面积的大小成反比，此现象对于高亚声速气流仍然适用。但是对于超声速气流，流经管道截面的气体流速随着截面面积变化的规律却与亚声速气流情况截然不同，这就导致亚声速气流管道与超声速气流管道的设计产生极大的差异，例如飞机发动机喷管的设计。

1. 面积法则

（1）公式推导。考虑气体的压缩性，对于流经管道的问题，稳态流动必须满足质流率（质量流率）守恒方程式，也就是 $\dot{m} = \rho A V$。式中 $\dot{m}$、ρ、A 与 V 分别代表气体质量流率、气体密度、流经管道的截面面积与气体平均流速。将质流率守恒方程式与伯努利方程式分别进行微分，得到 $\frac{d\rho}{\rho} + \frac{dA}{A} + \frac{dV}{V} = 0$ 与 $dP + \rho V dV = 0$。又从动量守恒微分方程式 $dP + \rho V dV = 0$ 以及声速的数学定义 $a^2 = \frac{dP}{d\rho}$ 能够得到 $\frac{d\rho}{\rho} = -Ma^2 \frac{dV}{V}$，然后将其代入 $\frac{d\rho}{\rho} + \frac{dA}{A} + \frac{dV}{V} = 0$ 即得 $\frac{dA}{A} = (Ma^2 - 1)\frac{dV}{V}$。此关系式即称为喷管面积法则（Nozzle area rule）。式中，dA/A 是面积的相对变化量；dV/V 是速度的相对变化量，而 Ma 是气流的平均流速。

（2）物理定义。喷管面积法则 $\frac{dA}{A} = (Ma^2 - 1)\frac{dV}{V}$ 是一维稳态气流流经管道时，截面面积的变化量与流速的变化量、马赫数（Ma）之间的关系式。如果气流为亚声速，$Ma^2 - 1$ 是负值，则管道的截面面积变大造成管内气体的流速降低；反之，管道的截面面积变小造成管内气体的流速增加。如果气流为超声速流，$Ma^2 - 1$ 是正值，则管道的截面面积变大造成管内气体的流速增加；反之，管道的截面面积变小造成管内气体的流速减小，这与低速管流的流动规律相反，如图 5-25 所示。

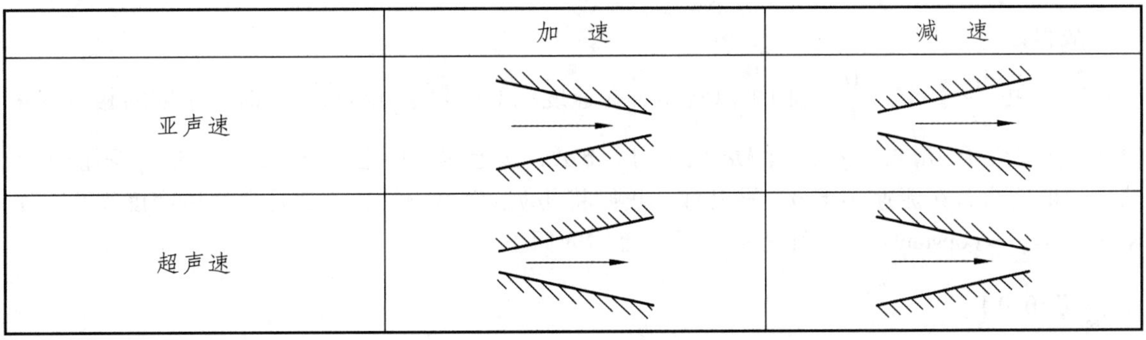

	加　速	减　速
亚声速		
超声速		

图 5-25　气体流经管道时流速随着管道截面面积变化

2．超声速气流管道的设计

从喷管面积法则 $\frac{dA}{A} = (Ma^2 - 1)\frac{dV}{V}$ 中可以看出，流经管道时产生超声速气流的必要条件之一是管道的截面必须先收缩后扩张。也就是要产生亚声速气流，发动机必须使用渐缩喷管（Converging nozzle），而产生超声速气流，必须使用细腰喷管（Convergeing-diverging nozzle，或称拉瓦尔喷管）。两种喷管的示意图如图 5-26 所示。

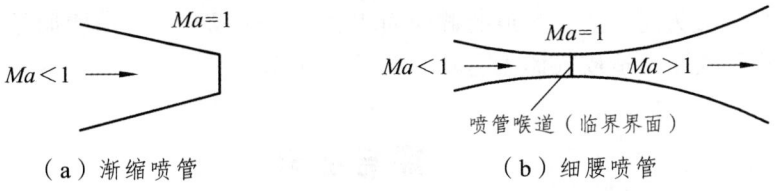

（a）渐缩喷管　　　　　　　　　（b）细腰喷管

图 5-26　飞机发动机喷管

从图中可以看出，在细腰喷管中，亚声速流（$Ma < 1.0$）必定发生在收缩段中，超声速

气流（$Ma>1.0$）只能出现在扩张段中，而声速气流（$Ma=1.0$）则出现在最窄的截面处，我们称之为喷管喉道（Nozzle throat）。细腰喷管中气流到达喉道，局限于声速时的质量流率，其质量流率保持不变，并维持在最大值，这种现象称为阻塞现象（Choked condition）。

【例 5-8】

试证明 $\dfrac{\mathrm{d}\rho}{\rho}=-Ma^2\dfrac{\mathrm{d}V}{V}$，并探讨马赫数 Ma 对气体压缩性的关系。

【解答】

（1）公式证明。

根据一维稳态动量守恒微分方程式 $\mathrm{d}P+\rho V\mathrm{d}V=0$，我们可以得到 $\mathrm{d}P=-\rho V\mathrm{d}V$，因此得到 $\dfrac{\mathrm{d}\rho}{\rho}\dfrac{\mathrm{d}P}{\mathrm{d}\rho}=-V^2\dfrac{\mathrm{d}V}{V}$。

因为声速的数学定义 $a^2=\dfrac{\mathrm{d}P}{\mathrm{d}\rho}$，我们将其代入 $\dfrac{\mathrm{d}\rho}{\rho}\dfrac{\mathrm{d}P}{\mathrm{d}\rho}=-V^2\dfrac{\mathrm{d}V}{V}$ 中，因此得到 $a^2\dfrac{\mathrm{d}\rho}{\rho}=-V^2\dfrac{\mathrm{d}V}{V}\Rightarrow\dfrac{\mathrm{d}\rho}{\rho}=-\dfrac{V^2}{a^2}\dfrac{\mathrm{d}V}{V}=-Ma^2\dfrac{\mathrm{d}V}{V}$。

故得证。

（2）由 $\dfrac{\mathrm{d}\rho}{\rho}=-Ma^2\dfrac{\mathrm{d}V}{V}$ 我们可以看出，在速度相对变化量 $\mathrm{d}V/V$ 一定时，密度的相对变化量 $\mathrm{d}\rho/\rho$ 取决于 Ma 的大小：当 Ma 很小时，$\mathrm{d}\rho/\rho$ 接近零；反之，Ma 较大，$\mathrm{d}\rho/\rho$ 不能被忽略。一般而言，在流速小于 0.3 马赫数，我们将 $\mathrm{d}\rho/\rho$ 忽略不计，也就是把气体密度视为一个常数（即 $\rho=\mathrm{constant}$），这就是不可压缩流体的假设。

【例 5-9】

试叙述气体流经管道时，亚声速流、超声速流的流速与压力随着管道截面面积变化的规律。

【解答】

从喷管面积法则 $\dfrac{\mathrm{d}A}{A}=(Ma^2-1)\dfrac{\mathrm{d}V}{V}$ 与一维稳态动量守恒微分方程式 $\mathrm{d}P+\rho V\mathrm{d}V=0\Rightarrow\mathrm{d}p=-\rho V\mathrm{d}V$ 中可以得到

（1）如果气流为亚声速，管道的截面面积变大会造成气体流速降低与压力升高；反之，管道的截面面积变小会造成气体流速增加与压力降低。

（2）如果气流为超声速，管道的截面面积变大会造成气体流速增加与压力降低；反之，管道的截面面积变小会造成气体流速减小与压力升高。

课后练习

（1）什么是马赫数？什么是飞行马赫数？什么是局部马赫数？

（2）在相同的飞行速度时，飞机的飞行高度和温度对飞行马赫数有何影响？

（3）空气的压缩性与马赫数的大小有什么关系？

（4）在扰动传递过程中，亚声速气流与超声速气流之间的最大差异性是什么？

（5）膨胀波的形成原因与气流流经膨胀波前后性质的变化情形是什么？

（6）激波的形成原因与气流流经激波前后性质的变化情形是什么？

（7）在超声速飞机发动机内压缩机组件中的叶栅剖面，有一段被设计成内凹的弯曲壁面形式的原因是什么？

（8）什么是激波角？激波角的范围是多少？激波的强度与激波角的关系如何？

（9）脱体激波的形成原因是什么？

（10）超声速飞机的机头与机翼设计成尖头薄翼的原因是什么？

（11）在研究超声速气流通过斜激波的过程时可以假设这种过程为等熵过程吗？论述其原因。

（12）临界马赫数的意义是什么？

（13）高亚声速飞机延迟临界马赫数的方法是什么？

（14）现代高亚声速飞机提高临界马赫数，从而增加飞机的飞行速度的原理是什么？

（15）声爆现象对地面造成影响的强度与飞行高度、飞行马赫数的关系是什么？

（16）声爆云是否总是伴随着声爆现象产生？

（17）声爆云是否只有在飞机超声速飞行时才会产生？

（18）发动机的喷管要产生超声速气流，必须使用细腰喷管的原因是什么？

（19）发动机的喷管内产生超声速气流的过程中，气流在喷管喉道的速度是多少？其理由何在？

（20）当气体流经管道时，亚声速流和超声速流的流速与管道截面面积之间的变化关系是什么？

（21）当气体流经管道时，亚声速流和超声速流的压力与管道截面面积之间的变化关系是什么？

第二部分 理论强化篇

第6章 流体流动参数

工程问题的理论研究是从简到繁,从易到难,对于流体力学与空气动力学问题也不例外。早期,为了简化问题研究过程的难度,人们往往通过取平均值概念将实际流动问题转化为稳态一维问题来近似处理。随着流体力学与空气动力学理论日趋完善,工程计算精度的要求越来越高,必须进行更精确、更复杂的研究,这时就得针对流场的流动参数进行明确的定位。本章对流动参数的定义、流动的描述方式以及相关概念进行描述。

6.1 流体流场与其流动参数的定义

流体的流动都在一定的空间内进行,其占据的空间称为流场(Flow field),用来表示流场所处状态的物理特性称为流场的性质(Property),例如流体的压力 P、温度 T 和密度 ρ 等。用来表示流动情况的物理量,例如流场的速度、加速度、动量与动能等,则称为流体的运动参数(Kinematic parameter)。流体的性质与运动参数又统称为流体的流动参数(Flow parameter),用以描述流场状态与流动情况。研究流动问题时,通常使用流体的压力、温度与密度等性质和流速、动能等 4 个流动参数来描述流体状况,并代入相关的方程式中计算求解。

6.2 系统的概念

研究流体流动的问题时,首先必须确定流动的区域范围,这样才能针对问题的重点与掌握问题的核心进行研究,这个区域范围即称为系统。系统的选取是流动问题研究的最初也是最重要步骤,系统的选取错误会造成研究难度增加,不仅计算求解困难,而且有时根本无法求解。系统的概念应用甚广,在流体以及热力工程相关领域都适用。

1. 系统、环境与边界的定义

研究流体流动时,注意力所在的区域范围称为系统(System),系统以外的一切事物统称为环境(Surrounding),而将系统和环境分开的真实或者假设的界面称为系统的边界(Boundary),如图 6-1 所示。

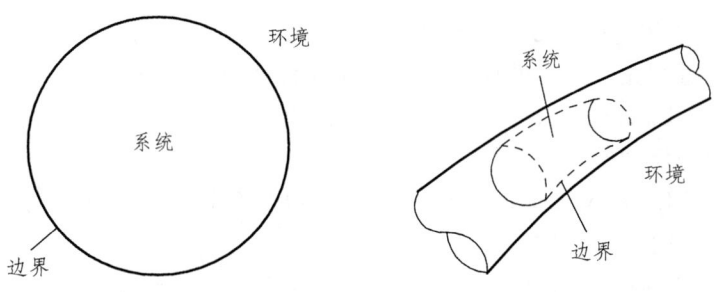

图 6-1 系统、环境与边界

系统的选取主要视关注的重点而定，例如老师在课堂授课所关心的是学生的学习状况与课堂秩序时，教室就是系统，教室以外的一切事物就是环境，而教室与教室之间由门、墙或窗户分隔开，因此教室的门、墙以及窗户就是边界。如果老师在课堂关心的不是学生的学习状况，而是督学是否来查课，此时教室外的事物才是系统，教室反而变成环境。工程问题研究中，系统的选取错误，可能造成求解困难，甚至无法求解。正如老师把教室外的事物当成系统，就失去老师在课堂教学的本质与意义。由此可知系统的选取是最初也是最重要的步骤，它在整个研究过程中占据决定性的地位。

2．系统的类型

进行流动情况分析时，根据系统与边界之间的质量交换关系，人们将系统分成控制质量系统与控制体积系统两种类型。

（1）控制质量系统。控制质量系统（Control mass system，CM）是指系统在过程进行中自身与外部边界并不发生质量交换作用，在热力工程的计算中又称为封闭系统（Closed system）。控制质量系统在系统内部流体的质量维持不变，可能改变的有系统本身的位置、体积或形状，如图 6-2（a）所示。

（2）控制体积系统。控制体积系统（Control volume system, CV）是指在过程进行时，系统内部的质量因为流体流过边界或者控制表面（Control surface）而发生改变的系统。它在热力工程的计算中，又称为开放系统（Open system）。也就是说控制体积系统在过程进行时，系统自身与外部边界或控制表面发生质量的交换，其控制体积的形状和大小可以改变，也可以发生移动，如图 6-2（b）所示。

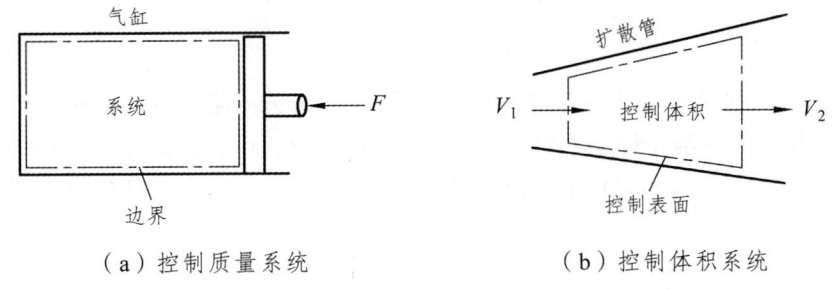

（a）控制质量系统　　　　　　　　（b）控制体积系统

图 6-2　不同系统类型

3．系统性质与状态的定义

性质（Property）用来描述系统所处情况，例如体积、压力、温度、密度等物理量都属于系统的性质。系统的状态（State）用系统的性质来描述，以表示系统在当时所处的状况。根据是否与系统内质量相关，系统的性质可以分成外延性质与内延性质。

（1）外延性质（Extensive property）是指与系统内部质量有关的性质，例如系统的体积、质量等属于系统的外延性质。

（2）内延性质（Intensive property）是指与系统内部质量无关的性质，例如系统的压力、温度、密度等属于系统的内延性质。

如果将系统的外延性质除以系统的总质量称为系统的比性质（Specific property），例如 $v = \dfrac{\forall}{m}$。式中，v 为系统的比容（Specific volume），$\forall$ 为系统的体积，而 m 为系统的总质量。

4．系统平衡状态与过程的定义

系统的状态是用系统的物理性质（例如压力 P、温度 T 和密度 ρ 等物理量）来表示的系统在当时所处的情况。从微观的角度来看，系统的性质不断发生着变化，但是从宏观的观点来看，系统的状态，也就是整个系统性质的平均值几乎维持不变，此时系统的状态就称为平衡状态（Equilibrium state）。在研究工程热力学、流体力学以及空气动力学问题研究时，人们通常把系统在过程发生的前后、系统平衡状态的改变情形作为关注的焦点。研究或描述流体的流动过程（Process），通常是观察过程发生前后的压力、温度与密度等的改变量。除此之外，流体的流动速度也是研究的重点。在稳态一维流动问题中，流速采用平均速度的概念来做近似处理，所以流速在计算公式中是一个标量。但是在实际流动中，流速是一个向量（矢量）。要进一步掌握流体流动问题，就必须了解标量与向量（矢量）的概念与区别。

6.3　标量与向量（矢量）

流动状况的过程研究中，通常使用压力、温度、密度等性质以及速度、加速度和动量等物理量来描述。其中流体的压力、温度、密度等属于标量，而速度、加速度和动量等则属于向量（矢量）。这里以直角坐标为例，针对标量与向量（矢量）的定义、向量（矢量）的大小、向量（矢量）的计算以及梯度运算做说明。

1．标量的定义

所谓标量是指在坐标变换下保持不变的物理量，也就是在使用不同的坐标系统时，标量的值一定相同。例如，在两个固定点之间的距离，不管是在直角坐标、圆柱坐标或球坐标中，它的值都维持不变。标量（Scalar quantity）定义为只有大小而没有方向的物理量。

2．向量的定义

所谓向量（Vector）又称为矢量，它是指具有大小又有方向的物理量，例如位移、速率、加速度、力、力矩、动量以及冲量等，都属于向量。向量存在的三要素为起点、大小与方向。因为向量具有大小与方向的双重属性，所以一般而言，在属于向量的物理量上面加以箭号标示，例如流体的流动速度用符号 $\vec{V}$ 表示，就是指流速必须同时显示其大小与方向，而如果是

用符号 V 表示，就只表示大小，并不显示方向。有些书籍以粗体字表示向量，例如以符号 $\boldsymbol{V}$ 表示，这里也采用这种表示方法。

3．向量的表示法

对于直角坐标，把向量 $\boldsymbol{A}$ 表示为 $\boldsymbol{A} = (a_1, a_2, a_3) = a_1\mathbf{i} + a_2\mathbf{j} + a_3\mathbf{k}$。在关系式中 a_1、a_2、a_3 分别是 x 轴、y 轴与 z 轴上的向量分量，$\mathbf{i}$、$\mathbf{j}$、$\mathbf{k}$ 则分别表示为 x 方向、y 方向与 z 方向上的单位向量，也就是大小为 1 个单位长度的向量。

4．向量大小的计算

向量 $\boldsymbol{A}$ 的大小 $|\boldsymbol{A}|$ 可以用公式 $|\boldsymbol{A}| = \sqrt{(a_1^2 + a_2^2, a_3^2)}$ 计算。

5．向量的平行、相等与相反的定义

由于向量同时具有大小与方向，所以可以将向量平行、相等与相反所代表的物理意义做明确的定义。

（1）向量平行的定义。如果 $\boldsymbol{A}$ 与 $\boldsymbol{B}$ 为非零向量，所指的方向相同或相反时，则这两向量称为平行向量（Parallel vector），对于平行的向量而言，彼此之间不会相交。

（2）向量相等的定义。如果 $\boldsymbol{A}$ 和 $\boldsymbol{B}$ 为两个非零向量，大小与方向都相等，则这两向量称为相等向量（Equal vector），可以用数学式 $\boldsymbol{A} = \boldsymbol{B}$ 表示。

（3）向量相反的定义。如果 $\boldsymbol{A}$ 和 $\boldsymbol{B}$ 为两个非零向量，大小相等、方向相反，则这两向量称为相反向量（Opposite vector），可以用数学式 $\boldsymbol{A} = -\boldsymbol{B}$ 表示。

6．向量的计算

常用的计算大致包括向量的加法、减法、点积与叉积等。这里以 $\boldsymbol{A} = a_1\mathbf{i} + a_2\mathbf{j} + a_3\mathbf{k}$ 和 $\boldsymbol{B} = b_1\mathbf{i} + b_2\mathbf{j} + b_3\mathbf{k}$ 为例加以说明。

（1）向量的加法：$\boldsymbol{A} + \boldsymbol{B} = (a_1 + b_1)\mathbf{i} + (a_2 + b_2)\mathbf{j} + (a_3 + b_3)\mathbf{k}$。相加后的向量大小为 $|\boldsymbol{A} + \boldsymbol{B}| = \sqrt{(a_1 + b_1)^2 + (a_2 + b_2)^2 + (a_3 + b_3)^2}$。

（2）向量的减法：$\boldsymbol{A} - \boldsymbol{B} = (a_1 - b_1)\mathbf{i} + (a_2 - b_2)\mathbf{j} + (a_3 - b_3)\mathbf{k}$。相减后的向量大小为 $|\boldsymbol{A} - \boldsymbol{B}| = \sqrt{(a_1 - b_1)^2 + (a_2 - b_2)^2 + (a_3 - b_3)^2}$。

（3）向量的点积计算：$\boldsymbol{A} \cdot \boldsymbol{B} = a_1 b_1 + a_2 b_2 + a_3 b_3$。因为向量点积（Vector dot product）的结果为标量，所以向量点积又称为标量积（Scalar product）。

（4）向量的叉积计算：$\boldsymbol{A} \times \boldsymbol{B} = \begin{vmatrix} \mathbf{i} & \mathbf{j} & \mathbf{k} \\ a_1 & a_2 & a_3 \\ b_1 & b_2 & b_3 \end{vmatrix} = (a_2 b_3 - a_3 b_2)\mathbf{i} + (a_3 b_1 - a_1 b_3)\mathbf{j} + (a_1 b_2 - a_2 b_1)\mathbf{k}$。因为向量叉积（Vector cross product）的结果仍然为向量，所以向量叉积又称为向量积（Vector product）或者矢量积。

7．梯度符号的定义

梯度运算的数学符号一般以 ∇ 表示，对于直角坐标系统，其定义为 $\nabla = \dfrac{\partial}{\partial x}\mathbf{i} + \dfrac{\partial}{\partial y}\mathbf{j} + \dfrac{\partial}{\partial z}\mathbf{k}$。

式中，$\frac{\partial f}{\partial x}$、$\frac{\partial f}{\partial y}$ 与 $\frac{\partial f}{\partial z}$ 分别为函数 $f(x,y,z)$ 在 x 轴、y 轴与 z 轴方向的变化率，i、j、k 分别为 3 个方向的单位向量。在使用梯度运算分析流动参数沿着指定方向的变化率时，必须特别注意 $\frac{\partial}{\partial x}$、$\frac{\partial}{\partial y}$ 与 $\frac{\partial}{\partial z}$ 是偏微分符号，而非全微分符号。

6.4 流体流动的描述方法

在流体力学与空气动力学的问题研究中，根据关注的对象的不同，人们可以用拉格朗日法或欧拉法来描述流体运动。

1．拉格朗日法

拉格朗日法描述流体运动时是以"单一流体质点"的角度，也就是一种从微观上去研究个别流体质点的流动参数随着时间变化的流动规律，然后综合所有流体质点的流动参数变化，经过统计后，得到质点系统整体随着时间的变化规律。采用拉格朗日法是将注意力集中在流场某一特定质点在流动轨迹上的压力、温度和密度等物理性质以及速度、加速度、动量与动能等物理量，所在的位置都是时间的因变量，可以表示为时间的函数，例如 $x = x(t)$、$y = y(t)$、$z = z(t)$，因此流动参数 B 仅为时间的函数，以 $B = B(t)$ 的形式表示。这种方法多用于描述物体重心或质心的运动，因为其个别质点的运动就可以代表整个物体的运动，而处理流动问题时，流动的复杂性将导致数学处理遇到很多困难，所以通常不在流体流动问题研究中采用，只偶尔处理某些特定的微观流体力学或空气动力学问题。

2．欧拉法

欧拉法是用"流体流场观点"来描述与研究流体流动的问题，也就是从宏观的观点去研究流动参数随着流场位置与时间的变化规律。因为欧拉法用于研究流动参数在流体固定区域中随着时间的变化规律，所以流动参数 B 可以用位置与时间的函数来表示，如 $B = B(x,y,z,t)$。

3．综合比较

对于大部分工程技术问题，人们通常并不讨论个别分子的微观行为，而是从宏观的观点去研究流体的工程运动，因此将流体视为连续体，也就是流体可作为连绵一片、没有间隙，乃至充满空间的连续介质。由于流体的连续性假设，流体的流动参数可以表示为位置和时间的连续函数，这样即使在同一时刻，不同空间位置的流动参数不见得相同，此时拉格朗日法并不适用，应该采用欧拉法。

【例 6-1】

试说明为何从宏观空气动力学的观点来看，使用拉格朗日法描述气体流动参数的变化并不合适。

【解答】

因为在宏观空气动力学中，气体视为连续体，这样气体的流动参数是时间与流场位置的连续函数，而非只是时间的函数，所以拉格朗日法并不适用于宏观空气动力学。

【例 6-2】

如果流速可以用 $V = V(x, y, z, t)$ 表示，试问此流体流动参数是用欧拉法（Eulerian approach）描述，还是拉格朗日法（Lagrangian approach）描述，其理由是什么？

【解答】

因为流速是以流场的位置与时间的函数形式表示，而非只是时间的函数，所以此流体流动参数的描述法为欧拉法。

6.5 流体的速度与加速度

流体的速度与加速度是描述流体流动的两个主要的流动参数，这里对它们做个说明。

1．流体的速度

流体的速度（Velocity）是一个用来描述流体朝着某一个方向流动的快慢程度，它是具有大小与方向的物理量，因此可以用向量来表示。对于一个直角坐标系统，可以将流体的速度 V 表示为 $V = u\mathbf{i} + v\mathbf{j} + w\mathbf{k}$。式中，$u$、$v$ 和 w 分别表示 x、y 与 z 轴上的速度分量，$\mathbf{i}$、$\mathbf{j}$、$\mathbf{k}$ 则分别表示 3 个方向的单位向量。考虑流体的连续性，流动参数 B 可以表示为 $B = B(x, y, z, t)$ 的函数形式，因此流体的流速表示为 $V = V(x, y, z, t) = u(x, y, z, t)\mathbf{i} + v(x, y, z, t)\mathbf{j} + w(x, y, z, t)\mathbf{k}$。

2．流体的加速度

流体的加速度（Acceleration）是用来描述流体的速度随着时间改变程度的物理量。如果流动速度随着时间变化，则流体运动称为变速度运动（Variable velocity motion）。速度是一个向量，同时具有大小和方向，所以只要速度的大小或方向改变，就属于变速度运动。

（1）计算公式的描述。在流体力学与空气动力学的问题研究中，流体的加速度表示为 $\boldsymbol{a} = \dfrac{\mathrm{d}V}{\mathrm{d}t} = \dfrac{\partial V}{\partial t} + (V \cdot \nabla)V$。式中，$\boldsymbol{a}$ 为流体的加速度；V 为流体的速度；$\dfrac{\mathrm{d}}{\mathrm{d}t}$ 是对时间的全微分；$\dfrac{\partial}{\partial t}$ 是对时间的偏微分；∇ 是梯度运算符号。

（2）计算公式的推导。流体的加速度使用链式法则，推导过程如下。

① 流体的流速以位置与时间的函数表示。直角坐标系统下流体的流速表示为 $V = V(x, y, z, t) = u(x, y, z, t)\mathbf{i} + v(x, y, z, t)\mathbf{j} + w(x, y, z, t)\mathbf{k}$。

② 使用链式法则。根据链式法则（Chain rule），可以得到流速的微分关系式：
$\mathrm{d}V = \dfrac{\partial V}{\partial t}\mathrm{d}t + \dfrac{\partial V}{\partial x}\mathrm{d}x + \dfrac{\partial V}{\partial y}\mathrm{d}y + \dfrac{\partial V}{\partial z}\mathrm{d}z$。

③ 将流速微分关系式的左右两边对时间微分，从而得到 $\boldsymbol{a} = \dfrac{\mathrm{d}V}{\mathrm{d}t} = \dfrac{\partial V}{\partial t}\dfrac{\mathrm{d}t}{\mathrm{d}t} + \dfrac{\partial V}{\partial x}\dfrac{\mathrm{d}x}{\mathrm{d}t} +$

$\frac{\partial V}{\partial y}\frac{\mathrm{d}y}{\mathrm{d}t}+\frac{\partial V}{\partial z}\frac{\mathrm{d}z}{\mathrm{d}t}=\frac{\partial V}{\partial t}+u\frac{\partial V}{\partial x}+v\frac{\partial V}{\partial y}+w\frac{\partial V}{\partial z}$,即为流体的加速度。

④ 将梯度运算符号进行定义。梯度运算符号 ∇ 的定义为 $\nabla=\frac{\partial}{\partial x}\mathbf{i}+\frac{\partial}{\partial y}\mathbf{j}+\frac{\partial}{\partial z}\mathbf{k}$,加上加速度计算公式 $\boldsymbol{a}=\frac{\partial V}{\partial t}+u\frac{\partial V}{\partial x}+v\frac{\partial V}{\partial y}+w\frac{\partial V}{\partial z}$,就可以得到加速度的通用公式为 $\boldsymbol{a}=\frac{\partial V}{\partial t}+u\frac{\partial V}{\partial x}+v\frac{\partial V}{\partial y}+w\frac{\partial V}{\partial z}=\frac{\partial V}{\partial t}+(V\cdot\nabla)V$。

(3) 计算公式代表的物理意义。在公式 $\boldsymbol{a}=\frac{\mathrm{d}V}{\mathrm{d}t}=\frac{\partial V}{\partial t}+(V\cdot\nabla)V$ 中,$\frac{\partial V}{\partial t}$ 项与位置无关,称为本地加速度(Local acceleration); $(V\cdot\nabla)V$ 项是因为流场的不均匀导致流速随着流场位置而变化,所以称为对流加速度(Convective acceleration)。由此流体加速度计算公式代表的物理意义为"流体流动的加速度 = 本地加速度 + 对流加速度"。有人误以为如果流动为稳态,则流体的加速度就一定为 0,这个观念是错误的。流动为稳态,流体的本地加速度为 0,但是流体的对流加速度不一定为 0,因而流体的加速度也不一定为 0。这点,务必要注意。

【例 6-3】

假设空气的流动过程为稳态,则流体的加速度是否为 0?

【解答】

所谓稳态流动是假设流体在流动过程中,流动性质与流速并不会随着时间变化,也就是 $\frac{\partial}{\partial t}=0$。因为流体加速度的计算公式为 $\boldsymbol{a}=\frac{\partial V}{\partial t}+(V\cdot\nabla)V$,所以在稳态流动过程中,$\boldsymbol{a}=(V\cdot\nabla)V$。如果流场内因为空间位置的不同导致气体流速变化很大,则加速度不一定为 0。

【例 6-4】

已知给定速度分量为 $u=x+t$、$v=-y-t$ 以及 $w=0$,流体的流速如何表示?

【解答】

依题意可知,流体流速表示为 $V=(x+t)\mathbf{i}+(-y-t)\mathbf{j}$。

【例 6-5】

假设空气的流动过程为稳态,且气流的流速可以表示为 $V=x^2\mathbf{i}+y^2\mathbf{j}$,气流的加速度是多少?

【解答】

(1) 因为 $\boldsymbol{a}=\frac{\partial V}{\partial t}+(V\cdot\nabla)V$,且空气流动过程为稳态,所以加速度的关系式可以简化为 $\boldsymbol{a}=(V\cdot\nabla)V=u\frac{\partial V}{\partial x}+v\frac{\partial V}{\partial y}+w\frac{\partial V}{\partial z}$。

（2）因为 $V = u\mathbf{i} + v\mathbf{j} + w\mathbf{k} = x^2\mathbf{i} + y^2\mathbf{j}$，所以 $u = x^2$、$v = y^2$ 与 $w = 0$，代入 $\boldsymbol{a} = (V \cdot \nabla)V = u\dfrac{\partial V}{\partial x} + v\dfrac{\partial V}{\partial y} + w\dfrac{\partial V}{\partial z}$ 中可以得到气流的加速度为 $\boldsymbol{a} = u\dfrac{\partial V}{\partial x} + v\dfrac{\partial V}{\partial y} = x^2(2x\mathbf{i}) + y^2(2y\mathbf{j}) = 2x^3\mathbf{i} + 2y^3\mathbf{j}$。

课后练习

（1）描述流体流动情况的主要物理量有哪些？

（2）系统、环境与边界的定义是什么？

（3）控制质量系统与控制体积系统的定义是什么？

（4）控制表面的定义是什么？

（5）系统外延性质与内延性质的定义是什么？

（6）描述流体流动的方法有哪些？

（7）为何在宏观流体力学中，拉格朗日法并不适用于对流体流动参数的描述？

（8）列出流体加速度的计算公式并说明其中各项的物理意义。

（9）流体在稳态流动过程时，对流加速度是否为0，为什么？

（10）已知给定速度分布为 $u = x + t$、$v = -y - t$、$w = 0$，流场的本地加速度、对流加速度与加速度分别是多少？

（11）$V \cdot \nabla$ 是否等于 $\nabla \cdot V$？

（12）假设 B 为流体的物理性质，如果以拉格朗日法描述，则 $\mathrm{d}B = \left[\dfrac{\mathrm{d}B}{\mathrm{d}t}\right]\mathrm{d}t$，但是如果以欧拉法描述，则 $\mathrm{d}B = \dfrac{\partial B}{\partial x}\mathrm{d}x + \dfrac{\partial B}{\partial y}\mathrm{d}y + \dfrac{\partial B}{\partial z}\mathrm{d}z + \dfrac{\partial B}{\partial t}\mathrm{d}t$，试问其原因是什么？

（13）如果速度分量分别为 $u = -x$、$v = y$，流体的速度向量如何表示？

（14）如果速度向量可以表示为 $V = (t^2 + 5t)\mathbf{i} + (y^2 - z^2 - 1)\mathbf{j} - (y^2 + 2yz)\mathbf{k}$，此流场是否为稳态，为什么？

（15）如果速度向量可以表示为 $V = (t^2 + 5t)\mathbf{i} + (y^2 - z^2 - 1)\mathbf{j} - (y^2 + 2yz)\mathbf{k}$，求流体在 $t = 2$ 时点 $(1,1,1)$ 的加速度。

（16）如果速度分量分别为 $u = x + 3t$、$v = -y^2$、$w = yz^2 + t$，局部加速度、对流加速度与总加速度（Total acceleration）分别是多少？

（17）如果速度分量分别为 $u = x + 3t$、$v = -y^2$、$w = yz^2 + t$，流体的加速度在 x 轴、y 轴与 z 轴的分量分别是多少？

第 7 章 控制体积法

随着流体力学与空气动力学理论的日趋完善，以稳态一维流体流动的简化模型在发展完全的理论基础上进行研究，具有很大局限性。要进一步研究复杂问题，需要用到控制体积法。根据研究关注的着眼点不同，控制体积法分成积分控制体积法以及微分控制体积法两种类型。积分控制体积法主要关注于研究区域表面或者控制体积内的流体质量变化率、流体与控制体积之间的相互作用力，以及作用力对研究区域或者控制体积造成的影响，研究关注的区域是有限体积大小的区域；微分控制体积法关注的重点，则是流动的过程中流体在各个位置的压力、温度与密度等流动性质，以及流速随着位置和时间的变化情况，研究关注的区域是非常微小体积的区域范围。

7.1 控制体积法的分类与特性

1．控制体积法的分类

（1）积分控制体积法（Integral control volume method 或 Integral CV method）是以模型方程为积分形态或者由积分方程转换而得名。这种方法关注的范围是有限体积大小的区域，因此积分控制体积法又称为有限体积分析法（Finite volume analysis）。

（2）微分控制体积法（Differential control volume method 或 Differential CV method）是以模型方程为微分形态而得名。这种方法关注的范围是非常微小体积的区域，也就是研究流场内各点的流体微团（Fluid micromass）的运动，因此微分控制体积法又称为无限小体积分析法（Infinitesimal volume analysis）。

2．控制体积法的研究目的与方法

（1）研究目的。

使用积分控制体积法，其研究目的主要是计算流体在研究区域表面或控制体积内的质量变化率，或者流动对研究区域造成的影响。使用微分控制体积法，其研究目的主要是求解流场内各个位置的流动性质与流速等物理量随着位置与时间变化情况，也就是研究各点的流体微团的运动。

（2）研究方法。

积分控制体积法求解流体流动问题时，主要是用理论解析法（Theoretical analytic method）加以计算。微分控制体积法在求解的过程中，常常使用数值计算法（Numerical algorithm）加以运算。

3．综合结论

积分控制体积法求解流体流动问题，是将流场或研究区域视为整体，使用的计算方程式是积分形态或由积分方程式转换后的公式，而目的是求出流动对整个研究区域造成的影响，例如，工程管道内流动产生的作用力以及气体储存槽中的质量变化。但是积分控制体积法的研究结果对局部细节的信息有缺失，也就是无法得知各点的压力、温度、密度与速度等物理量的变化细节。微分控制体积法求解流动问题的方程式是微分形态，其目的是研究流场内各个位置的流动性质与流速等随位置与时间的变化情况。虽然这种方法可以找出各点的流动细节，但是无法得知流动对整体研究区域造成的影响。

7.2 积分控制体积法

积分控制体积法使用的计算式为雷诺转换公式，常见的有质量守恒式与动量守恒式。

1．雷诺转换公式

在处理流体流动问题时，先将控制质量系统（Control mass system）的质量、动量以及动量矩等物理量分析转换成控制体积系统（Control volume system）的相应物理量分析，这种转换用到的定理称为雷诺转换定理（Reynolds transformation theorem），采用的公式即称为雷诺转换公式（Reynolds transformation equation），它是积分控制体积法中使用的计算通式。雷诺转换公式又称为一般守恒方程式（General conservation equation）。

（1）公式介绍。

雷诺转换公式的主要作用是将整个流体质量系统的物理量分析转换成控制体积系统的物理量分析，计算聚焦在某一个特定区域，也就是以控制体积（Control volume）为研究对象，控制体积的边界称为控制表面（Control surface），如图 7-1 所示。

雷诺转换公式的形式为 $\left.\dfrac{dN}{dt}\right|_S = \left.\dfrac{\partial N}{\partial t}\right|_{CV} + \iint_{CS} n\rho V dA$。式中，S 表示质量系统，CV 表示控制体积或研究区域，CS 表示控制表面或边界，$N = \iiint n\rho dV$ 代表的是流体的外延性质（Extensive property）或动量 mV、动量矩 $r \times mV$，而 $n = \dfrac{\partial N}{\partial m}$ 即为流体的内延性质（Intensive property）或单位质量的动量 V、动量矩 $r \times V$。n 值的正负定义：流出方向为正；流入方向为负。

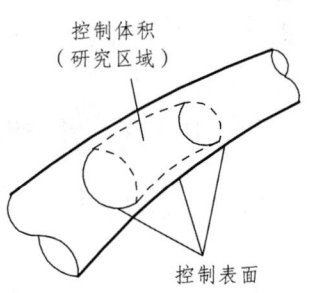

图 7-1 雷诺转换定理

（2）代表的物理意义。

雷诺转换公式代表的物理意义：质量系统内 N 对时间的变化率等于控制体积或研究区域中 N 的累积率与流经控制表面或研究区域表面 N 的流出率相加之和，这里 N 为流体的外延性质或动量、动量矩。如果流动为稳态，雷诺转换公式简化成 $\left.\dfrac{dN}{dt}\right|_S = \iint_{CS} n\rho V dA$，从而得知流体在质点系统中物理量 N 对时间的变化率仅与流经控制表面 N 的总流率有关，与控制体积中 N 的变化无关。

(3)公式的应用。

雷诺转换公式多用于质量守恒方程式与动量守恒方程式的转换上。

【例 7-1】

试述雷诺转换公式 $\left.\dfrac{dN}{dt}\right|_S = \left.\dfrac{\partial N}{\partial t}\right|_{CV} + \iint_{CS} n\rho V dA$ 的使用目的以及公式中各项代表的物理意义。

【解答】

(1)雷诺转换公式的使用目的是使物理量分析从流体质量系统转换成控制体积系统,它将流体流动问题的计算锁定在受关注的区域以探讨物理量的变化。

(2)在雷诺转换公式 $\left.\dfrac{dN}{dt}\right|_S = \left.\dfrac{\partial N}{\partial t}\right|_{CV} + \iint_{CS} n\rho V dA$ 中,

① $\left.\dfrac{dN}{dt}\right|_S$ 表示物理量 N 的全变化率,也就是质量系统中物理量 N 随时间的变化率;

② $\left.\dfrac{\partial N}{\partial t}\right|_{CV}$ 表示局部的变化率,也就是 N 的累积率;

③ $\iint_{CS} n\rho V dA$ 表示物理量 N 进出控制系统所引起的变化率,也就是 N 的流出率总和。

2. 质量守恒方程式

雷诺转换定理应用于质量守恒方程式中,多用来计算控制体积(研究区域)内流体质量流率、体积流率以及密度、流速等物理量的变化。

(1)公式推导。

将雷诺转换公式 $\left.\dfrac{dN}{dt}\right|_S = \left.\dfrac{\partial N}{\partial t}\right|_{CV} + \iint_{CS} n\rho V dA$ 中的物理量 N 用质量 m 代替,即 $N = m$ 且 $n = \dfrac{\partial N}{\partial m} = 1$,从而可以导出积分形式的质量守恒方程 $\left.\dfrac{dm}{dt}\right|_S = \left.\dfrac{\partial m}{\partial t}\right|_{CV} + \iint_{CS} \rho V dA$。在整个系统中,质量不变,因此 $\left.\dfrac{dm}{dt}\right|_S = 0$。这样得到 $\left.\dfrac{\partial m}{\partial t}\right|_{CV} + \iint_{CS} \rho V dA = 0$。值得注意的是,如果控制体积以等速度 V_{CV} 运动,那么质量守恒积分方程式 $\left.\dfrac{\partial m}{\partial t}\right|_{CV} + \iint_{CS} \rho V dA = 0$ 的速度 V 用相对速度 V_r 取代。

为了简化问题的难度,引入平均流速 $\overline{V} = \dfrac{Q}{A} = \dfrac{\iint_A V_n dA}{A}$ 的概念。式中 $\overline{V}$ 为平均流速,Q 为体积流率,A 为出入口截面面积,V_n 为流体流经出入口处截面的法向速度。通常平均流速 $\overline{V}$ 上的横杠不标识出,直接用 V 表示。这样方程式 $\left.\dfrac{\partial m}{\partial t}\right|_{CV} + \iint_{CS} \rho V dA = 0$ 转换成 $\left.\dfrac{\partial m}{\partial t}\right|_{CV} + \sum \dot{m}_e - \sum \dot{m}_i = 0$ 的形式。式中,$\dot{m}_e$ 与 $\dot{m}_i$ 分别表示流体流出与流入控制体积的质量流率。

(2)物理意义。

在质量守恒方程式 $\left.\dfrac{\partial m}{\partial t}\right|_{CV} + \sum \dot{m}_e - \sum \dot{m}_i = 0$ 中,$\left.\dfrac{\partial m}{\partial t}\right|_{CV}$ 项为控制体积(研究区域)中流体

的质量累积率，$\sum \dot{m}_e - \sum \dot{m}_i$ 项为控制体积（研究区域）的流体质量总流出率，因此质量守恒方程式代表的物理意义为流体在控制体积内的质量累积率与流经控制体积表面质量总流出率之和为 0，也可理解为流体在控制体积或研究区域中质量的累积率等于流经控制体积或研究区域表面的质量总流入率。

（3）简化与应用。

在工程计算中，根据流体流动的类型，质量守恒方程式可区分用于非稳态可压缩流动问题、非稳态不可压缩流动问题、稳态可压缩流动问题以及稳态不可压缩流动问题的求解。

① 非稳态可压缩流体流动问题。如果流动特性随着时间以及流体密度的改变量不可以忽略不计，也就是 $\frac{\partial}{\partial t} \neq 0$ 与 $\rho \neq C$，这类流动问题称为非稳态可压缩流动（Unsteady compressible flow）。此时 $\left.\frac{\partial m}{\partial t}\right|_{CV} + \sum \dot{m}_e - \sum \dot{m}_i = 0$ 保持不变，亦可用 $\left.\frac{\partial m}{\partial t}\right|_{CV} = \sum \dot{m}_i - \sum \dot{m}_e$。式中，$\dot{m}_i = \rho_i A_i V_i$，$\dot{m}_e = \rho_e A_e V_e$。

② 非稳态不可压缩流体流动问题。如果 $\frac{\partial}{\partial t} \neq 0$ 与 $\rho = C$，这类流动问题称为非稳态不可压缩流体流动（Unsteady incompressible flow）。此时 $\left.\frac{\partial m}{\partial t}\right|_{CV} + \sum \dot{m}_e - \sum \dot{m}_i = 0$ 转换为 $\left.\frac{\partial m}{\partial t}\right|_{CV} = \sum \dot{m}_i - \sum \dot{m}_e = \rho(\sum Q_i - \sum Q_e)$。式中 $Q_i = A_i V_i$ 和 $Q_e = A_e V_e$。

③ 稳态可压缩流体流动问题。对于高速气体流动（速度高于 0.3 马赫）问题，如果满足 $\frac{\partial}{\partial t} = 0$ 与 $\rho \neq C$ 的条件，这类流动问题就称为稳态可压缩流动（Steady compressible flow）问题。$\left.\frac{\partial m}{\partial t}\right|_{CV} + \sum \dot{m}_e - \sum \dot{m}_i = 0$ 可以简化为 $\sum \dot{m}_i - \sum \dot{m}_e = 0$，进一步转换为 $\sum \rho_i A_i V_i = \sum \rho_e A_e V_e$。对于单一进出口的管道流动问题，质量守恒方程式再进一步简化：$\dot{m}_i = \dot{m}_e \Rightarrow \rho_i A_i V_i = \rho_e A_e V_e$，这就是第 3、4 章提及的质量流率守恒公式。

④ 稳态不可压缩流体流动问题。如果 $\frac{\partial}{\partial t} = 0$ 与 $\rho = C$，这类流动问题称为稳态不可压缩流体流动（Steady incompressible flow）。此时 $\left.\frac{\partial m}{\partial t}\right|_{CV} + \sum \dot{m}_e - \sum \dot{m}_i = 0$ 简化为 $\sum Q_i - \sum Q_e = 0$。对于低速流体在单一进出口管道流动中问题，质量守恒方程式进一步地简化成 $Q_i = Q_e \Rightarrow A_i V_i = A_e V_e$，这就是第 3 章讨论的体积流率守恒公式。

【例 7-2】

如图 7-2 所示，玻璃球可以由截面 1 充气，其截面面积为 A_1，速度为 V_1，密度为 ρ_1，玻璃球的半径为 R，试求玻璃球内密度 $\rho_b(t)$ 的瞬时变化率。

【解答】

（1）在充气过程中，玻璃球内气体的质量会越来越多，空气的密度也就越来越大，所以球内空气质量随着时间的变化不

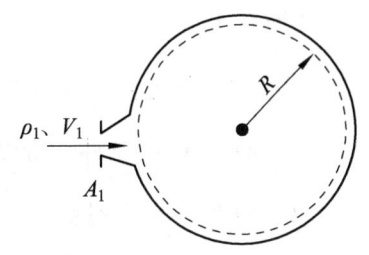

图 7-2 例 7-2 图示

可以忽略，该问题属于非稳态可压缩流动。

（2）因为 $\left.\dfrac{\partial m}{\partial t}\right|_{CV} = \sum\rho_i A_i V_i - \sum\rho_e A_e V_e$，且 $m = \rho_b(t)\times$玻璃 球内部的体积 $= \rho_b(t)\times\dfrac{4}{3}\pi R^3$，所以气体密度的瞬时变化率 $\dfrac{\partial \rho_b}{\partial t}$ 满足 $\dfrac{\partial}{\partial t}\left(\rho_b\times\dfrac{4}{3}\pi R^3\right) = \rho_1 A_1 V_1$。

【例 7-3】

如图 7-3 所示，假设桶内所装液体为水，桶的面积是 A，流出孔的面积是 A_1，水面的高度是 h，水流出的速度是 V，试推导出桶内水流干的时间 t 与高度 h、水流出速度 V 的关系式。

【解答】

（1）该问题属于非稳态不可压缩流动，只有单一出口，而没有入口，所以桶内（控制体积 CV）液体（水）的质量守恒方程式为 $\left.\dfrac{\partial m}{\partial t}\right|_{CV} + \dot{m}_e = 0 \Rightarrow \dfrac{\partial m}{\partial t} = -\dot{m}_e$。

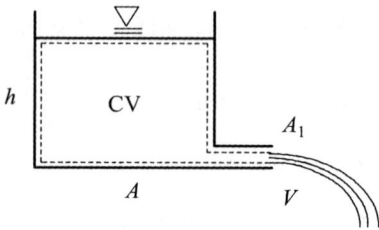

图 7-3　例 7-3 图示

（2）将质量守恒方程式两边积分得 $-\dfrac{\rho_w A h}{t} = -\rho_w A_1 V$，因此 $t = \dfrac{A h}{A_1 V}$。

【例 7-4】

如图 7-4 所示，如果空气在管道中的流动为一个稳态可压缩过程，试写出流场内密度 ρ、比容 v、面积 A 以及速度 V 之间的关系式。

【解答】

因为流动为稳态可压缩过程，所以根据质量守恒定律得出 $\dot{m}_1 = \rho_1 A_1 V_1 = \dfrac{A_1 V_1}{v_1} = \dot{m}_2 = \rho_2 A_2 V_2 = \dfrac{A_2 V_2}{v_2}$。（如果是稳态不可压缩流动过程，则 $A_1 V_1 = A_2 V_2$）

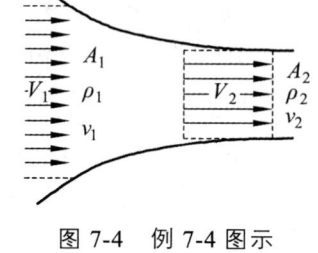

图 7-4　例 7-4 图示

【例 7-5】

如图 7-4 所示，如果空气在管道中为稳态不可压缩的流动过程，试写出流场内面积 A 和速度 V 之间的关系式。

【解答】

依题意，管道内空气流动满足质量守恒定律 $\dot{m}_1 = \rho_1 A_1 V_1 = \dfrac{A_1 V_1}{v_1} = \dot{m}_2 = \rho_2 A_2 V_2 = \dfrac{A_2 V_2}{v_2}$，以及 $\rho_1 = \rho_2$ 和 $v_1 = v_2$ 的条件，所以流场内面积和速度之间的关系式为 $A_1 V_1 = A_2 V_2$。

3．动量守恒方程式

动量守恒方程式（Momentum conservation equation）是物理学中的动量定理在流体力学

中的具体表达形式，它反映了流体在流动过程中的动量变化以及流动产生的作用力造成的影响。动量守恒方程式利用牛顿第二运动定律并通过雷诺转换定理推导而得，在工程实际中，多用于处理流体与控制体积相互作用力的计算，例如求解流体流动作用对弯管造成的影响、射流对平板的冲击力等问题。

（1）公式推导。

根据牛顿第二运动定律，流体所受作用力为 $F = ma = \dfrac{d(mV)}{dt} = m\dfrac{dV}{dt}$，将雷诺转换公式 $\left.\dfrac{dN}{dt}\right|_S = \left.\dfrac{\partial N}{\partial t}\right|_{CV} + \iint_{CS} n\rho V dA$ 中的物理量 N 用动量 mV 替代，即导出动量守恒方程式的积分形式：$\sum F = \left.\dfrac{\partial(mV)}{\partial t}\right|_{CV} + \iint_{CS} V\rho V dA$。将 $\left.\dfrac{\partial(mV)}{\partial t}\right|_{CV}$ 视为 0，并且引入平均速度 $V = \dfrac{\iint_{CS} V dA}{A}$ 的概念，动量守恒方程式又转换成 $\sum F = \sum \dot{m}_e V_e - \sum \dot{m}_i V_i$ 的形式。式中，$\sum F$ 为总作用力，是指控制体积所受作用力的总和，这些作用力包括控制体表面力（Surface force）以及控制体内的物体力（Body force），分别以符号 F_S 与 F_B 表示。表面力 F_S 包含正向压（拉）应力、剪应力；物体力 F_B 包括重力（Gravity force）、电磁场力（Electromagnetic field force），本书对电磁场力不予讨论，物体力 F_B 仅表示重力。动量守恒方程式中 $\dot{m}_e V_e$ 和 $\dot{m}_i V_i$ 分别表示流入与流出控制体表面的动量通量（Flux）。从动量守恒方程式中可以看出，不必知道流体内部的流动情况，只需要知道控制体表面流动情况，就能够计算出流体流动与控制体积的相互作用力。

（2）物理意义。

动量守恒方程式 $\sum F = \sum \dot{m}_e V_e - \sum \dot{m}_i V_i$ 代表的物理意义是，作用在控制体积的力总和等于流体流经控制表面或研究区域表面的动量总流出率。动量守恒方程式是向量方程式，在实际的工程计算中，建议要先选定一个坐标系统，以便找出作用在控制体积上各方向的分量力与流经控制表面的动量通量分量的关系。

【例 7-6】

试述动量守恒方程式 $\sum F = \left.\dfrac{\partial(mV)}{\partial t}\right|_{CV} + \iint_{CS} V\rho V dA$ 与 $\sum F = \sum \dot{m}_e V_e - \sum \dot{m}_i V_i$ 的使用目的是什么？

【解答】

动量守恒方程式的主要目的是用来处理流体与控制体积之间相互作用力的计算，在工程实际中，通常为了研究与降低动量守恒方程式计算的复杂度的需要，在处理流体流动问题时，引入平均速度的概念及使用稳态流体流动的假设，将原有的动量守恒方程式 $\sum F = \left.\dfrac{\partial(mV)}{\partial t}\right|_{CV} + \iint_{CS} V\rho V dA$ 简化为 $\sum F = \sum \dot{m}_e V_e - \sum \dot{m}_i V_i$ 的形式，所以在流体力学中多使用 $\sum F = \sum \dot{m}_e V_e - \sum \dot{m}_i V_i$ 来处理流动流体与控制体积之间相互作用力的计算问题。

【例 7-7】

如图 7-5 所示，静态推力测试台是用于测试喷气发动机（Jet engine）静态推力的装置，

如果测试数据为 $V_1 = 200 \text{ m/s}$、$V_2 = 500 \text{ m/s}$、$P_1 = 78.5 \text{ kPa}$、$P_2 = 101 \text{ kPa}$、$A_1 = 1.0 \text{ m}^2$ 以及 $T_1 = 268 \text{ K}$，该喷气发动机的质量流率与推力是多少？

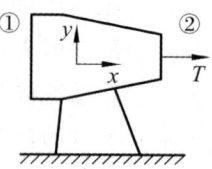

图 7-5 例 7-7 图示（1）

【解答】

（1）假设流动为一维稳态过程，质量守恒的积分方程式必须满足 $\left.\dfrac{\partial m}{\partial t}\right|_{CV} = 0$ 的条件，则 $\dot{m} = \dot{m}_1 = \dot{m}_2 \Rightarrow \rho_1 A_1 V_1 = \rho_2 A_2 V_2$。假设流动的是理想气体，则满足状态方程式 $P = \rho RT$，所以质量流率为 $\dot{m} = \dot{m}_1 = \rho_1 A_1 V_1 = \left[\dfrac{P_1}{RT_1}\right] A_1 V_1 = \dfrac{78.5 \times 10^3 \times 1 \times 200}{287 \times 268} = 204.12 \text{ (kg/s)}$。

（2）因为是稳态流动，动量守恒方程必须满足 $\left.\dfrac{\partial (mV)}{\partial t}\right|_{CV}$ 条件，所以简化得 $\sum F = \sum \dot{m}_e V_e - \sum \dot{m}_i V_i$。首先确定控制体积以及作用其上的作用力。如图 7-6 所示，虚线包围的区域为控制体积，其上的作用力，包括推力以及截面①与截面②上所作用的压力，因此 $\sum F = T + P_1 A_1 - P_2 A_2 - P_{atm}(A_1 - A_2) = T + P_1 A_1 - P_2 A_2 - P_2(A_1 - A_2) = \dot{m}(V_2 - V_1)$，从而得到 $T = \dot{m}(V_2 - V_1) + P_2 A_2 - P_1 A_1 + P_2 A_1 - P_2 A_2 = \dot{m}(V_2 - V_1) + P_2 A_1 - P_1 A_1$，所以推力为 $T = \dot{m}(V_2 - V_1) + (P_2 - P_1) A_1 = 204.12 \times (500 - 200) + (101 - 78.5) \times 10^3$，即 $T = 61\,236 + 22\,500 = 83\,736 \text{ (N)} = 83.736 \text{ (kN)}$。

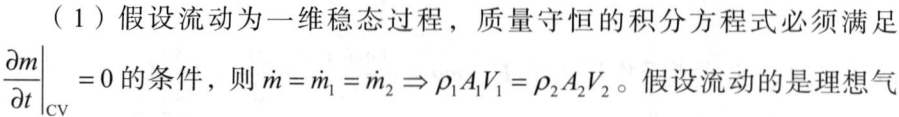

图 7-6 例 7-7 图示（2）

【例 7-8】

如图 7-7 所示，密度为 ρ、速度为 V 的自由射水流冲击具有转向角 β 且以稳定的速度 U 移动的叶片，假设叶片安装在导轨上，受到一个约束力 F，问约束力 F 所做功率最大时 U/V 的值是多少？

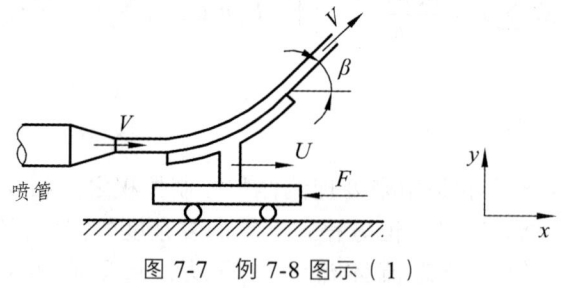

图 7-7 例 7-8 图示（1）

注：自由射流指从有压喷管或孔口射入大气的一股流束，特点是流束上的压力均为大气压力。

【解答】

（1）此题假定为稳态流动，并忽略净压力、重力效应以及射流运动时产生的机械能损失。同时假设水柱沿着叶片所经过的截面面积为定值，因此沿着叶片水流的平均速度为均值。

（2）确定控制体积以及其上的作用力。如图7-8所示，控制体积的取法为虚线所包围的区域范围。叶片为水平移动，所以可以推知控制体积受到y方向的作用力为0，也就是$F_y = 0$。

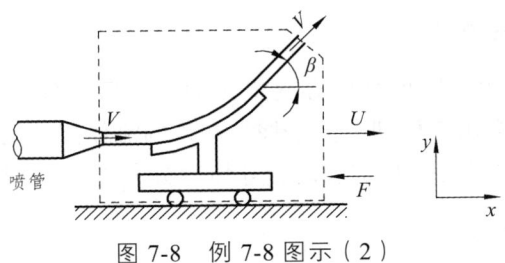

图7-8 例7-8图示（2）

（3）质量流率的求解过程。根据质量守恒方程式$\iint_{CS} \rho V_r dA = 0 \Rightarrow \rho A(V_{r2} - V_{r1}) = 0$，可以得到$V_{r1} = V - U = V_{r2}$、$\dot{m}_1 = \dot{m}_2 = \rho(V-U)A$。

（4）动量流率的求解过程。根据动量守恒方程式$\sum \boldsymbol{F} = \sum \dot{m}_e \boldsymbol{V}_{re} - \sum \dot{m}_i \boldsymbol{V}_{ri}$可求出静止挡板作用力的计算方程式为$-F = \dot{m}_1 V_{r2x} - \dot{m}_2 V_{r1x}$，所以$F = \dot{m}_1 V_{r1x} - \dot{m}_2 V_{r2x}$。因为依题意$V_{r1x} = V - U$和$V_{r2x} = (V-U)\cos\beta$，所以叶片受力为$F = \rho A(V-U)^2(1-\cos\beta)$。

（5）因为功率$P = FU$，所以$P = \rho AU(V-U)^2(1-\cos\beta)$。功率最大时$\dfrac{\partial P}{\partial U} = 0$，经计算得到$U = V$（不合，舍去）及$U = V/3$。所以功率最大时的$U/V$值为1/3。

（6）喷气发动机的推力。喷气发动机推力由动量守恒积分方程式$\sum \boldsymbol{F} = \sum \dot{m}_e \boldsymbol{V}_e - \sum \dot{m}_i \boldsymbol{V}_i$再加上控制表面非均匀压力所产生作用力$\sum \boldsymbol{F} = -\iint (P - P_a)\boldsymbol{n} dA$获得。

① 公式介绍。涡轮喷气发动机的推力包括净推力与总推力，净推力为$T_n = \dot{m}_a(V_j - V_a) + A_j(P_j - P_{atm})$，总推力公式为$T_g = \dot{m}_a(V_j) + A_j(P_j - P_{atm})$。式中，$T_n$、$T_g$、$\dot{m}_a$、$V_j$、$V_a$、$A_j$、$P_j$与$P_{atm}$分别表示净推力、总推力、空气的质量流率、喷气速度、飞行空速、发动机喷管的出口面积以及喷管出口的压力与大气压力。

② 公式计算结果相同的必要条件。比较净推力公式$T_n = \dot{m}_a(V_j - V_a) + A_j(P_j - P_{atm})$与总推力公式$T_g = \dot{m}_a(V_j) + A_j(P_j - P_{atm})$，我们可以发现只有在飞行空速（飞行速度）$V_a$等于0时，涡轮喷气发动机净推力才与总推力相等。一般情况下，喷气飞机在地面试车或把喷气发动机拆下来放在试车台试车时，净推力才会等于总推力。

③ 影响推力的因素。从净推力公式$T_n = \dot{m}_a(V_j - V_a) + A_j(P_j - P_{atm})$来看，喷气发动机推力受到空气的质量流率、飞机的飞行速度、喷流速度以及喷管出口面积影响。空气的质量流率又因为飞机的飞行高度以及大气的密度、温度、压力和湿度而改变，且喷气速度又是发动机转速的函数，因此喷气发动机的影响因素一般有发动机的进气量、转速与发动机喷口面积、飞机的飞行高度与飞行速度、大气密度、温度、压力与湿度等。

7.3 微分控制体积法

微分控制体积法关注的重点在于流场内各个位置的压力、温度与密度等流动性质，以及流速随着位置和时间的变化情况，研究区域是非常微小体积，所以可以利用微分方程式去求解流动的问题。这里针对其相关基本观念、常用公式以及公式的简化与手工计算的方式和应用等部分进行描述与说明。

1. 微分控制方程式的种类

微分控制方程式包括质量守恒微分方程式、动量守恒微分方程式与能量守恒微分方程式。能量守恒微分方程式多用于处理有关燃烧与热传的流体流动问题，我们求解流体流动问题时，通常只使用质量守恒微分方程式和动量守恒微分方程式。这里对这两种方程式做叙述。

2. 质量守恒微分方程式

（1）公式介绍。

质量守恒微分方程式（Mass conservation differential equation）又称为微分形式的连续方程式（Continuity equation of differential form），其形式为 $\frac{\partial \rho}{\partial t} + \nabla \rho V = 0$。式中，$\rho$ 和 V 分别是表示流体密度与流动速度。

（2）简化与应用。

依照流场的类型，$\frac{\partial \rho}{\partial t} + \nabla \cdot \rho V = 0$ 可写成非稳态可压缩流场、稳态可压缩流场与不可压缩流场问题求解形式。

① 对于非稳态可压缩流场问题，因为 $\frac{\partial}{\partial t} \neq 0$ 以及 $\rho \neq C$，所以质量守恒微分方程式（连续微分方程式）$\frac{\partial \rho}{\partial t} + \nabla \rho V = 0$ 保持不变。

② 对于稳态可压缩流场问题，因为 $\frac{\partial}{\partial t} = 0$ 但是 $\rho \neq C$，所以质量守恒微分方程式（连续微分方程式）$\frac{\partial \rho}{\partial t} + \nabla \rho V = 0$ 可以简化为 $\nabla \rho V = 0$。

③ 对于不可压缩流场问题，因为 $\rho = C$ 从而 $\frac{\partial \rho}{\partial t} = 0$、$\nabla \rho V = \rho \nabla \cdot V$，所以质量守恒微分方程式（连续微分方程式）$\frac{\partial \rho}{\partial t} + \nabla \rho V = 0$ 可以简化为 $\nabla \cdot V = 0$。此方程式又称为不可压缩流动过程的判定方程式。

（3）讨论。

如前文所述，如果流体是液体或者流速低于 0.3 马赫（Ma）的气体，密度 ρ 变化可以忽略不计，此时为不可压缩流场；如果气体的流速高于 0.3 马赫（Ma），流场视为可压缩。从质量守恒微分方程式（连续微分方程式）的简化过程中可以发现，对于不可压缩流场，$\nabla \cdot V = 0$。所以判定气体的流动过程是否为不可压缩有两种方法：一种是视流速是否小于 0.3 马赫；另一种则是视方程式 $\nabla \cdot V$ 是否为 0。

【例 7-9】

民航机进行巡航（Cruise）时，外部的空气流场一般属于可压缩流还是不可压缩流？试解释之。

【解答】

可压缩流动是指流体流场的密度变化不可以忽略不计。民航机在进行巡航时，飞行速度均大于 0.3 马赫（Ma），由此可以推知，机身外面是可压缩流场。

【例 7-10】

如果流场的速度可以表示为 $V = x\mathbf{i} + y\mathbf{j}$，试判定此流场是否为不可压缩流（Incompressible flow）？

【解答】

因为不可压缩流场的判定式为 $\nabla \cdot V = 0$，这里 $V \equiv u\mathbf{i} + v\mathbf{j} + w\mathbf{k}$，所以 $u = x$；$v = y$；$w = 0$。而 $\nabla \cdot V = \dfrac{\partial u}{\partial x} + \dfrac{\partial v}{\partial y} + \dfrac{\partial w}{\partial z} = \dfrac{\partial x}{\partial x} + \dfrac{\partial y}{\partial y} = 1 + 1 = 2 \neq 0$，因此不是不可压缩流场，而是可压缩流场。

3．动量守恒微分方程式

动量守恒微分方程式（Momentum conservation differential equation）通常与质量守恒微分方程式一起用计算的方式求解研究区域内各点的压力、密度以及速度等，也就是利用数值算法（Numerical algorithm）或解析方程式去计算或模拟真实流动问题。这里针对动量守恒微分方程式的计算公式及其简化方式做说明。

（1）公式介绍。

动量守恒微分方程式又称为纳维-斯托克斯方程式（Navier-Stokes equation），它是基于流体连续性以及牛顿流体（Newtonian fluid）的假设推导而得，其微分形式为 $\rho \dfrac{\mathrm{d}V}{\mathrm{d}t} = \rho g - \nabla P + \mu \nabla^2 V$。式中，$\rho$ 为流体密度；g 为重力加速度；P 为流场的压力；μ 为流体绝对黏度；V 为流动速度。

（2）简化方式。

假设流体的绝对黏度 μ 为 0，即为非黏性流体，动量守恒微分方程式简化为 $\rho \dfrac{\mathrm{d}V}{\mathrm{d}t} = \rho g - \nabla P$，则此方程式称为欧拉方程式（Euler 方程式）。

【例 7-11】

纳维-斯托克斯方程式（Navier-Stokes 方程式）$\rho \dfrac{\mathrm{d}V}{\mathrm{d}t} = \rho g - \nabla P + \mu \nabla^2 V$ 与欧拉方程式（Euler 方程式）$\rho \dfrac{\mathrm{d}V}{\mathrm{d}t} = \rho g - \nabla P$ 所做的流体假设是什么？

【解答】

（1）纳维-斯托克斯方程式是基于流体连续性以及牛顿流体的假设推导而得的动量微分方程式。

（2）欧拉方程式是基于流体连续性以及非黏性流的假设推导而得的动量微分方程式。

7.4 流线函数与速度势函数

此节引入流线函数与速度势函数，用以求解二维流场的速度分布情况。流线函数与速度势函数在流动工程问题的研究中占有重要的地位与作用。例如在平面不可压缩流体以及无旋流体的流动问题中，我们可以先从流线函数或速度势函数求出速度场，再应用伯努利方程式求得压力场，这样研究问题的难度大大降低。

1．流线函数

流线函数在早期平面不可压缩流体流动问题的理论研究中占有极重要的地位，因为可以用来求解二维理想流体的流速变化，从而获得流场内的压力变化，并以此找出二维理想流体的流动规律。本书在此针对其定义、存在条件与应用等部分进行描述及说明。

（1）流线函数的定义与存在条件。

流线函数（Stream function）由二维不可压缩流动的质量守恒微分方程式，也就是连续微分方程式 $\nabla \cdot V = 0$ 推导而得。

① 存在条件与定义。对于 x-y 的二维不可压缩流场，质量守恒微分方程式 $\frac{\partial \rho}{\partial t} + \nabla \rho V = 0$ 简化为 $\nabla \cdot V = \frac{\partial u}{\partial x} + \frac{\partial v}{\partial y} = 0$。定义 $u = \frac{\partial \varphi}{\partial y}$ 与 $v = -\frac{\partial \varphi}{\partial x}$，这个函数 φ 就称为流线函数。可以证明，如果流场是二维不可压缩流，则流线函数 φ 必定存在，且流线函数 φ 满足关系式 $\nabla \cdot V = 0$。

② 流线函数存在与否的判定式。如果一个二维不可压缩流场，满足连续微分方程式 $\nabla \cdot V = 0$，则流线函数 φ 必定存在；反之，如果 $\nabla \cdot V \neq 0$，则流线函数 φ 就不存在。所以 $\nabla \cdot V$ 是流线函数 φ 存在与否的判定方程式。

（2）流线函数的应用。

根据流线函数 φ 的定义，可以求得速度分量，从而描述二维不可压缩流场内的速度分布；或者可从二维不可压缩流场的速度公式求得流线函数的表达式，这里以 x-y 坐标为例说明。

① 利用流线函数 φ 求得速度分量。对于二维不可压缩流场，满足 $\nabla \cdot V = \frac{\partial u}{\partial x} + \frac{\partial v}{\partial y} = 0$，可以得到 $u = \frac{\partial \varphi}{\partial y}$ 与 $v = -\frac{\partial \varphi}{\partial x}$，进一步求出流速：$V = u\mathbf{i} + v\mathbf{j}$。

② 从流场速度求得流线函数 φ。对于二维流场，如果流线函数 φ 存在，则流动必定满足 $\nabla \cdot V = 0$ 的条件，因此可以得到 $u = \frac{\partial \varphi}{\partial y}$ 与 $v = -\frac{\partial \varphi}{\partial x}$，进而推导出流线函数 φ 为 $\varphi = \int^{(y)} u \mathrm{d}y - \int^{(x)} v \mathrm{d}x = C$。

【例 7-12】

试说明流线函数的存在条件与判定方程式。

【解答】

（1）流线函数的存在条件：如果流场是二维不可压缩流，则流线函数 φ 存在。

（2）从质量守恒微分方程能够推得流线函数的判定方程式为 $\nabla \cdot V$ 是否为 0。

【例 7-13】

如果流场为稳态流（Steady flow），流速为 $V = x^2\mathbf{i} + y^2\mathbf{j}$，是否存在流线函数（Stream function）φ？为什么？

【解答】

（1）因为 $V = u\mathbf{i} + v\mathbf{j} + w\mathbf{k} = x^2\mathbf{i} + y^2\mathbf{j}$，所以可以推知 $u = x^2$、$v = y^2$。

（2）由于流线函数判定式 $\nabla \cdot V = \dfrac{\partial u}{\partial x} + \dfrac{\partial v}{\partial y} = 2x + 2y \neq 0$，所以流线函数 φ 不存在。

【例 7-14】

已知密度为 ρ 的不可压缩无黏流体，以均匀流速 U_0 流经一个圆柱（二维），其分布可用流线函数 $\varphi(x,y) = \left(U_0 y - D\dfrac{y}{x^2 + y^2}\right)$ 表示，试求出流场的速度表达式。

【解答】

（1）因为流动为二维不可压缩流场，所以可以判定流线函数 φ 必定存在，且 $u = \dfrac{\partial \varphi}{\partial y}$ 和 $v = -\dfrac{\partial \varphi}{\partial x}$。

（2）根据（1）的关系式可以求得 $u = \dfrac{\partial \varphi}{\partial y} = U_0 - D\dfrac{x^2 - y^2}{(x^2 + y^2)^2}$、$v = -\dfrac{\partial \varphi}{\partial x} = D\dfrac{2xy}{(x^2 + y^2)^2}$。

（3）根据速度表达式 $V = u\mathbf{i} + v\mathbf{j} + w\mathbf{k}$，流速为 $V = u\mathbf{i} + v\mathbf{j} + w\mathbf{k} = \left[U_0 - D\dfrac{x^2 - y^2}{(x^2 + y^2)^2}\right]\mathbf{i} + \left[D\dfrac{2xy}{(x^2 + y^2)^2}\right]\mathbf{j}$。

【例 7-15】

如果流场的速度为 $V = u_0\mathbf{i} + v_0\mathbf{j}$，$u_0$ 与 v_0 均分别为一个固定常数，是否存在流线函数 φ？如果流线函数存在，其表达式是什么？

【解答】

由 $V = u\mathbf{i} + v\mathbf{j} + w\mathbf{k} = u_0\mathbf{i} + v_0\mathbf{j}$，可以得知 $u = u_0$、$v = v_0$。由于 $\nabla \cdot V = \dfrac{\partial u}{\partial x} + \dfrac{\partial v}{\partial y} = 0 + 0 = 0$，所以流线函数 φ 存在。根据 $\varphi = \int^{(y)} u \mathrm{d}y - \int^{(x)} v \mathrm{d}x = C$ 可以求得 $\varphi = \int^{(y)} u \mathrm{d}y - \int^{(x)} v \mathrm{d}x = u_0 y - v_0 x + K$。式中 K 为积分常数。

2．速度势函数

速度势函数（Velocity potential function）对于非旋性流动问题研究非常重要，因为可通过它求解非旋运动时流速的变化。

（1）涡（旋）度 Ω 的定义。有研究指出，对于流体微团，涡度（Vorticity）等于流体旋转角速度的 2 倍，其计算公式为 $\Omega = \nabla \times V = \begin{vmatrix} i & j & k \\ \frac{\partial}{\partial x} & \frac{\partial}{\partial y} & \frac{\partial}{\partial z} \\ u & v & w \end{vmatrix}$，它与速度的散度 $\nabla \cdot V = \frac{\partial u}{\partial x} + \frac{\partial v}{\partial y} + \frac{\partial w}{\partial z}$ 不同，涡度 $\nabla \times V$ 的计算结果是向量，而散度值是标量。如果流体的涡度 $\Omega = \nabla \times V = 0$，则流动为非旋运动（Irrotational motion）；如果流体的涡度 $\Omega = \nabla \times V \neq 0$，则流动为旋性运动（Rotational motion）。因此 $\nabla \times V$ 可以作为判定流动是否为旋性运动的方程式。

（2）非旋性流的定义与存在条件。如果流体在某一特定区域的涡度（Ω）均为 0，则流场为非旋性流（Irrotational flow）。实际的流体都不会是非旋性流，只有无黏性流（Inviscous fluid）的运动才可能为非旋性流，那是因为流体没有黏性，就不存在剪应力，所以不能传递旋转运动。根据非旋性流的定义，可以推知，判定流场是否为非旋性流的方程式为 $\nabla \times V$：如果 $\nabla \times V = 0$，则非旋性流；如果 $\nabla \times V \neq 0$，则旋性流。

（3）位势流的定义与非旋性流的关系。所谓位势流（Potential flow）指的是无黏性流，它是一种假想的流场。流动为无黏性流，则流场的速度位势不会因为受到流体黏性的影响而产生衰减，速度位势（Velocity potential）在流动的过程中将是一个常数，因此位势流的假设即是流体的黏性可以忽略不计。根据"非旋性流的定义与存在条件"的内容描述，非旋性流的存在条件也是假设流动为无黏性流，所以涡度也将保持为一个常数。因此可以推知，位势流、非旋性流与无黏性流它们代表的意义是相同的，也就是假设 $\mu = 0$ 时，流体的涡度与速度位势维持不变。

（4）速度势函数的定义与存在条件。速度势函数（Velocity potential function）由位势流也就是非旋性流的判定方程式 $\nabla \times V = 0$ 推导而得。

① 存在条件。如果流场是位势流，则流动满足 $\nabla \times V = 0$ 的条件。因为 $\nabla \times (\nabla \Phi) = 0$，所以必定可以找到一个函数使得速度 $V = \nabla \Phi$，这个函数 Φ 就称为速度势函数。

② 速度势函数存在与否的判定式。流动满足 $\nabla \times V = 0$，则速度势函数 Φ 存在；如果 $\nabla \times V \neq 0$，则速度势函数 Φ 不存在。

【例 7-16】

试说明速度势函数 Φ 的存在条件与判定方程式。

【解答】

速度势函数的存在条件：如果流动是非旋性流也即位势流，则速度势函数 Φ 存在。根据非旋性流或位势流判定方程式，可以推得速度势函数的判定方程式是 $\nabla \times V$ 是否为 0。

（5）判定式的计算。对于直角坐标系统，$\nabla = \frac{\partial}{\partial x} i + \frac{\partial}{\partial y} j + \frac{\partial}{\partial z} k$ 而 $V = (u, v, w) = u i + v j + w k$，所以 $\nabla \times V = \begin{vmatrix} i & j & k \\ \frac{\partial}{\partial x} & \frac{\partial}{\partial y} & \frac{\partial}{\partial z} \\ u & v & w \end{vmatrix}$。式中，$u$、$v$ 与 w 分别表示 x、y 与 z 方向的速度分量。

【例 7-17】

如果流速为 $u = x^2 + y^2$、$v = -2xy + 3x$，是否存在速度势函数 Φ？

【解答】

因为 $\nabla \times V = \begin{vmatrix} \mathbf{i} & \mathbf{j} & \mathbf{k} \\ \frac{\partial}{\partial x} & \frac{\partial}{\partial y} & \frac{\partial}{\partial z} \\ u & v & w \end{vmatrix} = \begin{vmatrix} \mathbf{i} & \mathbf{j} & \mathbf{k} \\ \frac{\partial}{\partial x} & \frac{\partial}{\partial y} & \frac{\partial}{\partial z} \\ x^2 + y^2 & -2xy + 3x & 0 \end{vmatrix} = \frac{\partial(-2xy + 3x)\mathbf{k}}{\partial x} - \frac{\partial(x^2 + y^2)\mathbf{k}}{\partial y} \neq 0$，所以流场为旋性流，因而速度势函数 Φ 不存在。

（6）速度势函数的应用。根据速度势函数 Φ 的定义，可以求得非旋性流场内速度分布，或者从非旋性流场内的速度分量，求得速度势函数表达式。

① 利用速度势函数 Φ 求得速度分量。如果流动满足 $\nabla \times V = 0$ 的条件，可以从 $V = \nabla \Phi$ 中求得 $u = \frac{\partial \Phi}{\partial x}$ 与 $v = \frac{\partial \Phi}{\partial y}$。从而推知，对于 x-y 的二维非旋性流场，如果已知 Φ，可以求得 u 和 v，进一步求出流速：$V = u\mathbf{i} + v\mathbf{j}$。

② 从速度分量求得速度势函数 Φ。如果速度势函数存在，则可以求得 $u = \frac{\partial \Phi}{\partial x}$、$v = \frac{\partial \Phi}{\partial y}$，进而推导出速度势函数 Φ 为 $\Phi = \int^{(x)} u \mathrm{d}x + \int^{(y)} v \mathrm{d}y = C$。

【例 7-18】

若流场为 x-y 的二维非旋性流动，速度势函数表达式为 $\Phi = 4(x^2 + y^2)$，则流速 V 表达式是什么？

【解答】

（1）因为流场为二维非旋性流动，所以速度势函数必定存在，且 $u = \frac{\partial \Phi}{\partial x}$、$v = \frac{\partial \Phi}{\partial y}$。

（2）根据（1）的关系方程式可以分别求出 $u = \frac{\partial \Phi}{\partial x} = \frac{\partial [4(x^2 + y^2)]}{\partial x} = 8x$、$v = \frac{\partial \Phi}{\partial y} = \frac{\partial [4(x^2 + y^2)]}{\partial y} = 8y$。

（3）根据 $V = u\mathbf{i} + v\mathbf{j} + w\mathbf{k}$，因此 $V = u\mathbf{i} + v\mathbf{j} + w\mathbf{k} = 8x\mathbf{i} + 8y\mathbf{j}$。

【例 7-19】

若流场为 x-y 的二维非旋性流，已知流场的滞止压力 P 为 101 000 Pa，流体的密度为 $\rho = 1.19 \, \mathrm{kg/m^3}$，平面势流函数为 $\Phi = (x^2 - y^2)$，流场内点（2,1.5）处的速度值与压力值是多少？

【解答】

（1）因为流场为二维非旋性流，所以速度势函数必定存在，且 $u = \dfrac{\partial \Phi}{\partial x}$ 与 $v = \dfrac{\partial \Phi}{\partial y}$。

（2）根据（1）的关系方程式可以分别求出 $u = \dfrac{\partial \Phi}{\partial x} = \dfrac{\partial (x^2 - y^2)}{\partial x} = 2x$、$v = \dfrac{\partial \Phi}{\partial y} = \dfrac{\partial (x^2 - y^2)}{\partial y} = -2y$，所以速度大小为 $V = \sqrt{(2x)^2 + (-2y)^2} = \sqrt{4x^2 + 4y^2}$。流场内点（2,1.5）处的速度值为 $V = \sqrt{(2x)^2 + (-2y)^2} = \sqrt{4 \times 2^2 + 4 \times (1.5)^2} = 5 \text{ m/s}$

（3）根据伯努利方程式 $P + \dfrac{1}{2}\rho V^2 = P_t$，流体压力大小为 $P = P_t - \dfrac{1}{2}\rho V^2$，因此流场内点（2,1.5）处的压力值为 $P = P_t - \dfrac{1}{2}\rho V^2 = 101\,000 - \dfrac{1}{2} \times 1.19 \times 5^2 = 100\,985 \text{ (Pa)}$。

【例 7-20】

如果流场的速度为 $V = u_0 \mathbf{i} + v_0 \mathbf{j}$，$u_0$ 与 v_0 都分别为一个固定常数，是否存在速度势函数 Φ？如果有，速度势函数的表示式是什么？

【解答】

因为 $V = u\mathbf{i} + v\mathbf{j} + w\mathbf{k} = u_0 \mathbf{i} + v_0 \mathbf{j}$，所以 $u = u_0$、$v = v_0$。速度势函数存在的条件，必须是判定式 $\nabla \times V = 0$，将 $u = u_0$、$v = v_0$ 代入得 $\nabla \times V = \begin{vmatrix} \mathbf{i} & \mathbf{j} & \mathbf{k} \\ \dfrac{\partial}{\partial x} & \dfrac{\partial}{\partial y} & \dfrac{\partial}{\partial z} \\ u & v & w \end{vmatrix} = 0$，所以速度势函数 Φ 存在。根据公式 $\Phi = \int^{(x)} u\,dx + \int^{(y)} v\,dy = C$ 可以得 $\Phi = \int^{(x)} u\,dx + \int^{(y)} v\,dy = u_0 x + v_0 y + K$。式中，$K$ 为积分常数。

3．流线函数与速度势函数的关系

如同本章前面的内容中所述，流线函数 φ 必须要在二维不可压缩流场的条件下才能够存在，因此流体流动的过程必须满足 $\nabla \cdot V = 0$ 的判定方程式。而速度势函数 Φ 必须要在非旋性流场的条件下才能够存在，因此流体流动的过程必须满足 $\nabla \times V = 0$ 的判定方程式。所以流线函数 φ 和速度势函数 Φ 必须在二维不可压缩的非旋性流场才能够同时存在，它是一个假想的情况。根据研究证明，如果流线函数 φ 和速度势函数 Φ 同时存在，则流线函数和速度势函数两者彼此正交，其理论证明的过程详如后例所示，学习者可以作为参考。

【例 7-21】

如果有一个二维不可压缩与非旋性流场，试证明流线函数 φ 与速度势函数 Φ 彼此正交。

【解答】

因为 $\nabla \cdot V = 0$，所以 $u = \dfrac{\partial \varphi}{\partial y}$、$v = -\dfrac{\partial \varphi}{\partial x}$，因此流线函数的斜率 $m_\varphi = \dfrac{\partial y}{\partial x} = -\dfrac{v}{u}$。$\nabla \times V = 0$，

所以 $u=\dfrac{\partial \phi}{\partial x}$、$v=\dfrac{\partial \phi}{\partial y}$，因此速度势函数的斜率 $m_\phi=\dfrac{\partial y}{\partial x}=\dfrac{u}{v}$。因为 $m_\varphi \times m_\phi=-\dfrac{v}{u}\times\dfrac{u}{v}=-1$，所以流线函数 φ 与速度势函数 Φ 彼此正交，故得证。

【例 7-22】

何谓位势流（Potential flow）？何谓速度势函数（Velocity potential function）？如何由速度势函数得到流场的速度分量？速度势函数与流线函数（Stream function）在应用中的主要差别是什么？

【解答】

（1）位势流指的是非旋性流，也就是流动的过程满足 $\nabla \times V=0$ 的判定方程式，因此可找出速度势函数 Φ 的存在。如果流动为无黏性流，流场的速度位势因为没有流体黏性的影响而不会衰减，所以速度势函数也是一个常数。在流体力学与空气动力学问题研究中，位势流也是指满足绝对黏度 $\mu=0$ 假设的流动。

（2）因为位势流满足 $\nabla \times V=0$，因此可以找到一个函数 Φ 使得 $V=\nabla \Phi$，并可以由速度势函数 Φ 得到流场的速度分量。

（3）在工程应用中，可以由 Φ 求得非旋性流的速度分量，而使用流线函数则是为了求得二维不可压缩流的速度分量。

课后练习

（1）控制体积法的类型与研究目的是什么？
（2）简要说明积分控制体积法与微分控制体积法的优缺点。
（3）列出雷诺转换公式并说明其代表的物理意义。
（4）列出质量守恒积分方程式并说明其代表的物理意义。
（5）如图 7-9 所示，如果玻璃球可以由截面 1 充气，其截面面积为 A_1，速度为 V_1，密度为 ρ_1，玻璃球的半径为 R，玻璃球在充气过程中质量流率的表达式是什么？
（6）如图 7-10 所示，喷口喷出密度为 ρ、速度为 V 的水流冲击具有转向角 β 且以稳定的速度 U 移动的叶片，假设叶片安装在导轨上且受到的约束力为 F，水柱流经进出口截面的流量（体积流率）表示式是什么？

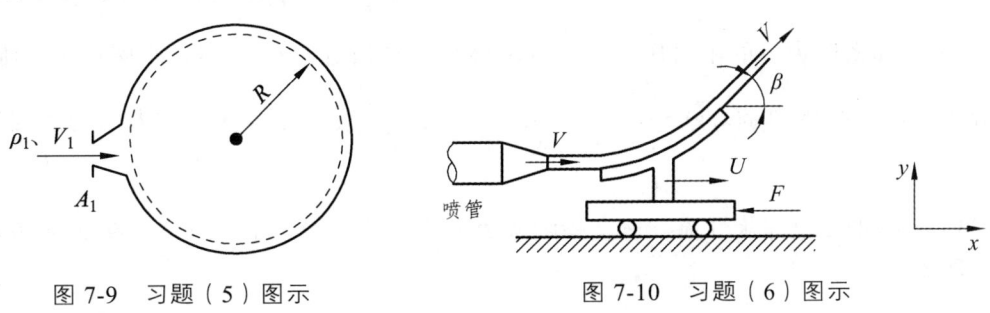

图 7-9 习题（5）图示　　　图 7-10 习题（6）图示

（7）列出动量守恒积分方程式并说明其代表的物理意义。

（8）如图7-10所示，喷口喷出密度为 ρ、速度为 V 的水流冲击具有转向角 β 且以稳定的速度 U 移动的叶片，假设叶片安装在导轨上且受到的约束力为 F，水柱冲击力的表达式是什么？

（9）分别列出喷气发动机净推力公式与总推力公式并说明其差异。

（10）喷气发动机的主要影响因素是什么？

（11）喷气发动机的进气量对发动机的推力的影响是什么？

（12）喷气飞机的飞行高度对发动机推力的影响是什么？

（13）流线函数 φ 的存在条件是什么？

（14）速度势函数 Φ 的存在条件是什么？

（15）不可压缩流场的判定条件是什么？

（16）非旋性流场的判定条件是什么？

（17）如果二维流场的速度分量为 $u=x$ 与 $v=-y$，流线函数 φ 与速度势函数 Φ 是否存在？

（18）流场同时存在流线函数与速度势函数的条件是什么？

（19）如果流场同时存在流线函数与速度势函数，两者的关系是什么？

（20）如图7-11所示，考虑水（$\rho=10^3\ \text{kg/m}^3$）稳定流经装置。各截面面积分别是 $A_1=0.02\ \text{m}^2$、$A_2=0.05\ \text{m}^2$、$A_3=A_4=0.04\ \text{m}^2$，而水流经截面1的速度为 3 m/s，通过截面3的质量流率为 56.6 kg/s，通过截面4的体积流率为 $0.09\ \text{m}^3/\text{s}$。假设通过各管路皆为均匀流动，试求水流经2截面面积的质量流率和流速是多少？

（21）如图7-12所示，静态推力测试台是用于测试喷气发动机静态推力的装置，如果某喷气发动机的测试数据为 $V_1=200\ \text{m/s}$、$V_2=500\ \text{m/s}$、$P_1=78.5\ \text{kPa}$、$P_2=101\ \text{kPa}$、$A_1=1.0\ \text{m}^2$ 以及 $T_1=268\ \text{K}$，该喷气发动机的推力是多少？

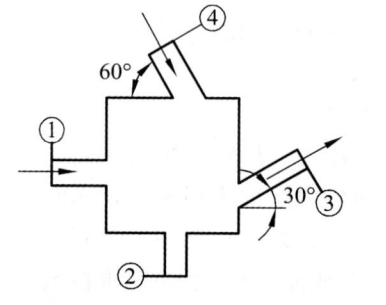
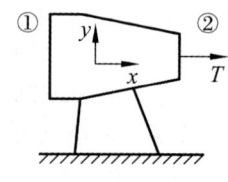

图7-11 习题（20）图示　　图7-12 习题（21）图示

（22）已知密度为 ρ 的不可压缩无黏性流体，以均匀流速 U_0 流经一个圆柱（二维），其流线分布可用流线函数 $\varphi(x,y)=\left(U_0 y - D\dfrac{y}{x^2+y^2}\right)$ 表达，流动流体在 x 轴方向的速度分量是多少？

（23）x-y 的二维非旋性流，速度势函数 Φ 的表达式为 $\Phi=4(x^2+y^2)$，在 x 轴方向的速度分量是多少？

第 8 章 相似理论与因次分析法

根据基础理论中的计算方程式，结合问题假设以及初始条件和边界条件，人工计算或者计算机运算是解决流体流动问题的两个主要的途径，但是流动现象非常复杂，许多流动问题迄今还无法用理论的方法解决，必须借助实验以寻求流动过程的规律。实验具有可靠性与真实性，它可以检验理论解析法（Theoretical analytic method）与数值算法（Numerical algorithm）计算的结果。它还可以提供大量的数据，使研究者能够从中定量或定性地发现流动的现象与规律，让理论研究得到进一步发展，对于理论模型的建立与理论计算结果的检验都起着非常重要的作用。然而实验的成本很高，往往需要消耗大量的人力、物力和财力，并且存在着一定程度的风险和仪表测量的误差。所以在工程实践中，人们使用相似理论与因次分析法以降低实验成本、减少实验研究的复杂性以及科学地组织和整理实验结果，并建立与理论分析和数值计算结果相互检验的桥梁。相似理论与因次分析法是发展流体力学与空气动力学的理论研究、简化复杂的实验问题和解决实际工程问题的有力工具，不仅对于流体力学问题，在热传、传质以及燃烧等复杂的热力工程问题研究中，也有广泛应用。

8.1 产品设计流程

如图 8-1 所示，从系统工程、生产管理以及产品设计与研发的观点来看，在产品设计的初期，首先必须确定产品设计的概念，并由理论设计与分析确认研发案可行性或概念正确性，然后再设计模型测试理论和实验的差异，最后再设法使产品标准化，达到量产目的。

图 8-1　产品设计与研发流程

例如在飞机设计的初期阶段，基于成本与安全性的考虑，设计者与研发厂商不可能刚设计好就马上制造实体飞机去做飞行试验。他们首先使用相似理论（Similitude theory）建立飞机的设计模型，先行模拟实际飞机飞行时的工况，再将模型实验结果换算到实物上去，进而预测实物可能发生的物理现象。在初步确定模型模拟的情况满足原先设计的要求之后，才会考虑制造实物做飞行试验。因此，相似理论是一种不需要在设计阶段就很完善，可避免测试时发生意外的重要理论。

8.2 相似理论

相似理论是研究实验中模型与实物相似现象的重要理论。对于尺寸较大的实物（例如车辆、船舶与飞机等），因为结构复杂与造价昂贵，通常先在缩小的模型上进行实验，所得结果换算到实物上去。然而如果要让模型实验与实物运动具有同样的规律，就必须让模型与实物符合相似理论。所以，相似理论是指导实验研究的理论基础。

1．相似理论的目的

相似理论的主要目的是建立实验模型与实体的关联性。人们经过长期的科学试验终于总结出，如果实验模型（Model）与实体原型（Protype）之间的关系符合相似法则（Similarity rule），也就是实验模型与设计的产品原型之间必须满足几何相似、运动相似以及动力相似等条件，则实验模型观察到的流体动力特性与实物运动具有同样的规律。这就是所谓的相似理论（Similitude theory）。相似理论能够节省大量的研发时间、人力与财力，避免了不少研发风险，被视为指导试验研究的基础理论。

2．几何相似的意义

几何相似关心的是长度因次 L，在任何敏感的模型测试实验中，实验模型与实体原型之间的几何相似（Geometric similarity）都是首先必须满足的条件。其定义描述为"如果实验模型和实体原型在坐标轴上所有的对应尺寸呈现相同线性比例，则两者之间满足几何相似的关系"。从严格的角度来说，实验模型和实体原型之间要满足几何相似的条件，除了两者对应的长度比例必须完全相同之外，他们的对应角度也应该保持不变，即两者相对环境的方位都必须完全对应，甚至模型和原型表面粗糙度也应该具有相同的线性比例。当然实际上这是不可能完全做到的，只能尽量地满足条件。

3．运动相似的意义

运动相似（Kinematic similarity）是指实验模型和实体原型之间具有相同的速度比例。如果两者之间彼此对应的速度方向相同、速度大小呈现一定比例，则它们满足运动相似的关系。

4．动力相似的意义

动力相似（Dynamic similarity）是指实验模型和实体原型之间具有相同的长度比例、时间比例以及质量比例，也就是两者必须具备相同的力量比例。在模型实验设计时，要满足动力相似条件，首先必须满足几何相似，否则其他免谈。另外，如果两者满足动力相似，除了满足运动相似，还必须具备相同的力量比例以及压力系数 C_P，因此严格条件是两者的所有无因次系数都必须完全相同。但是实际的流动现象非常复杂，所有类型的力量比例相同是不可能达到的。长期的科学试验发现，在观察流动特性时，通常只有一到两种类型的作用力起着关键作用，因此，通常是在满足几何相似条件前提下，实验模型和实体原型只需满足主要的动力相似即可。

5．风洞测试

风洞（Wind tunnel）是飞机设计过程中以相似理论为基础建立的使用实验模型来模拟实

体运动，从而找出实物运动规律的研究装置。由于可以避免直接进行实体测试时可能遭遇的意外与风险，风洞在飞机、车辆的设计和研发过程中被广泛使用。

（1）功用与构造。

如图 8-2 所示，模型安装在风洞内模拟飞机或汽车运动时的空气动力特性。

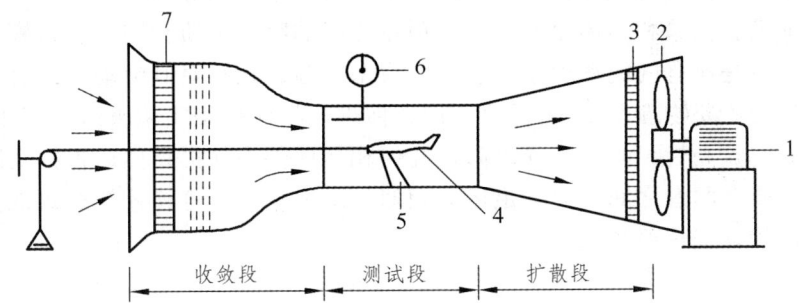

1—电动机；2—风扇；3—防护网；4—飞机模型；5—支架；6—空速表；7—整流格。

图 8-2 低速风洞实验

（2）吹试条件。

利用风洞研究实体飞机飞行的空气动力特性，前提是飞机模型和真实飞机实体之间满足几何相似、马赫数相同、雷诺数相同等条件。

（3）普兰特-葛劳尔特定理（Prandtl-Glauert rule）。

低速风洞测量的空气动力数据采用普兰特-葛劳尔特以模拟高速飞机飞行的空气动力特性。

① 普兰特-葛劳尔特定理的目的是建立可压缩流与不可压缩流中相同翼型的气动力参数之间的关系，进而得到可压缩性对同一翼型的影响。

② 普兰特-葛劳尔特定理的公式为 $C_{P,可压} = \dfrac{C_{P,不可压}}{\sqrt{1-Ma^2}}$。式中，$C_{P,可压}$ 为可压缩流中机翼或翼型表面的压力系数；$C_{P,不可压}$ 为不可压缩流中机翼或翼型表面的压力系数。

【例 8-1】

在亚声速风洞实验中，当风速 $U_0 = 30 \text{ m/s}$ 时（$Ma_\infty = 0.088$），模型翼型（Airfoil）上某测试点的压力系数为 $C_{Pi} = -1.18$，当风速增加到 $U_0 = 204 \text{ m/s}$，其马赫数 Ma_∞ 是多少？并利用普兰特-葛劳尔特定理求出该点压力系数 C_{Pi}。

【解答】

当 $Ma_\infty = 0.088$ 时，因为马赫数非常小，我们可以确定翼型的空气流动为不可压缩流。

根据 $Ma_\infty = \dfrac{V}{a} \Rightarrow 0.088 = \dfrac{30}{a}$，得声速值 $a \equiv \dfrac{30}{0.088} = 340.9 \text{ (m/s)}$。当风速增到 $U_0 = 204 \text{ m/s}$，$Ma_\infty = \dfrac{V}{a} = \dfrac{240}{340.9} = 0.598$。当 $Ma_\infty = 0.598$ 时，因为其值大于 0.3，我们可以确定翼型的空气流动为可压缩流，根据普兰特-葛劳尔特定理 $C_{P,可压} = \dfrac{C_{P,不可压}}{\sqrt{1-Ma^2}}$，可以求得 $C_{Pi} = \dfrac{-1.18}{\sqrt{1-0.598^2}} = \dfrac{-1.18}{0.8} = -1.475$。

6. 模型实验与相似理论的适用时机

所谓模型实验通常是指利用简化的可控方法再现实际发生的物理现象。虽然相似理论可以建构模型实验与实体运动之间数据相互转换的桥梁，但是模型实验不可能满足所有的相似条件，必须掌握研究方向与重点，才能找出实际流动现象的物理本质。如果不能够确认研究的重点，并保证模型实验和实体原型中流动现象之间的物理本质相同，进行模型实验是没有价值的。因此并不是所有的流动现象都能够做模型实验，只有对其流动现象有足够的认知并了解支配其现象的主要物理法则，才适合利用相似理论构建模型实验来研究其相关流动现象。进行模型实验研究流动规律时，必须以满足几何相似条件为前提，然后根据实际需求去研究实验模型和实体原型两者之间如何满足运动相似、动力相似，这样才能有效地找到流体流动或实际物体运动的物理现象与规律。

8.3 因次分析法

工程设计和科学研究中会出现根据经验或分析判断知道所研究的问题与某些物理量有关，但是运用既有的理论方法却无法准确描述这些物理参数对研究问题影响的情况，此时必须使用实验的方式来寻求物理现象的规律。但是对复杂的工程问题，如果单个、逐次地改变每一个物理参数去做试验，不仅耗费时间，而且也无法完整地找出这些物理参数的关联性、规律性与通用性。经过长期的科学试验，研究者发现可以利用因次分析法（Dimensional analysis method）来改善或解决这个问题。

1. 因次的概念

在工程研究中，单位是用来描述物理量大小的计量尺度，而因次（量纲）则是用来表示物理量的单位种类，因次的概念是研究因次分析法的基础。

（1）因次的定义。

在工程设计和科学研究的过程中会涉及各种物理量，例如质量、时间、力、速度、长度等，这些物理量都是具有单位（Unit）的，而物理量单位种类的表示即称为因次或量纲（Dimension）。同一物理量可以用不同的单位来度量，但只有唯一的因次。例如，时间可以小时、分、秒等单位来度量，但是作为物理量的类型，都是属于时间因次，用符号 T 来表示；长度可以用米、厘米、英尺、英寸等度量，但是作为物理量的类型，都是属于长度因次（L）；质量可以用千克、克等度量，但是作为物理量的类型，都是属于质量因次，用符号 M 来表示。因此物理量单位的类型称为因次，用符号 dim 表示，例如，密度的因次表示为 $\dim \rho = ML^{-3}$。

（2）因次的类型与表示。

工程设计和科学研究的过程中涉及不同物理量各自有单位且彼此之间产生相互影响，如果能够适当地规定某些固定物理量作为基本的物理量，并使用因次符号来表示，其他物理量则可表示为基本物理量的因次符号组成的乘幂形式，这样可以统一各物理量之间的关系，这就是因次表示法的概念。在因次表示法中，那些被指定为基本物理量的因次，称为基本因次（Primary dimension），由基本因次衍生的因次就称为导出因次（Secondary dimension）或衍生因次（Derivative dimension）。

（3）基本因次的定义。

在工程研究中，单位可以分成公制单位与英制单位，因次的划分也是如此。公制单位制常用的基本因次符号是 M、L、T 与 Θ，而英制单位制常用的基本因次符号是 F、L、T 与 Θ。其中 M 为质量的因次代表符号；L 为长度的因次代表符号；T 为时间的因次代表符号；Θ 为温度的因次代表符号；F 为力的因次代表符号。也就是说，虽然公制单位制与英制单位制选用的基本因次不完全相同，但两者在因次与无因次参数的推导方法相同，只是形式上会有所不同。本书主要采用公制单位，基本因次为质量、长度与时间，而温度这个基本因次主要用于研究燃烧或化学相关问题，这里不做考虑。

（4）导出因次的定义。

一旦选定了基本因次，所有的物理量都可以用基本因次的乘幂形式来表示，这些由基本因次衍生的因次就称为导出因次，例如速度是长度/时间，其因次（导出因次）为 LT^{-1}。

（5）常用的物理量因次表，如表 8-1 所示。

表 8-1　常用物理量的公制单位制因次

项次	物理量	因次
1	质量	M
2	长度	L
3	时间	T
4	面积	L^2
5	体积	L^3
6	速度	LT^{-1}
7	加速度	LT^{-2}
8	力	MLT^{-2}
9	功或能	ML^2T^{-2}
10	功率	ML^2T^{-3}
11	压力	$ML^{-1}T^{-2}$
12	应力	$ML^{-1}T^{-2}$
13	密度	ML^{-3}
14	质量流率	MT^{-1}
15	体积流率	L^3T^{-1}
16	绝对黏度系数	$ML^{-1}T^{-1}$
17	运动黏度系数	L^2T^{-1}
18	表面张力系数	MT^{-2}

2．因次齐次性定理

所谓因次齐次性定理（Dimensional homogeneity theorem）是指凡是能够描述物理现象的方程式，其中的各项之因次都必须为齐次，也就是说方程式中每一项的因次都必须相同。例

如伯努利方程式 $P+\frac{1}{2}\rho V^2 = P_t$ 中，P 的因次为 $ML^{-1}T^{-2}$，$\frac{1}{2}\rho V^2$ 的因次为 $ML^{-3}\times LT^{-1}\times LT^{-1} = ML^{-1}T^{-2}$，而 P_t 的因次也是 $ML^{-1}T^{-2}$。因次的齐次性是初步判定物理方程式是否正确的准则。

3．因次分析法的目的与研究方法

因次分析法是以因次齐次性定理为出发点，针对与研究问题有关的物理量做因次乘幂分析，并进一步将它们转换成无因次参数的组合，从而统一研究各物理量在因次上的内在联系。这个方法可以在降低影响变量数量的情况下，完整地找出这些物理参数的关联性、规律性与通用性。因次分析法是与相似理论关系密切的另一种通过实验探索流体流动规律的重要方法。

（1）因次分析法的使用目的。

因次分析法（Dimensional analysis method）是将问题研究的物理参数转换成无因次参数的组合，在降低问题研究难度情况下，找出物理参数的关联性与流动现象的通用性。

① 节省研究成本。因次分析法可以通过无因次参数的组合减少研究参数的数量，这样就节省时间、人力和财力。

② 有利实验与理论的结合。因次分析法所得的研究结果可以直接用于模型实验或理论分析中，有利于实验与理论的结合。

③ 有助于工业应用与科学研究的发展。使用因次分析法可以针对每个无因次参数进行讨论，能够找出无因次参数对应的流动特性，从而获得通用的运动规律。因此，因次分析法所得结果可以应用于原型及其他相似的流动，有助于工业应用与科学研究的发展。

（2）常用的无因次参数，如表8-2所示。

表8-2 常用的无因次参数表

项次	名称	公式	物理意义
1	雷诺数（Re）	$Re = \dfrac{\rho VL}{\mu} = \dfrac{VL}{\upsilon}$	惯性力对黏滞力的比值
2	马赫数（Ma）	$Ma = \dfrac{V}{a}$	空速对声速的比值
3	升力系数（C_L）	$C_L = \dfrac{L}{\frac{1}{2}\rho V^2 S}$	升力对惯性力的比值
4	阻力系数（C_D）	$C_D \equiv \dfrac{D}{\frac{1}{2}\rho V^2 S}$	阻力对惯性力的比值
5	压力系数（C_P）	$C_P = \dfrac{P}{\frac{1}{2}\rho V^2}$	压力对动压的比值
6	弗鲁德数（F_r）	$F_r = \dfrac{V}{\sqrt{gr}}$	惯性力对重力的比值
7	韦伯数（W_e）	$W_e = \dfrac{\rho V^2 L}{\sigma}$	惯性力对表面张力的比值

（3）因次分析法的研究方法与步骤。

因次分析法主要使用 π 定理，又称白金汉（E Buckingham）定理，它是指如果一个流动现象涉及 n 个物理量与 j 个基本因次，则可以用 $n-j$ 个无因次参数来描述，而且这些无因次参数之间的函数关系为 $\pi_i = f(\pi_1, \pi_2, \cdots, \pi_{n-j}$，其中 i 除外)。例如，使用 π 定理得到的无因次参数为 π_1、π_2 与 π_3，则它们之间的函数关系可以表示为 $\pi_1 = f(\pi_1, \pi_3)$。通常 π 定理研究流动现象可以分解成6个步骤进行。

① 找出影响变量（物理量）的个数 n。使用因次分析法（π 定理）的第一个步骤是找出所有与流体流动现象有关的物理量，这是非常重要的步骤，因为只要缺少任何一个，就会得到不全面的，甚至是错误的结果。

② 列出每个物理量的因次。在找出与流体流动现象有关的全部物理量后，必须将物理量表示成以基本因次为基础的乘幂形式，也就是如果为基本因次的物理量，以基本因次表示，如果物理量不是基本因次，以导出因次来表示。例如在公制单位选用的基本因次物理量是质量、长度、时间与温度，于是质量的因次是基本因次 M，而压力为导出因次 $ML^{-1}T^{-2}$。

③ 找出无法形成"无因次参数 π"的个数 j。通常 j 值为所列物理量中所有不同基本因次的数目，公制单位在探讨流体力学问题的过程中选用的基本因次为 M、L、T 与 Θ，一般除了研究有关燃烧或化学的问题多不讨论 Θ 这个基本因次。所以在研究流体力学时，j 值多为3或更少，也就是 $j \leqslant 3$。

④ 找出"无因次参数 π"的个数 k。从前面的内容可知 n、j 与 k 之间的关系必定满足 $n-j=k$ 的关系式。

⑤ 利用乘幂法找出无因次参数 π。将 $j+1$ 个物理量的因次指数相乘并设法让乘积中基本因次的乘幂指数都等于0，即求得无因次参数。

⑥ 将无因次参数表示为与其他无因次参数的函数，也就是将这些无因次参数之间的函数关系表示为 $\pi_i = f(\pi_1, \pi_2, \cdots, \pi_{n-j}$，其中 i 除外) 的关系式。

【例 8-2】

已知密度为 ρ 不可压缩流体，以均匀流速 U_0 及迎角 α 流经弦长为 C 与弦宽为 b 的薄平板（假设为二维流场），用因次分析法求出该平板的升力 L 与上述 ρ、U_0、α、b 与 C 等参数间的无因次关系式。

【解答】

使用 π 定理研究流体流动现象的6个步骤进行求解。

（1）找出影响变量（物理量）的个数 n。由题干可知问题的影响参数为升力 L、密度 ρ、速度 U_0、迎角 α 及面积 S（此 S 为平板的上视面积，也就是 $S=bc$），所以 $n=5$。

（2）列出每个物理量的因次。参考如表 9-1 所示常用物理量的公制单位因次表，每个物理量的因次详列如下。

① 升力 L 的因次为 MLT^{-2}。
② 密度 ρ 的因次为 ML^{-3}。
③ 速度 U_0 的因次为 LT^{-1}。

④ 面积 S 的因次为 L^2。

⑤ 迎角 α 则为无因次参数。

（3）找出无法形成"无因次参数 π"的个数 j：从步骤（2）可知，问题中的基本因次为质量 M、长度 L 以及时间 T 三个基本因次，所以 $j=3$。

（4）找出"无因次参数 π"的个数 k：因为 $n=5$ 与 $j=3$，所以无因次参数 π 的个数 $k=n-j=5-3=2$，迎角 α 为无因次参数，只需要再用乘幂法找出另一个无因次参数即可。

（5）利用乘幂法找出无因次参数 π：如同步骤（4）说明的，因为迎角 α 为无因次参数，所以可以将其余 4 个物理量（$j+1=4$）利用乘幂法找出另一个无因次参数。所以 $\pi = L \times \rho^a \times U_0^b \times S^c = MLT^{-2} \times (ML^{-3})^a \times (LT^{-1})^b \times (L^2)^c = M^{(1+a)}L^{(1-3a+b+2c)}T^{(-2-b)}$。

① 因为基本因次 M 的乘幂指数必须为 0，所以 $1+a=0$，可求得 $a=-1$。

② 因为基本因次 L 的乘幂指数必须为 0，所以 $1-3a+b+2c=0$。

③ 因为基本因次 T 的乘幂指数必须为 0，所以 $-2-b=0$，求得 $b=-2$。

④ 将 $a=-1$ 与 $b=-2$ 代入 $1-3a+b+2c=0$，可求得 $c=-1$。

⑤ 因为 $a=-1$，$b=-2$，$c=-1$，所以可以求得无因次参数 $\pi = L\rho^{-1}U_0^{-2}S^{-1} = \dfrac{L}{\rho U_0^2 S}$，这里根据流体力学（或空气动力学）的惯例将无因次参数 π 修正为 $\pi = C_L = \dfrac{L}{\dfrac{1}{2}\rho U_0^2 S}$。

（6）将无因次参数表示为与其他无因次参数的函数。从计算结果得知，此问题的影响流动现象的无因次参数只有升力系数 C_L 与 α，所以可将两者的关系表示为 $C_L = f(\alpha)$，可以得到 $C_L = \dfrac{L}{\dfrac{1}{2}\rho U_0^2 S} = \dfrac{L}{\dfrac{1}{2}\rho U_0^2 bC} = f(\alpha)$。

注意：如果大家已熟悉如表 8-2 所示升力系数 C_L 公式和薄翼理论公式 $C_L = 2\pi\alpha$，即可轻易猜出本题答案 $C_L = f(\alpha)$，此题目的是让大家掌握因次分析法的 6 个步骤求解。另外，题中未涉及黏滞系数 μ，否则答案应该修正为 $C_L = f(Re, \alpha)$。由此也可以看出因次分析法的第一个步骤，准确找出影响变量的个数是非常重要的。

课后练习

（1）如何安排模型实验，这样才能将模型实验测得的数据换算到原型流动中？

（2）几何相似的定义是什么？

（3）运动相似的定义是什么？

（4）动力相似的定义是什么？

（5）风洞模型实验的吹试条件是什么？

（6）概要说明使用普兰特-葛劳尔特定理的目的。

（7）普兰特-葛劳尔特定理的公式是什么？

（8）写出雷诺数 Re、马赫数 Ma、升力系数 C_L 与压力系数 C_P 的无因次参数形式及其代表的物理意义。

（9）基本因次的定义是什么？

（10）导出因次的定义是什么？

（11）因次齐次性定理的定义是什么？

（12）用因次的齐次性原理说明方程式 $P+\dfrac{1}{2}\rho V=P_t$ 是否正确？理由是什么？

（13）简要说明 π 定理（白金汉定理）的概念。

第三部分 航空应用篇

第 9 章 飞机飞行的基础认知

飞机（Airplane）是目前世界上最主要的航空飞行器，它依靠特殊的气动外形产生升力，以抵消自身的重力从而维持在空中的飞行。想了解飞机的空气动力特性，就必须对飞机的机体结构与飞行环境足够了解。机体结构是构成飞机外部形状的主要组成部分，承受着主要作用力；飞行环境指的是飞机在大气层内飞行时的密度、温度以及压力等环境条件。机体结构决定了飞行高度与速度，而飞行高度与速度的不同，使得飞行环境中空气的密度、温度与压力发生改变，它们对飞机飞行时的空气动力又造成影响，导致飞行姿态与航迹变化，又进一步影响飞行性能以及飞行安全。因此，飞机的机体结构、飞行环境以及飞行时的受力情况彼此息息相关、密不可分，对飞机飞行性能，甚至飞行安全有重大的影响。本章对飞机的机体结构、飞行环境以及飞行时的受力情况等相关的定义与概念做简要的介绍。

9.1 飞机的机体结构与功用

自世界首架飞机于 1903 年 12 月 17 日诞生以来，飞机的外形及机载设备随着科技的快速发展不断改进，飞机的类型和功能也在不断增加。但是不管其如何变化，飞机的机体结构仍然是由机翼（Wing）、机身（Uselage）、尾翼（Empennage）、起落装置（Landing gear）和动力装置（Power plant）5 大部分组成，如图 9-1 所示。

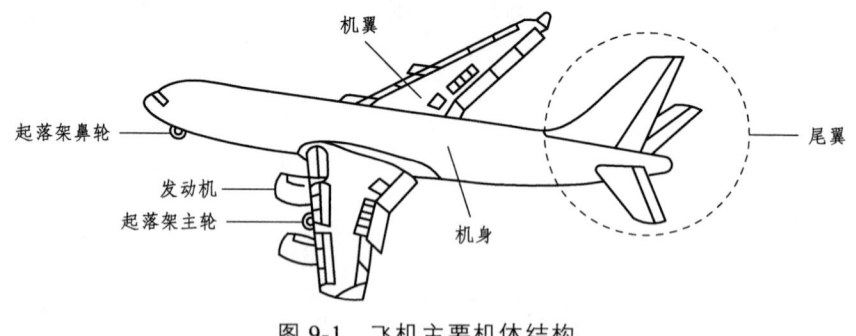

图 9-1 飞机主要机体结构

1. 机 翼

机翼（Airfoil，或 Wing）是飞机产生升力的主要部件，它的主要功能是使飞机产生升力，以便在空中飞行，另外机翼还起着稳定和操纵的作用。机翼上通常安装有副翼（Aileron）和襟翼（Flap），有的机翼还安装有扰流板（Spoiler）或减速板（Air brake）等调整升力与阻力的装置，如图9-2所示。

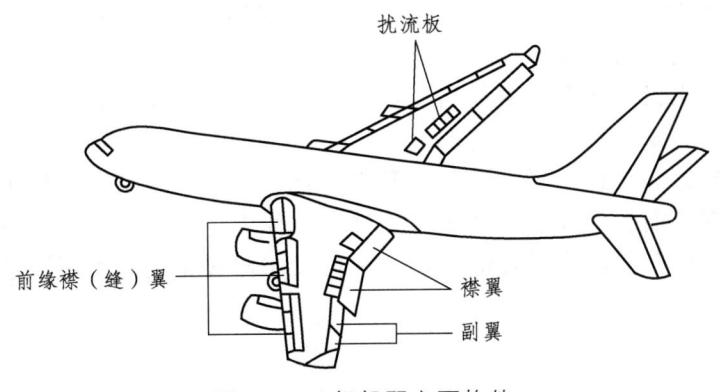

图9-2　飞机机翼主要构件

在机翼后缘可以操纵的活动面中，靠近外侧的叫作副翼，其作用是控制飞机的滚转运动，也就是让机体产生翻转或倾侧的运动；靠近内侧的叫作襟翼，其作用是增加飞机起飞或着陆时的升力。扰流板与减速板的主要作用是减小升力、辅助副翼操纵和增大飞机的阻力。有的飞机将襟翼与副翼合为一体，称襟副翼。飞机左右两侧机翼的襟副翼同时下偏，起襟翼的作用；如果反向偏转则起副翼作用。机翼有各种形状，装在飞机上数目也不同。飞机发展之初曾经流行过双层机翼，甚至还出现过多翼机。那时飞机的飞行速度很小，为了产生足够大的升力只好增加飞机的机翼面积，但是机翼面积过大对结构和材料提出更高的要求。现代飞机的飞行速度一般都比较大，已不需要纯粹增加机翼的面积，因此一般采用单翼。

2．机　身

机身（Fuselage）的主要作用是装载人员、货物、设备、燃料和武器等，也是飞机其他结构部件安装的基础，它能够将尾翼、机翼、发动机等构件连接成一个整体。轻型或小型飞机飞行高度都不高，机身的内部（机舱）通常不密封。现代大型客机或战斗机飞行的高度在10～11 km或更高，机身必须采用气密座舱，且在高空能够自动调整座舱的压力，以满足机上人员正常生存环境的需要。机身的尾部向上收缩，是为了防止飞机着陆时尾部擦地，而产生飞行安全事故。

3．尾　翼

尾翼（Empennage）通常由垂直尾翼（Vertical tail）和水平尾翼（Horizontal tail）组成，主要用来保持和控制飞机在飞行方向的稳定性和操纵性。垂直尾翼通常由固定的垂直安定面（Vertical stabilizer）和可操纵的方向舵（Rudder）两个部分组成，水平尾翼通常由水平安定面（Horizontal stabilizer）和可操纵的升降舵（Elevator）两个部分所组成，如图9-3所示。

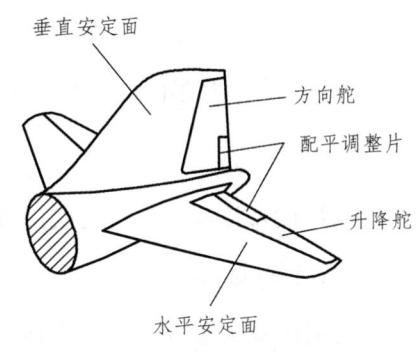

图9-3　飞机尾翼主要构件

在图中，方向舵是用来控制飞机的偏航（航向）运动，也就是使机头左右移动。而升降舵用来控制飞机的俯仰运动，也就是使机头上下移动。垂直安定面与水平安定面用来平衡和稳定飞机的飞行姿态。另外，大多数的飞机在升降舵与方向舵上还安装配平调整片（Trim tab），用以减轻飞行员驾驶时的负担。水平尾翼通常安装在机身尾段，但是有些飞机为了避免发动机喷气干扰以及平尾颤振的问题，水平尾翼安装在垂直尾翼上，整个组成"T"形尾翼。现代大型飞机水平安定面的角度可以根据需要进行操纵，以弥补某些情况下因为受到升降舵最大偏转角的限制而引起的俯仰操纵性不足的问题。在超声速飞机上，为了提高飞机纵向操纵能力，常将水平安定面和升降舵合为一体，整个水平尾翼都可以转动，使其同时具有水平安定面和升降舵的功用，这种尾翼称为全动平尾。有些飞机的水平尾翼左右两侧升降舵既可同向偏转当升降舵使用，又可反向偏转作副翼使用，这种尾翼称为升降副翼。

4．起落装置

起落装置（Landing gear）是用于支撑飞机停放、滑行、起飞和着陆的部件，除了使用滑橇在雪地起降和使用浮筒在水上起降的飞机外，都是使用轮式起落架。轮式起落架由减振支柱、缓冲器、刹车装置、机轮和收放机构组成，其主要作用是缓冲和吸收飞机着陆时带来的撞击，以及起飞着陆滑跑时因地面不平引起的振动，同时承受飞机停放、滑行、起飞和着陆滑跑过程中的重力。固定式起落架结构简单、维护方便，常用于小型飞机；大中型飞机采用可收放式起落架以减小空中飞行时的阻力。

5．动力装置

飞机动力装置（Power plant）的核心是航空发动机，飞机采用的航空发动机分为活塞式发动机（往复式发动机）、涡轮喷气发动机、涡轮螺旋桨发动机以及涡轮风扇发动机。其主要的功能是产生拉力或推力，克服飞机的重力以及飞行时产生的空气阻力，另外动力装置还可为飞机其他相关设备提供电源或气源。轻、小型飞机多使用活塞式发动机（往复式发动机），中型运输机多使用涡轮螺旋桨发动机，现代大型客机多使用涡轮风扇发动机，而战斗机主要使用涡轮喷气发动机或涡轮风扇发动机。单发动机装置通常安装在机头前部（牵引式）或机身尾部（推进式），多发飞机则将发动机挂吊在机翼下部或安装在机翼上，也有的动力装置安装在机身尾部。载客民用飞机使用两发及以上发动机，以避免其中一发发动机发生故障。

9.2 飞机的飞行环境

飞机在大气层内飞行时所处的环境条件称为飞机的飞行环境（Flight environment），飞行环境的特性直接或间接对飞机的空气动力以及飞行性能造成影响，甚至影响飞行稳定和安全。

1．飞行环境的范围

飞机活动的范围主要在离地面约 25 km 以下的大气层内，在研究飞行环境随着飞行高度的变化时，通常视大气为理想气体并使用流体连续性的假设。

2．飞行环境的类型和特性

实践发现，以大气层温度随着海平面垂直高度的变化作为依据，飞行环境的类型可以分为对流层和同温层两种类型，如图 9-4 所示。

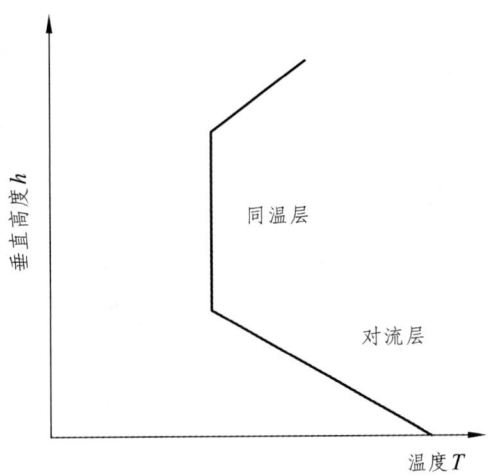

图 9-4　飞机飞行环境内温度随高度变化情形

（1）对流层的范围与特性。大气的对流层（Troposphere）是指地球大气层中最靠近地面的一层，也是空气密度最稠密的一层。其区域范围是海平面高度 11 km 内。大气中全部空气质量的 3/4 和全部水蒸气都集中在这一层，且温度随着高度的升高而降低，所以对流层的天气变化最为复杂，有云、雨、雪、雹等现象。地形和地貌的不同以及气温与气压的变化促使空气在水平和垂直方向形成强烈的对流，从而产生阵风。对流层的气候特点对飞机飞行的影响很大，例如，在高空飞行时，由于气温低，飞机容易结冰。空气的对流使飞机上下颠簸，云、雾、雨、雪等天气现象也给飞行带来困难，严重时甚至威胁飞行安全。依据气流和天气现象分布的特点，对流层再细分为下层、中层和上层。

① 对流层下层的范围及特性。对流层下层为离地 2 km 的高度范围内，地形复杂，并常伴随着剧烈的气流扰动，引起突发的下冲气流和强烈的低空风切变增加了飞行驾驶的难度。另外，大量的水汽和尘埃导致浓雾和其他能见度恶化的现象，对飞机的起飞和着陆构成严重的障碍。因此为了确保飞行安全，每个机场都规定了各类飞机的起降气象条件。

② 对流层中层的范围及特性。对流层中层是从对流层下层的顶部向上伸展到离地约 6 km 的高度范围。中层受到的地表影响远小于对流层的下层，所以轻型运输机、直升机常在此层中飞行。

③ 对流层上层的范围及特性。对流层上层是从对流层中层的顶部再向上伸展到离地约 10～11 km 的高度范围，该层的气温常年保持在 0 °C，在中纬度和亚热带地区，这一层常有大于 30 m/s 的强风带，也就是所谓的高空急流。飞机在急流附近飞行时，往往遇到强烈颠簸，乘员有不适感，飞行安全受到威胁。对流层和平流层之间还有一个厚度为数百米到 1～2 km 的过渡层，称为对流层顶。对流层的顶端对垂直的气流有很大的阻挡作用，上升的水汽和微粒大多聚集在这个区域，因此能见度往往较差。

（2）同温层的范围与特性。在地球的大气平流层的下半部，也就是从对流层顶部向上至离地面约 25 km 的区域范围内，期间大气温度保持不变，称为同温层。同温层之上，也就是平流层的上半部，温度将逐渐升高，这是因为该层存在大量臭氧，臭氧直接吸收太阳辐射。同温层中空气稀薄，水蒸气极少，通常没有云、雨、雪、雹等现象。空气不会产生由上下对流引起的垂直方向的风，只有水平方向的风，所以风向稳定。同温层的大气能见度良好、气流平稳、空气阻力小，对于平稳飞行相当有利，是飞机飞行的理想空间，所以现代的大型客机多在同温层（平流层）的底层飞行。

9.3 国际标准大气的描述

大气层内飞行环境的压力、温度、密度等随着飞机所在的地理位置、季节和飞行高度产生变化，因而飞机的空气动力也随之改变。例如一架飞机在不同地点试飞会得出不同的飞行性能；即使在同一地点，不同季节或时间的试飞也会得出不同的结果。为了便于研究标准的飞机性能数据，国际民航组织制订出来国际标准大气以作统一参照的标准。

1．国际标准大气的定义

研究飞机的空气动力特性时，不会因时与因地而异，这个参考标准就称为国际标准大气（International standard atmosphere，ISA），它是由国际民航组织（ICAO）依照北半球中纬度地区大气物理特性的平均值作为制订的基础并加以适当修正而建立的一个固定不变的大气环境随着高度变化的规律。所有飞行器制造商提供的飞机性能数据、图表都依据标准大气规定的物理性质条件而制定，每架飞机的测量仪表也以标准大气条件作为基准。

2．国际标准大气的制订内容

国际民航组织（ICAO）制订的国际标准大气，内容大致可以分成 3 个部分。

（1）大气被当成理想气体。在国际标准大气的制订内容中，大气层内气体被当成静止、相对湿度为零以及完全洁净的理想气体（Ideal gas 或 Perfect gas）。

（2）以海平面为基准。国际标准大气的制订内容是以海平面的高度为基准高度，也就是规定海平面的高度为零，并将海平面气温定为 $T = 15\ ℃ = 288.15\ K$、压力为 $P = 1\ atm = 101\ 325\ Pa$ 或 $760\ mmHg$、密度为 $\rho = 1.225\ kg/m^3$、声速是 $a = 341\ m/s$。

（3）对流层的温度垂直向上递减而同温层的温度保持不变。在国际标准大气的制订内容中，对流层的区域范围内，温度以递减率 $\alpha = -0.006\ 5\ K/m = -0.003\ 560\ R/ft$ 逐渐地垂直向上递减，而在同温层的区域范围内，大气的温度保持不变。

【例 9-1】

对流层中大气的声速值是否随着高度的升高而逐渐降低？其原因是什么？

【解答】

在对流层中，大气的温度随着高度的升高而逐渐降低，而根据声速的计算公式 $a = \sqrt{\gamma RT}$，声速值随着高度的升高而逐渐降低。

【例 9-2】

同温层中大气的声速值是否随着高度的升高而改变,其原因是什么?

【解答】

在同温层中,大气的温度基本上保持不变,而根据声速的计算公式 $a = \sqrt{\gamma RT}$,声速值基本上不会随着高度的升高而改变。

3．大气性质与高度之间关系的计算公式

利用积分的方法可以求出大气层内对流层与同温层的压力 P、温度 T 与密度 ρ 随着高度 h 的变化关系式,如表 9-1 所示。

表 9-1　标准大气计算公式一览表

	温度	压力	密度
对流层 (0～11 km)	$T = T_1 + \alpha(h - h_1)$ $\alpha = -0.006\,5\ \text{K/m}$	$\dfrac{P}{P_1} = \left(\dfrac{T}{T_1}\right)^{-\frac{g_0}{\alpha R}}$	$\dfrac{\rho}{\rho_1} = \left(\dfrac{T}{T_1}\right)^{-\left(\frac{g_0}{\alpha R}+1\right)}$
同温层 (11～25 km)	$T = \text{constant}$	$\dfrac{P}{P_1} = e^{-\frac{g_0}{RT}(h-h_1)}$	$\dfrac{\rho}{\rho_1} = e^{-\frac{g_0}{RT}(h-h_1)}$

4．国际标准大气的应用

飞机设计应以国际标准大气为参考标准来确定飞行性能,试飞结果也应换算成标准大气条件,以便在统一的基准下分析和比较,并进行标准化。在飞行时,飞机也必须根据实际的大气条件与国际标准大气条件的差异,对仪表和飞机性能做校准(Calibration)与修正(Correction),否则将可能发生极为严重的后果。

5．国际标准大气的转换

飞行手册列出的飞行性能数据是以国际标准大气为条件,而实际飞行的大气状况往往不与国际标准大气完全吻合,因此需要进行转换,而彼此之间的换算主要是确定两者之间的温度偏差,也就是 ISA 偏差(ISA Deviation)。

【例 9-3】

如果巡航时飞机的压力表高度为 2 000 m,气温为 -5 ℃,试求该高度的标准大气温度与 ISA 偏差。

【解答】

对流层内温度以递减率 $\alpha = -0.006\,5\ \text{K/m}$ 逐渐地垂直向上递减,所以可得标准大气温度为 $T_{\text{标准}} = 15\ \text{℃} - (6.5\ \text{℃}/1\,000\ \text{m}) \times 2\,000\ \text{m} = 2\ \text{℃}$,ISA 偏差为 $\text{ISA}_{\text{偏差}} = -5\ \text{℃} - 2\ \text{℃} = -7\ \text{℃}$。

9.4 大气气流的特性

研究流经飞机的气流物理性质,需要先知道所在的高度,然后再将已知条件代入相关的公式求解,物理性质随飞行速度的变化通常要考虑气体的压缩性以及黏性。

【例 9-4】

简要说明流经飞机机体表面的气流所导致摩擦阻力的影响因素。

【解答】

气流摩擦阻力的计算式为 $F_s = \tau \times A = \mu \times \dfrac{\mathrm{d}u}{\mathrm{d}y} \times A$,由此可知,摩擦阻力与空气的黏性系数、气流与飞机的接触面积以及接触表面法向速度梯度成正比。气体的黏性系数随着温度的升高而增加,所以大气温度也包括在影响摩擦阻力的因素内。

9.5 飞行高度的类型与转换

飞机的飞行高度是指飞机在空中至某一基准水平面的垂直距离。飞行的安全高度(Safety height)指的是避免飞机与地面障碍物相撞的最低飞行高度。从飞机相对于地球上的某一个地面来说,飞行高度可以分成相对高度、绝对高度和真实高度;从飞机的气压式高度表测量时所选择的气压面基准来看,测量的高度可以定义为场压高度、海压高度和标准气压高度,如图 9-5 所示。

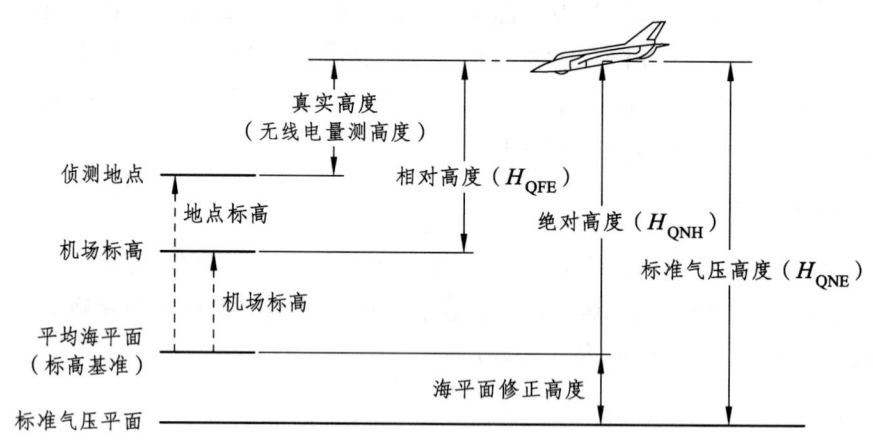

图 9-5 飞机飞行高度类型与关系

1. 相对高度

飞机飞行时与某一机场场面(水平面)的垂直距离,称为相对高度,又称场压高度(H_{QFE})。飞机在起飞和着陆时必须知道相对高度,以确保高度表指示出与机场地面和地面障碍物之间的垂直距离,这时以机场当地海拔高度的气压高度为 0,这样在高度表上表示出来的高度就是机场上空的相对高度。

2．绝对高度

飞机飞行时与海平面的垂直距离，称为绝对高度，又称海压高度（H_{QNH}）。高度表使用某地修正海平面气压值为基准面，所得到的指示高度即为绝对高度，飞机的爬升和下降阶段都需要知道真实海拔高度。

3．标准气压高度

飞机飞行时与国际标准大气压力平面（也就是压力为 101 325 Pa 的海平面）之间的垂直距离，称为标准气压高度（H_{QNE}）。这是为了使空中飞行的各航空器有统一的高度标准，从而避免因高度基准不同导致垂直间隔不够而出现事故。标准气压平面是人为拟定的平面，它的优点是不受大气环境变化的影响，从而避免了因各地气压不同而带来的高度表数据偏差，保证了飞行安全。飞机在航线上飞行和转场时，都需要利用标准气压高度，以避免发生相撞事故。

4．真实高度

真实高度是飞机离侦测地面的垂直距离，飞机在执行低空飞行时需要测量真实高度，无线电高度表测量的就是真实高度。

5．各种飞行高度之间的转换

从图 9-5 中可以看出各高度之间的相互转换关系。

（1）绝对高度（海压高度）= 相对高度（场压高度）+ 机场标高。

（2）绝对高度 = 真实高度（海压高度）+ 地点标高。

（3）相对高度 = 真实高度 + 地点标高 − 机场标高。

（4）标准气压高度 = 绝对高度 + 海平面修正高度。

飞行高度必须依据机体与发动机设计、飞行任务等需求来选择，中小型客机大约在数千米的高度上飞行，大型客机在平流层底部（10~11 km 高度）飞行。现代战斗机的最大飞行高度约为 20 千米，一些轻型飞机可以离地十几米飞行。不同类型飞机的飞行高度上限主要决定于动力装置，下限主要决定于飞机的最小平飞速度和机动性。

【例 9-5】

试说明场面气压与标准大气压力的意义。

【解答】

场面气压，是指当地机场平面的气压。标准大气压力是指在标准大气状况下的气压。

【例 9-6】

修正海平面气压高度（H_{QNH}）、场面气压高度（H_{QFE}）与标准大气压力高度（H_{QNE}）的意义如何？

【解答】

修正海平面气压高度是指将当地海平面气压设定为测量基准,飞机高度表所测量出的高度,也就是把海平面气压设定为 0 时飞机高度表显示的测量高度。场面气压高度是指将当地机场平面的气压设定为测量基准,飞机高度表所测量出的高度,也就是把当地机场平面的气压设定为 0 时飞机高度表显示的测量高度。标准大气压力高度是指将标准大气压力设定为测量基准,飞机高度表所测量出的高度,也就是把标准大气压力高度设定为 0 时飞机高度表显示的测量高度。

9.6 飞行速度的测量与修正

从飞行考虑的基准来看,飞机的飞行速度可分为地速与空速;从测量方法上的差异来看,飞行空速又可分为指示空速、校准空速、当量空速与真实空速。飞行速度会影响飞机的空气动力特性与飞行姿态,需做相关的测量与修正工作。

1. 地速与空速的差异

定义飞机重心(质心)相对于静止大气的运动速度为空速(Air speed),用符号 V_a 表示;因大气气候而造成的空气流动速度称为风速(Wind speed),用符号 V_w 表示。空速与风速的总和称为地速(Ground speed),用符号 V_g 表示。它们的关系为 $V_g = V_a + V_w$,如图 9-6 所示。

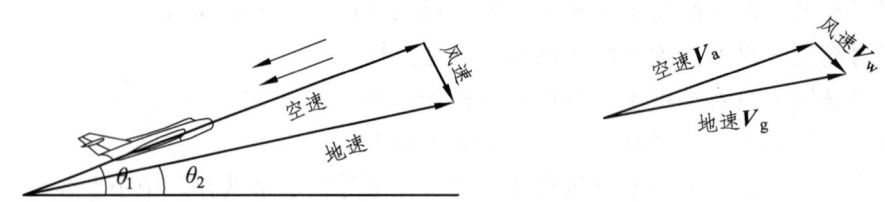

图 9-6 地速、空速与风速的关系

从图中可以看出,只有风速 V_w 的大小为 0 时,地速 V_g 才等于空速 V_a。为了研究方便,通常将飞机相对静止大气之间的飞行速度利用相对运动原理转换成气流相对静止飞机时的速度,也就是来流速度,其速度与空速的大小相等、方向相反,我们将其称为相对风速(Relative wind speed)。

2. 空速表的测量原理

空速表利用伯努利原理($P + \frac{1}{2}\rho V^2 = P_t$)来测量飞机的飞行空速,如图 9-7 所示。空速管迎气流的管口收集气流的总压,空速管尾部的一圈小孔收集大气的静压,在总压和静压之间的差值就是飞行空速度所产生的动压。动压促使图中的膜盒变形,带动指标偏转,就可测出飞机的速度,即 $V = \sqrt{\dfrac{2(P_t - P)}{\rho}}$。

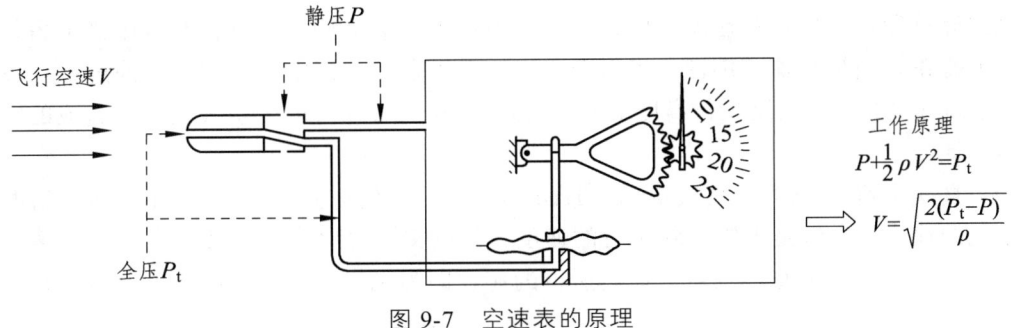

图 9-7 空速表的原理

必须注意的是，空速表的刻度是按国际标准大气规定在海平面的大气密度 $\rho_0 = 1.225\,\text{kg}/\text{m}^3$ 且不考虑气流可压缩性的条件下制定的，所以只有在国际标准大气海平面且低速的情况下，空速表指示的飞行速度，也就是指示空速或表速才等于飞行的真实速度。

3．真实空速与指示空速之间的转换关系

如果忽略仪表自身存在的各种误差，真实空速和指示空速的换算关系式为 $V_{真实} = V_{表}\sqrt{\dfrac{\rho_0}{\rho_{真实}}}$。式中，$V_{真实}$ 为真实空速，也就是实际的飞行速度；$V_{表}$ 为表速，也就是空速表指示的飞行速度；$\rho_{真实}$、ρ_0 分别为实际飞行与国际标准大气状态下的空气密度。

4．空速的类型与彼此间的关系

根据测量与修正方法上的差异，空速可以分为指示空速、校准空速、当量空速与真实空速。

（1）指示空速（IAS）。指示空速（Indicated airspeed）又称为表速，根据伯努利方程式按照关系式 $V = \sqrt{\dfrac{2(P_t - P)}{\rho}}$ 得到，也就是空速表在修正了仪表误差后指示的速度读数，其英文缩写形式为 IAS，用符号 V_I 表示。为了防止飞机失速，飞行员主要依据指示空速（IAS）飞行，而在飞行手册和使用手册中，性能图表上使用的速度也是指示空速。

（2）校准空速（CAS）。校准空速（Calibrated airspeed）又称为修正表速，是指示空速在经过位置误差修正后的空速表指示的速度读数，其英文缩写形式为 CAS，用符号 V_C 表示。由于安装在飞机上一定位置的总、静压管处的气流方向随着飞机的具体型号和迎角而改变，影响了总、静压测量的准确度，造成速度读数的误差，因此必须加以修正。校正空速（V_C）与指示空速（V_I）的关系为 $V_C = V_I + \Delta V_P$。式中，ΔV_P 为位置误差修正值，与飞机迎角、襟翼位置、地面效应、风向等影响因素有关。校准空速（CAS）多用于表示飞行试验的速度，在海平面标准大气条件下，校准空速等于真实空速。

（3）当量空速（EAS）。当量空速（Equivalent airspeed）是修正空气压缩性误差后得到的空速，其英文缩写形式为 EAS，用符号 V_E 表示。空气压缩性（$Ma > 0.3$）造成的空气密度变化，产生了测量空速的误差。当量空速（V_E）与校准空速（V_C）的关系为 $V_E = V_C + \Delta V_C$。式中，ΔV_C 为空气压缩性误差修正值。空气的密度不仅与飞机的飞行速度有关，同时也是飞行高度的函数，因此采用等熵关系式修正空气压缩性误差时多以海平面标准大气条件为计算基准。这样计算所得结果只有在海平面标准大气条件下才会准确，而其他高度则必须另外再做进一步地修正。当量空速（EAS）多用于表示在飞机强度计算中所受载荷的速度，当飞机的指示空速低于 100 m/s 以及飞行高度低于 6 km 时，我们可以将因为空气压缩性造成的空速误差忽略不计。

（4）真实空速（TAS）。真实空速（True airspeed）又称为真空速，表示飞机飞行时相对周围空气的速度，也就是飞机实际飞行的速度，其英文缩写形式为 TAS，用符号 V_T 表示。我们根据实际飞行高度去修正当量空速后所得的速度即为飞机实际飞行的速度，也就是真实空速。真实空速（V_T）与当量空速（V_E）的关系为 $\dfrac{V_T}{V_E} = \sqrt{\dfrac{\rho_0}{\rho_{实际飞行高度}}}$。式中，$\rho_0$ 与 $\rho_{实际飞行高度}$ 分别为国际标准大气海平面与飞机实际飞行高度时的空气密度。我们在讨论飞机的飞行性能时使用的空速为真实空速（TAS）。

（5）综合讨论。指示空速（IAS）是飞机空速表的刻度读数，真实空速是飞机飞行的实际速度，两者间的差异就是飞机飞行测量的空速误差。造成飞机飞行测量空速误差的原因有机械误差、位置误差、飞行速度引起的空气压缩性误差，以及飞行高度引起的密度误差。对于低空、低速飞行的轻小型飞机，我们可以将因空气密度变化造成的空速误差忽略不计。但是飞行高度高于 6 km 与飞行速度高于 100 m/s 时，必须对飞行速度引起的空气压缩性误差以及飞行高度引起的密度误差进行修正。过去传统的轻小型低速飞机一般仅装有空速表，用于表示指示空速，而现代飞机上的组合型速度表则能同时指示出指示空速（IAS）和真实空速（TAS）。

9.7 飞机的飞行重力

飞机是重于空气的航空器，如果重力大于升力，飞机将无法在空中飞行。在实际飞行时，飞行重力包含了空机重力、商务载重（旅客、行李、货物与邮件的重力）与燃油重力，其中空机重力（Empty weight）又称为飞机的基本重力，它是指在扣除商务载重和燃油重力后，做好飞行任务准备时的飞机重力，而空机重力加上燃油重力，我们称之为飞机的操作重力（Operating weight）。尽管飞行重力在飞行的过程中随着燃油的消耗等因素不断地变化，但是为了简化飞行性能计算，通常把飞机的重力当成已知的常数值，对不同的飞行阶段，将选用不同的飞行重力。一般而言，我们在分析起飞性能时使用起飞重力 W_{TO}，也就是飞行的最大重力；在分析着陆性能时使用着陆重力 W_L，也就是飞行的最小重力。至于飞机的其他性能指标分析，如果没有特别述明，我们一般用正常飞行重力，通常是指起飞重力 W_{TO} 和着陆重力 W_L 的平均值：$W = (W_{TO} + W_L)/2$。

9.8 飞机飞行时所承受的力

飞机在飞行中受到重力（W）、推力（T）、升力（L）以及阻力（D）4 种作用力的影响，其中重力是由地心引力产生垂直向下的力量；推力是由飞机的动力装置产生的向前驱动力；

升力主要由飞行时空气流经机翼产生以支撑飞机的重力；阻力是气流阻止飞机前进的力。升力与阻力又统称为飞机的空气动力。当所有外力与力矩的总和为零，我们称之为飞机处于平衡状态，此时飞机呈等速直线飞行。例如当升力（L）等于重力（W）、推力（T）等于阻力（D）时，飞机在某一固定高度下做等速水平直线飞行（简称平飞），如图 9-8 所示。

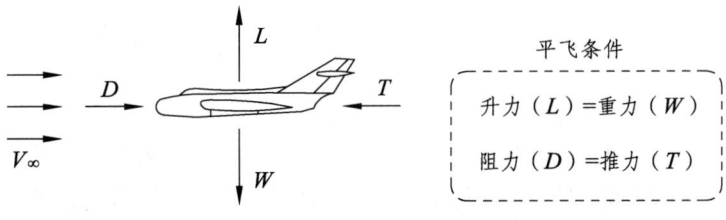

图 9-8　飞机平飞时受力情况

当合力、合力矩之一不为 0 时，我们称飞机处于不平衡的状态。此时，飞行速度的大小或方向就会发生变化，也就是变速度运动，从而飞机改变原有的运动状态或飞行姿态。如果机头做上下移动，则称飞机做俯仰运动（Pitching motion），如图 9-9（a）所示。如果机头做左右移动，则称飞机做偏航运动（Yawing motion），如图 9-9（b）所示，如果机身做翻转的运动，则称飞机做滚转运动（Rolling motion），如图 9-9（c）所示。

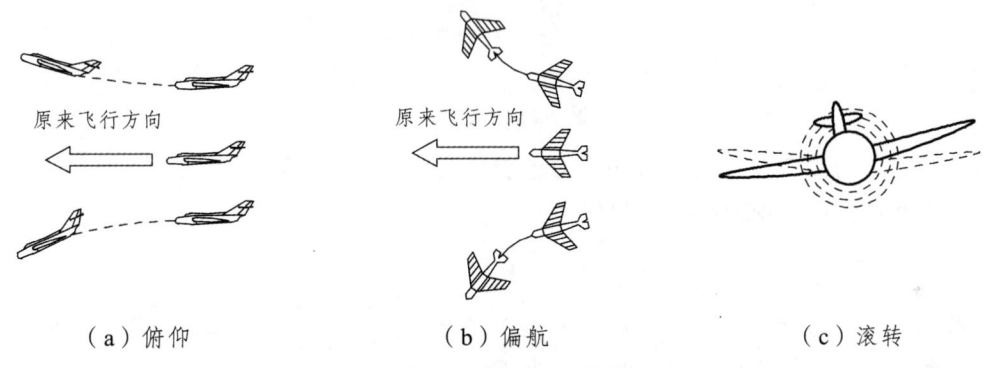

（a）俯仰　　　　　　　（b）偏航　　　　　　　（c）滚转

图 9-9　俯仰、滚转以及偏航运动

9.9　相对运动原理与迎角和侧滑角的介绍

物体与空气相对运动时，作用在物体上的力，称为空气动力，简称为气动力。飞机飞行产生的升力与阻力就是空气动力，我们采用相对运动原理以飞机和相对气流间的角度来描述飞机的空气动力状态与特性，其中的角度即为迎角和侧滑角。

1. 相对运动原理的定义

实验与理论均证明，作用在飞机上的空气动力取决于飞机和空气之间的相对运动情况，而与选用的参考坐标无关，这就是相对运动原理的定义。也就是说，飞机以速度 V_∞ 在平静的空气中飞行时，作用在飞机上的空气动力与远方空气以速度 V_∞ 流过静止不动的飞机时产生的空气动力完全相同，此相对于静止飞机的运动气流称为相对气流（Relative airflow），又称为来流（Inflow），如图 9-10 所示。

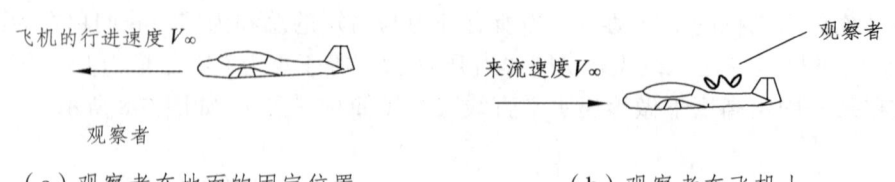

（a）观察者在地面的固定位置　　　　（b）观察者在飞机上

图 9-10　相对运动原理

从图中，我们可以看出来流的速度与飞机运动的速度大小相等、方向相反，且根据相对运动原理的定义，利用来流研究所得的空气动力与实际飞机飞行所受的空气动力完全相同，因此可以利用风洞实验建立模型来模拟飞机的实际飞行。

2．迎角的定义

如图 9-11 所示，迎角（Incident angle）又称为攻角（Attack angle），它是指飞机飞行时，机翼弦线与来流之间的夹角，用符号 α 表示，并以机翼弦线在来流的上方为正。

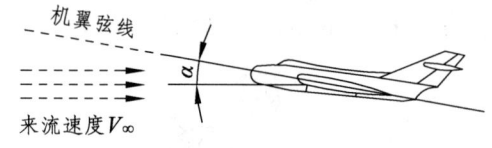

图 9-11　飞机迎角

飞行时迎角的改变会造成升力和阻力也随之改变，且当飞机迎角超过一定范围时，飞机的升力急速下降，这种现象称为飞机失速。

3．侧滑角的定义

如图 9-12 所示，侧滑角（Sideslip angle）是来流方向与飞机纵向对称平面之间的夹角，用符号 β 表示，并以气流从机身右侧吹来为正。

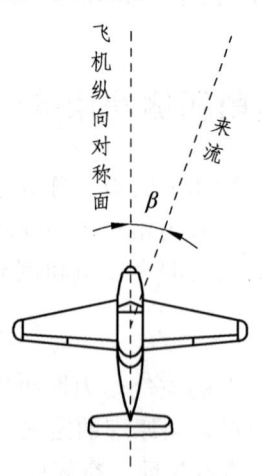

图 9-12　飞机侧滑角

飞行时有许多情形造成飞机的航向突然改变，例如飞机受到突如其来的侧风扰动，纵向对称面与来流不再平行。如果来流从飞机纵向对称面的右侧前方吹来，我们称之为右侧滑；如果从左侧前方吹来，为左侧滑。在起飞与降落时产生的侧滑会使飞机偏离跑道，危及飞行安全。

课后练习

（1）飞机机体结构的定义与主要的基础机体结构是什么？
（2）飞机飞行环境的定义是什么？
（3）飞机的主要机体结构有哪些？分别简单叙述其功能。
（4）飞机的主要控制面是什么？分别简单叙述其功能。
（5）飞机尾翼的主要组成是什么？分别简单叙述其功能。
（6）现代大型飞机水平安定面的角度一般都是可以操纵的，其原因是什么？
（7）现代大型的机身必须采用气密座舱，且座舱的压力必须能够自动调整的原因是什么？
（8）飞机起落装置的功用和主要组成是什么？
（9）飞机动力装置主要的功用是什么？
（10）飞机的动力装置如果依照发动机类型来分类，大致可以分成哪4种？
（11）什么是连续介质假设？作这样的假设合理吗？研究飞行器在任何高度飞行时所受空气动力时都可以应用连续介质假设吗？
（12）在研究飞机的空气动力时可以将大气层内的空气假设为连续介质吗？其理由是什么？
（13）流体的黏性系数与温度之间的关系是什么？
（14）气流摩擦阻力的影响因素有哪些？
（15）空气的密度与飞机飞行高度之间的关系是什么？
（16）海压高度与场压高度的定义和关系是什么？
（17）场压高度、真实高度、地点标高与机场标高之间的关系是什么？
（18）地速、空速与风速的定义和关系是什么？
（19）地速与空速的定义是什么？在何种情况下风速等于地速？
（20）空速的类型与定义是什么？
（21）简要说明空速表的测量原理。
（22）飞机飞行时受到的作用力有哪些？
（23）相对运动原理的定义是什么？
（24）利用风洞吹风可以得到飞机气动参数的基本原理是什么？
（25）对流层和平流层各有什么主要特点？对飞行有什么影响？
（26）国际标准大气（ISA）是如何定义的？
（27）国际标准大气（ISA）制订的目的是什么？
（28）已知某机场温度为 25 ℃、机场压力高度为 600 m，求机场高度处 IAS 的偏差。试求机场高度处的标准大气温度与 ISA 偏差。
（29）飞机迎角的定义是什么？
（30）飞机侧滑角的定义是什么？

第 10 章 飞行过程与状态描述

想要研究飞机飞行时的气动力变化与特性，首先要对飞机的飞行过程、气候对飞行的影响以及飞机的状态描述方式有一定的了解。

10.1 飞机的飞行过程

飞机完成一次飞行任务要经历起飞、爬升、巡航、下降、进场和着陆等过程，如图 10-1 所示，飞行过程中飞行姿态与运动状态有所不同。

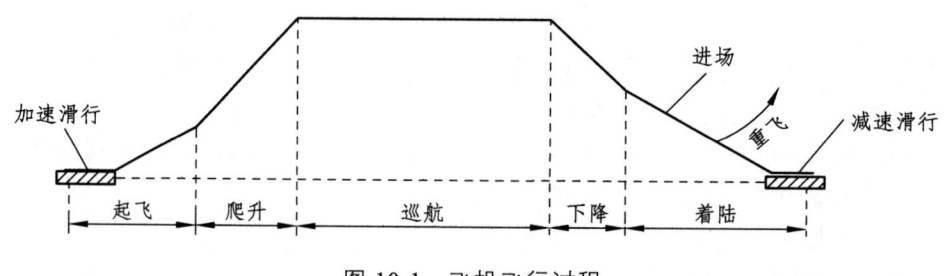

图 10-1　飞机飞行过程

1．起飞过程

飞机从静止、开始滑行（Taxi）、离开地面、上升到安全高度的运动过程，叫作起飞（Take off）过程。现代喷气式飞机的起飞过程包含地面加速滑跑、离地、加速爬升 3 个阶段，如图 10-2 所示。根据统计，起飞与着陆离地最近且大气的气候条件变化最为剧烈，所以是飞行意外发生最多的两个过程。

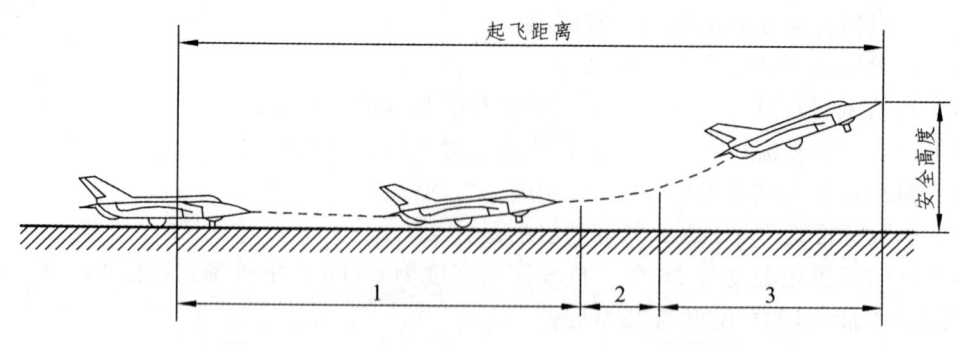

1—地面加速滑跑阶段；2—离地阶段；3—加速爬升阶段。

图 10-2　飞机起飞过程

起飞过程中，飞机先滑行到起飞线，刹住机轮，襟翼放到起飞位置，并使发动机转速增加到最大值，然后松开刹车，飞机在推力作用下开始加速滑跑。当滑跑速度达到一定数值时，飞行员向后拉驾驶杆，抬起前轮，增大迎角，飞机只用两个主轮继续滑跑，机翼的升力随着滑跑速度的增加而增大。当其值等于重力时，飞机便离开地面，加速爬升。当飞机上升到10~15 m 高度收起起落架，上升到25 m 高度后起飞阶段结束。起飞过程各阶段经历的水平距离总和，称为起飞距离。起飞距离越短越好，这样可以减少跑道的长度，从而降低建筑机场的费用，而起飞距离与重力（包含飞机自身的重力、装载量以及加油量）、发动机的推力、大气条件、跑道状况以及增升装置的使用有密切的关系。现代民用客机为了安全起见，都使用双发或更多发动机。起飞过程难免发生发动机故障，这时必须观察飞机的速度，以决定是否中止起飞过程，我们称此速度为飞机的起飞决断速度（Take-off decision speed）V_1。如果速度大于V_1，飞行员不能中断起飞，待先起飞后再处理故障带来的问题。因为一旦中断起飞，飞机的刹车无法使其在有限跑道长度内停止而容易冲出跑道。如果速度小于V_1则必须放弃起飞。如图10-3所示。

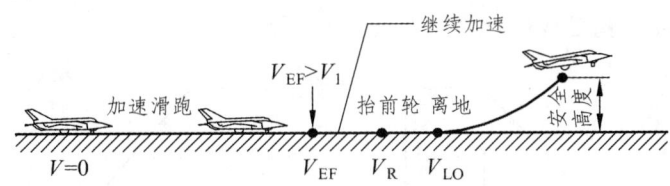

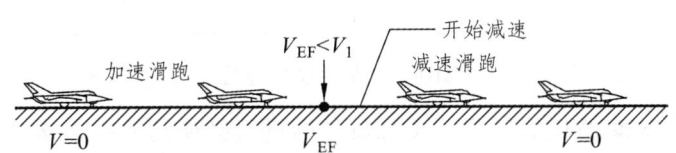

V_{EF}—发动机失效时速度；V_1—起飞决断速度；
V_R—仰转速度；V_{LO}—升空速度。

图 10-3　飞机起飞过程中发动机失效处置方式

2．爬升过程

起飞过程结束后，逐步升高到一定预定高度（巡航高度，Cruising altitude）的过程，称为爬升（Climb）过程。飞机的爬升方式有两种：一种是以固定的角度持续爬升达到预定高度，另一种是阶段式爬升，也就是飞机爬升到一定高度后，即以水平飞行的方式来增加速度，然后再爬升到下一个高度，经过几个阶段后爬升到预定高度。以固定的角度持续爬升方式的好处是节省时间，但发动机所需的功率大，燃料消耗大。使用阶段式爬升方式的好处是爬升过程中的升力随着速度的增加而增加，而且燃油的消耗使得飞机的重力不断降低，这种方式最节省燃料，如图10-4所示。

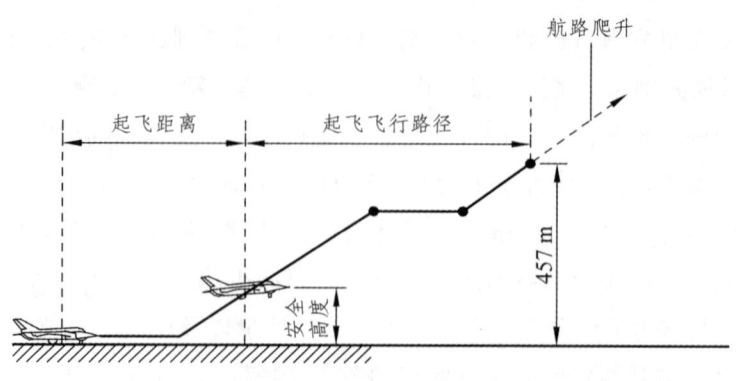

图 10-4　阶段式爬升

3．巡航过程

飞机的巡航（Cruise）过程是指飞机完成起飞与爬升过程后进入预定高度的飞行过程。飞行的大部分时间都处于这个过程中，并保持在一定的飞行高度。飞机达到预定高度后，飞行员收小油门，降低迎角，使飞行状态转为水平等速，我们称之为平飞。理论上，在没有受到气候变化或者其他因素影响假设下，飞行员可以按照选定的航线保持特定的速度和姿态飞行。最为经济的速度，就是巡航速度，如图 10-5 所示。

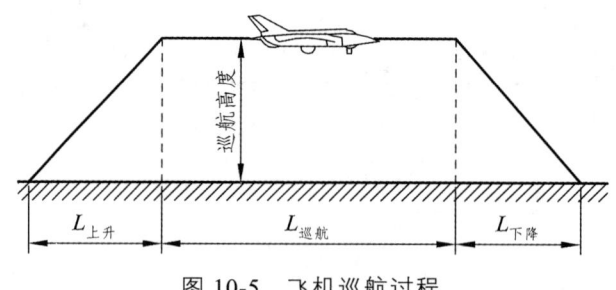

图 10-5　飞机巡航过程

巡航过程是飞行时间最长的过程，飞行员只需进行必要的监控，这个过程中的飞行事故率相对较低。依据执行任务的需求，巡航速度可分成远航速度和久航速度。远航速度（Maximum travel range speed）是指每单位千米耗油量最小的平飞速度，也就是航程最远的巡航速度，而久航速度（Maximum travel time speed）则是指每单位时间耗油量最小的平飞速度，也就是可以获得最长航时或滞空时间最长的巡航速度。任务要求不一样，飞行员选定的巡航速度也就不一样，而且巡航速度也并不是唯一的固定值，它随着飞机重力（装载量与燃油量）、飞行距离、经济性以及任务需求等改变。

4．下降过程

下降（Descent）是指飞机接近目的地时，从巡航高度开始下降，最后到达进场高度或指示其空中待命的空域为止，这个飞行过程称为下降，如图 10-6 所示。

飞机在机场上空由地面管制人员指挥对准跑道（Runway）准备着陆的飞行阶段称为进近或进场（Approach）阶段。跑道方向是固定的，而飞机从四面八方接近机场，这时必须按照空中交通管制中心规定的下滑线进场着陆，因此有些飞机得先围场转圈，待调整好方向后才能对准跑道进场着陆。有时下滑线和跑道被占用，着陆飞机就得接受空中交通管制部门的指挥，盘旋等待按照顺序着陆。机场上空如果天气不佳，能见度偏低，飞机也会在机场上空转圈等待，直到接到空中交通管制部门允许着陆的命令，才能调整方向进场着陆。等待进场的飞行阶段称为空中待命（Holding）。

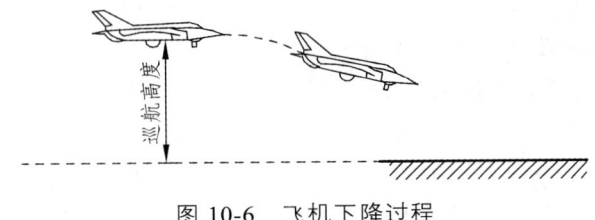

图 10-6　飞机下降过程

5．着陆过程

飞机的着陆过程主要由下滑、拉平、平飞减速、飘落触地和地面减速滑跑 5 个阶段组成，从下滑直到完全停止为止经过的距离称为着陆距离，如图 10-7 所示。

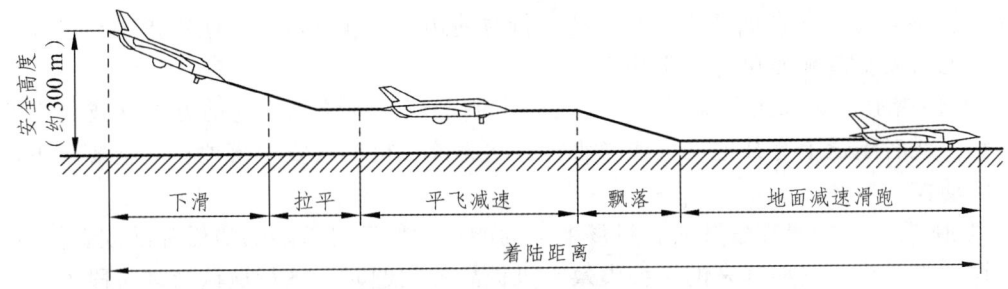

图 10-7　飞机着陆过程

飞机在降落前在大约离地 300 m 的高度放下起落架，在 200 m 左右的高度放下襟翼，转入下滑状态，同时发动机转速减小到最小转速。接近地面 6~7 m 时，飞行员将驾驶杆向后拉使得飞机转入平飞状态，并开始平飞减速。这个阶段的飞机迎角不断增加，让升力等于重力使其不断减速，当迎角增加到最大迎角时，随着飞机速度降低，升力小于重力，飞机下沉而逐渐触地，这就是飘落触地阶段。飘落时机轮触地的瞬间速度就是触地速度，如果触地速度过大，可能造成起落架和机体受力结构损坏，也会使得着陆距离过长，导致飞机冲出跑道的事故发生，所以这个速度越小越好。飞机在机轮触地后即转成地面滑跑阶段，由于空气阻力、地面摩擦力以及机轮刹车等作用，滑跑速度不断减小，直到完全停止运动，整个着陆过程就告结束。为了缩短着陆距离，可采用增升装置以降低触地速度，滑跑的阶段也使用扰流板（阻力板）、反推力装置（喷气式飞机）、反桨装置（螺旋桨飞机）与刹车等装置来减少距离。

6．盘旋与重飞

飞机的盘旋与重飞都是着陆过程前，飞行员为了安全降落而采取的机动飞行动作。

（1）盘旋的定义与执行时机。

所谓盘旋（Circling）是指飞机在着陆前，为了安全降落在水平面所做的等速圆周飞行动作。通常飞机会为了满足航情需求、气候条件以及飞行安全等而执行盘旋。

① 航情需求。有的时候，着陆的飞机很多，但是下滑线和跑道被占用，所以必须盘旋

等待空中交通管制部门的指挥按顺序着陆。当然飞机在起飞时，也需要盘旋调整方向以便朝既定的航向飞行。

② 气候条件。如果机场上空天气不佳或能见度偏低，飞机必须在机场上空盘旋等待，直到接到空中交通管制部门允许着陆的命令，才调整方向进场着陆。如果飞行员在持续等待后仍然无法降落，就必须转往其他备降的机场。

③ 飞行安全要求。除了直升机或特殊战斗机，一般的飞机多半无法停留在空中的定点，只能依靠盘旋来争取时间。当飞机准备动作没有全部完成，不能继续进场程序时，飞行员会向航管要求继续盘旋。如果重力增加，飞机着陆时必须达到的空气动力要求也会跟着提高，例如油箱内剩余的燃油过多，在飞机着陆触地与滑跑阶段时可能会因为燃油被点燃而产生爆炸，这样就得由盘旋来消耗燃油存量。

（2）重飞的定义与执行时机。

重飞（Go-around 或 Missed approach）是指飞机在即将着陆前，出于飞行安全考虑，将机头拉起重新起飞的动作。如果飞机着陆触地后再行重飞，则此重飞动作称为触地重飞（Touch and go），触地重飞动作在训练飞行及特技飞行时使用。通常飞机因为航管指示与机师要求等因素导致无法安全落地而执行重飞动作。

① 航管指示。如果在着陆时，空中交通管制部门发现该飞机与前方降落或起飞的飞机间隔不足，或者跑道上有其他飞机或障碍物，认为该飞机无法安全落地，就会要求飞行员执行重飞的动作。

② 机师要求。如果在着陆时，机场上空的能见度低于可着陆的最低标准或者侧风过大、低空风切，以及遇到突如其来的系统失效等机械故障问题时，飞行员认为现阶段无法将安全降落，会以无线电联络空中交通管制部门报告重飞，并在指定的空域待命以再度取得航管颁发进场降落许可。

【例 10-1】

试写出 Taxi、Takeoff、Climb、Cruise、Descent、Approach、Landing 以及 Go-around 的中文意思并说明代表的含义。

【解答】

（1）Taxi 的中文意思为滑行，它是指飞机在起飞或着陆过程中加速或减速滑跑的动作。

（2）Takeoff 的中文意思为起飞，它是指飞机从静止开始滑行至离开地面并且上升到安全高度的加速运动过程。

（3）Climb 的中文意思为爬升，它是指飞机从起飞过程结束后，逐步升高到巡航高度的过程。

（4）Cruise 的中文意思为巡航，它是指飞机爬升到预定高度后，保持水平等速飞行状态的飞行过程。

（5）Descent 的中文意思是下降，它是指飞机接近目的地时，巡航高度开始渐渐减低，最后到达进场高度或指示其待命空域的飞行过程。

（6）Approach 的中文意思是进场，它是指飞机在机场上空由地面管制人员指挥对准跑道准备着陆的飞行阶段。

（7）Landing 的中文意思是着陆，它是指飞机自进场阶段至触地后静止的飞行过程。

（8）Go-around 的中文意思是重飞，它是指飞机在即将着陆触地前，因为飞行安全的缘故，将机头拉起重新起飞的飞行动作。

10.2 机场起降模式（五边飞行）

飞机在机场的起降过程必须按照一定的航线飞行，这种飞行航线叫作起降航线。飞机的起降航线由 5 段组成，每一航段称为一个边，在机场起降的飞行模式称为五边飞行（Airfield traffic pattern），如图 10-8 所示。除了特大型的机场，所有的机场都使用五边飞行的起降模式来确保安全与顺畅。

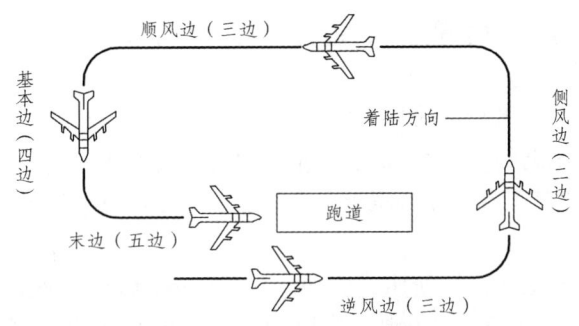

图 10-8　五边飞行起降模式

标准的五边飞行模式是逆时针方向，但是为了应付各种障碍，避开山丘或者减少对当地居民噪声，顺时针方向的五边飞行模式也可以存在。飞机在机场起降时，地面的空中交通管制员（塔台管制员）指示飞行员如何进入或离开这个模式。五边飞行模式必须在特定的飞行高度执行，通常为 240～350 m。五边飞行是飞机起降的必须遵循的飞行模式，所以它是飞行员飞行训练中必须学习的重要课程。在此训练课程中，飞行员可以学习起飞、爬升、转向、平飞、下降及着陆等重要的飞行技巧。

10.3 气流与气象对飞行活动的影响

大气层的气流与气象条件可能对飞行性能与稳定度造成影响，最直接影响飞机操作和飞行安全的航空气象因素，大致可归纳为风、云、雨、雪、冰、雹、空气密度、大气湿度和其他显著天气危害如浓雾引起的低能见度以及飞机穿过云层积冰等。

1．风对飞机飞行的影响

大气气候所造成空气的流动，我们称之为风（Wind），风的流动速度则称为风速（Wind speed）。如果依照风作用时间的长短来做区分，一般可以将其分成阵风与稳定风。

（1）阵风对飞机飞行的影响。

① 阵风的定义。在飞机飞行环境中，大气层内空气短时间强烈对流产生的扰动称为阵风。迎头或从飞机后面吹来的与飞机飞行方向平行的阵风，我们称为水平阵风，从侧面吹来

的阵风叫作侧向阵风,而由下向上或由上向下吹来的垂直飞行方向的阵风则称为垂直阵风。阵风会暂时与瞬间地改变飞机的飞行速度与迎角,从而改变作用在飞机上的空气动力,使得飞机产生颠簸并承受较大的气动力负载。

② 阵风对飞行的影响。水平阵风只改变来流的速度,阵风速度不是很大时对飞机的飞行影响较小。侧向阵风会破坏飞机侧向气动力的平衡,导致飞机侧滑,造成飞机左右摇晃。一般而言,除了起飞与下降过程外,侧向阵风对飞机的飞行影响不大,而垂直阵风不但改变飞机的速度,还影响飞行迎角。对于小速度大迎角的飞行而言,如果遇到速度较大的垂直向上的阵风,飞机的飞行迎角可能瞬间增大到临界迎角,造成失速(Stall),如图10-9 所示。

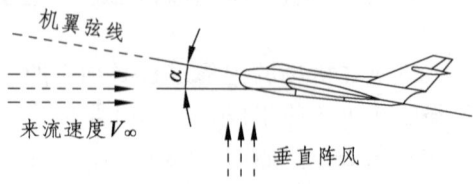

图 10-9　垂直阵风对飞行迎角影响

综上可知,在相同的风速的情况下,垂直阵风对飞行造成的影响会比水平阵风的影响来得大。

(2) 稳定的风场对飞机飞行的影响。

时间较长的风场对飞机的起飞着陆与航时均有很大的影响。

① 顺逆风向对飞机起飞和着陆的影响。风向对飞机起飞和着陆的影响主要表现在起飞与着陆的距离。

a. 顺逆风的定义:如图 10-10 所示,所谓顺风(Downwind)是指风的流动方向与飞机的飞行的方向相同,而逆风(Upwind)则是指风的流动方向与飞机的飞行方向相反。飞机在起飞与着陆的过程中,如果沿着跑道的方向有风,一般应该逆风。

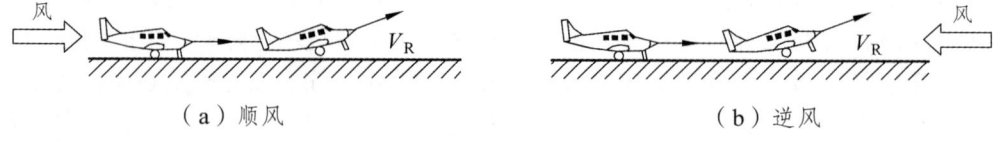

(a) 顺风　　　　　　　　　　　　　　(b) 逆风

图 10-10　顺、逆风定义

b. 逆风起飞和着陆的用意。飞机顺风时,相对气流的速度与风的速度呈抵消关系,相对风的速度减小,如图 10-11(a)所示。反之如果在逆风的情况下,来流的速度与风的速度呈迭加关系,相对风的速度增加,如图 10-11(b)所示。

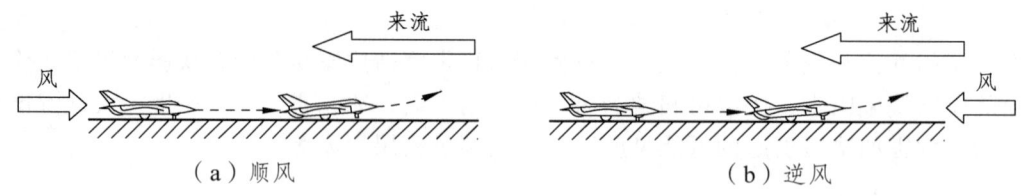

(a) 顺风　　　　　　　　　　　　　　(b) 逆风

图 10-11　顺逆风时相对气流速度变化

逆风起飞可以使飞机以较短的滑跑距离达到要求的空速,获得起飞时所需要的升力,这就是俗话说"逆风高飞"的原因。飞机采用逆风着陆,则可以增加阻力,减少着陆时滑跑距离。

② 顺逆风飞行对航时的影响。飞机在高空飞行时,风对飞行的影响主要表现在燃油重力和商载重力的调整。飞机在顺风时地速等于来流的速度加上风速,而在顺风时地速等于来

流的速度减风速,所以逆风飞行从甲地到乙地花费的航时较长,需要更多的油料,相对地就要减少商务载重,从而成本效益降低。

③ 侧风时对飞机起飞和着陆的影响。在起飞或着陆时,侧风会使飞机产生漂移,偏离跑道或机体产生倾斜,危及飞行安全,如图10-12所示。

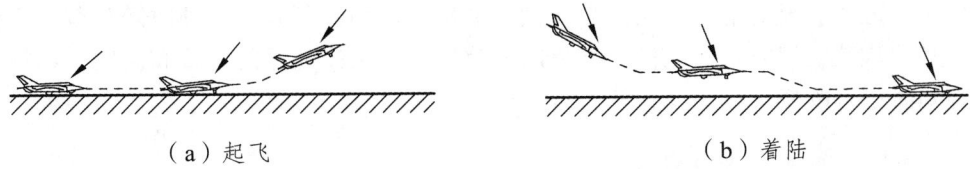

图10-12 侧风时对起飞和着陆影响

飞机离地后飞行,一般采用改变航向的方法进行修正,在着陆进近阶段则采用侧滑法进行修正。带侧滑着陆时,飞行员要同时操纵副翼和方向舵阻止飞机漂移,也就是利用方向舵把飞行方向调整到对齐跑道,并利用副翼将飞机维持在跑道中间线上,直至完全降落地面。一般而言,大型飞机对于侧风的变化不易受到影响,但是相对地控制其变化的反应力较慢,而轻型飞机对于侧风的变化容易受到影响,但是相对地控制其变化的反应力较快。

(3)低空风切对飞机飞行的影响。

风切变(Wind shear)是一种大气现象,它是风速在水平和垂直方向的突然变化。国际航空界公认低空风切变威胁最大,它不仅使飞机航迹偏离,而且可能使飞机失去稳定。低空风切(Low altitude wind shear)是指离地约500 m高度以下风速在水平和垂直方向的突然变化,致使飞机的姿态和高度发生突然变化,在低高度时,其造成的影响有时是灾难性的,因此是飞机起飞和着陆阶段的重要危险因素之一,如图10-13~图10-14所示。

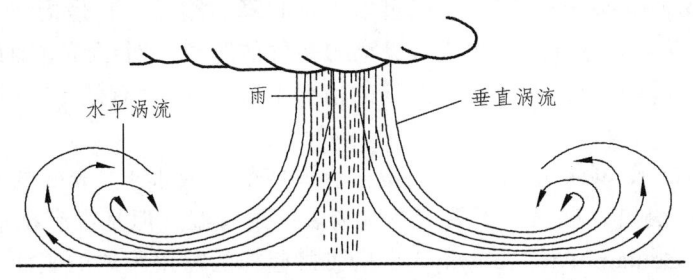

图10-13 低空风切的外观

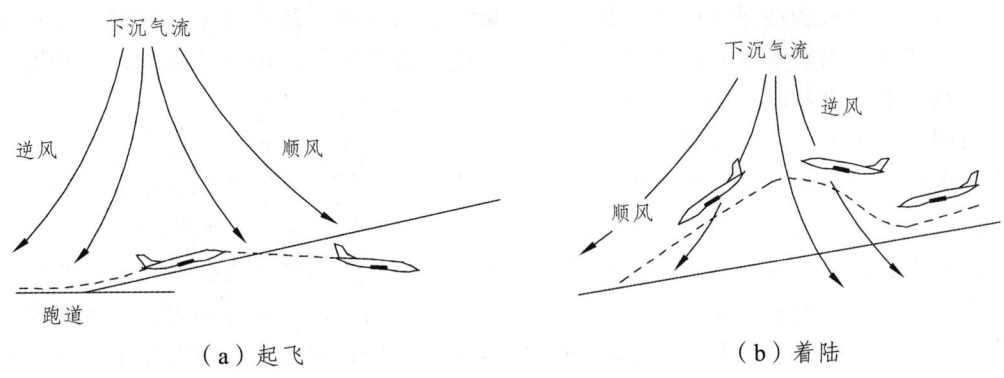

图10-14 低空风切对飞机起降影响

（4）晴空乱流对飞机飞行的影响。

对流层顶附近温度与风向风速的变化之大，使飞入其中的飞机受上、下对流垂直运动气流影响，机身起伏不定，乘客感觉不舒适、晕机呕吐。对流层顶常出现强烈风切，为乱流之所在，由于晴朗无云，所以称为晴空乱流（Clear-air turbulence）。晴空乱流因为没有明显的原因及征兆，再加上天气晴朗并无微粒可供气象雷达侦测，所以极难预防及防范。飞行员在起飞前，必须从航空气象人员提供的气象图表数据中，预知乱流的位置和高度，以规避乱流区域，必要时还可改变飞行高度，使飞行平稳与安全。

2．云层对飞机飞行的影响

机场上空的云层过低会影响飞行员按正常规定进行目测着陆。在穿过云层时，如果飞行员来不及进行目测修正和精确目测，会导致飞机对不准跑道着陆。另外，温度下降会使云中所含水蒸气达到饱和状态而形成积雨云，造成闪电、打雷等自然现象，而且穿过云层时，飞机还可能产生积冰的现象。积冰可能造成飞机的气动性能变坏，稳定性和操纵性变差，发动机可能工作不正常或飞行仪表失灵，这些都危及飞行的安全。

3．雨、雪、冰、雹对飞机飞行的影响

降水是云雾中的水滴或冰晶降到地面的现象，通常指雨、雪、冰、雹等。在飞机起飞和着陆的过程中，降水改变了滑行阶段的摩擦系数，从而改变滑行距离。根据降水与否和降水的程度也就是道面条件来区分，跑道分为干跑道、湿跑道和污染跑道3种类型；根据污染物对飞行性能的影响，跑道上的污染物分为硬质污染物与软质（液态）污染物两种类型。

（1）跑道的类型。

① 干跑道（Dry runway），属于飞机可以正常起降的跑道，它是指在飞机起降的需用距离和宽度范围内的表面上没有污染物或可见潮湿条件的跑道。对于经过铺设或建筑，带有沟槽或具有多孔摩擦材料处理，即使在有湿气的情况下也能保持"有效干"的刹车效应的跑道也可以认定是干跑道。

② 湿跑道（Wet runway），是指表面覆盖有厚度等于或小于3 mm的水，或者当量厚度等于或小于3 mm的融雪、湿雪、干雪以及跑道表面虽有湿气但是没有积水时的跑道。

③ 污染跑道（Contaminated runway）是指飞机起降的需用距离的表面上可用部分长×宽超过25%的面积（单块或多块区域之和）有超过3 mm深的积水，或当量厚度超过3 mm的融雪、湿雪、干雪或者被压紧的雪、冰等污染物的跑道。如果跑道的重要区域，包括起飞滑跑的高速段或起飞抬轮和离地段的跑道表面被上述污染物覆盖，则也被视为污染跑道。

（2）跑道上污染物的类型。

如果因为降水太大或道面排水不良引起跑道积水，则在飞机轮胎与道面之间有一层极薄的水膜，使摩擦力显著减小，从而使飞机着陆的滑跑距离增大，造成所谓的滑水现象（Water skiing）；对于结冰跑道，摩擦系数不仅减小并且方向也不好掌握；对于积雪跑道，飞机既不能起飞，也不能着陆。根据跑道的道面条件的定义，这些污染物分为硬质污染物与软质（液态）污染物。硬质污染物，例如压实的雪或冰等，只影响飞机的减速能力，对加速能力并没有影响。软质（液态）污染物，例如融雪、厚度大于3 mm的积水、湿雪和干雪等，同时影响飞机的加速、减速能力。当跑道积水厚度或当量厚度的融雪、湿雪和干雪等污染物超过

13 mm 时，飞机就不可以起降。根据统计，近年来在起降过程中发生事故的主要类型为冲出跑道，其中大多数都发生在湿跑道和污染跑道上着陆时，而且几乎每次冲出跑道的事故都与跑道的积水和污染物有密切的关系，因此跑道积水和污染物的问题视为飞行安全研究与改善的重点项目之一。

4．大气的密度对飞机飞行的影响

实验与理论证明，飞机的起飞距离随着大气密度的减少而增加，所以在设计机场时，高海拔机场需要较长的跑道，以备起飞之需。此外，在相同高度，大气的密度会随着温度的增加而减少，所以在同一机场不考虑风向的状况下，夏天起飞所需的跑道长度会比冬天的来得长。

5．大气的湿度对飞机飞行的影响

（1）大气湿度的定义。空气有吸收水分的特征，湿度的概念是指大气的潮湿程度，也就是大气的空气中含有多少水蒸气。大气湿度的表示可分为含湿量、绝对湿度以及相对湿度：含湿量表示大气的空气（湿空气）中水蒸气的质量与干燥空气（干空气）质量的比值；绝对湿度表示每立方米的大气空气（湿空气）中包含的水蒸气的质量；相对湿度表示大气空气中的绝对湿度与相同温度和气压下的饱和绝对湿度的比值，以百分比表示。在航空界，通常用相对湿度来表示大气湿度。当相对湿度达到 100% 时，说明大气空气中含有的水蒸气量达到了最大值。此时，水蒸气处于饱和状态，水蒸气开始凝结，从而形成云、雾、雨、雪等气象现象，此时的大气温度称为露点温度。

（2）湿度对飞行的影响。含有水蒸气的空气密度比干燥空气小，湿度越大，表示空气中含水蒸气越多，所以大气空气的密度越小，越影响飞机的空气动力与推力，对起飞性能也产生影响。飞机在潮湿天气起飞时，需要的跑道长度要比干燥天气的长。

【例 10-2】

试解释相对湿度的定义。

【解答】

所谓相对湿度是以百分比表示大气空气中水蒸气的质量与相同温度和气压下大气空气中所含水蒸气最大质量的比值。航空界通常用相对湿度表示大气湿度。

【例 10-3】

试解释露点温度的定义。

【解答】

所谓露点温度是指大气空气的相对湿度达到 100% 时的温度，也就是大气空气中的水蒸气达到饱和状态，开始凝结的温度。

6．浓雾与低能见度对飞机飞行的影响

所谓能见度是指正常视力者能看清目标轮廓的最大水平距离。对飞行员来说，最重要的是跑道能见度（着陆能见度），它是指飞机在下降着陆过程中飞行员能看清跑道近端的最远距离。

影响能见度的因素很多，但能见度主要受大气透明度（如云、雾、烟、沙尘及水滴等直接影响着大气的透明状况）与夜间的灯光强度等影响。然而在任何天气条件下，飞行员在近场时都必须能看清跑道。由于浓雾会影响人类肉眼所能看到的距离，目前机场和飞机上都装有完善的导航仪器来辅助飞机起降，同时由航空气象单位提供浓雾所引起的低能见度数据。如果能见度低于起降天气标准，机场将关闭；等待浓雾消散，能见度转好，机场再度开放，确保飞机航行安全。

7．飞机积冰对飞机飞行的影响

飞机飞经冷却的云层或云雨区域时，机翼、机尾、螺旋桨或其他部分常积聚冰晶，而在气温为 0~9.4 ℃ 的高空飞行时机体上最容易结冰。飞机结冰会增加机体重力；机翼与尾翼积冰可能造成飞机的气动性能变坏、稳定性和操纵性变差；飞机的螺旋桨或喷气发动机进气口积冰可能使动力装置失去动力；飞机的刹车及起落架结冰，可能对其正常操作造成损害；飞机的仪表与天线积冰，可能使测量信号失真。虽然现今的飞机本身已有加温系统可克服上述问题，但是仍然必须尽量避开结冰区域以防止加温不及时而瞬间结冰，从而造成飞行危险的可能。

10.4 飞机飞行常用的三大坐标

描述飞机的运动状态的坐标系统大致可以分成固定坐标系统、体坐标（机体坐标）系统与风坐标（速度坐标）系统，通常单独使用某一系统或者采用系统与系统间的关系，说明飞机的姿态、航迹与气动力的变化。

1．使用原则

一般而言，要确定飞机相对于地面的位置，就必须采用固定坐标系统表示；要研究飞机的飞行控制问题，就必须采用体坐标（机体坐标）系统表示；要探讨飞机的空气动力特性，就必须采用风坐标（速度坐标）系统来表示；要描述飞行姿态变化与航迹变化，则必须分别使用体坐标（机体坐标）系统与固定坐标系统之间的关系以及风坐标（速度坐标）系统与固定坐标系统之间的关系来表示；要了解飞机的空气动力的变化情形，则必须使用体坐标（机体坐标）系统与风坐标（速度坐标）系统之间的关系来表示。

2．坐标系统介绍

（1）固定坐标（$O_g X_g Y_g Z_g$，Fixed coordinate），又称为地面坐标（Ground coordinate）或惯性坐标（Inertial coordinate），它使用地面的固定位置或者观察基准画出直角坐标。原点（O_g）取自地面上的某一个固定点，以 $O_g Y_g$ 轴为垂直轴，向上为正，画出两个在水平面内相互垂直的轴，也就是纵轴（$O_g X_g$ 轴）与横轴（$O_g Z_g$ 轴），其中纵轴（$O_g X_g$ 轴）指向水平面某一选定方向，如图 10-15 所示。地面坐标常用于指示飞机的方位、短距离导航与航迹控制。

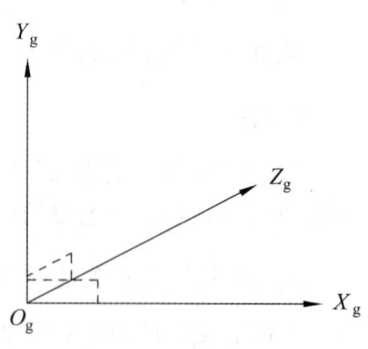

图 10-15　固定直角坐标

（2）体坐标（$OX_bY_bZ_b$，Body coordinate），又称为机体坐标，它是以飞机的本身为观察基准，坐标的原点 O 取自于飞机的重心（或质心），而从原点至机头的连线是飞机的设计轴。如果不考虑机翼安装角，也就是假设机翼安装角为 0°，飞机设计轴的方向就是机翼弦线的延长线指向机头的方向（纵轴）为正，并以纵轴（OX_b 轴）为基准画出直角坐标。以 OY_b 轴为垂直轴，向下的方向为正，并以 OZ_b 轴为横轴，指向飞机右侧的方向为正，如图 10-16 所示。体坐标常用于描述飞机的气动力矩与绕着飞机的重心（质心）的转动情形。

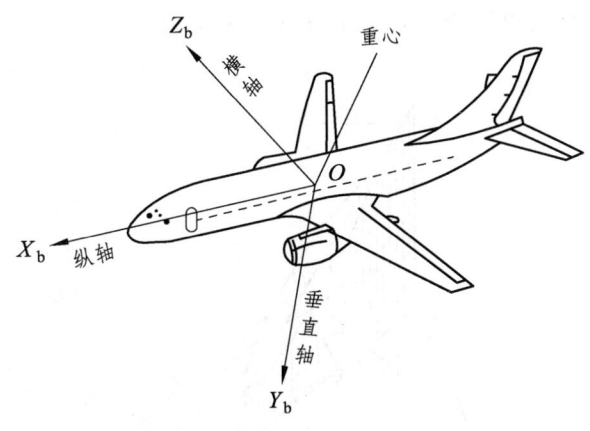

图 10-16　机体坐标

（3）风坐标（$OX_wY_wZ_w$，Wind coordinate），又称为气流坐标或速度坐标，它和体坐标一样是以飞机的本身为观察基准而画出的直角坐标。其原点 O 仍取自于飞机的重心（或质心），并且使用与飞行速度方向平行的直线为纵轴，以飞行速度的方向为正。根据相对运动原理，飞行的速度与来流方向平行，而此两者大小相等、方向相反，所以这种坐标系统称为风坐标或速度坐标。以纵轴（OX_w 轴）为基准轴，以 OY_w 轴为垂直轴，向下的方向为正，并以 OZ_w 轴为横轴，指向飞机右侧的方向为正，画出的直角坐标即为风坐标，如图 10-17 虚线箭号所示。在图中，风坐标的横轴与体坐标的横轴，也就是 OZ_w 轴与 OZ_b 轴，两者彼此重合。风坐标系统（速度坐标）常用于描述飞机的气动力。

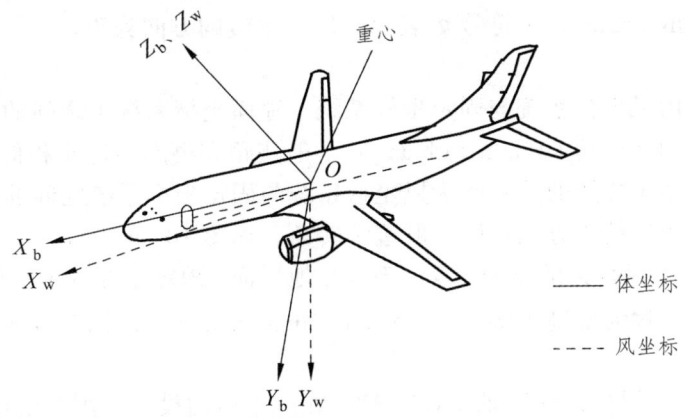

图 10-17　风坐标与体坐标

3．飞机的运动参数介绍

在航空界，通常采用体坐标系统和风坐标系统与固定坐标系统之间的关系来描述飞机飞行姿态与航迹的变化情形。

（1）姿态角。

飞机的姿态角是由体坐标系统与固定坐标系统（地面坐标系统）之间的关系来确定的，它们之间的夹角就是飞机的姿态角（Attitude angle），又称为欧拉角（Euler angle）。描述飞机姿态角的有俯仰角、偏航角以及滚转角，如图10-18所示。

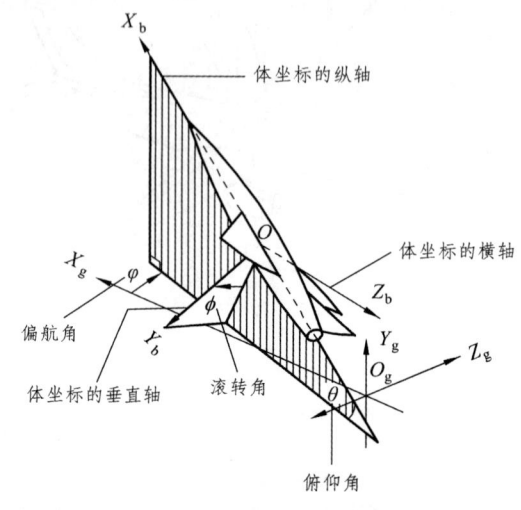

图 10-18　飞机姿态角

① 俯仰角。体坐标的纵轴（OX_b轴）与地平面（固定坐标的水平面，也就是$O_gX_gZ_g$平面）之间的夹角，称为俯仰角（Pitching angle），用符号θ表示，以飞机抬头的方向为正。

② 偏航角。体坐标的纵轴（OX_b轴）在地平面的投影与固定坐标O_gX_g轴之间的夹角，称为偏航角（Yawing angle），又称方位角（Track azimuth angle），用符号φ表示，以右偏航的方向为正。

③ 滚转角。体坐标的垂直轴（OY_b轴）与包含纵轴（OX_b轴）的垂直平面之间的夹角，称为滚转角（Rolling angle），用符号Φ表示，以右滚转的方向为正。

（2）航迹角。

飞机的航迹角由风坐标系统与固定坐标系统（地面坐标系统）之间的关系确定。它们之间的夹角就是飞机的航迹角（Flight path angle），航迹角和姿态角定义相似，只不过将机体坐标系统与固定坐标系统之间的关系改为风坐标系统与固定坐标系统之间的关系。描述飞机航迹角的有航迹倾斜角、航迹方位角以及航迹滚转角，如图10-19所示。

① 航迹倾斜角。风坐标的纵轴（OX_w轴）与地平面（固定坐标的水平面，也就是$O_gX_gZ_g$平面）之间的夹角，称为航迹倾斜角（Track inclination angle），用符号γ表示，以飞机向上飞时为正。

② 航迹方位角。风坐标的纵轴（OX_w轴）在地平面的投影与固定坐标O_gX_g轴之间的夹角，称为航迹方位角（Track azimuth angle），用符号χ表示，以风坐标纵轴在地平面的投影向右偏转的方向为正。

③ 航迹滚转角。风坐标的垂直轴（OY_w 轴）与包含纵轴（OX_w 轴）的垂直平面之间的夹角，称为航迹滚转角（Track rolling angle），用符号 μ 表示，以飞机向右倾斜的方向为正。

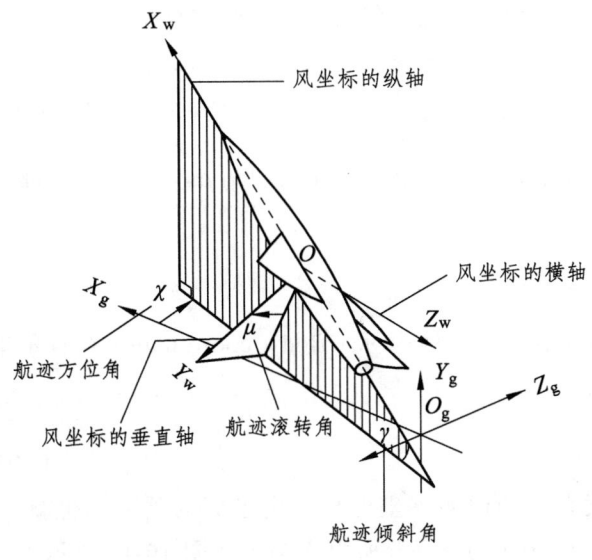

图 10-19　飞机航迹角

4．飞机飞行的气动角

飞机飞行的气动角是指体坐标与风坐标之间的角度，也就是飞机和相对气流之间的角度，亦即本书在第 9 章的内容中介绍的迎角与侧滑角，如图 10-20 所示。

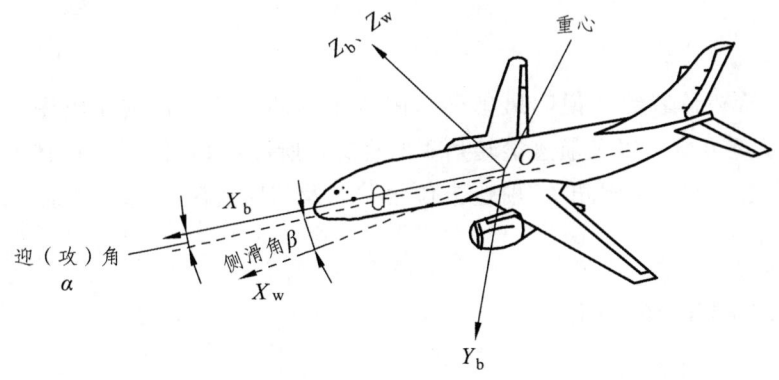

图 10-20　飞机气动角（体坐标与风坐标关系）

（1）迎角。

不考虑机翼安装角，也就是假设机翼安装角为 0° 的情况下，飞行速度向量在飞机对称面（OX_bY_b）上的投影与体坐标的纵轴（OX_b 轴）之间的夹角，称为迎角（Angle of attack，AOA），用符号 α 表示，并以体坐标的纵轴（OX_b 轴）的速度向量在飞机对称面上投影的上方为正。从迎角的定义，我们可以知道迎角就是体坐标的纵轴（OX_b 轴）与速度坐标的纵轴（OX_w 轴）在飞机对称面（OX_bY_b）投影的夹角。根据迎角 α、俯仰角 θ 以及航迹倾斜角 γ 的定义，可以得到 $\alpha = \theta - \gamma$。

（2）侧滑角。

所谓侧滑角（Sideslip angle）就是体坐标的纵轴（OX_b轴）与速度坐标的纵轴（OX_w轴）之间的夹角，以飞行速度（相对气流）在飞机对称面（OX_bY_b）的右边为正。依据侧滑角β、偏航角（方位角）φ以及航迹方位角χ的定义，可以得到$\beta=\chi-\varphi$。

5．体坐标与风坐标重合的时机

从前面的内容可以知道，飞机飞行时，如果迎角α与侧滑角β都等于0°，则体坐标与风坐标彼此重合。

【例 10-4】

从固定直角坐标的观点，说明体坐标（Body coordinate）在直角坐标中代表的意义，并绘图表示。

【解答】

本题主要是希望读者绘图说明体坐标与固定坐标的关系，也就是绘图说明飞机姿态角（俯仰角、偏航角以及滚转角）的意义。所以先画出如图10-18所示坐标系，并根据前面内容所述"俯仰角""偏航角"以及"滚转角"的意义说明之。

【例 10-5】

从固定直角坐标的观点，说明风坐标（Wind coordinate）在直角坐标中代表的意义，并绘图表示。

【解答】

本题主要是希望读者绘图说明风坐标与固定坐标的关系，也就是绘图表示飞机航迹角（航迹倾斜角、航迹方位角以及航迹滚转角）的意义。所以先画出如图10-19所示坐标系，并根据前面内容所述"航迹倾斜角""航迹方位角"以及"航迹滚转角"的意义说明之。

【例 10-6】

试述上仰角与爬升角的关系。

【解答】

本题主要是希望读者说明飞机向上飞行时，俯仰角与航迹倾斜角的关系。假设机翼安装角为0°，所谓上仰角是指飞机向上飞行时，体坐标的纵轴与固定坐标的水平面之间的夹角，用符号θ表示。所谓爬升角是指飞机向上飞行时，风坐标的纵轴与固定坐标的水平面之间的夹角，用符号γ表示。上仰角与爬升角之间的夹角，称为迎角，用符号α表示，表示为$\alpha=\theta-\gamma$。

【例 10-7】

以固定直角坐标的3个轴（X_g，Y_g，Z_g）的方式，分别讨论体坐标与风坐标代表的意义，并绘图表示。在何种飞行条件下，体坐标与风坐标合而为一？

【解答】

（1）本题主要是希望读者绘图说明体坐标、风坐标和固定坐标间的关系，也就是绘图表示飞机的姿态角、偏航角和气动角的意义与彼此之间的关系。

（2）如图10-21所示，固定坐标（$O_g X_g Y_g Z_g$）是以地面的固定位置为参照画出的直角坐标。体坐标是以飞机本身为参照，飞机设计轴指向机头方向为纵轴（OX_b轴），并以纵轴为基准画出的直角坐标。此坐标中，纵轴以指向机头、垂直轴（OY_b轴）以指向下方、横轴（OZ_b轴）以指向飞机右侧的方向为正。风坐标也是以飞机本身为参照，但是以飞行速度方向平行的直线为纵轴（OX_w轴），并以纵轴为基准画出的直角坐标。此坐标中，纵轴是以飞行的速度方向、垂直轴（OY_w轴）以指向下方、横轴（OZ_w轴）以指向飞机右侧的方向为正。

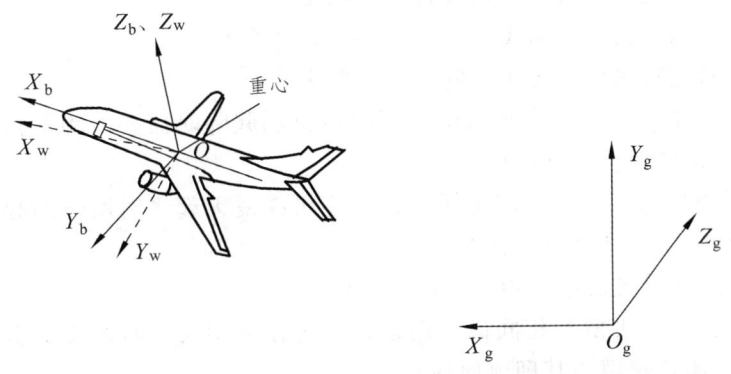

图 10-21　体坐标、风坐标与固定坐标间的关系

（3）体坐标与固定直角坐标之间的关系用于描述飞机的运动姿态，所以体坐标在固定直角坐标3个坐标轴代表的意义就是飞机飞行的姿态角，也就是俯仰角、偏航角与滚转角。风坐标与固定直角坐标之间的关系用于描述飞机的航迹，所以风坐标在固定直角坐标3个坐标轴代表的意义就是飞机飞行的航迹角，也就是航迹倾斜角、航迹方位角与航迹滚转角。

（4）体坐标与风坐标之间的角度差就是飞机飞行时的气动角——"迎角"与"侧滑角"，当迎角与侧滑角都等于0°时，体坐标与风坐标合而为一。

课后练习

（1）飞机在飞行任务中发生意外最多的过程是什么？说明其原因。
（2）飞机在起飞过程中有几个阶段以及起飞距离的定义是什么？
（3）飞行员在起飞过程中发动机发生故障时如何处置？
（4）固定的角度持续爬升与阶段式爬升哪种爬升方式较节省时间？
（5）固定的角度持续爬升与阶段式爬升两种爬升方式的优缺点是什么？
（6）巡航的定义是什么？
（7）巡航速度的定义是什么？
（8）巡航速度可分成远航速度与久航速度，其定义与差别是什么？
（9）空中待命的定义与时机是什么？
（10）飞机在着陆过程中有几个阶段以及着陆距离的定义是什么？

（11）飞机为缩短着陆距离可以采取哪些措施？
（12）盘旋的定义和执行时机是什么？
（13）重飞的定义和执行时机是什么？
（14）阵风的定义与种类是什么？
（15）阵风的种类有哪些？其中哪种阵风对飞机飞行安全性影响最大？
（16）在相同风速的情况下，水平阵风与垂直阵风对飞机飞行所造成的影响哪个比较大？
（17）对于小速度大迎角飞行时，如果遇到速度较大的垂直向上的阵风，可能会发生什么飞行危险？
（18）飞机在起飞和着陆的过程中，是逆风起降还是顺风起降？论述其原因。
（19）低空风切的定义与其对飞机飞行的影响是什么？
（20）晴空乱流的定义与其对飞机飞行的影响是什么？
（21）大气的密度对飞机起飞距离的影响是什么？
（22）对相同类型的飞机而言，飞机在高海拔机场起降时需要的跑道长度比在低海拔机场起降时是较长还是较短，其理由何在？
（23）对相同类型的飞机在相同机场而言，飞机在夏天起飞时所需的起飞距离比在冬天起飞时是较长还是较短，其理由何在？
（24）大气的湿度对飞机起飞距离的影响是什么？
（25）对相同类型的飞机在相同机场而言，飞机在潮湿天气时起飞所需的起飞距离比在干燥天气时是较长还是较短，其理由何在？
（26）低能见度对飞机飞行的影响是什么？
（27）浓雾对飞机飞行的影响是什么？
（28）如果根据跑道的道面条件来做区分，机场跑道可以分为哪些类型？
（29）跑道积冰对飞机飞行的影响是什么？
（30）飞机积冰对飞机飞行的影响是什么？
（31）飞行员在着陆过程中如何防范侧风对飞机飞行带来的危害？
（32）俯仰角、偏航角与滚转角的定义是什么？
（33）航迹倾斜角、航迹方位角与航迹滚转角的定义是什么？
（34）体坐标与风坐标之间的角度差有哪些以及两者重合的条件是什么？

第 11 章　飞机机翼及其几何参数

飞机必须要有足够的升力，才能克服自身的重力在空中飞行，而机翼是飞机产生升力的主要部件。飞机在飞行时受到的空气动力（升力和阻力）以及其飞行性能与机翼的几何外形息息相关，这里针对机翼的几何形状、几何参数以及相关气流参数做简单的介绍和说明。

11.1　机翼的几何外形与参数定义

一般而言，机翼的几何外形可以分为机翼平面和翼型剖面的几何外形，两者的几何外形依靠其几何形状和几何参数加以描述。

1．机翼平面的几何外形

（1）机翼平面形状的定义。

这里以飞机的梯形翼为例对机翼平面形状的定义加以说明，所谓机翼的平面形状是指从飞机的上方向下看去，机翼在地平面上的投影形状，如图 11-1 所示。

航空界所指的机翼，依据其意义可以分成全机翼（Full wing）与净机翼（Net wing，又称外露机翼）。从飞机的上方向下看，包含机身的投影部分，是通用的参考面积，往往指的是全机翼面积。净机翼是真实机翼占据的机翼投影部分，也就是全机翼的投影形状扣除机身的投影部分，其机翼面积是指气流真实流过而产生空气动力的面积，也就是真实机翼所占的面积。

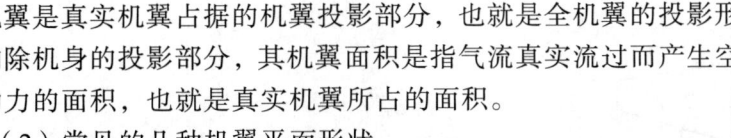

图 11-1　机翼平面形状定义

（2）常见的几种机翼平面形状。

早期飞机的机翼平面形状大多做成矩形，虽然其制造简单，但是飞行阻力较大。为了适应飞行速度的要求，后来又制造出了椭圆翼和梯形翼。随着航空科技与制造技术的进步，飞机的飞行速度逐渐接近或超过声速，相继出现了后掠翼与三角翼等类型，各种常见的机翼平面形状如图 11-2 所示。

（a）矩形翼　　（b）椭圆翼　　（c）梯形翼　　（d）后掠翼　　（e）三角翼

图 11-2　几种常见机翼平面形状

机翼的外形往往决定飞机的速度，矩形机、椭圆翼与梯形翼为低、中亚声速飞机所使用的机翼，飞行速度最多不会超过0.75马赫（甚至更低）。现代民航大型客机则采用后掠机翼。例如波音747，它的巡航速度大约是0.85马赫，为了提高飞机的临界飞行速度（临界马赫数），使飞机在较高速度不受机翼所产生的局部激波的影响下飞行，其采用的就是后掠机翼。如果要突破声障，飞机必须采用新的空气动力外形。其中多选用三角翼以及细长流线型的细腰机身，以便飞机快速地通过跨声速流区域，避免声障的影响。20世纪50年代以来，陆续出现了由上述基本平面形状发展或组合而成的复合机翼，如双三角翼、边条翼与变后掠翼等类型，如图11-3所示。

（a）双三角翼　　　　（b）边条翼　　　　（c）变后掠翼

图11-3　双三角翼、边条翼与变后掠翼外形

变后掠翼飞机在改变后掠角的同时，也可改变机翼展弦比，使飞机不仅可以超声速飞行，更可以在高空以高亚声速巡航，还可以在有限的场地上用较低的速度安全起飞和着陆，所以变后掠翼飞机同时有良好的高速和低速以及高空和低空的飞行性能。为彻底摆脱飞机对机场的依赖，人们一直在研究制造垂直起落的飞机，目前已取得了不错的进展。

（3）描述机翼平面形状的主要参数。

对于机翼平面形状的特性，一般用机翼面积（S）、翼展长度（b）、梯度比（λ）、展弦比（AR）以及后掠角（θ）等参数描述。这里仍然以梯形翼为例，描述机翼平面几何形状的各种参数，如图11-4所示。

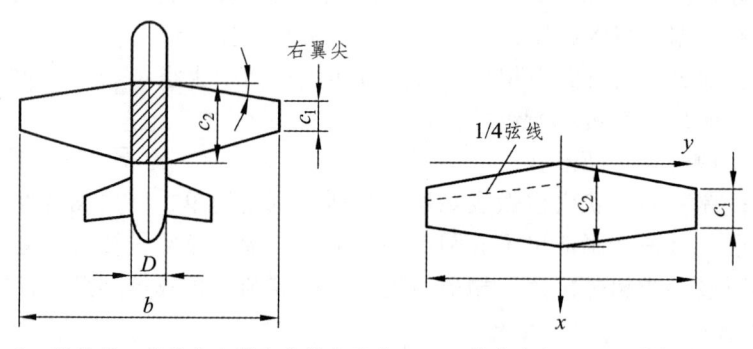

b—翼展长，机翼左右翼尖的横向距离；c_1—翼尖弦长；c_2—翼根弦长。

图11-4　梯形翼几何外形

① 机翼面积。当前缘襟翼、襟翼与副翼等装置全收时，机翼在水平面内的投影，称为机翼面积，用符号S表示。如果没有特别说明，机翼面积是包括机身占据的那一个部分面积，也就是指全机翼面积（Total wing area）。

② 翼展长度。机翼左右翼尖之间的横向距离，叫作翼展长度（Span length），又称展长，用符号b表示。

③ 弦长。机翼前缘至后缘的距离，称为弦长（Chord length），一般用符号 C 表示。如果机翼的形状不是矩形，在机翼各处的弦长都不相同，机翼的弦长，是展向位置 y 的函数。此时，必须采取平均弦长（Mean chord length）的概念来描述机翼平面形状的特性，而平均弦长又可以分为几何平均弦长与平均空气动力弦长。

a. 几何平均弦长。机翼弦长在翼展上的长度平均值称为几何平均弦长（Geometric mean chord length），用符号 $\bar{C}$ 表示。其计算式为 $\bar{C}=\dfrac{S}{b}$。式中，$\bar{C}$ 为几何平均弦长，S 为机翼面积，b 为翼展长度。

b. 平均空气动力弦长。与实际机翼面积相等，气动力矩特性相同的当量矩形机翼的弦长称为平均空气动力弦长（Mean aerodynamic chord length），用符号 C_A 表示，它是计算空气动力中心位置与纵向力矩系数所常用的基准弦长，计算公式为 $C_A=\dfrac{2}{S}\int_0^{\frac{b}{2}}C^2(y)\mathrm{d}y$。

④ 梯度比。飞机机翼的翼尖弦长与翼根弦长的比值称为梯度比（Taper ratio），用符号 λ 表示。其计算公式为 $\lambda=\dfrac{C_1}{C_2}$。式中，λ 为梯度比，C_1 为翼尖弦长，而 C_2 为翼根弦长。一般机翼梯度比的范围是 0～1。

⑤ 展弦比。机翼的翼展长度与几何平均弦长之比值称为展弦比（Aspect ratio），用符号 AR 表示，计算公式为 $AR=\dfrac{b}{\bar{c}}=\dfrac{b^2}{b\bar{c}}=\dfrac{b^2}{S}$。式中，$b$ 为翼展长度，$\bar{C}$ 为几何平均弦长，S 为机翼面积，其值为飞机的翼展长度与几何平均弦长乘积，也就是 $S=b\times\bar{C}$。一般机翼展弦比的范围是 2～12。

⑥ 后掠角。机翼前缘、后缘以及 1/4 翼弦点连线与 y 轴之间的夹角称为后掠角（Sweepback angle），用符号 θ 表示。现代民航大型客机的机翼均采用梯形及后掠角的设计，其目的是延迟临界马赫数，减少或避免激波阻力带来的影响。

【例 11-1】

如图 11-5 所示，（a）、（b）与（c）分别为矩形翼、梯形翼以及三角翼的机翼平面，其机翼面积 S、平均几何弦长 $\bar{C}$ 与梯度比 λ 分别是什么？

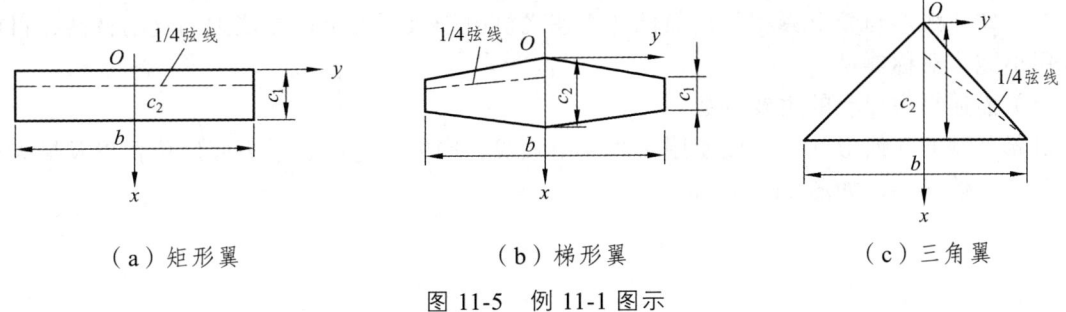

（a）矩形翼　　　　（b）梯形翼　　　　（c）三角翼

图 11-5　例 11-1 图示

【解答】

依题意，矩形翼的机翼面积是 $S=b\times\left(\dfrac{C_1+C_2}{2}\right)=b\times\bar{C}$。因为 $C_1=C_2$，所以矩形翼的平均

几何弦长 $\bar{C} = \dfrac{S}{b} = \dfrac{C_1 + C_2}{2}$，也就是 $\bar{C} = C_1 = C_2$，而梯度比 $\lambda = \dfrac{C_1}{C_2} = 1$。

梯形翼的机翼面积是 $S = b \times \left(\dfrac{C_1 + C_2}{2}\right)$，平均几何弦长 $\bar{C} = \dfrac{S}{b} = \dfrac{C_1 + C_2}{2}$，梯度比 $\lambda = \dfrac{C_1}{C_2} = 1$。

三角翼的机翼平面是 $S = \dfrac{b \times C_2}{2}$，平均几何弦长 $\bar{C} = \dfrac{S}{b} = \dfrac{C_2}{2}$，梯度比 $\lambda = \dfrac{0}{C_2} = 0$。

因此，一般机翼梯度比的范围是 0~1。

2．翼型的几何外形

（1）翼型的定义。

机翼横截剖面形状称为翼型（Wing airfoil），又称为机翼剖面或翼剖面，而翼型的前缘与后缘连线称为翼型的弦线（Chord line），如图 11-6 所示。

（2）常见几种翼型的形状。

人们通过观察鸟类飞行的现象，制造出早期飞机的弓形翼型，就像飞鸟翅膀的剖面，但是这种翼形阻力较大，而且结构复杂，不易制造。经过不断的研究，发展出各种不同形状的翼型，常用翼型有平凸形翼型、双凸形翼型、对称形翼型、圆弧形翼型、菱形翼型等，20 世纪后期，为了消除激波阻力对翼型的影响，陆续出现了高亚声速翼型，例如超临界翼型，如图 11-7 所示。

图 11-6　翼型的定义

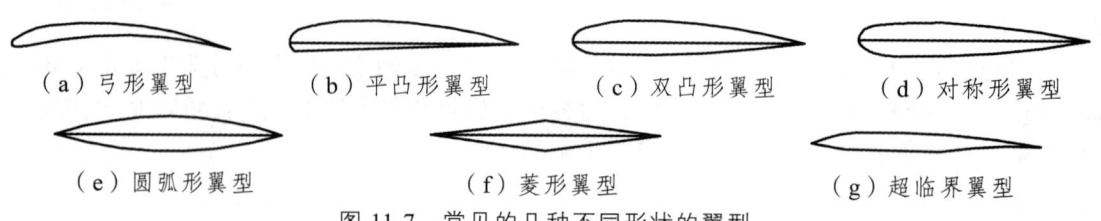

（a）弓形翼型　　（b）平凸形翼型　　（c）双凸形翼型　　（d）对称形翼型

（e）圆弧形翼型　　（f）菱形翼型　　（g）超临界翼型

图 11-7　常见的几种不同形状的翼型

现代低亚声速飞机的机翼大多采用平凸或双凸翼型，部分的现代高亚声速飞机的机翼和各尾翼采用对称翼型。超声速战斗机一般为对称翼型，高超声速飞机要求薄翼型且具有尖锐的前缘，如双弧形与菱形翼型等，而低超声速飞机由于兼顾各个速度范围的气动特性，目前仍采用小钝头对称翼型。

（3）描述翼型形状的主要参数。

机翼翼型的几何形状，一般使用弦线、中弧线、厚度、弯度、最大厚度位置以及最大弯度位置等参数描述，如图 11-8 所示。

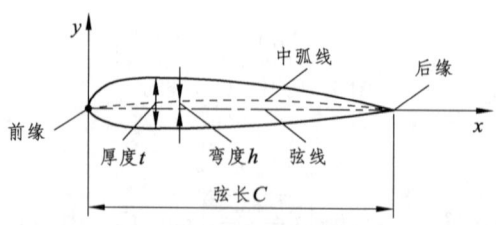

图 11-8　翼型（翼剖面）的名词定义

① 弦线。翼型最前端的一点叫翼型的前缘，最后端的一点叫翼型的后缘。从翼型前缘至后缘的连线称为弦线（Wing chord line），也叫翼弦。翼型前缘至后缘的距离，也就是弦线的长度，称为几何弦长（Geometric chord length），简称弦长（Chord length），用符号 C 表示。

② 中弧线。翼型上下表面垂直线中点的连线称为中弧线（Mean camber line）。

③ 厚度。翼型上下表面在垂直于翼弦方向的距离，称为翼型的厚度（Thickness），用符号 t 表示。在翼型弦向，也就是在图中 x 轴方向，厚度最大者称为该翼型的最大厚度（Maximum thickness），用符号 t_{max} 表示。

④ 弯度。翼型的中弧线与弦线在 y 轴方向之间的距离称为弯度（Camber），用符号 h 表示，在翼型弦向也就是在图中的 x 轴方向，弯度最大者称为该翼型的最大弯度（Maximum camber），用符号 h_{max} 表示。如果以翼型的弦线作为分界线，弦线之上的翼型表面称为上翼面（Upper wing surface），弦线之下的翼型表面称为下翼面（Lower wing surface）。如果上翼面与下翼面相互对称，则称为对称翼型（Symmetrical airfoil）。在对称翼型中，翼型的中弧线与弦线彼此重合，所以翼型的弯度 h 与最大弯度 h_{max} 均为 0。反之，如果翼型的上翼面与下翼面不是相互对称，则称为不对称翼型（Asymmetric airfoil），又称非对称翼型。在不对称翼型中，翼型的中弧线与弦线不重合，所以翼型的弯度 h 与最大弯度 h_{max} 都不为 0，例如弓形翼型、平凸形翼型以及双凸形翼型均为不对称翼型。

⑤ 相对厚度。翼型最大厚度 t_{max} 与弦长 C 的比值称为相对厚度（Relative thickness），通常以百分比表示，也就是翼型的相对厚度为 $\frac{t_{max}}{c} \times 100\%$。

⑥ 最大厚度位置。翼型的最大厚度与翼型前缘在 x 轴方向的距离称为最大厚度位置（Maximum thickness position），用符号 x_{tmax} 表示，通常用百分比表示，也就是翼型的最大厚度位置为 $\frac{x_{tmax}}{c} \times 100\%$。

⑦ 相对弯度。翼型最大弯度 h_{max} 与弦长 C 的比值称为相对弯度（Relative camber），以百分比表示，也就是翼型的相对弯度为 $\frac{h_{max}}{c} \times 100\%$。在对称翼型中，翼型的中弧线与弦线重合，所以相对弯度为 0。由于现代中高速飞机的翼型通常是对称或微弯的，相对弯度为 0%~2%。

⑧ 最大弯度位置。翼型最大弯度与翼型前缘方向之间的距离称为最大弯度位置（Maximum camber position），用符号 $x_{h\,max}$ 表示，通常最大厚度位置为 $\frac{x_{h\,max}}{c} \times 100\%$。

【例 11-2】

如图 11-9 所示，翼型依照上下翼面是否对称，可以分成对称翼型和不对称翼型，对称翼型是上翼面与下翼面对称，如图（a）所示，不对称翼型是上翼面与下翼面不对称，如图（b）所示，对称翼型的弯度 h 与最大弯度 h_{max} 是多少？

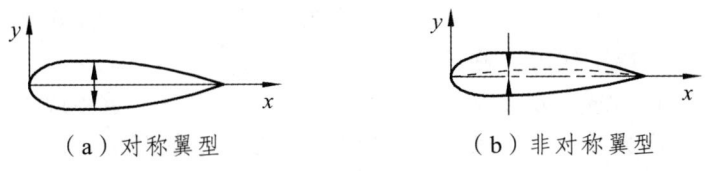

（a）对称翼型　　　　　（b）非对称翼型

图 11-9　例 11-2 图示

【解答】

对称翼型的上下翼面彼此对称,所以翼型的中弧线与弦线重合,翼型的弯度与最大弯度均为 0。

航空小常识

低亚声速飞机的翼型多为具有一定弯度的双凸形,相对厚度为 12%~18%,最大厚度的位置为 30% 左右。随着飞行速度的提高,翼型的相对厚度逐渐减小,最大厚度的位置逐渐向后移。目前民用运输机翼型的相对厚度为 8%~16%,最大厚度的位置为 35%~50%。低速飞机翼型的弯度较大,相对弯度为 4%~6%,最大弯度位置靠前。随着飞行速度的提高,翼型的弯度也逐渐减小,高速飞机为减小阻力,大多采用弯度为零的对称翼型。

11.2 翼型系列的命名方式

翼型形状的几个几何参数中,以相对弯度、最大弯度位置以及最大厚度对翼型的气动特性影响最大。NASA 在 20 世纪初根据它们对翼型命名,分为四位数与五位数命名两种方式。

1. 四位数翼型系列的命名方式

以 NACA1315 为例,如果以四位数的方式命名,其规则说明如下。

(1)第一个数字代表的意义。

在四位数翼型系列的命名方式中,NACA 后第一个数字代表的意义是翼型的相对弯度,以百分比表示,所以第一个数字为 1,即表示翼型的相对弯度为 1%。

(2)第二个数字代表的意义。

在四位数翼型系列的命名方式中,NACA 后第二个数字代表的意义是翼型的最大弯度位置,以弦长的 10 分数比表示,所以第二个数字为 3,即表示翼型的最大弯度位置是弦长的 3/10 倍,也就是 0.3 倍弦长。

(3)第三与第四个数字代表的意义。

在四位数翼型系列的命名方式中,NACA 后第三与第四个数字代表的意义为翼型的相对厚度,以弦长的百分比表示,所以第三数字为 1、第四个数字为 5,代表此翼型的相对厚度是 15%。

2. 五位数翼型系列的命名方式

以 NACA23012 为例,如果以五位数的方式命名,其规则说明如下。

(1)第一个数字代表的意义。

和四位数翼型命名方式相同,在五位数翼型系列的命名方式中,第一个数字代表的是翼型的相对弯度,以百分比表示,所以第一个数字为 2,即表示翼型的相对弯度为 2%。

(2)第二与第三个数字代表的意义。

在五位数翼型系列的命名方式中,NACA 后第二个与第三个数字代表的是翼型的最大弯度位置,以弦长的 200 分数表示。第二个数字是 3,第三个数字是 0,所以翼型的最大弯度位置是弦长的 30/200 倍,也就是 0.15 倍弦长。

(3)第四与第五个数字代表的意义。

在五位数翼型系列的命名方式中,NACA 后第四与第五个数字代表的是翼型的相对厚度,所以在 NACA 后第四数字是 1、第五个数字是 2,代表此翼型的相对厚度是 12%。

【例 11-3】

什么是"NACA 2412 airfoil"?

【解答】

依题意,此命名方式是四位数翼型的命名方式。依其命名的规则可知,在 NACA 后第一个数字为 2,代表此翼型的相对弯度是 2%;第二个数字为 4,代表最大弯度位置是弦长的 4/10 倍,也就是 0.4 倍弦长;第三数字是 1、第四个数字是 2,代表此翼型的相对厚度是 12%。

所以"NACA 2412 airfoil"代表的是相对弯度为 2%、最大弯度位置为弦长的 0.4 倍以及相对厚度为 12% 的不对称翼型。

11.3 翼型迎角的概念

迎角是飞机飞行最重要的气动力角,与飞行性能息息相关,甚至影响飞机的飞行安全,这里再次做重点介绍。

1. 迎角的定义

如图 11-10 所示,迎角是翼型的弦线与来流方向之间的夹角,用符号 α 表示。

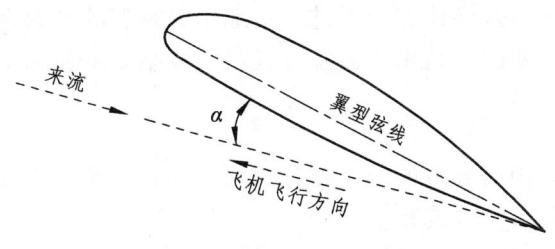

图 11-10 翼型迎角

2. 迎角角度的正负定义

根据翼型的弦线与来流的位置关系,迎角可以分为正迎角、零迎角和负迎角。如果弦线在来流之上,此迎角称为正迎角,如图 11-11(a)所示。翼型的弦线与来流重合时,迎角为 0,称为零迎角,如图 11-11(b)所示。如果弦线在来流之下,此迎角称为负迎角,如图 11-11(c)所示。

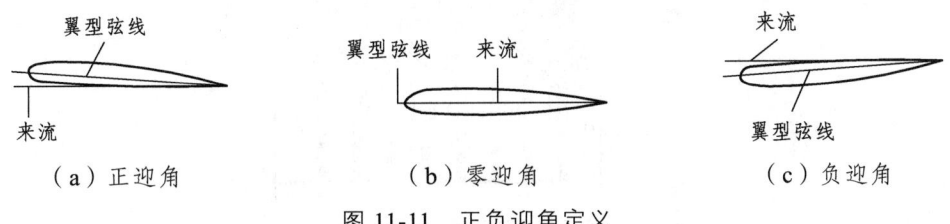

图 11-11 正负迎角定义

飞机在正常飞行时，翼型的迎角一般为正值，且在一定的范围内升力随着迎角的增加而增加。但是当迎角增加到某一个临界值时，飞机的升力急速下降，因而产生飞行上的危险，此现象称为飞机失速（Stall）。开始失速时对应的迎角称为临界迎角（Critical angle of attack）。临界迎角是飞机飞行性能与飞行安全的一个重要指标，关于飞机失速的原因，将于后续章节内容中做进一步说明。

【例 11-4】

何谓临界迎角与临界马赫数？试述两者间的差异。

【解答】

飞机在低迎角的时候，升力随着迎角的增加而增加，但是迎角到达某一角度值时，升力突然下降，产生失速，在飞机开始失速时相应的迎角值即称为临界迎角。由于流经翼型气流的局部加速作用，飞机在接近声速飞行时，只要飞行速度达到某一个速度值，上翼面气流的局部速度就会达到声速，从而产生局部激波，在飞机开始产生局部激波时相应的飞行速度值即称为临界马赫数。临界迎角是指飞机飞行迎角开始失速的临界值，只要飞行迎角到达或超过此临界值就会产生失速；临界马赫数是飞机飞行速度开始产生局部激波的临界值，飞机在接近声速飞行时，只要飞行速度到达或超过此临界值，上翼面的气流就会产生局部激波。

11.4 翼型表面的压力分布

翼型是机翼的基本构造，其升力的产生一直是空气动力学研究的重点，研究指出，升力由翼型上下表面产生的压力差导致。为了进一步地了解翼型的升力来源与特性，探讨翼型上下表面压力分布情况是必要的，其相关实验方式与实验结果叙述如下。

1. 翼型表面压力分布实验介绍

空气流过翼型上下表面所导致的压力变化，可以通过压力分布实验得到，如图 11-12 所示为翼型上下表面压力分布实验装置。

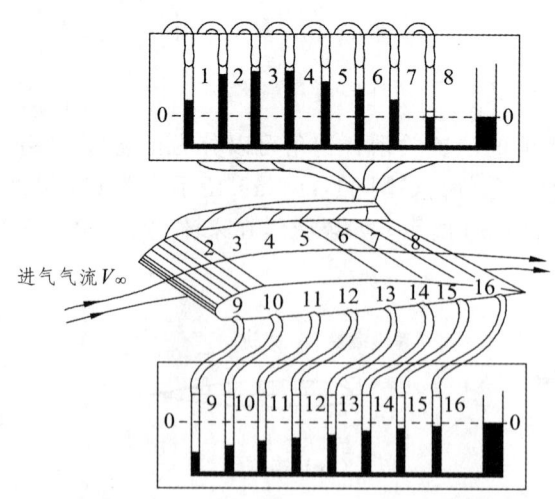

图 11-12　翼型表面压力分布实验装置

在翼型上下表面沿着气流方向各钻一些小孔作为测量点，用软管分别连到多管压力计上。进气气流的流速为零（$V_\infty = 0$）时，在翼型各测量点的压力相同，压力计测得的是当时的大气压力（P_{atm}），每个压力管的液柱高度都在0-0线的位置。气流流经翼型，每个测量点的连接压力管感受到翼型表面压力的变化，压力管的液柱高度有所升降。此时根据各压力管液柱的高度变化，就可以得出测量点的静压（P）的变化。

2．翼型表面压力分布的实验结果分析

在 $\Delta P = P - P_\infty = -\rho g \Delta h$ 中，P 为在翼型表面某测量点的静压；P_∞ 为低速进气的静压，从实验中可以看出其值为当时的大气压力，也就是 $P_\infty = P_{atm}$；ρ 为压力计所用液体的密度；g 为重力加速度（$g = 9.81\text{ m/s}$）；Δh 为压力管内的液柱与0-0线的高度差。如果 $\Delta h > 0$，表示该翼型表面测量点的静压小于 P_∞；如果 $\Delta h < 0$，表示该翼型表面测量点的静压大于 P_∞。从实验中可以看出，气流流经具有一定正迎角的翼型时，上翼面各测量点的压力计液柱的高度都升高（$\Delta h > 0$），而下翼面各测量点压力计液柱的高度都降低，说明上翼面测量点的静压普遍小于低速进气气流的静压，而下翼面静压普遍大于低速进气气流的静压。由于上下翼面的压力差，从而使翼型产生升力。

3．翼型表面压力分布的表示法

为了分析翼型各部分对升力的贡献，我们必须绘出翼型表面的压力分布图。描绘压力分布图的方法有两种：一种是向（矢）量表示法，另一种是坐标表示法。无论何种表示法，都必须使用无因次的压力系数。

（1）压力系数的定义。

压力系数是指流经翼型表面上的气流与进气气流的静压差对气流动压的比值，也就是 $C_P = \dfrac{P - P_\infty}{\frac{1}{2}\rho_\infty V_\infty^2}$。式中，$C_P$ 为压力系数，P 是在翼型表面上测量点的静压，P_∞ 为进气气流的静压，通常设定为当时的大气压力，即 $P_\infty = P_{atm}$。ρ_∞ 为进气气流的密度，因为流速都小于0.3马赫，所以气流的密度可以视为不可压缩流体，通常设为 $\rho_\infty = 1.225 \text{ kg/m}^3$，也就是标准大气的密度值。$V_\infty$ 为气流的速度。根据伯努利方程式 $P_\infty + \frac{1}{2}\rho_\infty V_\infty^2 = P + \frac{1}{2}\rho_\infty V^2$ 与压力系数的定义公式 $C_P = \dfrac{P - P_\infty}{\frac{1}{2}\rho_\infty V_\infty^2}$，我们可以求得各测量点的静压差为 $P - P_\infty = \frac{1}{2}\rho_\infty V_\infty^2 - \frac{1}{2}\rho_\infty V^2 = \frac{1}{2}\rho_\infty(V_\infty^2 - V^2)$，从而 $C_P = \dfrac{P - P_\infty}{\frac{1}{2}\rho_\infty V_\infty^2} = \dfrac{\frac{1}{2}\rho_\infty V_\infty^2 - \frac{1}{2}\rho_\infty V^2}{\frac{1}{2}\rho_\infty V_\infty^2} = 1 - \dfrac{V^2}{V_\infty^2}$。式中，$V$ 是各个测量点的气流流速。根据压力系数计算公式，我们可从各个测量点连接压力管与参考压力管的液柱差，求出静压差，从而得到压力系数值。从压力系数公式中求得各个测量点的气流流速值，这样不仅可以获得翼型表面压力分布，也能够了解翼型表面气流的流速变化。

（2）翼型表面压力分布的向（矢）量表示法。

用带箭头的线段表示压力系数，将实验中各测量点的压力系数画在翼型测量点的法向线，箭头的方向从翼面指向外表示负压力系数（$C_P<0$），箭头自外指向翼面则表示正压力系数（$C_P>0$），线段的长度表示压力系数的大小，然后各测量点的压力系数向（矢）量外端用平滑的曲线连接，就是用向（矢）量法表示的翼型表面压力分布，如图 11-13 所示。

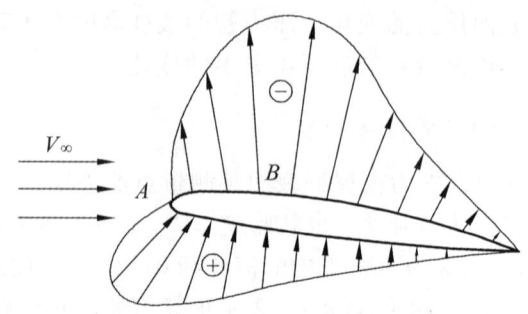

图 11-13　用向（矢）量法表示翼型表面压力分布

负压力系数最大的点是最低压力点，如图中的 B 点。在前缘附近，流速为零，根据压力系数公式 $C_P=1-\dfrac{V^2}{V_\infty^2}$，得到 $C_P=1$，我们称之为前驻点，如图中的 A 点。根据实验，前驻点也是压力最高的点。机翼翼型要产生升力一定满足以下 3 个条件。

① 翼型迎角必须小于临界迎角。当翼型的迎角 α 达到或大于临界迎角 α_{critical} 时，翼型会产生失速现象，从而导致升力迅速下降，甚至发生飞行安全事故。

② 上翼面各点的压力系数为负值。翼型要产生升力，上翼面各测量点的静压必须小于或等于进气气流的静压。根据 $C_P=\dfrac{P-P_\infty}{\dfrac{1}{2}\rho_\infty V_\infty^2}$，$C_{P\text{上翼面}}\leqslant 0$。

③ 下翼面各测量点的平均压力系数值必须大于上翼面。翼型要产生升力，下翼面的平均压力必定大于上翼面的平均压力。根据压力系数的定义公式 $C_P=\dfrac{P-P_\infty}{\dfrac{1}{2}\rho_\infty V_\infty^2}$，可以推得，下翼面各测量点的平均压力系数值 $\overline{C}_{P\text{下翼面}}$ 大于上翼面各测量点平均压力系数值 $\overline{C}_{P\text{上翼面}}$，即 $\overline{C}_{P\text{下翼面}}>\overline{C}_{P\text{上翼面}}$。

（3）翼型表面压力分布的坐标表示法。根据压力分布实验，以测量点与前缘的横向距离 x 与翼弦弦长 c 的比值 $\left(\overline{x}=\dfrac{x}{c}\right)$ 为横坐标，以测量点的压力系数为纵坐标，将翼型各测量点投影在坐标平面上的压力系数值画出。正压力系数（$C_P>0$）在横坐标下方，表示下翼面的压力系数；负压力系数（$C_P<0$）在横坐标上方，表示上翼面的压力系数。各个测量点的压力系数值用平滑的曲线连接起来，就是用坐标法表示的压力分布，如图 11-14 所示。研究指出，气流以低于临界迎角的正迎角流经翼型，升力系数为 $C_L=\int_0^1(C_{P,\text{下翼面}}-C_{P,\text{上翼面}})\mathrm{d}\overline{x}$。

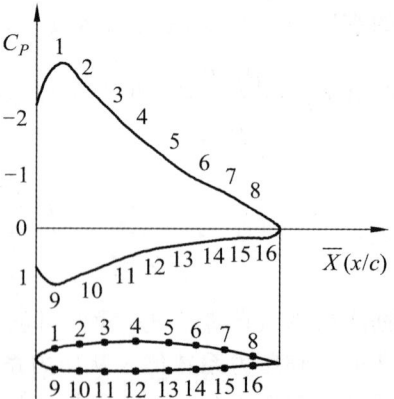

图 11-14　用坐标法表示翼型表面压力分布

在翼型的坐标压力分布中，翼型各部位产生的升力占总升力的比例一目了然。升力大部分依靠上翼面的压力减小，也就是由上翼面的负压力系数值（$C_{P上翼面}<0$）获得。上翼面产生的升力占翼型总升力的 60%~80%。由下翼面形成的升力只占总升力的 20%~40%。不过，如果气流以小迎角流过双凸翼型，下翼面产生的压力也会减小，也就是 $C_{P下翼面}$ 也会成负值，此时下翼面不仅不产生升力，而且起着减小升力的作用。

4．综合讨论

（1）升力产生的原因。

气流以低于临界迎角的正迎角流经翼型时，下翼面静压值大于上翼面，由上下两翼面的压力差产生上举的力量，就是升力。当翼型产生升力时，下翼面各测量点的平均压力系数值必定大于上翼面各测量点的值，也就是 $\bar{C}_{P下翼面} > \bar{C}_{P上翼面}$。

（2）升力的主要来源。

对于平凸形、双凸形与对称形翼型等，当气流以低于临界迎角的正迎角流经翼型时，上翼面产生的升力占总升力的 60%~90%，甚至更多。也就是翼型的升力大部分依靠上翼面的压力减小而获得，上翼面各测量点的静压必定小于或等于进气气流的静压，也就是 $C_{P上翼面} \leq 0$。

（3）翼型表面的压力系数变化对升力的影响。

根据翼型的升力系数公式 $C_L = \int_0^1 (C_{P,下翼面} - C_{P,上翼面}) \mathrm{d}\bar{x}$ 与压力系数定义公式 $C_P = \dfrac{P - P_\infty}{\frac{1}{2}\rho_\infty V_\infty^2}$，我们可以得到如下结论。

① 在上翼面的压力系数对翼型升力系数的影响。从压力系数公式 $C_P = \dfrac{P - P_\infty}{\frac{1}{2}\rho_\infty V_\infty^2}$ 与翼型的升力系数公式 $C_L = \int_0^1 (C_{P,下翼面} - C_{P,上翼面}) \mathrm{d}\bar{x}$ 中可以得知，上翼面的压力减少造成压力系数减少，导致压力系数的负值增加，从而翼型的升力系数增加。反之上翼面的压力增加造成压力系数增加，导致压力系数的负值减少，从而翼型的升力系数减少。

② 在下翼面的压力系数对翼型升力系数的影响。和前面推论的方式相同，从压力系数公式 $C_P = \dfrac{P - P_\infty}{\frac{1}{2}\rho_\infty V_\infty^2}$ 与翼型的升力系数公式 $C_L = \int_0^1 (C_{P,下翼面} - C_{P,上翼面}) \mathrm{d}\bar{x}$ 中可以得知，下翼面的压力增加造成压力系数增加，导致升力系数增加。反之下翼面的压力减少造成压力系数减少，导致翼型的升力系数减少。

因上翼面的负压增加与下翼面的压力增加都导致翼型的升力系数与升力增加，反之翼型上翼面的负压减少与下翼面的压力减少都导致翼型的升力系数与升力减少。

5．普兰特-葛劳尔特定理

在空气动力学的研究中，由于高速风洞价格昂贵且操作时常因安全的问题发生意外，所以通常利用普兰特-葛劳尔特定理将低速风洞的实验数据转换成高速风洞的研究结果。

（1）目的。

如果 Ma 低于 0.3，气流视为不可压缩，ρ = 常数。但是 Ma 高于 0.3 时，不能不考虑压缩性，气流必须当作可压缩流。根据普兰特-葛劳尔特定理可以建立相同翼型在不可压缩流与可压缩流中气动力参数之间的关系，进而得到气流的压缩性或流速对相同翼型的影响。

（2）公式。

根据普兰特-葛劳尔特定理，在翼型迎角低于临界迎（攻）角、气流流速低于临界马赫数的情况下，也就是不考虑翼型失速、局部激波造成的影响状况下，薄翼翼型在中小迎角可以用 $C_{P,可压} = \dfrac{C_{P,不可压}}{\sqrt{1-Ma^2}}$ 做近似计算。此计算公式即为普兰特-葛劳尔特公式（Prandtl-Glauert Equation）。式中，$C_{P,可压}$ 为可压缩流中翼型表面各点的压力系数，$C_{P,不可压}$ 为不可压缩流中翼型表面各点的压力系数，Ma 为气流马赫数。

（3）推论。

根据普兰特-葛劳尔特公式，我们进一步地推论升力系数在可压缩流与不可压缩流的关系以及其与气流流速的关系。

① 升力系数在可压缩流与不可压缩流中的关系。翼型的升力系数公式为 $C_L = \int_0^1 (C_{P,下翼面} - C_{P,上翼面}) d\bar{x}$，根据普兰特-葛劳尔特公式，我们可以得出升力系数在可压缩流与不可压缩流中的关系为 $C_{L,可压} = \dfrac{C_{L,不可压}}{\sqrt{1-Ma^2}}$。

② 升力系数和压力系数与飞机飞行速度的关系。在翼型迎角低于临界迎（攻）角、气流流速低于临界马赫数的情况下，可压缩流与不可压缩流中翼型的压力系数与升力系数的关系式分别为 $C_{P,可压} = \dfrac{C_{P,不可压}}{\sqrt{1-Ma^2}}$ 与 $C_{L,可压} = \dfrac{C_{L,不可压}}{\sqrt{1-Ma^2}}$。因为气流流速低于临界马赫数，所以气流为亚声速，这样 $1-Ma^2 < 1$。气流马赫数越大，$1-Ma^2$ 的值越小。因此，可以推论，对于同样翼型的飞机，如果不考虑失速且在相同迎角的情况下，以亚声速飞行时，Ma 越大，压力系数（C_P）与升力系数（C_L）越大。

【例 11-5】

在低速风洞中，如果气流的流速小于 0.3 马赫，翼型前驻点的压力系数 C_P 值是多少？

【解答】

因为气流的流速小于 0.3 马赫，压力系数公式 $C_P = \dfrac{P - P_\infty}{\dfrac{1}{2}\rho_\infty V_\infty^2}$ 可以转换成 $C_P = 1 - \dfrac{V^2}{V_\infty^2}$。根据翼型前驻点的定义，前驻点的流速为 0，所以 $C_P = 1 - \dfrac{V^2}{V_\infty^2} = 1 - \dfrac{0^2}{V_\infty^2} = 1$。

【例 11-6】

普兰特-葛劳尔特定理的目的与公式是什么？

【解答】

普兰特-葛劳尔特定理的目的：求得飞机在飞行迎角低于临界迎角、飞行速度低于临界马赫数时，相同翼型的压力系数在可压缩流与不可压缩流中的关系。其公式：$C_{P,可压} = \dfrac{C_{P,不可压}}{\sqrt{1-Ma^2}}$。

【例 11-7】

在亚声速风洞实验中，当风速 $U_0 = 30$ m/s 时（$M_\infty = 0.088$），在模型翼型上测出某点之压力系数 $C_{P1} = -1.18$，当风速增加到 $U_0 = 240$ m/s，在相同条件下，其马赫数 M_∞ 是多少？并利用普兰特-葛劳尔特定理求出该点压力系数 C_{P2}。

【解答】

因为 $U_0 = 30$ m/s，其马赫数为 $M_\infty = 0.088$，根据 $Ma = \dfrac{V}{a} \Rightarrow 0.088 = \dfrac{30}{a}$，得 $a = \dfrac{30}{0.088} = 340.9$ (m/s)，因此 $U_0 = 204$ m/s $\Rightarrow M_\infty = \dfrac{V}{a} = \dfrac{204}{340.9} = 0.598$。

又因为根据普兰特-葛劳尔特定理 $C_{P,可压} = \dfrac{C_{P,不可压}}{\sqrt{1-Ma^2}}$，所以 $C_{P2} = \dfrac{-1.18}{\sqrt{1-0.598^2}} = \dfrac{-1.18}{0.8} = -1.457$。

11.5　升力系数与阻力系数

翼型的升力系数与阻力系数是描述翼型空气动力常用的两个无因次系数，其定义如下。

1．升力系数的定义

翼型升力系数的定义公式为 $C_L = \dfrac{L}{\frac{1}{2}\rho V_\infty^2 \times C \times 1}$。式中，$C_L$ 为升力系数，L 为单位翼展长度面积时的升力，$\frac{1}{2}\rho V_\infty^2$ 为气流产生的动压，C 为翼型的弦长。而 1 为单位翼展长度，所以 $C \times 1$ 为单位翼展长度时的机翼面积。

2．阻力系数的定义

翼形阻力系数的定义公式为 $C_D = \dfrac{D}{\frac{1}{2}\rho V_\infty^2 \times C \times 1}$。式中，$C_D$ 为阻力系数，D 为单位翼展长度面积时的阻力。

3．机翼的升力与阻力公式

机翼升力与阻力的计算公式分别为 $L = \dfrac{1}{2}\rho V_\infty^2 C_L S$、$D = \dfrac{1}{2}\rho V_\infty^2 C_D S$，前者称为升力公式，

后者称为阻力公式。式中，S 为机翼面积。从升力与阻力公式中，可以看出升力和阻力与气流密度、飞行速度、机翼的面积成正比。升力增加，阻力也增加，所以机翼升力与阻力息息相关。

11.6 机翼的设计原则与影响升力和阻力的因素

1．机翼的设计原则

根据升力公式 $L=\frac{1}{2}\rho V_\infty^2 C_L S$ 与阻力公式 $D=\frac{1}{2}\rho V_\infty^2 C_D S$，可知飞机的飞行速度 V_∞ 越低，升力与阻力越小；飞行速度 V_∞ 越高，升力与阻力越大。轻小型飞机（低亚声速飞机）由于速度低，设计机翼时必须确保足够的升力。但是随着航空科技的发展，飞机的飞行速度越来越高，获得所需的升力已经不成问题，因此设计高亚声速飞机机翼时，设计的重点不在于升力，而是着重于减少阻力、提升飞行性能以及减少飞行耗油率。

2．影响升力与阻力的因素

（1）空气密度造成的影响。

空气密度受到湿度、飞行的高度与温度的影响。空气的湿度越大、飞行的高度越高以及空气的温度增加，都使空气密度减小，所以在潮湿、炎热的天气或者海拔较高的机场起飞时，要达到起飞所需升力，就必须加大离地的起飞速度，可以使用较长的跑道加速。在其他条件不变的情况下，飞行高度越高，空气的密度越小，飞行的升力与阻力就越小。轻小型飞机因为速度低，为确保飞行时获得足够的升力，多在离地十几米的高度飞行。随着飞行速度的增加，升力已经不成问题，为了减少飞行阻力，飞机的巡航高度随着飞行速度的增加而升高。中小型客机在数千米的高度中飞行，大型客机则在平流层底部飞行，战斗机的最大飞行高度可达到 20 km。当然飞行的高度也与动力装置有关，因为属于航空发动机范畴，这里不做讨论。

（2）飞行速度造成的影响。

升力与阻力的大小与飞行速度的平方成正比，飞机顺风飞行时，来流的速度与风的速度相互抵消，飞机逆风飞行时，来流的速度与风的速度相互叠加，因此飞机一般采用逆风的方式起飞和着陆，以缩短起飞和着陆时的滑跑距离。

（3）机翼面积的影响。

根据公式，升力 L 和阻力 D 与机翼面积 S 成正比，加大机翼的面积虽然可以增加升力，但是同时也增加阻力。早期飞机的飞行速度很低，为获得所需升力，往往采用矩形翼或梯形翼，甚至采用双机翼。随着飞行速度的提高，飞行升力已不再是问题，如何减少飞行阻力反而成了设计重点，机翼面积随着飞行速度的增加逐渐减少，超声速飞机甚至采用小面积的三角翼来减少飞行阻力。

（4）升力系数和阻力系数造成的影响。

升力与阻力系数越大，翼型的升力和阻力也就越大。而升力与阻力系数又与翼型的相对厚度、最大厚度位置、弯度以及迎角有关。相对厚度较大、最大厚度位置靠前的翼型可以使流过上翼面的气流迅速加速，压力下降，因此得到较大的升力系数。加大翼型的弯度，适当地将最大弯度位置前移，也可以提高最大升力系数。但是增加翼型的厚度与弯度的同时，翼型的阻力系数也加大。根据前面所述机翼设计原则，低速飞行的飞机，在设计机翼时，必须确保获得足够的升力，所以低速机翼多采用平凸型或双凸型翼型等相对弯度和相对厚度较大，或最大弯度位置与最大厚度位置靠前的不对称翼型。随着飞行速度的提高，设计机翼时必须侧重于减少阻力，所以高速飞机多采用相对厚度较小与最大厚度位置靠后的翼型或相对弯度为零的对称薄翼。

11.7 机翼与机身的安装角度与位置

机翼是飞机产生升力的主要部件，安装在机身上，机翼的翼根就是飞机机翼和机身相连接的部分。翼尖就是机翼的最外沿部分，也就是机翼末端最窄的部分，如图11-15所示。

图 11-15 机翼翼尖与翼根位置

翼根承受着机身的重力和机翼升力产生的弯矩，是机翼受力最大的部位，也是结构强度最大的部分。机翼与机身用接头连接，由于机翼两端都由若干个相等的缓冲片组成的，如果直接焊接，缓冲片就不能自如进行上下的缓冲、保持机身的平衡和平稳。翼根处有整流罩，不仅能够减少飞行阻力，而且整流罩内的空间可用来安置起落架、空调等设备。机翼和机身的相对角度，可用安装角、上下反角以及扭转角来描述，依照机翼和机身安装的相对位置可将飞机分成上单翼、中单翼与下单翼3种类型。

1. 机翼相对于机身的角度

机翼与机身的安装角、上下反角以及扭转角的定义如下。

（1）安装角。

如图11-16所示，机翼安装在机身上时，翼根的翼型弦线与机身轴线之间的夹角，称为安装角（Mounting angle），用符号φ表示。

安装角的大小应依照飞机最主要的飞行姿态来确定。例如以巡航姿态为主的运输机，考虑减小阻力，安装角一般取$3°\sim4°$。

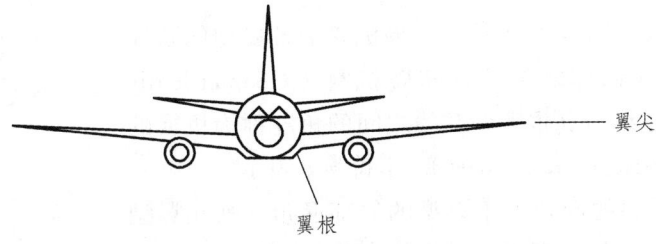

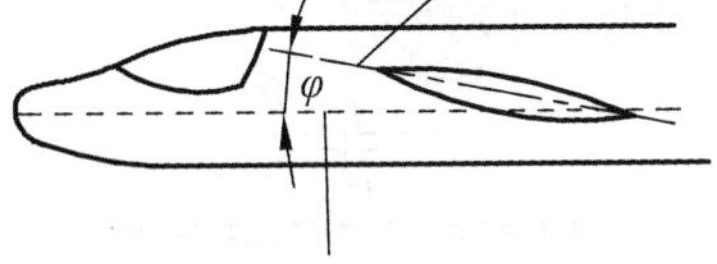

图 11-16 安装角

（2）上下反角。

如图11-17所示，将机身水平放置，机翼基准面与水平线的夹角，称为反角，用符号ψ表示。从飞机侧面看，如果翼尖上翘，就叫上反角，$\psi>0$。反之，如果翼尖下垂，就叫下反角，$\psi<0$。

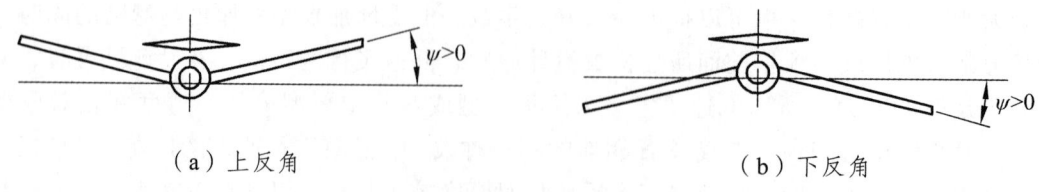

(a) 上反角　　　　　　　　　　　　(b) 下反角

图 11-17　上下反角

（3）扭转角。

机翼翼根到翼尖的翼展方向可以做很多的剖面，也就是说飞机的机翼由许多翼型（翼剖面）构成。机翼扭转是一种比较常见的机翼设计，其主要目的是降低诱导阻力，改善升力分布，防止翼尖失速（梯形或后掠机翼的飞机飞行时，在翼尖处最先失速）。根据机翼扭转的方式可以分为几何扭转和气动扭转两种方式。

① 几何扭转。如图 11-18 所示，如果机翼中各翼型的弦线不在同一平面内，我们称之为几何扭转机翼（Geometrically twisted wing），翼型弦线与翼根翼型弦线之间的角度称为机翼的几何扭转角（Geometric angle of twist），用符号 ϕ 表示。

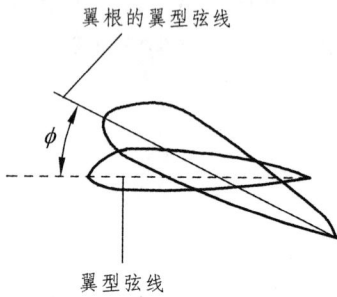

图 11-18　机翼几何扭转

在图中，如果翼根的迎角大于翼型的局部迎角，则此翼型的扭转角为正。反之，如果翼根的迎角小于翼型的局部迎角，则此翼型的扭转角为负。如果沿翼展方向的局部迎角从翼根到翼尖是减少的，则此机翼扭转称为外洗，机翼扭转角为负；反之，机翼扭转为内洗，机翼扭转角为正。在后掠机翼上，通常将翼尖相对于翼根向下扭转，使翼尖的局部迎角减少，也就是负扭转，这样使得翼尖部分的升力降低，从而防止翼尖先失速。

② 气动扭转。有的机翼，虽然各翼型的翼弦都在同一平面上，也就是机翼上并没有几何扭转，但是沿着机翼翼展方向却采用了不同弯度的非对称翼型。从空气动力的角度看，它实际上与几何扭转的作用相同，也具备控制翼展方向升力分布的功能，以防止翼尖先行失速，这种设计方式称为气动扭转（Pneumatic torsion）。气动扭转机翼中翼型气动扭转角（Pneumatic torsion angle）的定义为该翼型的零升力迎角（Zero lift angle of attack）与翼根翼型的零升力迎角间的差值。实际机翼常见的是气动扭转，或者与几何扭转合并使用。

2．机翼相对于机身的位置

根据机翼安装在机身的不同位置，通常可以将飞机分成上单翼、中单翼与下单翼 3 种，如图 11-19 所示。

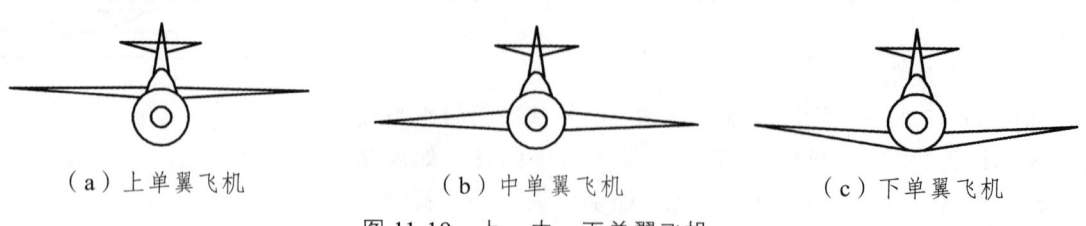

(a) 上单翼飞机　　　　　　(b) 中单翼飞机　　　　　　(c) 下单翼飞机

图 11-19　上、中、下单翼飞机

一般而言，中单翼飞机由于机翼和机身的连接时，机翼的翼梁会穿过机身，因而占用机身的内部空间并影响飞机的载重能力，所以不被民用机采用。民用客机基本采用下单翼，这样可以遮蔽发动机所发出的巨大噪声，从而降低机舱内的噪声，提供给乘客较舒适的飞行环境。同时又因为机翼与机翼下的发动机距离地面比较近，可以方便维修人员维修与保养。但是由于机身离地高时，人货上下不便，同时发动机离地面太近，在飞机起降时会吸入跑道表面的沙石冰雪，造成发动机的外物损伤，并且对地面人员不安全。因此，运输机一般采用上单翼，其具有货物容易安装、吸入异物风险小，同时可以提供更多的翼下空间方便悬挂更大的发动机的优点。

课后练习

（1）如何描述机翼的几何外形？
（2）全机翼（Full wing）与净机翼（Net wing）的定义与差异是什么？
（3）梯度比（λ）、展弦比（AR）的定义是什么？
（4）弦线、中弧线与弯度的定义是什么？
（5）五位数翼型系列 NACA23012 代表的意义是什么？
（6）什么是迎角？如何判断迎角的正负？
（7）临界迎角的定义是什么？
（8）压力系数的定义与物理意义是什么？
（9）上翼面的压力系数对翼型升力系数的影响是什么？
（10）翼型要产生升力的条件是什么？
（11）使用普兰特-葛劳尔特定理转换的目的与假设是什么？
（12）普兰特-葛劳尔特定理公式是什么？
（13）为什么要逆风高飞？
（14）什么是翼型的升力系数与阻力系数？
（15）机翼升力与阻力的计算公式是什么？
（16）飞机的飞行高度与飞行所受升力与阻力的关系是什么？
（17）为什么轻型飞机多在离地十几米的高度飞行？
（18）试解释飞机在逆风起飞比顺风起飞所需起飞跑道距离较短的原因。
（19）机翼扭转设计的主要目的是什么？
（20）在后掠翼上机翼负扭转的主要功用是什么？
（21）中单翼飞机不被民用机采用的理由是什么？
（22）民用客机采用下单翼设计的理由是什么？
（23）运输机一般采用上单翼设计的理由是什么？

第 12 章 翼型的空气动力特性

物体只要与空气产生相对运动,空气就会对它产生作用力,这些作用力就是空气动力。飞机的升力与阻力统称为空气动力,它是评估飞机飞行性能的主要依据,也是分析飞机平衡、稳定和操纵原理的重要基础。虽然飞机由机翼、机身与尾翼等多个部件组成,但是飞行时产生的空气动力特性主要取决于机翼,而翼型又是构成机翼的基本结构。所以翼型直接影响机翼的空气动力特性,从而影响整架飞机的飞行性能、稳定与控制。本章针对翼型的空气动力特性进行描述与说明。

12.1 翼型的空气动力

翼型的空气动力(Aerodynamic force)是指作用在翼型的升力与阻力,简称为翼型的气动力。

1. 翼型空气动力基础

翼型的空气动力特性以气体流过无限翼展的矩形机翼为假设条件,也就是假设矩形机翼长度为无限大的情况下获得的研究结果。因为无限翼展的矩形机翼所有剖面(翼型)的上下表面压力变化与翼面所受剪切力均相同,所以每个翼型的空气动力也都相同,这样研究翼型的气动力特性时,不考虑机翼弦长差异、机翼扭转、机翼后掠以及翼尖效应等因素造成的三维效应。简单地说,假设流过翼型的气流是二维的,因此翼型空气动力理论,又称为二维机翼空气动力理论。无限翼展的矩形机翼如图 12-1 所示。

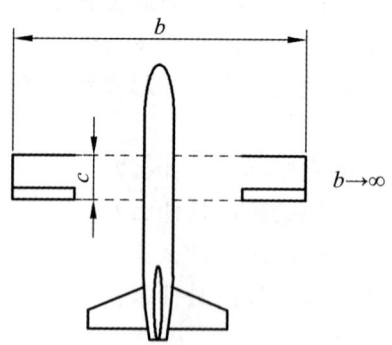

图 12-1 翼型空气动力研究基础

2. 翼型气动力特性的实验装置

风洞(Wind tunnel)是研究翼型空气动力特性的实验装置。低速风洞实验时,进气气流由水平方向吹入测试段，翼型最初水平放置，而实验过程中翼型头部逐渐抬起，翼型弦线和水平线的夹角即为迎角。如果翼型弦线在水平线（进气气流）之上，则迎角为正；反之，迎角为负。风洞实验如图 12-2 所示。

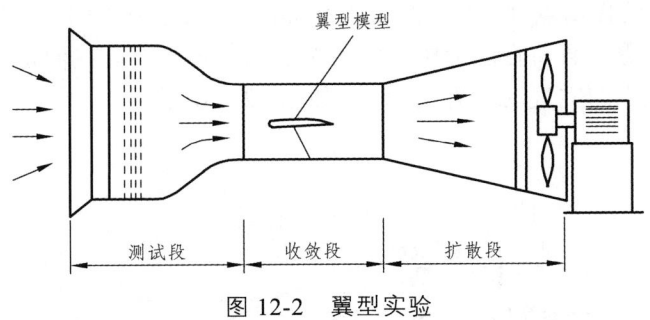

图 12-2 翼型实验

3．空气动力分量与力矩

空气动力和力矩由分布在翼型上、下表面的压力与表面剪切力引起，分别以符号 R 与 M_{LE} 表示，如图 12-3 所示。

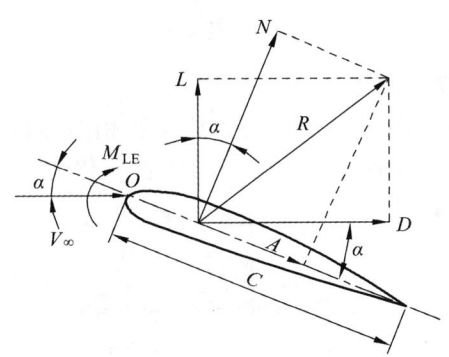

图 12-3 翼型的空气动力与力矩

（1）翼型的空气动力分量。

从图中可以看出，翼型的空气动力 R 可以分解为垂直于弦线方向的法向力 N 与平行于弦线方向的轴向力 A，也可以分解成垂直于相对气流方向的升力 L 和平行于相对气流方向的阻力 D。通常使用升力和阻力计算翼型、机翼与飞机的空气动力特性。

（2）翼型的空气动力力矩。

翼型的空气动力力矩是空气动力（升力和阻力）相对于翼型某点的力矩。比较常见的是对翼型前缘取力矩，称为前缘力矩（Leading moment），这里依据惯例规定顺时针方向，也就是使翼型抬头向上的力矩为正，而逆时针的为负，所以图中 M_{LE} 的箭头方向为正向。使飞机机头上仰或下俯的力矩称为俯仰力矩（Pitching moment），与前缘力矩一样，使机头上仰的为正，反之为负。空气动力力矩（简称力矩）是飞行控制的重要参数，在研究飞机平衡、稳定与控制时，通常必须使用这个运动参数。

4．翼型的压力中心与空气动力中心

实验与研究指出，空气动力特性取决于翼型的压力中心和空气动力中心位置以及两者随着迎角的变化。

（1）压力中心的意义。

实际上，翼型的每个点都受到空气动力的作用，它们产生的合力就是空气动力 R。总空气动力 R 可以分解为升力 L 和阻力 D 两个分量，其中升力 L 与来流的方向垂直，阻力 D 与来流的方向平行，R 的作用点称为压力中心（Center of pressure, CP）。因为 R 作用在压力中心上，所以空气动力分布载荷在压力中心的力矩总和为零。因此我们定义压力中心为总空气动力的作用点，在此点的空气动力力矩为 0，如图 12-4 所示。

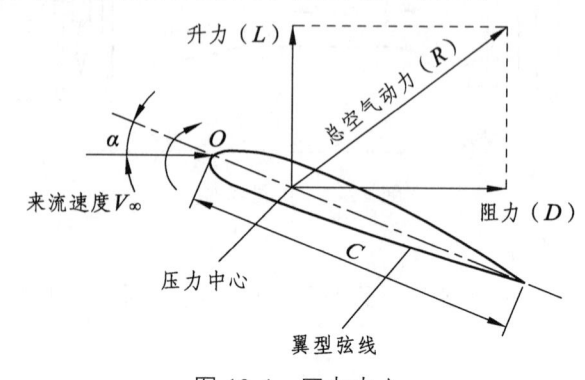

图 12-4　压力中心

（2）迎角对压力中心位置的影响。

如图 12-5 所示以第 11 章向（矢）量表示法说明相同的低速进气气流小于临界迎角情况下，以不同的迎角流经翼型表面时压力中心的位置变化情形。

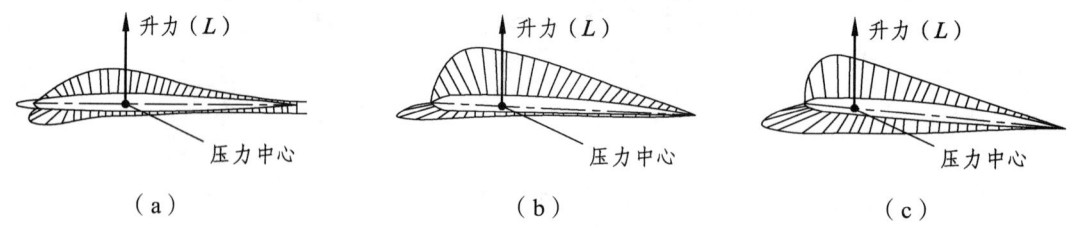

图 12-5　不同迎角的压力中心位置变化

我们可以看出相同的低速气流以一定的迎角流经翼型，压力中心的位置随迎角的增大向前移动，翼型上下表面压力系数（C_P）的差值也随之增加，翼型的升力系数（C_L）也就增加。当迎角增加到特定值，翼型的升力系数达到最大，此时的迎角叫作临界迎角（Critical attack angle），用符号 α_{cr} 表示，而对应的升力系数就叫作最大升力系数（Maximum lift coefficient），用符号 $C_{L\max}$ 表示。当迎角值超过临界迎角，翼型的后缘会产生流体分离的现象，升力系数迅速降低，压力中心位置不仅不再往前，而且向后移动。此时，升力迅速下降的现象称为失速现象。

【例 12-1】

试说明翼型压力中心的定义与其位置随迎角变化的情形。

【解答】

翼型的压力中心是指空气动力合力的作用点，由于翼型的升力和阻力都作用在压力中心上，所以在该点的空气动力力矩为 0。在低速气流以小于临界迎角流经翼型时，压力中心随着迎角的增加逐渐向前移动，在临界迎角时停止移动，而超过临界迎角后，翼型后缘产生的流体分离现象导致失速，这时压力中心不仅不再向前移动，反而有向后移动的趋势。

【例 12-2】

翼型的临界迎角以及最大升力系数的定义是什么？

【解答】

所谓临界迎角是指由小迎角逐渐增加到翼型开始发生失速现象时所对应的迎角值，而最大升力系数则为临界迎角所对应的升力系数值。

（3）空气动力中心的意义。翼型的压力中心随着迎角而改变，也就是压力中心的位置并非固定不变，因此在空气动力学中压力中心并不总是很方便的概念（并非定值）。实验和理论发现，如果不考虑翼型失速，存在一个固定点，在较大迎角范围内，空气动力在该点的力矩保持不变，该固定点称为空气动力中心（Aerodynamic center），又称焦点，如图 12-6 所示。

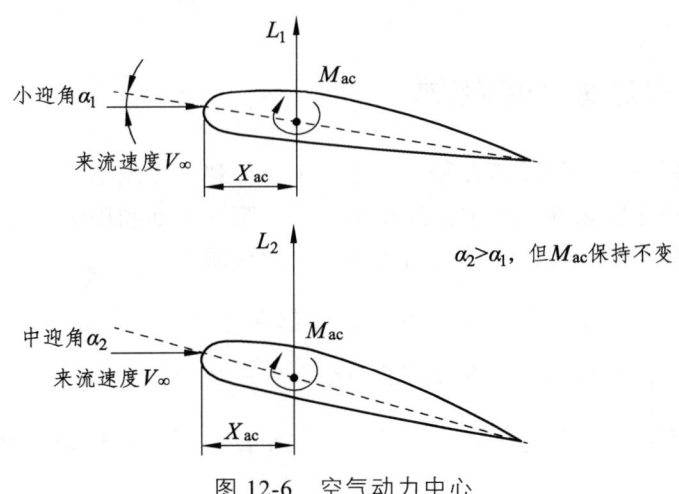

图 12-6 空气动力中心

从图中可知，以空气动力中心为作用点时，力矩大小与迎角无关。因此，我们可以利用 $\dfrac{dM_{ac}}{d\alpha}$ 的特性，求出空气动力中心。式中，M_{ac} 为在空气动力中心时的力矩，α 为翼型弦线与相对气流的夹角，也就是迎角。在低速风洞实验中，空气动力中心的位置大约在翼型 1/4 弦长附近（0.23~0.27）。当然，空气动力中心的位置取决于翼型具体的实际情况，且与飞机飞行速度和流动条件（尤其是雷诺数）有密切的关系。

（4）迎角对空气动力中心与压力中心相对位置的影响。一些人以为压力中心就是空气动力中心（焦点），这是错误的观念。实际上，对于正弯度翼型，压力中心位于空气动力中心（焦点）之后，随着翼型的迎角 α 增加（或升力系数 C_L 增大）而前移，并逐渐向空气动力中心（焦点）靠近，如图 12-7 所示。

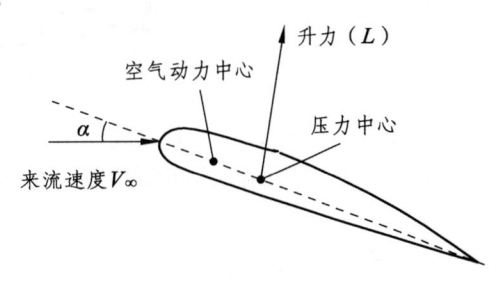

图 12-7 压力中心和空气动力中心的位置

【例 12-3】

试说明翼型压力中心与空气动力中心的定义以及两者相对位置随迎角变化的情形。

【解答】

所谓压力中心是指翼型空气动力合力的作用点,所以该点空气动力力矩的总和为 0,也就是 $M_{ac}=0$,但是其位置会受迎角的影响,也就是压力中心的位置会随着迎角的改变而产生变化。而所谓空气动力中心是指迎角改变时,翼型空气动力增量的作用点,在该点空气动力力矩值不受迎角的影响,也就是满足 $\dfrac{\mathrm{d}M_{ac}}{\mathrm{d}\alpha}$ 条件的作用点。其位置不受迎角的影响,也就是空气动力中心的位置不随着迎角的改变而产生变化。一般而言,亚声速飞机的空气动力中心的位置大约在翼型 1/4 弦长处,而超声速飞机的空气动力中心位置则大约在翼型 1/2 弦长处。

对于正弯度的翼型,压力中心位于空气动力中心之后,且随着迎角的增加,压力中心与空气动力中心的相对距离逐渐缩短,也就是逐渐向空气动力中心靠近。

12.2 升力形成原因的描述

对于飞机升力形成原因的描述大抵有 3 种:第一种利用体流率守恒公式和伯努利方程式来解释;第二种利用库塔条件与凯尔文定理来解释;第三种则利用牛顿三大定律与康达效应来解释。可以视实际状况,任选一种说明飞机升力的形成。

1. 利用体流率守恒公式和伯努利方程式的解释方式

(1) 体流率守恒公式和伯努利方程式的介绍。

本书在第 3 章中已经提及,体流率守恒公式($A_1V_1=A_2V_2$)和伯努利方程式 $\left(P_1+\dfrac{1}{2}\rho V_1^2=P_2+\dfrac{1}{2}\rho V_2^2\right)$。式中,$A_1$、$V_1$ 和 P_1 与 A_2、V_2 和 P_2 分别为是翼型在点 1 与点 2 时流管的截面面积、气流流速与压力;ρ 则为气流的密度,在低速时气流的密度值为常数,如图 12-8 所示。

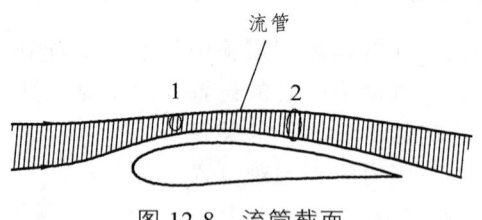

图 12-8 流管截面

从图中可以看出,流管变细,流管截面的截面面积变小,而根据体流率守恒公式和伯努利方程式,流管截面的截面面积减少会造成流经翼面的气流流速增加,从而导致翼面上的压力减少。

(2) 解释方式。

以双凸翼型为例,定性说明机翼翼型升力的产生原理。如图 12-9 所示,气流分成上下两股气流沿着翼型的上下翼面流动,由于有一定的正迎角,上表面又比较凸,所以,上翼面的流线弯曲大,流线变密。流管变细,流经上翼面时的气流流速变快,从而导致气流压力变小。下翼面的流线变疏,流管变粗,流经下翼面时的气流流速减慢,从而导致气流压力增大。翼型上下表面出现压力差,而且下翼面的压力比上翼面的压力大,从而产生一个向上托举的力量,这就是翼型升力(L)的由来。

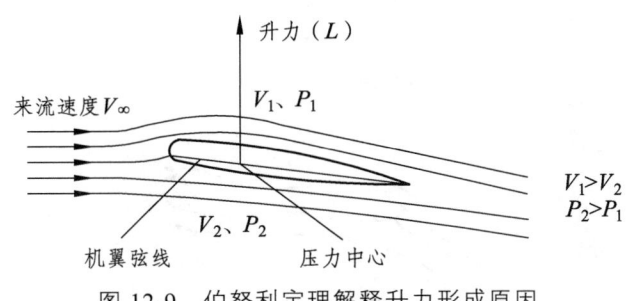

图 12-9　伯努利定理解释升力形成原因

2．利用库塔条件与凯尔文定理的解释方式

(1)库塔条件的介绍。

如图 12-10 所示,对于尖锐尾缘的翼型,低速气流无法由翼型的下表面绕过尾缘而跑到上表面,所以流经上下翼面的气流必定会在后缘会合。如果翼型的后缘夹角 θ 不为 0,则对同一点,沿流线方向不可能有两个速度方向,所以该点的速度必须为 0,也就是 $V_1 = V_2 = 0$,则该点为滞止点,又称为后驻点。如果后缘夹角 θ 为 0,也就是翼型呈平板形状,因为尾缘位置同一点的压力相等,则 $V_1 = V_2 \neq 0$,这个假设条件称为库塔条件(Kutta condition)。库塔条件是假设气体流经翼型时,翼型后缘尖尾处压力相同。

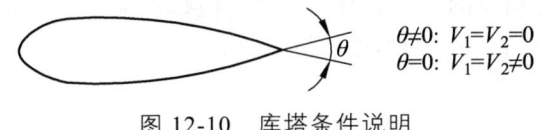

图 12-10　库塔条件说明

(2)凯尔文定理。

凯尔文定理(Kelvin theorem)认为对于无黏性流体,流场的流动必须满足 $\dfrac{\mathrm{d}\varGamma}{\mathrm{d}t} = 0$。式中,$t$ 为时间;$\varGamma$ 为涡流的速度环流量,其定义为速度 V 对周围曲线的线积分且逆时针的方向为正。对于一个直角坐标而言,$\varGamma = \oint V \mathrm{d}S = \oint u\mathrm{d}x + v\mathrm{d}y + w\mathrm{d}z$。涡流的速度环流量的强度(Vortex strength)不随着时间发生变化。

(3)翼型升力形成的过程。

基于库塔条件,空气流过翼型,被分成两股气流分别沿着上下翼面流动,并于翼型的尾端会合。对于正迎角,流经翼型的流体无法长期忍受在尖锐尾缘的大转弯[见图 12-11(a)],因此流动会脱体,形成逆时针的涡流[见图 12-11(b)],这样流体不会从下表面绕过尾缘而跑到上表面,我们称此涡流为起始涡流(Starting vortex)。随着时间的增加,涡流逐渐地散发至下游[见图 12-11(c)],而翼型下方产生平滑的流线,在涡流被吹离时也远离翼型[见图 12-11(d)],这样升力就完全产生了。

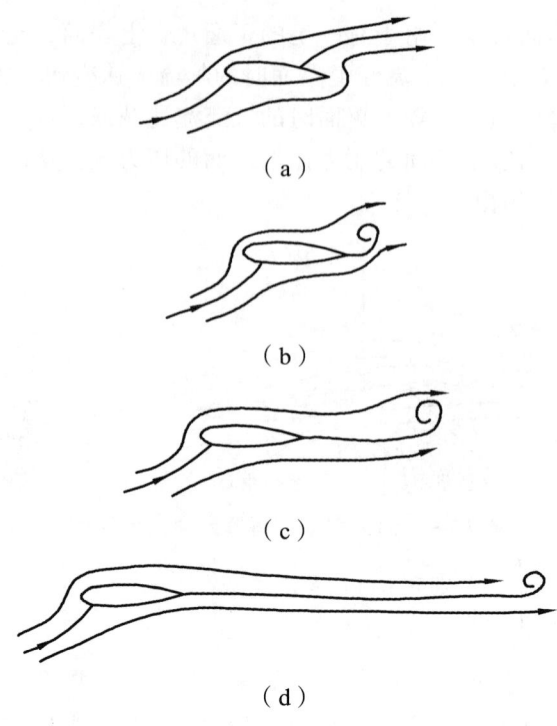

图 12-11 升力形成过程

(4) 解释方式。

根据库塔条件，翼型后方产生逆时针的起始涡流。又根据凯尔文定理，对于无黏性流体，流场内的涡流强度不会改变（$\Delta \Gamma = 0$）。所以在起始涡流 Γ 产生时，翼型周围会产生一个与起始涡流大小相等、方向相反的顺时针环流 $-\Gamma$，使得涡流强度保持不变，此顺时针环流称为束缚涡流（Bound vortex），如图 12-12 所示。

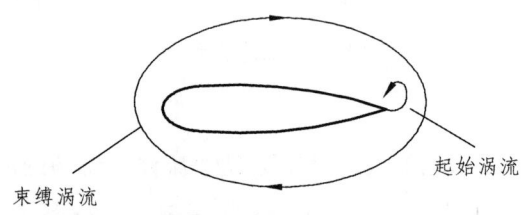

图 12-12 起始涡流和束缚涡流的关系

当机翼后缘的涡流随时间被来流吹离翼型后，翼型后缘的涡流对翼型的影响减少，此时束缚涡流会将翼型的前缘拉起，因而使翼型产生升力。

3．利用牛顿三大运动定律与康达效应的解释方式

(1) 牛顿三大运动定律。

牛顿第一运动定律又叫作惯性定律，它是指如果一个物体受到外力为 0，静止的物体永远静止，运动的物体永远做等速度直线运动。牛顿第二运动定律又叫作作用力与加速度定律，它是指如果一个物体受到外力，物体会产生一个方向与作用力相同，而且大小与作用力成正比的加速度。牛顿第三运动定律又叫作作用力与反作用力定律，它是指如果施加一

个外力给物体，物体也会施加一个大小相等与方向相反的反作用力给施力者。

（2）康达效应。

只要曲率不大，低速流体与物体表面的黏滞效应产生剪应力，使得流体沿着凸出的物体表面流动。根据牛顿第三定律（作用力与反作用力定律），物体施予流体一个偏转的力，则流体也一定会施予物体一个反向偏转的力，此效应即称为康达效应（Coanda effect）。如图 12-13 所示为康达效应的观察实验，如果把水龙头稍微打开，并将汤匙放在水流下面，因为水流与汤匙表面之间的黏滞效应而产生剪应力，使得水的流动方向偏离原先方向，此现象即是康达效应造成的。

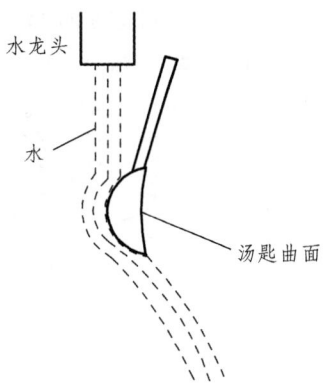

图 12-13　康达效应观察实验

（3）解释方式。

部分学者认为翼型产生升力的原理就是因为康达效应，也就是机翼翼型把大量气流向下偏转而产生一个反作用力，即产生升力。从图 12-14 中我们可以看出空气流过正迎角翼型时，上翼面的气流产生偏向，根据牛顿第一定律可知，气流出现弯曲肯定是受到一个作用力，来源是气流与物体表面的黏滞效应所产生的剪应力。根据牛顿第二定律可知，气流的受力大小与物体弯曲程度有关，曲度越大，受力就越大。根据牛顿第三定律可知，翼型施予气流一个偏转的作用力，气流一定会施予翼型一个反向偏转的反作用力，此反作用力就是翼型升力的来源。

图 12-14　康达效应解释升力形成原因

然而在事实上，造成飞机的升力的原因有很多，因为康达效应所产生的反作用力对于大型飞机来说，比重并不是很大。在真实环境下，机翼升力的主要来源还是因为机翼上下表面压力差。不过利用康达效应，可以有意识地诱导空气气流，提高升力，可以达到飞机短距离起降，这也就是上表面吹气增升（Upper surface blowing，USB）装置的原理。发动机置于机翼前缘上方，喷流直接吹拂由于襟翼放下而弯度大增的机翼上表面，不光直接产生康达效应，还诱导周边的气流，一同产生增升效果。

12.3　翼型的升力系数理论

从升力计算公式 $L=\frac{1}{2}\rho V_\infty^2 C_L S$ 中可以看出，飞机升力的影响因素为空气的密度、升力系数、飞机的飞行速度以及机翼面积。空气密度与飞行高度有关，飞行速度以及机翼的面积取决于飞机的类型。一旦飞机的类型与飞行高度确定，影响飞机升力的因素几乎就只有升力系数 C_L 这个无因次参数。

1．对称翼型和不对称翼型的定义

如图 12-15 所示，如果以翼型弦线（Airfoil chord）作为分界线，则在分界线之上的表面称为上翼面（Upper airfoil surface），而分界线之下的表面称为下翼面（Lower airfoil surface）。如果上下翼面对称于翼型弦线，则称为对称翼型（Symmetrical airfoil），反之，为不对称翼型（Asymmetric airfoil），又称非对称翼型。

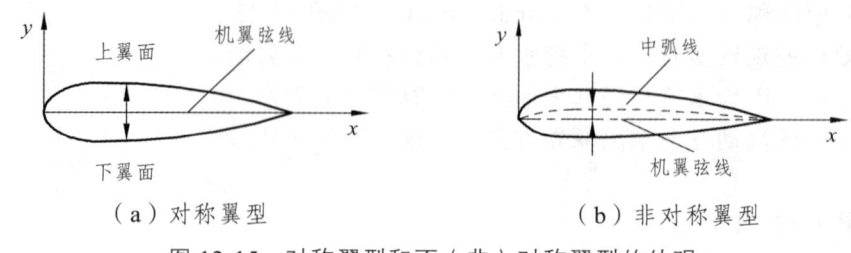

(a) 对称翼型　　　　　　　　　　(b) 非对称翼型

图 12-15　对称翼型和不（非）对称翼型的外观

从图中可以看出，对称翼型的弦线与翼型的中弧线（翼型上下表面垂直线中点的连线）重合，翼型弯度为 0。而不对称翼型因为弦线与中弧线不重合，因此翼型弯度不会为 0。越不对称，翼型的弯度越大。

【例 12-4】

如何判定不对称翼型的弯度是否为 0，试说明其原因。

【解答】

不对称翼型的弯度不为 0。因为不对称翼型的上下表面与翼型弦线不对称，因此翼型的弦线与中弧线不会重合，弯度不为 0。

2．机翼翼型的选择

低速飞机为了得到足够的升力，必须采用升力系数较大的翼型，所以多采用相对厚度与弯度较大而且最大厚度位置靠前的翼型，例如不对称平凸型或双凸型翼型。随着飞行速度的提高，升力的获得已不再是问题，翼型的选择必须侧重于减少阻力，所以现代高速飞机多采用相对厚度较小与最大厚度位置靠后，或相对弯度为零的对称薄翼。

3．二维机翼升力系数理论与薄翼理论

如前所述，翼型的空气动力特性是以气流流过无限翼展的矩形机翼为基础假设下获得的研究结果，也就是忽略了机翼的三维效应（Three-dimensional effect），所以翼型的升力系数理论又称为二维机翼升力系数理论（Two-dimensional airfoil lift coefficient theory）。现代高速飞机多采用对称薄翼，薄翼理论（Thin airfoil theory）常用来说明翼型的升力系数与迎角间的关系。

(1) 二维机翼升力系数理论。

① 假设条件。在探讨升力系数理论时，首先一定要知道升力系数理论公式必须是在不考虑失速现象的假设下才能够成立，翼型的迎角必须小于临界迎角。除此之外，二维机翼升力系数理论以气流流过无限翼展的矩形机翼为基础假设，也就是假设机翼内所有翼型的形状以及所受的空气动力特性均相同，并且忽略了机翼扭转和翼尖效应等因素所造成的三维效

应。所以二维机翼升力系数理论是在忽略机翼的三维效应与不考虑翼型失速条件下获得的。

② 升力系数计算公式。二维机翼升力系数计算公式为 $C_{L,理论} = 2\pi\sin\left(\alpha + \dfrac{2h}{c}\right)$。式中，$C_L$ 为升力系数，α 为迎角，$\dfrac{h}{c}$ 为相对弯度。从公式中可以看出，相同迎角下，不对称翼型的升力系数较大，且相对弯度越大，升力系数也越大。一般条件下平凸翼型弯度 > 双凸翼型弯度 > 对称翼型弯度，平凸翼型升力系数 > 双凸翼型升力系数 > 对称翼型升力系数。

【例 12-5】

试用二维机翼升力系数理论说明在相同迎角的情况下，平凸翼型的升力系数大于双凸翼型的升力系数的原因。

【解答】

因为平凸翼型的弯度大于双凸翼型的弯度，根据二维机翼升力系数理论公式 $C_{L,理论} = 2\pi\sin\left(\alpha + \dfrac{2h}{c}\right)$，在相同迎角的情况下，平凸翼型升力系数大于双凸翼型升力系数。

（2）薄翼理论。

① 假设条件。薄翼理论假设机翼翼展无限长（忽略机翼的三维效应）、翼型的弯度非常小 $\left(\dfrac{h}{c} \to 0\right)$，以及迎角非常小（$\alpha \to 0$）。

② 升力系数计算公式。薄翼理论公式为 $C_L = 2\pi\alpha$。从式中可以看出，对称翼型的迎角越大，升力系数越大，而且升力系数对迎角斜率 $\dfrac{dC_L}{d\alpha} = 2\pi$。

③ 公式推导。因为相对弯度 $\dfrac{h}{c}$ 为 0，所以二维机翼升力系数理论公式 $C_{L,理论} = 2\pi\sin\left(\alpha + \dfrac{2h}{c}\right)$ 可以简化为 $C_{L,理论} = 2\pi\sin\alpha$。又因为假设迎角非常小，所以 $\sin\alpha \approx \alpha$。这样 $C_{L,理论} = 2\pi\sin\left(\alpha + \dfrac{2h}{c}\right)$ 可以简化为 $C_L = 2\pi\alpha$，这就是有名的薄翼理论。

温馨小提醒

二维机翼升力系数理论的计算公式 $C_{L,理论} = 2\pi\sin\left(\alpha + \dfrac{2h}{c}\right)$ 与薄翼理论的计算公式 $C_L = 2\pi\alpha$ 中，迎角的单位是弧度，而非角度。

12.4 翼型的升力系数曲线

翼型的升力系数曲线是表示升力特性的重要曲线，其中的重要参数有零升力迎角、升力系数曲线斜率、临界迎角以及最大升力系数等。

1．升力系数曲线的定义

升力系数可以通过风洞实验来测定,根据各迎角时的升力系数值,画出 C_L 着 α 变化的关系曲线,称为翼型的升力系数曲线,如图 12-16 所示。

可以看出,升力系数曲线不仅表达升力系数随迎角变化的规律,而且还可以从曲线上查出任意迎角的升力系数以及零升力迎角、临界迎角以及升力系数曲线斜率等重要参数,所以它是分析飞机基本飞行性能的重要曲线。

2．零升力迎角的定义

所谓零升力迎角（Zero lift angle of attack）就是指翼型的升力系数 C_L 值为零的迎角,也就是图中的 α_0。根据二维机翼升力系数理论的计算公式 $C_{L,理论}=2\pi\sin\left(\alpha+\dfrac{2h}{c}\right)$ 可以

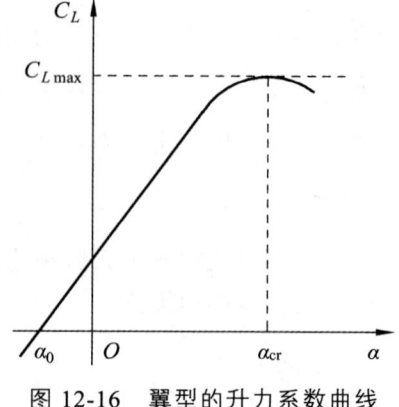

图 12-16 翼型的升力系数曲线

得知,零升力迎角的大小与相对弯度 $\dfrac{h}{c}$ 有关,也就是 $\alpha_0=-\dfrac{2h}{c}$。对于对称翼型而言,零升力迎角为 0；对于不对称翼型而言,零升力迎角为负值,翼型的相对弯度增加,零升力迎角的负值增加,如图 12-17 所示。

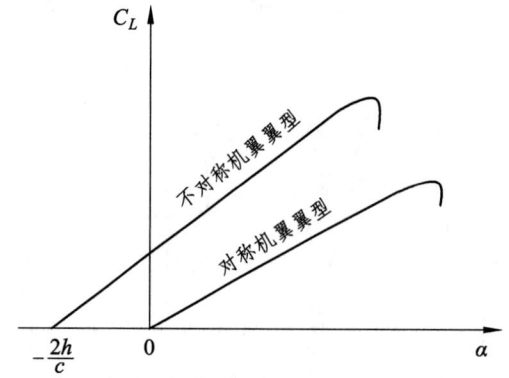

图 12-17 翼型零升力迎角与相对弯度的关系

【例 12-6】

以二维机翼升力系数理论的计算公式说明为何对称翼型的零升力迎角为 0,而不对称翼型的零升力迎角为负值。

【解答】

因为二维机翼升力系数理论的升力系数计算公式为 $C_{L,理论}=2\pi\sin\left(\alpha+\dfrac{2h}{c}\right)$,所以零升力迎角 $\alpha_0=-\dfrac{2h}{c}$。又因为对称翼型的弦线和中弧线重合,相对弯度为 0,所以零升力迎角 $\alpha_0=-\dfrac{2h}{c}=0$。对于不对称翼型而言,上下翼面与翼型弦线不对称,所以相对弯度不为 0,也

就是 $\frac{h}{c} \neq 0$。因此 $\alpha_0 = -\frac{2h}{c} < 0$，也就是零升力迎角为负值。

【例 12-7】

以二维机翼升力系数理论的公式证明翼型的零升力迎角 $\alpha_0 = -\frac{2h}{c}$。

【解答】

根据零升力迎角的定义：翼型升力系数 C_L 值为零的迎角称为零升力迎角，在二维机翼升力系数理论的公式 $C_{L,\text{理论}} = 2\pi \sin\left(\alpha + \frac{2h}{c}\right)$ 中，因为在 $\alpha + \frac{2h}{c} = 0$ 时，$C_L = 0$，故 $\alpha = -\frac{2h}{c}$，得证。

3．升力系数曲线斜率的定义

升力系数曲线斜率是指升力系数对迎角的偏微分值，也就是定义升力系数曲线斜率为 $\frac{\partial C_L}{\partial \alpha}$。升力系数曲线斜率反映迎角改变时升力系数变化的大小程度，它是影响飞机操纵性和稳定性能的重要参数。在一定迎角范围内翼型升力系数值随着迎角的增加而增大，另从薄翼理论的计算公式中，我们可以估算曲线斜率为 2π。

【例 12-8】

试以薄翼理论的计算公式求出薄翼翼型的升力系数曲线斜率。

【解答】

薄翼理论的计算公式为 $C_L = 2\pi\alpha$。根据定义，升力系数曲线斜率为 $\frac{\partial C_L}{\partial \alpha} = \frac{\partial (2\pi\alpha)}{\partial \alpha} = 2\pi$。

【例 12-9】

以薄翼理论的计算公式说明升力系数与迎角的关系。

【解答】

薄翼理论的计算公式为 $C_L = 2\pi\alpha$，我们从中可以得到① 对称翼型的零升力迎角 α_0 为 0，也就是当翼型的弯度为 0 时，$\alpha_0 = 0$。② 在翼型失速前，升力系数与迎角成正比，而其升力系数曲线斜率为 2π。

4．临界迎角和最大升力系数的定义

如图 12-18 所示，翼型升力系数曲线中升力系数最大值 $C_{L\max}$ 所对应的迎角为临界迎角 α_{cr}，临界迎角与最大升力系数是决定飞机起飞与着陆性能的重要参数。

（1）临界迎角的定义。

翼型的临界迎角（Critical angle of attack）是升力曲线中最大升力系数值所对应的迎角，当翼型迎角超过临界迎角时，升力系数将大幅下降，这一现象称为翼型失速（Stall），所以临界迎角又称为失速迎角（Stalling angle of attack）。

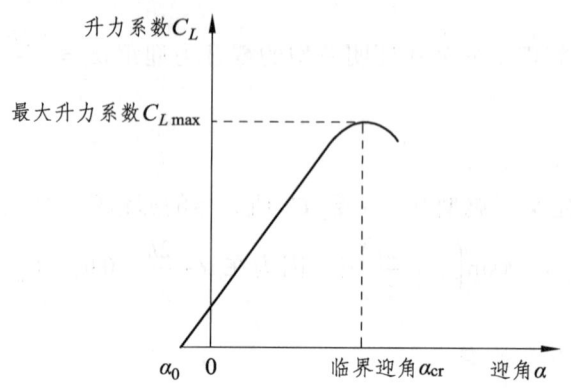

图 12-18　临界迎角和最大升力系数的关系

（2）最大升力系数的定义。

翼型的最大升力系数（Maximum lift coefficient）是升力曲线中最大的升力系数值，也是临界迎角 α_{cr} 所对应的升力系数值。根据升力公式 $L=\dfrac{1}{2}\rho V_\infty^2 C_L S$，可以看出机翼的升力系数 C_L 越大，飞机克服自身重力所需的速度就越小，所以 $C_{L\max}$ 值越大，飞机起飞离地或着陆接地时的速度就越小，滑跑距离就越短，所需跑道也就越短。最大升力系数值是决定飞机起飞与着陆性能的重要参数。

（3）飞行超过临界迎角的处置方式。

当飞行迎角超过临界迎角时，飞机的升力会突然迅速下降，这种现象称为飞机失速。如果认为飞机在遭遇这种情况时，飞行员只要把迎角稍微降低，使得飞机的飞行迎角略小于临界迎角就可以了，这是不对的。研究指出，在临界迎角附近，升力系数随着迎角的变化情形如图 12-19 所示。也就是在临界迎角附近，如果迎角由小至大超过临界迎角，翼型的升力系数随着迎角的变化情形是 $D \rightarrow A \rightarrow B$，但是如果迎角超过临界迎角后由大至小地降低，翼型的升力系数随着迎角的变化情形是 $B \rightarrow C \rightarrow D \rightarrow A$，所以飞机发生失速，如果只是稍微调降迎角，飞机的升力根本无法支撑其自身的重力。

因此飞行员在遇到失速时，必须先将飞行的迎角退到 C 点后，其升力系数变化才会恢复到正常曲线。此恢复迎角范围非常大，从图 12-19 中升力系数曲线来看，飞行员大概先将迎角从 22° 退到 14° 才能恢复到正常的升力系数曲线。飞机起飞或着陆遇到失速时，以当时如此低的高度与速度，根本不可能留给飞行员有足够的空间和时间来恢复控制。因此飞机在起飞或着陆时，如果飞行迎角超过临界迎角，往往会发生机毁人亡的惨剧。

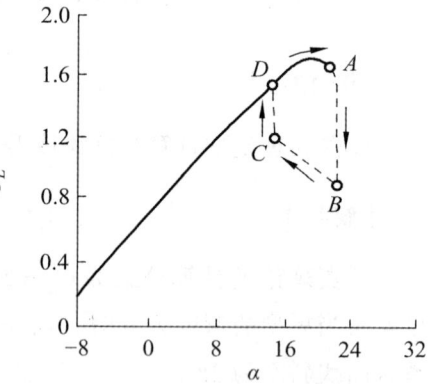

图 12-19　升力系数在临界迎角附近的变化情形

12.5 失速现象的介绍

1．翼型失速现象的定义

如图 12-20 所示，低迎角时升力系数随着迎角上升，到达临界迎角时，升力系数为最大，也就是当 $\alpha = \alpha_{cr}$ 时，$C_L = C_{L\max}$。当飞行迎角超过临界迎角，翼型上表面后缘的气流会发生严重的气流分离，导致升力系数急剧下降，这种现象即称为翼型失速（Airfoil stall）。

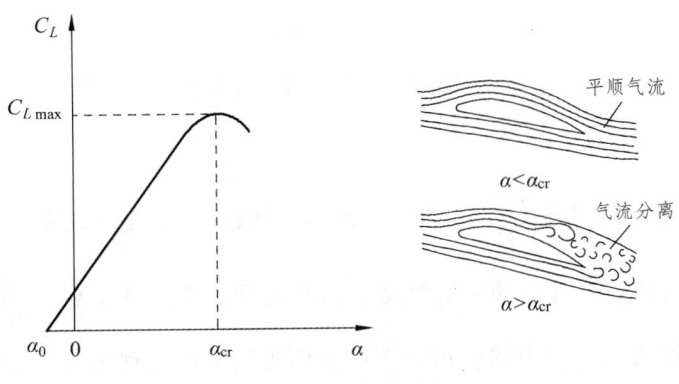

图 12-20　失速现象

2．失速现象发生的原因

当飞机以中小迎角飞行，也就是飞行迎角 α 小于临界迎角 α_{cr} 时，上翼面前部气流逐渐加速，压力逐渐减小，也就是 $\dfrac{\partial P}{\partial x} < 0$，此时流动是负压力梯度（Negative pressure gradient），而 E 点之后，气流的压力逐渐增大，也就是 $\dfrac{\partial P}{\partial x} > 0$，此时流动是正压力梯度（Positive pressure gradient）流动，如图 12-21 所示。

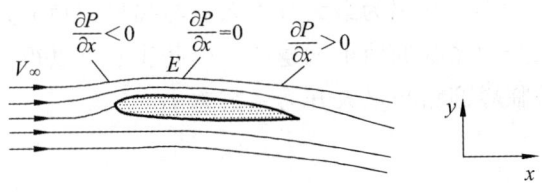

图 12-21　翼型上翼面气流压力变化

从图中可以看出，上翼面气流先加速后减速，在上翼面后方产生正压力梯度流动，其梯度值随着迎角的增加而增加，当迎角到达临界迎角时，正压力梯度值会因为增强到临界值而使得气流无法再沿着上翼面向后方流动，造成气体回流并在回流处（分离点）的后方形成涡流区使得气流与上翼面分离，此现象称为流体分离，如图 12-22 所示。

气流发生流体分离现象时，只要翼型迎角再稍微地增加，流体分离的分离点（见图 12-22 中 D 点）就会迅速地向翼型的前缘移动致使上翼面的涡流区扩大，翼型的升力系数急速下降，进而产生失速。

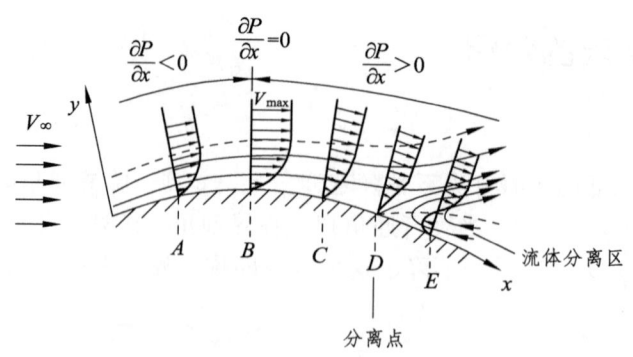

图 12-22　失速现象原因（流体分离状态）分析

3. 雷诺数对失速的影响

雷诺数的数学定义为 $Re = \dfrac{\rho VL}{\mu}$。式中，$Re$ 是雷诺数，ρ 是气流的密度，V 是气流的流速，L 是参考长度以及 μ 是气流的绝对黏度。而其物理定义为雷诺数 $= \dfrac{惯性力}{黏滞力}$，也就是雷诺数可视为流场内惯性力与黏滞力的比值。在此我们可将惯性力视为气流的运动能力，而黏滞力则是阻滞气流运动的能力。如果流场的雷诺数较小，则表示黏滞力对气流的影响大于惯性力，流场内流速的扰动会因为黏滞力而衰减，所以流动稳定，这种流场称为层流（Laminar flow）；反之，如果流场的雷诺数较大时，则表示惯性力对气流的影响大于黏滞力，流动较不稳定，这种流场称为湍流（Turbulent flow）。如前所述，流体分离是指沿着物体表面边界层内的气流因为黏性作用使得自身没有足够的动能继续沿着物体表面朝压力增高的区域流动而出现气体回流的现象。气流的雷诺数越大，则惯性力与黏滞力的比值也就越大，也就是气流的动能越不容易受黏滞作用的影响，因而较不容易失速，所以飞机的临界迎角不是一个定值，它受雷诺数的影响。对于低速飞机而言，雷诺数越小越容易失速，也就是在较小的迎角下失速，因而其临界迎角的值较小。又因为最大升力系数与临界迎角成正比，所以如果临界迎角的值越小，其对应的最大升力系数的值也就越小。由此我们可以得知低速飞机的飞行速度越小越容易失速，也就导致临界迎角与最大升力系数越小。

【例 12-10】

对于低速飞机而言，试判定气流流场的雷诺数越大，失速迎角是越大还是越小？说明其原因。

【解答】

对于低速飞机而言，如果流场的雷诺数越大，失速迎角越大。因为从物理意义上来看，雷诺数可视为气流惯性力与黏滞力的比值。如果雷诺数越大，则代表惯性力与黏滞力比值越大，因而有较大的能力可以克服机翼后缘因为黏滞作用所造成的动能损耗以及正压力梯差所产生的气体回流作用，机翼后缘越不容易发生流体分离，也就越不容易失速。

12.6 翼形阻力形成原因的描述

根据产生阻力原因的不同，可以将翼形阻力分为摩擦阻力（Friction force）和压差阻力（Pressure drag），这两种阻力又统称为型阻（Profile drag），如果飞行速度超过临界马赫数，我们还必须考虑翼型的局部激波造成的激波阻力（Shock wave drag force）。

1．摩擦阻力

摩擦阻力是指气流流经翼型时，气流与翼型表面发生摩擦而形成的阻力。它存在于边界层内，是由气流的黏滞效应而产生的阻力。如图 12-23 所示。

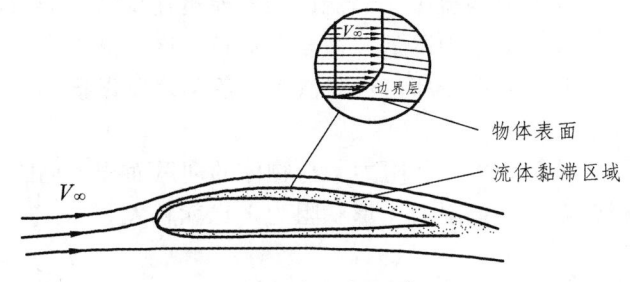

图 12-23　摩擦阻力形成的原因

摩擦阻力的计算方程式为 $F_s = \tau \times A = \mu \times \dfrac{\mathrm{d}u}{\mathrm{d}y} \times A$。式中，$F_s$ 为摩擦阻力，τ 为单位面积的黏滞力（剪应力），A 为接触表面面积，$\dfrac{\mathrm{d}u}{\mathrm{d}y}$ 为接触表面法向速度梯度。湍流边界层底部的法向速度梯度远比层流边界层的大，如图 12-24 所示。

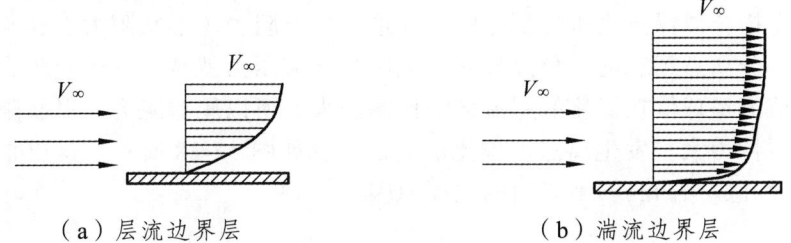

（a）层流边界层　　　　　　（b）湍流边界层

图 12-24　层流边界层与湍流边界层的速度分布

湍流边界层的摩擦阻力大的另一个原因在于气流扰动造成的横向运动产生了附加的剪应力。高亚声速飞机多采用层流翼型以减少摩擦阻力，其外形如图 12-25 所示。

与普通翼型相比，层流翼型的特点是前缘半径（R_{LE}）小，最大厚度位置靠后。前缘半径较小，上翼面比较平坦，可使翼型表面尽可能保持层流流动，进而减少摩擦阻力。层流翼型的基本原理是在气流到达上翼面后缘升压区之前，尽可能在更长的距离加速，这可以推迟由层流向湍流的转捩。其主要设计理念是尽量使上翼面平坦且最低压力点向后靠，从而加长负压力梯度段，努力地保持翼型表面边界

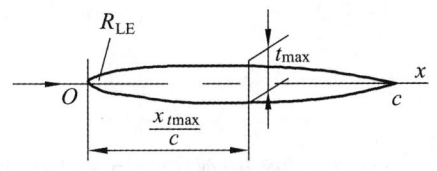

图 12-25　层流翼型的外形

层为层流层,以达到降低翼型摩擦阻力的目的。

摩擦阻力与气流的黏性系数成正比,翼型表面越粗糙,气流的黏性系数就越大。为防止摩擦阻力增大,就得保护机翼表面不受损伤,维持表面光洁度。

2. 压差阻力

压差阻力是指物体前后压力差所引起的阻力,因为与物体的形状有关,所以压差阻力又称为形状阻力。压差阻力是空气黏性间接造成的一种阻力,也是由于边界层的存在而产生的,气体流过翼型时,在翼型的前缘受到阻挡,流速减慢,压力增大,形成高压区,且沿着弯曲壁面流动,在翼型表面后部边界层内的黏滞区产生正压力梯度。正压力梯度过大时,边界层内的气体将产生分离现象并形成涡流区。涡流区内气流迅速旋转,导致部分压力能摩擦转变成热能散失,使得翼型后缘气流压力降低,甚至形成负压区,从而产生压差阻力,其形成原因如图12-26所示。在日常生活中,高速行驶汽车的后面之所以扬起尘土,就是因为车后涡流区的空气压力小,吸起了灰尘。

实验与研究证明,压差阻力(形状阻力)与物体的迎风面积(见图12-27)和风速有关。物体的风速和迎风面积越大,压差阻力(形状阻力)也就越大。

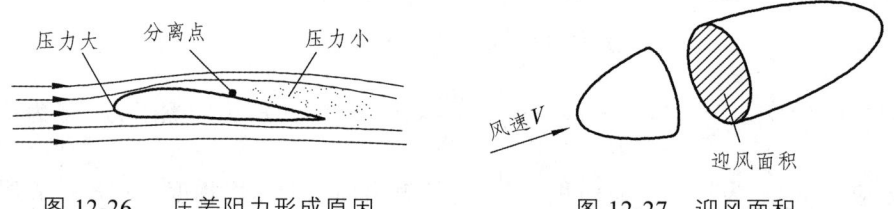

图 12-26　压差阻力形成原因　　　图 12-27　迎风面积

另外研究还发现,物体的形状越趋于流线,压差阻力(形状阻力)也就越小,所以现代飞机采用了很多措施以保持飞机各部分的流线形。压差阻力(形状阻力)还与气流分离的分离点位置有关。分离点越靠前,分离处和涡流区的气流压力就越低,压差阻力(形状阻力)也就越大。气流流经球体在层流的尾流区域比湍流大,所以压差阻力(形状阻力)较大,这是因为湍流的惯性力大,发生离滞现象比层流延后,如图12-28所示。这也是为什么要将高尔夫球的表面设计成用凹凸不平表面的主要原因。

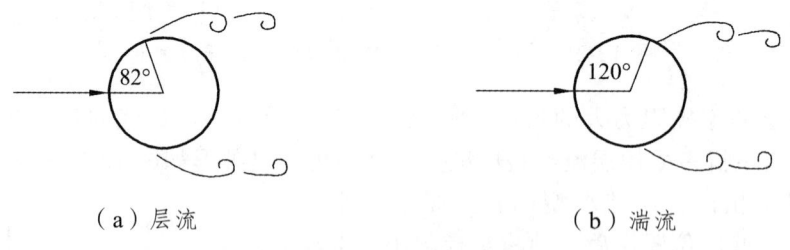

（a）层流　　　　　　　　　　（b）湍流

图 12-28　层流与湍流分离点位置的差异

12.7　翼型的阻力系数曲线

翼型的阻力曲线是阻力特性的重要曲线,是描述阻力系数C_D随着迎角α变化情形的关系曲线，如图 12-29 所示。阻力系数曲线中，表示翼型特性的重要参数主要是最小阻力系数以及阻力系数曲线斜率。

1．最小阻力系数的定义

翼型的最小阻力系数是阻力系数的最小值，也就是如图 12-29 所示 $C_{D\min}$。从图中可以看出，在迎角不大的情况下，翼型的阻力系数值与最小阻力系数值相差不大。飞机一般都在中小迎角的范围内飞行，因此最小阻力系数可以说是表示飞机正常飞行时阻力大小的一个重要参数。

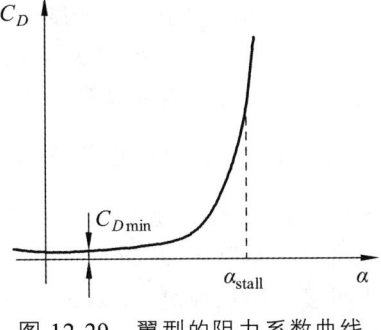

图 12-29　翼型的阻力系数曲线

2．阻力系数的组成

低速翼型的阻力包含了摩擦阻力和压差阻力（形状阻力）两种，表示式为 $C_D = C_{Df} + C_{Dp}$。式中，C_{Df} 为摩擦阻力系数，C_{DP} 为压差阻力系数。

3．阻力系数曲线斜率的定义

阻力系数曲线斜率是指阻力系数 C_D 对迎角 α 的微分值，也就是定义阻力系数曲线斜率为 $\dfrac{\partial C_D}{\partial \alpha}$，从图 12-29 中，我们可以看出在某迎角范围内翼型的阻力系数值随着迎角的增加而增大。小迎角的情况下，翼型的阻力系数随着迎角增加的斜率较小；而大迎角的情况下，翼型的阻力系数随着迎角增加的斜率较大；当翼型的迎角超过临界迎角后，阻力系数将会随着迎角的增加而急剧增大。

（1）小迎角时变化原因。在小迎角的情况下，翼型的摩擦阻力占据阻力的主导地位，所以摩擦阻力系数 C_{Df} 为构成翼形阻力系数的主要项，而且几乎不会随着迎角的变化而改变，而压差阻力系数 C_{DP} 值随着迎角的变化也不大，因此在小迎角的情况下，翼型的阻力系数随着迎角增加的斜率非常小，甚至可以说几乎看不出变化。

（2）大迎角时变化原因。翼型迎角增大到某定值时，压差阻力占据阻力的主导地位，所以压差阻力系数 C_{DP} 为构成翼形阻力系数的主要项，而且随着迎角增大的变化量比较大，因此在大迎角的情况下，翼型的阻力系数随着迎角增加的斜率较大。

（3）超过临界迎角时变化原因。翼型迎角超过临界迎角时，上翼面后方产生流体分离的现象，其压差阻力系数急剧增加，从而导致阻力系数的值也急剧增加。

12.8　飞行马赫数对翼型空气动力特性的影响

翼型的空气动力特性随着飞机飞行速度的变化而改变，尤其在亚声速、跨声速与超声速的飞行速度区域，因为激波的存在，空气动力的特性产生截然的变化。这里探讨飞行速度对空气动力特性参数的影响。

1．临界速度的定义

飞机飞行时流过机翼表面的气流速度并不等于飞机的飞行速度。由于上翼面前缘的加速性，气流速度大于飞行速度。飞行速度接近声速时，流经上翼面前缘的局部速度可能就达到或超过当地声速。所谓临界速度（Critical velocity）就是指机翼翼型最低压力点（最高速度点）的气流速度首先达到当地声速时的飞行速度，用符号 V_{cr} 表示。如果用马赫数表示，此时飞行速度，就叫作临界马赫数（Critical Mach number），用符号 Ma_{cr} 表示，也即 $Ma_{cr}=\dfrac{V_{cr}}{a}$。式中，$V_{cr}$ 为临界速度，a 为当地声速。飞行速度超过临界马赫数时，机翼会产生局部激波，飞机在此速度区域飞行会消耗大量燃油，并且影响飞行安全、存在噪声问题，所以高亚声速飞机多采用后掠翼（Swept wing）或者超临界翼型（Supercritical airfoil）延迟局部激波的发生或者消除其对飞行的影响。

2. 临界速度受迎角的影响

临界马赫数可以表示为流过翼型的气流空气动力特性即将发生显著变化的标志，然而它并不是一个固定值。临界马赫数会受迎角的影响，当飞行迎角增大时，流经上翼面前缘的气流流速增快，最低压力点（最高速度点）的气流在较小飞行马赫数时就达到声速。反之当飞行迎角较小时，流经上翼面前缘的气流流速较小，在最低压力点（最高速度点）的气流在较大飞行马赫数时才会达到声速。因此，我们可以得到如下推论。

（1）翼型的临界马赫数并非定值，它随着飞行迎角变化。

（2）当飞行迎角增加时，翼型的临界马赫数降低；反之当飞行迎角减少时，翼型的临界马赫数提高。

【例 12-11】

试述临界马赫数的定义与其代表的物理意义。

【解答】

临界马赫数是指接近声速飞行时，飞机上翼面的速度开始达到声速时的飞行速度。临界马赫数是指机翼的局部气流速度从亚声速到达声速的临界点，当飞行速度超过临界马赫数时，机翼有局部激波的产生，气流的空气动力特性因而产生质变，所以临界马赫数可以表示为空气动力特性即将发生显著变化的标志。

【例 12-12】

试说明临界马赫数与现代大型民航客机的最佳巡航速度有何关系。

【解答】

飞行速度在超过临界马赫数时，飞机的机翼会有局部激波的产生，在此速度区域飞行会消耗大量燃油，并且影响飞行安全以及存在噪声问题，因此飞机的最佳巡航速度要比临界马赫数稍低一点。

【例 12-13】

试说明现代大型民航客机以何种方法提高飞行时的临界马赫数（延迟局部激波的发生或者消除其对飞行的影响）。

【解答】

现代大型民航客机多采用后掠翼或超临界翼型来延迟局部激波的发生或者消除其对飞行的影响，以提高临界马赫数。

【例 12-14】

试说明临界马赫数与飞行迎角之间的关系（叙述两者之间的关系与原因）。

【解答】

当飞机的飞行迎角增加，临界马赫数降低；反之，当飞机的飞行迎角减少，临界马赫数提高。这是因为飞行迎角增大时，流经上翼面前缘的气流速度更快，在较小的飞行马赫数时，上翼面的局部气流就会达到声速。反之，当飞行迎角减少，流经上翼面的局部气流在较大的飞行马赫数才达到声速。

3．局部激波与激波分离

当飞机的飞行速度达到临界速度时，上翼面的最大厚度点会形成等声速点，如果飞行速度继续增加，由于等声速点的后面流管扩张，气流膨胀加速，在上翼面形成局部的超声速区。在超声速区内，压力下降，比大气压力小得多，但机翼后缘处的压力却接近大气压力，这种较大的逆压梯度，会使局部超声速气流受到阻挡，产生较强的压力波，并使压力波逆着机翼表面的气流向前传播。但是流经机翼表面气流的速度大于局部声速，压力波的传播速度会越来越慢，最后稳定在一个固定的位置。于是出现一个压力、温度、密度突增的分界面，这就是局部激波。气流通过局部激波后，减速为亚声速气流，在波后的气流压力、温度、密度突然地升高。此时上翼面周围气流既有亚声速又有超声速，也就是同时存在亚声速与超声速流场，如图 12-30 所示。图中区域（1）与（3）为亚声速流场；区域（2）为超声速流场。

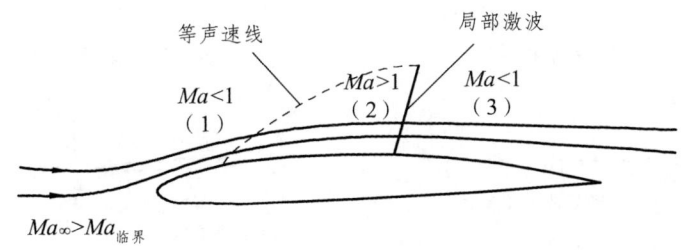

图 12-30　局部激波形成

局部激波后面气流的压力高于激波前面压力，也就是区域（3）大于区域（2）的压力，因此形成很大的正压力梯度，从而引起边界层分离，这种现象称为激波诱导边界层分离（Boundary layer separation induced by shock wave），如图 12-31 所示。

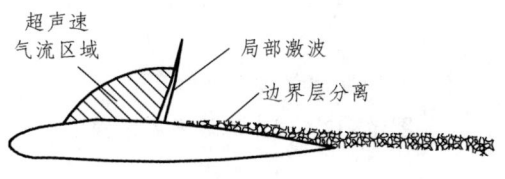

图 12-31　激波诱导边界层分离

边界层分离会在机翼后部产生涡流区，使得压力减小，导致前缘和后缘的压力差增大，形成附加的压差阻力。一旦飞行速度超过临界速度，就会在上翼面出现局部超声速区和局部激波。局部激波不但对气流的流动产生很大的阻力，而且与边界层相互干扰，造成边界层分离，形成较大的附加压差阻力，这些都使飞行的阻力大大增加。

【例 12-15】

飞机在跨声速流速度区域飞行时，激波阻力（波阻）产生的原因是什么？

【解答】

一旦飞机的飞行速度超过临界马赫数，就会在机翼上表面出现局部激波。局部激波对气流的流动产生很大的阻力，而且与边界层相互干扰，造成边界层分离，形成较大的附加压差阻力，这些都是飞机在跨声速飞行时，激波阻力（波阻）产生的原因。

4．亚声速、跨声速与超声速流速度区域

飞机飞行速度区域划分为亚声速、跨声速与超声速 3 个速度区域。这里以接近对称薄翼的翼型为例，说明翼型的局部激波随着马赫数发展的一般规律，如图 12-32 所示。

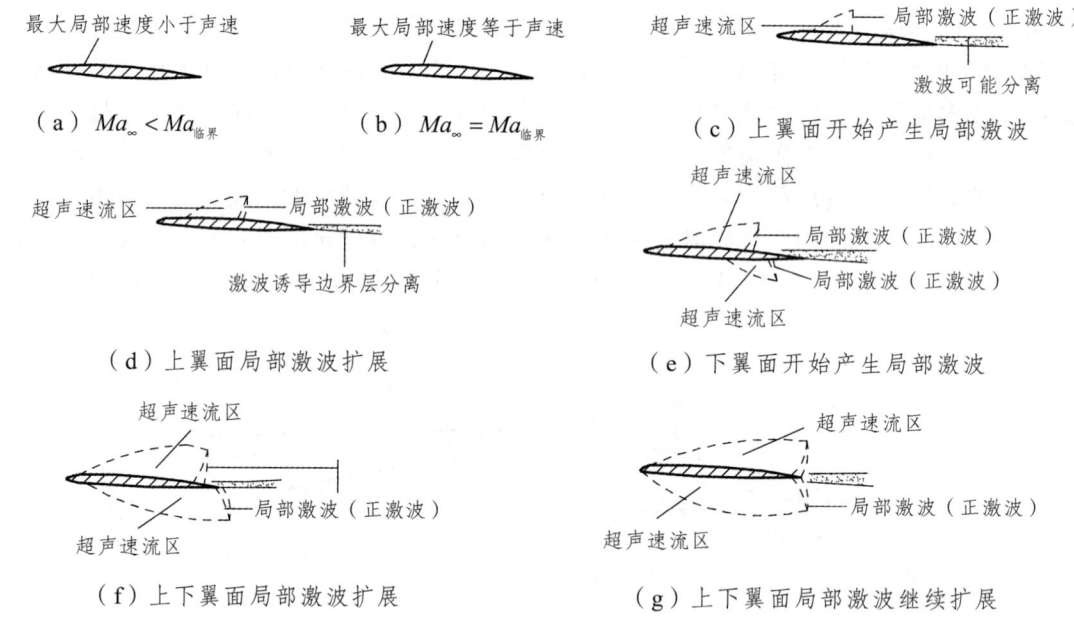

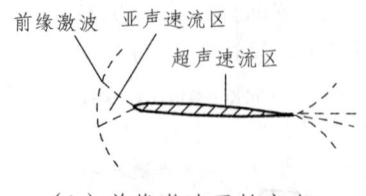

（h）前缘激波开始产生

图 12-32 局部激波发展过程

飞行速度小于临界马赫数时，流过翼型表面的最大局部速度小于声速，也就是整个翼型表面的流场都是亚声速,如图 12-32(a)所示。飞行速度等于临界马赫数时,翼型表面首先出现等速点,如图 12-32(b)所示。飞行速度大于临界马赫数时,翼型表面首先出现局部激波,如图 12-32(c)所示。如果继续加速,等声速点向前移,局部激波向后移,超声速流区逐渐扩大,如图 12-32(d)所示,随着飞行速度继续提高,下翼面也开始出现局部激波,如图 12-32(e)所示。如果仍旧继续加速,翼型表面的超声速区继续扩大,如图 12-32(f)、(g)所示。飞行马赫数到达声速以后,翼型前缘出现前缘激波,后缘激波更向后倾斜。在翼型的前缘形成了脱体正激波,只有在正激波的后面有一块亚声速流区,其他流场已全部变成超声速,如图 12-32(h)所示。如果继续提高飞行马赫数,亚声速流区进一步缩小,在飞行马赫数为 1.2~1.3 时,前缘激波附体,流过翼型表面气流都视为超声速。由于局部激波现象,流经翼型气流的空气动力特性产生显著的变化,所以现代飞机飞行速度分成几个速度区域,分别是亚声速、跨声速以及超声速飞行速度区域。如果飞行马赫数 Ma_∞ 小于临界马赫数 Ma_{cr},也就是 $0 < Ma_\infty < Ma_{cr}$,我们称为亚声速流速度区域(Subsonic velocity interval),在此速度区域内飞行时,翼型表面的气流均可视为亚声速流动且无局部激波现象的存在。如果 $Ma_{cr} \leq Ma_\infty \leq 1.2$ 时,我们称为跨声速流速度区(Transonic flow velocity interval),在此速度区域内飞行时,翼型表面的气流既有亚声速流动,又有超声速流动,也就是翼型周围同时存在亚声速流与超声速气流两种流场。而当飞行马赫数 Ma_∞ 超过马赫数 1.2 时,也就是 $Ma_\infty > 1.2$,我们称为超声速流速度区域(Supersonic velocity interval),在此速度区域内飞行时,翼型表面气流均可视为是超声速流动。

5. 飞行马赫数对翼型空气动力特性的影响

(1) 飞行马赫数对升力系数的影响。

如图 12-33 所示为翼型的升力系数在某迎角下随着飞行马赫数的变化曲线。

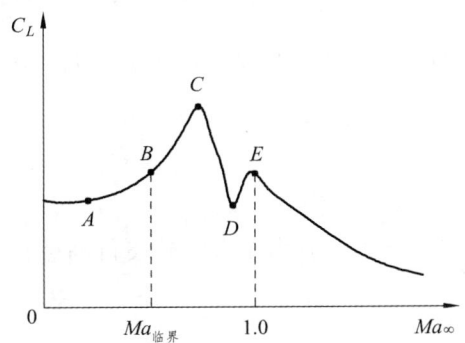

图 12-33 升力系数随着飞行马赫数变化曲线

① 不可压缩亚声速流的速度范围。当飞行马赫数 Ma_∞ 小于 0.3 时,流经翼型上下表面的是低亚声速气流,升力系数取决于迎角和翼型的形状,所以升力系数 C_L 几乎不会随着飞行马赫数 Ma_∞ 变化而改变,如图 12-33 所示 A 点之前的线段。

② 飞行速度低于临界马赫数的可压缩亚声速流。当 $0 < Ma_\infty < Ma_{cr}$ 时,流经翼型上下表面的是可压缩亚声速气流且无局部激波出现,升力系数 C_L 按照亚声速变化规律而改变,也就是普兰特-葛劳尔特升力系数计算法则 $C_{L,可压} = \dfrac{C_{L,不可压}}{\sqrt{1-M_{a\infty}^2}}$。升力系数 C_L 随着飞行马赫数 Ma_∞ 的

增加而增加，如图 12-33 所示 A 点到 B 点的曲线线段。

③ 飞行速度在临界马赫数与声速之间的速度范围。当 $Ma_{cr} < Ma_\infty < 1.0$ 时，翼面出现局部超声速区并有局部激波产生。在此速度范围内，升力系数 C_L 随着飞行马赫数 Ma_∞ 的增加先行增加，随后减少，然后又再次增加，如图 12-33 所示 BC、CD 与 DE 曲线线段。

a. BC 曲线中升力系数随着马赫数增加的原因。当飞行马赫数 Ma_∞ 超过临界马赫数 Ma_{cr} 后，上翼面出现局部超声速区并且会随着飞行马赫数的增大而不断地扩大。上翼面超声速区的气流压力下降，翼型的升力系数随之增加，因为局部超声速区域随飞行马赫数的增加而不断扩大，因此升力系数 C_L 也急速增加。

b. CD 曲线中升力系数随着马赫数减少的原因。在飞行马赫数到达 C 点对应的马赫数后，如果飞行速度继续增加，下翼面也将出现局部超声速区，这样下翼面超声速区的气流压力下降，所以翼型的升力系数减少。在此飞行速度范围内，下翼面局部超声速区域随着飞行马赫数增加的扩展速度比上翼面局部超声速区域来得快，而且上翼面引发了激波诱导边界层分离现象。这就导致上下翼面之间的压差随着飞行马赫数增加而急剧减小，所以翼型的升力系数 C_L 随着飞行马赫数 Ma_∞ 的增加而迅速减少。

c. DE 曲线中升力系数随着马赫数增加的原因。在飞行马赫数到达 D 点对应的马赫数后，如果飞行速度继续增加，下翼面局部超声速区已经扩展完成，局部激波移至翼型后缘，不再移动，但是上翼面的局部激波继续后移，所以上翼面的压力又随着飞行速度增加不断地减少，翼型的升力系数 C_L 又随着飞行马赫数 Ma_∞ 的增大而增加。

④ 飞行速度大于声速的速度范围。当 $Ma_\infty > 1.0$ 时，翼型出现脱体激波，升力系数随着飞行马赫数的增大而不断地减少，如图 12-33 所示 E 点以后的曲线线段。

升力系数斜率 $\dfrac{\partial C_L}{\partial \alpha}$ 随着飞行马赫数 Ma_∞ 的变化趋势与升力系数的大体相同，基本规律是 Ma_∞ 低于 Ma_{cr} 时，$\dfrac{\partial C_L}{\partial \alpha}$ 随着 Ma_∞ 的增加而增加，而 Ma_∞ 超过 Ma_{cr} 时，$\dfrac{\partial C_L}{\partial \alpha}$ 随着 Ma_∞ 的增加，先增加后减小，接着又再增加，然后又减小。

【例 12-16】

试绘图说明飞机在跨声速飞行时，升力系数随着飞行马赫数的变化趋势。

【解答】

绘出如图 12-33 所示变化曲线，我们可以看出跨声速时升力系数随着飞行马赫数的增大，呈现"两起两落"的变化趋势，也就是升力系数随着飞行马赫数的增加，先增大，后减小，接着又增大，然后又减小。其主要原因是翼型上下表面出现了局部超声速流区和前缘激波。

（2）飞行马赫数对阻力系数的影响。

如图 12-34 所示为翼型的阻力系数。

① 飞行速度低于临界马赫数的亚声速流。当飞机的飞行马赫数 Ma_∞ 低于临界马赫数 Ma_{cr} 时，翼形阻力系数 C_D 基本上不会随着飞行马赫数 Ma_∞ 的增加而产生变化，只有在 Ma_∞ 接近 Ma_{cr} 时，阻力系数才会稍微增加，如图 12-34 所示 AB 线段。

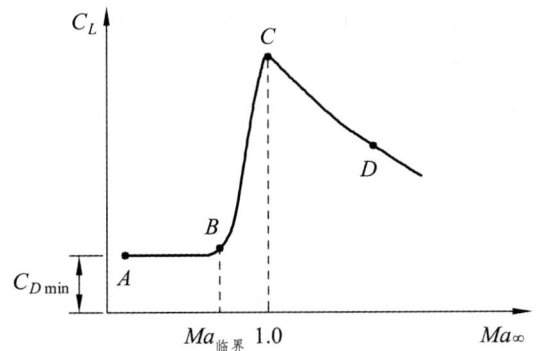

图 12-34 阻力系数随着飞行马赫数变化曲线

② 飞行速度在临界马赫数与声速之间的速度范围。当 $Ma_{cr} < Ma_\infty < 1.0$ 时,翼型出现局部超声速区与局部激波,从而产生波阻。随着飞行马赫数的增加局部超声速区逐渐增加,局部激波的位置也逐渐向后移动,所以翼型前后的压力差随着飞行马赫数的增加而增加,阻力系数 C_D 迅速增加,如图 12-34 所示 BC 曲线线段。如果飞行速度超过临界马赫数不多,上翼面的局部超声速区范围很小,引发的激波诱导边界层分离现象还没有开始,产生的波阻不大,因此 C_D 增加得较为缓慢。有文献把飞行速度刚超过临界马赫数时,马赫数增加 1%、阻力系数也增加 1% 的飞行马赫数定义为阻力发散马赫数 Ma_{div} (Drag divergence Mach number)。

③ 飞行速度大于声速的速度范围。当 $Ma_\infty > 1.0$ 时,翼型前缘出现前缘激波(脱体激波),C_D 随着 Ma_∞ 的增加而减小,如图 12-34 所示 CD 曲线线段。

航空小常识

实验和理论证明,当飞行马赫数大于声速时,对称薄翼在小迎角的条件下,升力系数 C_L、阻力系数 C_D 与升力系数曲线斜率 $\dfrac{\partial C_L}{\partial \alpha}$ 分别使用 $C_L = \dfrac{4\alpha}{\sqrt{M_{a\infty}^2 - 1}}$、$C_D = \dfrac{4\alpha^2}{\sqrt{M_{a\infty}^2 - 1}} - \dfrac{4K\left(\dfrac{h}{c}\right)^2}{\sqrt{M_{a\infty}^2 - 1}}$ 与 $\dfrac{\partial C_L}{\partial \alpha} = \dfrac{4}{\sqrt{M_{a\infty}^2 - 1}}$ 来计算。式中,α 为迎角;$\dfrac{h}{c}$ 为最大弯度;K 为形状修正系数,翼型的形状不同,K 值也不同。所以,对称薄翼的升力系数、阻力系数与升力系数曲线斜率随着飞行马赫数的增加而减小。另外,升力系数 C_L 可以忽略相对厚度的影响,但是相对厚度对波阻的影响却不可以忽略不计。因此薄翼翼型的升力系数取决于迎角与飞行马赫数,阻力系数则受到迎角、飞行马赫数与最大弯度的影响,而升力系数曲线斜率则与飞行马赫数有关。

(3)飞行马赫数对临界迎角与最大升力系数的影响。

如图 12-35 所示为翼型的临界迎角与最大升力系数随着飞行马赫数变化的典型曲线。

① 飞行速度低于临界马赫数时的速度范围。当 $0.3 < Ma_\infty < Ma_{cr}$ 时,翼型的临界迎角 α_{cr} 与最大升力系数 $C_{L\max}$ 随着马赫数的增加而减少,如图 12-35 所示 AB 曲线线段。

② 飞行速度在临界马赫数与声速之间的速度范围。当飞行马赫数超过临界马赫数后,上翼面出现局部超声速区与局部激波,超声速区压力降低,激波后压力突然升高,正压力梯

度增大,导致边界层分离。当激波增强到一定程度,发生严重气流分离,阻力系数急剧增大,升力系数迅速下降,这种现象称为激波失速。随飞行马赫数的增加,激波增强,将在更小的迎角或升力系数下出现激波失速。所以飞行马赫数超过临界马赫数后,α_{cr} 与 $C_{L\max}$ 随着马赫数的增加而继续减少,如图 12-35 所示 B 点以后的曲线线段。

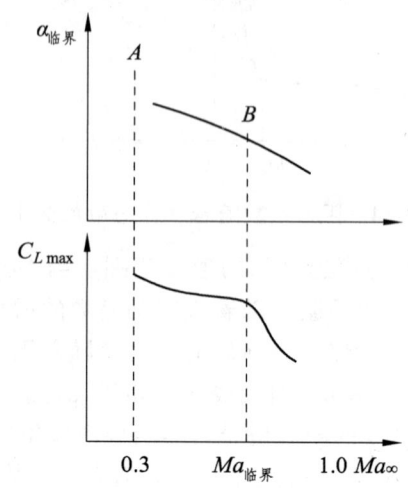

图 12-35 临界迎角与最大升力系数随着飞行马赫数的变化曲线

【例 12-17】

说明翼型迎角失速与激波失速的意义与发生原因。

【解答】

翼型迎角失速是指飞机飞行时,如果迎角超过临界迎角,升力系数迅速下降的现象。而激波失速是指飞行速度超过临界马赫数时,升力系数迅速下降的现象。翼型迎角失速是翼型上表面的加减速作用导致迎角过大时,上翼面的后方因为正压力梯度过大所引发的边界层分离现象。而激波失速则是飞行速度超过临界马赫数时,翼型的上表面出现了局部超声速区和局部激波现象,从而造成过大的正压力梯度,导致边界层分离。

(4)飞行马赫数对空气动力中心位置的影响。

如图 12-36 所示为翼型的空气动力中心位置随着飞行马赫数的变化曲线。

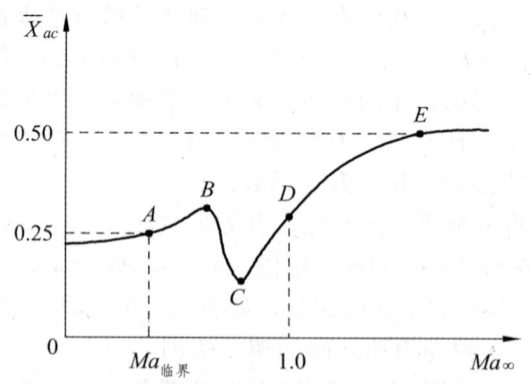

图 12-36 空气动力中心位置随着飞行马赫数的变化曲线

① 飞行速度低于临界马赫数的亚声速流。实验和理论证明，在翼型和迎角一定的条件下，当 $0 < Ma_\infty < Ma_{cr}$ 时，流经翼型表面各处的气流都是亚声速，空气动力中心大约在 25% 弦长的位置，并基本上保持不变，如图 12-36 所示 A 点之前的线段。

② 飞行速度在临界马赫数与声速之间的速度范围。当 $Ma_{cr} < Ma_\infty < 1.0$ 时，翼面出现局部超声速区并出现局部激波，空气动力中心位置先向后移动，随后向前移动，然后又再次向后移动，如图 12-36 所示 AB、BC 与 CD 曲线线段。

a. AB 曲线中随着马赫数变化的原因。当飞行马赫数 Ma_∞ 刚开始超过临界马赫数 Ma_{cr} 时，翼型空气动力中心的位置随着马赫数的增大而逐渐向后移动，这是因为上翼面出现局部超声速区且随着飞行马赫数的增加而不断地向后发展扩大。

b. BC 曲线中随着马赫数变化的原因。飞行马赫数到达 B 点对应的马赫数后，飞行速度继续增加，空气动力中心的位置逐渐向前移动，这是因为下翼面也出现局部超声速区且它以比上翼面更快的速度扩展到整个下翼面。

c. CD 曲线中随着马赫数变化的原因。飞机的飞行马赫数到达 C 点对应的马赫数后，空气动力中心的位置随着马赫数的增加再次逐渐向后移动，这是因为下翼面局部超声速区已经扩展完成，局部激波移至翼型后缘，不再移动，而上翼面的局部激波继续后移的缘故。

③ 飞行速度大于声速的速度范围。当 $Ma_\infty > 1.0$ 时，翼型的前缘形成了脱体正激波，只有正激波的后面存在亚声速流区，其他已全部变成超声速流区，如果继续提高飞行马赫数，亚声速流区进一步缩小，在飞行马赫数为 1.2～1.3 时，前缘激波附体，气流都变成超声速流动。所以翼型空气动力中心的位置随着马赫数的增大而继续向后移动。在移动到大约 50% 弦长的位置，气流都是超声速流时，空气动力中心的位置基本上就不再往后移，保持不变。

【例 12-18】

试绘图说明飞机在亚声速、跨声速与超声速区域飞行时，翼型空气动力中心的位置随着飞行马赫数的变化趋势。

【解答】

绘出如图 12-36 所示变化曲线，可以看出翼型空气动力中心位置受飞行马赫数的影响情况。① 当 $0 < Ma_\infty < Ma_{cr}$ 时，流经翼型表面的气流都是亚声速，空气动力中心大约在 25% 弦长位置，基本上保持不变。② 当 $Ma_{cr} < Ma_\infty < 1.2$ 时，空气动力中心位置随着飞行马赫数的增加先向后移动，随后向前移动，然后又再次向后移动。③ 飞行马赫数为 1.2～1.3 时，流经翼型表面的气流都是超声速，翼型空气动力中心大约在 50% 弦长位置，基本上保持不变。

（5）飞行马赫数对压力中心位置的影响。

翼型压力中心位置随着飞行马赫数的变化趋势基本上与空气动力中心位置的变化趋势相同。当 $0 < Ma_\infty < Ma_{cr}$ 时，翼型压力中心位置几乎无变化。当 $Ma_{cr} < Ma_\infty < 1.2$ 时，翼型压力中心位置先向后移动，随后向前移动，然后又再次向后移动。

当飞行速度超过临界马赫数后，翼面出现局部超声速流区和激波诱导边界层分离现象，翼型的空气动力特性发生非常复杂的变化。高亚声速飞机的飞行速度一旦超过临界马赫数，除了阻力突然增大使得飞机难以加速外，还会出现抖振的现象，导致飞机失去控制，甚至造成严重的飞行事故。所以在高亚声速飞机的飞行仪表上都有临界马赫数的指示，以保证飞行的安全。

12.9 迎角和翼型表面状况对波阻的影响

当飞行迎角增大时，流经上翼面前缘的气流流速增快，最低压力点（最高速度点）的气流会在较小的飞行马赫数时达到声速。因此飞行迎角增大，临界马赫数降低，翼型表面会更早地出现局部超声速区和局部激波。在相同马赫数下，翼型的阻力系数随着迎角的增加而变大。如果翼型表面粗糙，层流边界层将提前转捩为湍流边界层，又导致波阻的增加。

12.10 超临界翼型

为了改善翼面出现局部超声速流区、局部激波和激波诱导边界层分离现象所造成的影响，超临界翼型被设计出来，其与一般翼型在几何形状的差异，如图 12-37 所示。

图 12-37 一般翼型与超临界翼型

（1）外形特征。

超临界翼型的功用主要是延迟临界马赫数，以及避免飞行速度超过临界马赫数后翼型上表面产生局部激波与激波诱导边界层分离现象。与常规翼型相比，超临界翼型的上表面比较平坦，减缓了上翼面前缘的加速性并使飞行速度超过临界马赫数后，上翼面前缘的流速几乎不再增加，从而消除局部激波的产生。也由于上翼面较为平坦，翼型的升力系数较小，为了补足升力，一般将下翼面的后缘做成内凹以增加弯度，如图 12-38 所示。

（2）功能。

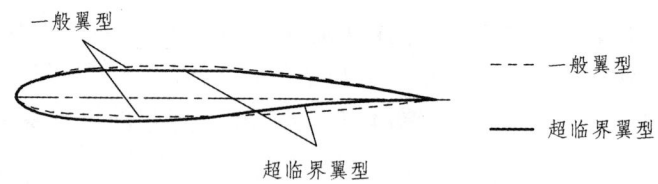

图 12-38 超临界翼型几何形状

飞行速度超过临界马赫数时，机翼产生局部激波，飞机会消耗大量燃油，并且存在噪声问题，所以巡航速度必须小于临界马赫数。目前高亚声速飞机多采用后掠翼或者超临界翼型这两种方法来延迟临界马赫数，以提升飞机的巡航速度。超临界翼型的外形设计本身具备延迟临界马赫数的作用，又可消除上翼面局部激波和激波诱导边界层分离现象，同时还能够减小机翼的后掠角、增加机翼的展弦比和增大翼型的相对厚度，从而提高了机翼的结构强度与加大了机翼内部的储油空间。所以它不仅能够提高飞机的巡航速度，又能取得其他的综合效益，如图 12-39 所示。

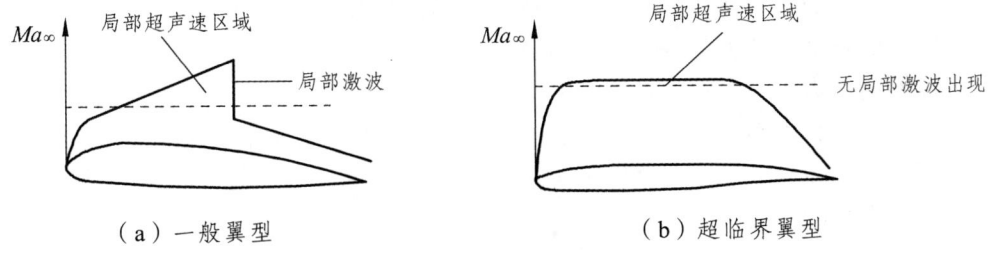

图 12-39　一般翼型与超临界翼型功能比较

另外，超临界翼型避免飞行速度不慎超过临界马赫数时机翼产生的抖动现象，保障了飞机与旅客的安全，如图 12-40 所示。

图 12-40　机翼剧烈抖动

随着科技的突飞猛进，以超临界翼型为基础进一步改进得出的"先进超临界翼型"技术已趋于成熟，并陆续应用于新型飞机上。例如波音 767、波音 787 和空客 A310 的机翼都配置了自研的"先进超临界翼型"以增加高亚声速飞机的巡航性能。

（3）缺点。

虽然超临界翼型具备诸多优点，但是难免有缺点。由于上翼面较为平坦，翼型的升力系数较小，所以为了补足升力，一般都将下表面的后缘做成内凹形状以增加后段弯度，但该设计将导致翼型的强度不够，必须做增加补强，而且大弯度薄后缘制造工艺复杂。除此之外，下翼面整流处也必须特别注意，要防止气流干扰造成流动分离。

【例 12-19】

试述超临界翼型的优缺点。

【解答】

超临界翼型的优点是其外形设计本身就具备延迟临界马赫数的功用，又可消除上翼面局部激波和激波诱导边界层分离现象，所以能够提升高亚声速飞机的巡航速度与减少飞机的飞行阻力。如果其与后掠翼机翼合并使用，还能够减小机翼的后掠角并且提高机翼的结构强度。超临界翼型的缺点是下翼面的后缘得做成内凹的形状以增加翼型后段的弯度，薄后缘制造工艺复杂，而内凹设计将会导致翼型的强度不够，必须做增加补强。

课后练习

（1）翼型的空气动力指的是哪两种作用力？
（2）翼型空气动力特性研究的假设基础是什么？

（3）翼型空气动力特性研究常用的实验设备与设计基础是什么？
（4）翼型的总空气动力的分解方式有哪两种？
（5）翼型的压力中心与空气动力中心的定义是什么？
（6）翼型的压力中心的定义是什么？其与迎角之间的关系是什么？
（7）翼型的升力系数和迎角之间的关系是什么？
（8）临界迎角的定义是什么？
（9）翼型的空气动力中心的定义是什么？其与迎角之间的关系是什么？
（10）迎角对压力中心位置的影响是什么？
（11）迎角对空气动力中心的影响是什么？
（12）迎角对空气动力中心与压力中心相对位置的影响是什么？
（13）库塔条件的假设是什么？
（14）凯尔文定理的定义是什么？
（15）凯尔文定理的假设是什么？
（16）康达效应的定义是什么？
（17）牛顿三大运动定律的内容是什么？
（18）库塔条件的假设是什么？
（19）判定对称翼型的翼型弦线与中弧线是否重合，试说明其原因。
（20）判定不对称翼型的翼型弦线与中弧线是否重合，试说明其原因。
（21）低亚声速飞机多采用相对厚度与相对弯度较大的翼型的原因是什么？
（22）低亚声速飞机多采用平凸型翼型或双凸型翼型等不对称翼型的原因是什么？
（23）现代高速飞机采用对称薄翼的原因是什么？
（24）二维机翼升力系数理论的假设与计算公式是什么？
（25）薄翼理论的假设与计算公式是什么？
（26）绘图说明对称翼型和不对称翼型的外观，并说明两者的定义。
（27）零升力迎角的定义是什么？
（28）对称翼型的最大弯度与零升力迎角值是什么？
（29）叙述翼型临界迎角与最大升力系数的定义与关系。
（30）翼型失速现象发生的原因是什么？
（31）雷诺数越小时，它的临界迎角与最大升力系数是越大还是越小？
（32）高尔夫球的表面设计成用凹凸不平表面的原因是什么？
（33）说明临界速度的定义与临界马赫数的定义。
（34）迎角对临界马赫数的影响是什么？
（35）高亚声速飞机的飞行速度是否可以大于临界速度？论述其原因。
（36）试解释亚声速流、跨声速流与超声速流的物理意义。
（37）叙述当飞行速度迎角小于临界迎角时，翼型升力系数随着飞行迎角的变化趋势。
（38）叙述当飞行速度迎角小于临界迎角时，翼型阻力系数随着飞行迎角的变化趋势。
（39）叙述当飞行速度小于临界马赫数时，翼型升力系数随着飞行马赫数的变化趋势。
（40）叙述当飞行速度小于临界马赫数时，翼型阻力系数随着飞行马赫数变化趋势。
（41）阻力发散马赫数的定义是什么？

（42）在跨声速流区域翼型的阻力系数随马赫数急剧增大的原因是什么？
（43）飞行速度小于临界马赫数时，压力中心位置的变化趋势是什么？
（44）飞行速度小于临界马赫数时，空气动力中心位置的变化趋势是什么？
（45）飞行速度在超声速流区域，空气动力中心位置的变化趋势是什么？
（46）画图说明翼型局部激波的形成原因。
（47）迎角对波阻的影响是什么？
（48）飞行马赫数对临界迎角与最大升力的影响是什么？

第 13 章 飞机飞行的空气动力特性

飞机的空气动力特性是评估飞行性能的重要依据，也是分析飞机平衡、稳定性和操纵原理的重要基础。上章的内容已经探讨了翼型的空气动力特性，它以气流通过无限翼展的矩形机翼为假设前提，也就是只考虑气体流过机翼时形成的二维流动效应。实际上机翼的翼展不可能为无限长，它是一个有限值，而且气体流过机翼是三维流动现象。本章以翼型空气动力特性为基础，更进一步地探讨与分析机翼乃至整架飞机飞行时的空气动力特性。

13.1 飞机空气动力的定义

飞行时作用在飞机各部件上的空气动力的合力叫作飞机的总空气动力，用符号 R 表示；总空气动力作用在飞机的作用点，称为飞机的压力中心，用符号 CP 表示。在研究飞机飞行的空气动力时，我们将垂直于相对气流速度 V_∞ 方向的分量，也就是与飞机飞行路径垂直方向的分量称为升力，用符号 L 表示；将平行于相对气流速度 V_∞ 方向的分量，也就是与飞机飞行路径相反方向的分量称为阻力，用符号 D 表示，如图 13-1 所示。

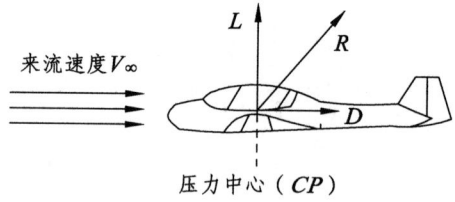

图 13-1 飞机空气动力

13.2 飞机升力的作用

飞机升力的作用主要是克服飞机的重力使其能够在空中飞行，它主要由机翼产生。飞机飞行时，相对气流 V_∞ 流经机翼，上下表面形成的压力差，产生一个向上托举的力，这就是升力。为了便于研究飞机运动方向的保持和变化，规定升力方向与相对气流垂直，如图 13-2 所示。

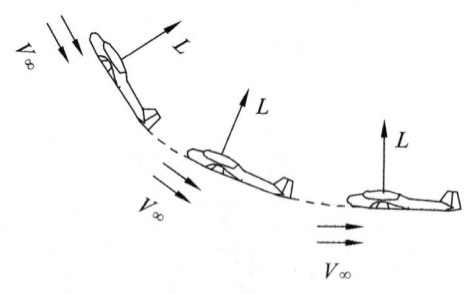

图 13-2 升力方向

由于机翼的三维效应,在相同迎角下,机翼的升力系数比翼型的升力系数小,而且机翼平面形状的不同会产生不同的局部失速现象。

航空小常识

需要说明的是,飞机不仅是机翼才会产生升力,机身、水平尾翼以及其他暴露在气流中的某些部分都会产生升力。不过和机翼比较,其他部分产生的升力都是很小的。所以通常用机翼的升力来代替整个飞机的升力,一般我们所说的升力,就是指飞机机翼产生的升力。

13.3 飞行迎角与迎角失速

飞行迎角是指飞机在飞行时,机翼弦线与相对气流之间的上下夹角,用符号 α 表示,并以机翼弦线在相对气流的上方为正,如图 13-3 所示。

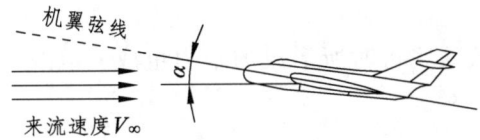

图 13-3 飞行迎角的定义

和翼型的升力系数一样,飞机在低于临界马赫数飞行时,机翼的升力系数随着飞行迎角的增加而增加,但是达到临界迎角时,机翼后缘产生流体分离,升力系数急剧下降,导致升力无法支撑飞机的重力,这种现象称为迎角失速(Angle of attack stall),而刚达到失速状态所对应的飞行速度称为失速(Stall velocity),用符号 V_s 表示。由 $L = \frac{1}{2}\rho V_\infty^2 C_L S$ 可以推出飞机的飞行速度为 $V_\infty = \sqrt{\dfrac{2L}{\rho C_L S}}$。飞机刚达到失速状态的升力系数为最大升力系数 $C_{L\max}$,由此 $V_s = \sqrt{\dfrac{2L}{\rho C_{L\max} S}}$。

13.4 飞机飞行的阻力

第 12 章已经讨论翼形阻力的形成原因与其变化情况,其中的许多结论同样适用于飞机的机翼,但是机翼的阻力与翼型的阻力还是有不同之处,那就是飞机各组件的连接处彼此间的气流干扰产生的干扰阻力以及机翼的三维效应对飞机产生的诱导阻力。

1. 飞机阻力的组成

低于临界马赫数飞行时,根据产生阻力形成原因的不同,可以将其分成摩擦阻力(Friction force)、压差阻力(Pressure drag)、干扰阻力(Interference drag)以及诱导阻力(Induced drag)

4种,其中摩擦阻力和压差阻力这两种阻力由飞机外形产生,统称为型阻(Profile drag),并且摩擦阻力、压差阻力和干扰阻力与飞机的升力无关,主要由空气的黏性引起,因此它们统称为寄生阻力(Parasitic drag),而诱导阻力伴随着机翼的升力产生,所以又称为升力衍生阻力(Lift induced drag)。如果飞行速度高于临界马赫数,则必须再考虑局部激波造成的阻力,也就是激波阻力(Shock wave drag force)。

【例 13-1】

型阻与寄生阻力的组成是什么?以关系式说明型阻与寄生阻力两者之间的关系。

【解答】

型阻由摩擦阻力和压差阻力组成,而寄生阻力由摩擦阻力、压差阻力与干扰阻力组成。因为型阻 = 摩擦阻力 + 压差阻力,而寄生阻力 = 摩擦阻力 + 压差阻力 + 干扰阻力,所以寄生阻力 = 型阻 + 干扰阻力。

【例 13-2】

用关系式表示飞机在低速飞行时所形成的阻力组成,以及型阻与寄生阻力两者之间的关系。

【解答】

飞机在低速飞行时产生的阻力 = 摩擦阻力 + 压差阻力 + 干扰阻力 + 诱导阻力
= 型阻 + 干扰阻力 + 诱导阻力
= 寄生阻力 + 诱导阻力

2. 飞机的摩擦阻力

摩擦阻力是因为空气具有黏性,气流与飞机接触表面发生摩擦形成的阻力。因为边界层的存在,摩擦阻力大小与边界层的性质和飞机表面光洁度有关。不是只有机翼,机身、尾翼、发动机短舱等都会产生摩擦阻力,各部件摩擦阻力的总和才是飞机的摩擦阻力。

(1)影响因素。

根据计算公式 $F_s = \tau \times A = \mu \times \dfrac{du}{dy} \times A$,可以推知摩擦阻力与空气的黏性、气流的流动状态、飞机表面状况以及表面面积等因素有关。

① 气体的黏性系数。根据摩擦阻力计算公式,可以看出气体的黏性系数越大,摩擦阻力也就越大。

② 气流的流动状态。飞机表面的法向速度梯度越大,摩擦阻力就越大。实验与研究指出,湍流边界层的法向速度梯度远比层流边界层大,所以湍流中飞行的摩擦阻力比层流飞行的大。

③ 飞机表面状况。飞机表面越粗糙,表面黏性系数就越大,摩擦阻力也就越大。实验与研究还证明,表面越粗糙,气流越容易从层流转变为湍流。

④ 飞机表面的面积。表面面积越大,摩擦阻力也就越大。

（2）改善措施。

减小摩擦阻力的改善措施一般有采用层流机翼、在机翼表面安装气动装置、保持飞机表面的光滑清洁以及尽量减小飞机与气流的接触面积等方法。

① 采用层流机翼。要减小摩擦阻力就应该设法使速度边界层保持在层流状态。层流机翼能够在一定的迎角范围内减小摩擦阻力。

② 安装气动装置。在机翼表面安装一些气动装置，不断地向边界层输入能量，加大边界层内气流速度，减小边界层厚度，使得边界层能够保持层流状态，从而减少摩擦阻力。

③ 保持飞机表面的光滑清洁。飞机表面越粗糙，摩擦阻力越大；反之表面越光滑与清洁，摩擦阻力越小。所以在飞机维护、修理与保养的工作中，一定要保持表面的光滑与清洁，例如在机翼与尾翼的前缘和上表面等部位，必须保证机体表面没有污物、划伤、凹陷或突起等状况，并注意铆钉的铆接质量和蒙皮的光滑密封。

④ 尽量减小飞机与气流的接触面积。对飞机进行修理、维护与改装时，应注意不要过多增加外露面积，否则会增大摩擦阻力。

3．飞机的压差阻力

压差阻力是飞机机体前后压力差产生的阻力。压差阻力与物体的形状有密切的关系，所以又称为形状阻力。飞机飞行时除了机翼，机身、尾翼、发动机短舱等也会产生压差阻力，各部件压差阻力的总和才是飞机的压差阻力。

（1）影响因素。

压差阻力与机体的迎风面积、形状以及飞行迎角有密切的关系。

① 飞机的迎风面积。迎风面积就是飞机飞行时垂直于迎面气流的正向截面面积，在相同条件下，迎风面积越大，压差阻力越大；反之，迎风面积越小，压差阻力越小。

② 机体的形状。物体的形状越趋于流线形，压差阻力越小，所以机体的形状应尽量做成流线形。

③ 飞行迎角。飞行迎角超过一定范围时，压差阻力随着迎角增大而增加，而飞行迎角超过临界迎角时，因为流体分离现象而导致飞机失速。

（2）改善措施。

采取减小压差阻力的改善措施一般有尽量减小迎风面积、采用流线形以及尽量让飞机轴线与相对气流的方向平行。

① 尽量减小迎风面积。因为迎风面积越小，压差阻力也就越小，所以飞机在设计时应尽量减小迎风面积，例如民用运输机在保证装载所需容积的情况下，为了减小机身的迎风面积，机身横截面的形状都采取圆形或近似圆形。

② 采用流线形。飞机机体越趋近于流线形，压差阻力也就越小，所以暴露在空气中的机体各部件的外形应尽量采用流线形。

③ 尽量让飞机轴线与相对气流的方向平行。物体与相对气流的位置越小，压差阻力也就越小，所以除了气动作用的部件外，其他部件的轴线应尽量与气流方向平行。例如民用运输机采用一定的安装角就是为了使飞机在巡航飞行时，机翼产生所需升力的同时，机身轴线保持与相对气流的方向平行，以减小压差阻力。

4．干扰阻力

实验研究中发现，整个飞机的阻力并不等于各个部件单独形成阻力的总和，而是多出一个量，这个量就是部件的结合处相互干扰产生的阻力，即干扰阻力，如图 13-4 所示。

图 13-4　机翼与机身相互干扰

（1）干扰阻力的定义。

所谓干扰阻力是指空气流经飞机各部件结合处气流相互干扰所衍生出来的阻力。整个飞机的阻力往往大于机翼、机身、发动机以及尾翼等所有组件各自阻力的总和，这是因为飞机部件结合处的气流会彼此干扰的缘故。例如，机身与机翼、尾翼的结合处以及机翼与副油箱或发动机都会产生干扰阻力。

（2）影响因素与改善措施。

干扰阻力与各部件结合时的相对位置有关，也与结合部位的形状有关。减小压差阻力的改善措施一般有适当安排各部件之间的相对位置，以及在飞机各部件的结合处安装整流包皮等。

① 适当安排各部件之间的相对位置。干扰阻力与各部件结合时的相对位置有关，所以飞机设计必须考虑各部件之间的相对位置。例如对于机翼和机身之间的干扰阻力来说，中单翼的干扰阻力最小，下单翼的干扰阻力最大，而上单翼的干扰阻力居中。但是民用客机与运输机一般不采用中单翼，民用客机一般采用下单翼，运输机多采用上单翼，其原因已在第 11 章中叙述。

② 在飞机部件结合处安装整流包皮。在飞机部件的结合处安装整流包皮，使之较为圆滑，让该处的气流较为平顺，以减小干扰阻力。

5．诱导阻力

气体流过机翼是三维流动现象，由于三维效应，会产生诱导阻力。

（1）诱导阻力的定义。

飞机的诱导阻力主要来自机翼，它伴随有限翼展（三维翼）的升力而产生。换句话说，如果没有升力，也就不存在诱导阻力。这种由升力诱导而产生的阻力称为诱导阻力，又因为诱导阻力伴随升力而产生，诱导阻力又称为升力衍生阻力，它也是飞机飞行时特有的一种阻力。

（2）翼尖涡流的定义。

机翼产生升力时，下翼面压力会比上翼面大，翼尖的气流就从翼尖的旁边由下往上翻，因此两端翼尖各自形成一个由下向上旋转的涡流，称为翼尖涡流（Wingtip vortex），如图 13-5 所示。翼尖涡流的产生造成了机翼上下表面的压力差减少，在相同迎角的情况下，机翼的升力降低。

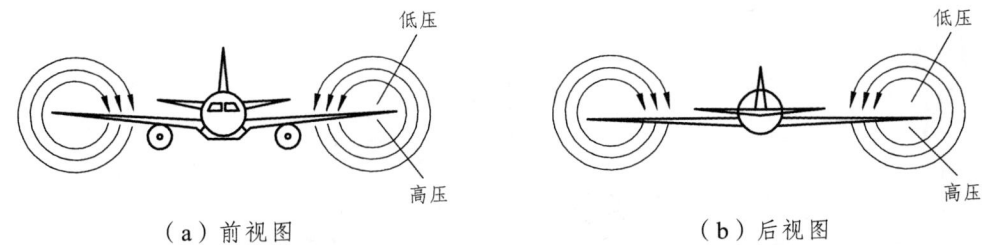

（a）前视图　　　　　　　　　　（b）后视图

图 13-5　翼尖涡流形成原因

飞机飞行中，翼尖涡流气流的旋转效应使翼尖涡流内压力降低，如果空气中含有足够的水蒸气，则会膨胀冷却而凝结成水珠，这时便可看到由翼尖向后拖起的两道雾状的涡流索。做飞行表演的飞机还常常在翼尖安装发烟罐，这时天空就会出现两条漂亮的彩带飞舞。在日常生活中，也可以观察到翼尖涡流的现象。例如在大雁南飞时，常排成人字或斜一字形，领队的大雁排在中间，而幼弱的小雁常排在外侧，这样使得后雁处于前雁翅尖所产生的涡流之中，飞行起来能够比较省力，可以减轻长途飞行的疲劳，有利于长途飞行，如图 13-6 所示。

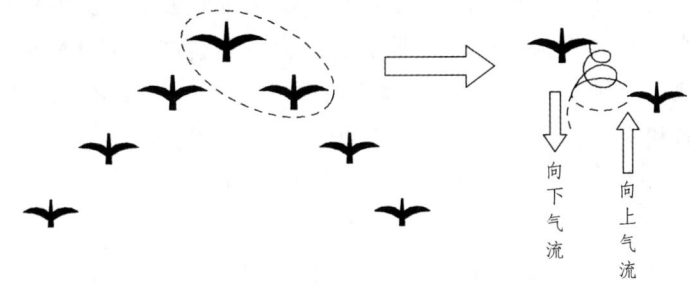

图 13-6　雁群人字形飞行原因

（3）下洗气流的产生。

翼尖涡流气流旋转的效应，使得机翼产生一个垂直向下的气流，称为下洗气流（Wash down air flow），如图 13-7 所示。

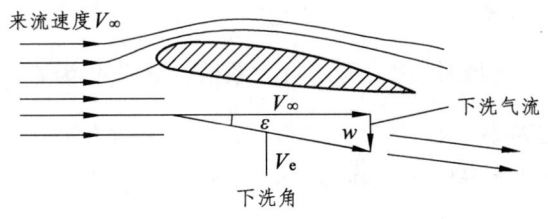

图 13-7　下洗气流

（4）诱导阻力的形成原因。

下洗气流的速度，称为下洗速度（Downwash velocity），用符号 w 表示。此时气流速度不再是 V_∞，而是 V_∞ 与 w 的合速，称为有效速度（Effective velocity），用符号 V_e 表示。因为下洗气流的速度 w 而产生的向下的倾斜角，也就是来流速度 V_∞ 与有效速度 V_e 间的夹角，叫作下洗角（Wash down angle），用符号 ε 表示，而有效速度 V_e 与机翼弦线的夹角，称为有效迎角（Effective angle of attack），用符号 α_e 表示。有效迎角、迎角以及下洗角之间的关系为 $\alpha_e = \alpha - \varepsilon$，如图 13-8 所示。

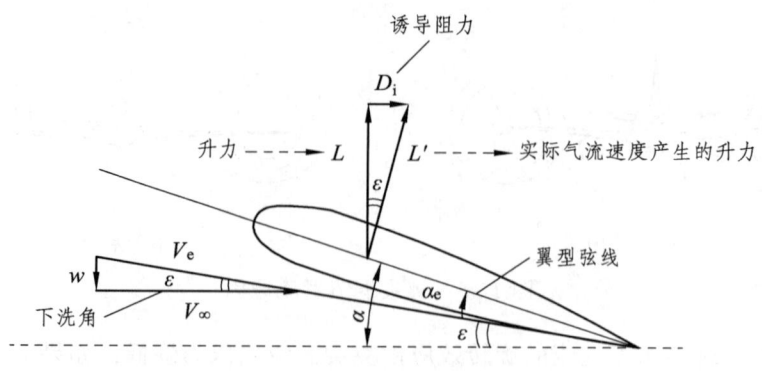

图 13-8　诱导阻力形成原因

气流以有效速度 V_e 流经机翼时产生了垂直方向的实际升力 L'，而 V_e 系下洗气流 w 与相对气流速度 V_∞ 的合速度。实际升力 L' 可以分解成两个分量：一个是与来流垂直方向的分量，也就是起升力作用的分量 L；另一个是与来流平行且方向相同，也就是起阻力作用的分量 D_i（诱导阻力）。即存在计算公式 $L = L'\cos\varepsilon$ 与 $D_i = L'\sin\varepsilon$。如果上下翼面没有压力差，就不会产生升力，也不会产生翼尖涡流，而没有翼尖涡流也就不会产生下洗气流，没有下洗气流则下洗角 $\varepsilon = 0$，从而 $D_i = L'\sin\varepsilon$。没有升力就没有诱导阻力，升力越大，诱导阻力也就越大，所以诱导阻力伴随着机翼的升力而产生，又称为升力衍生阻力。

【例 13-3】

试说明有效迎角 α_e、迎角 α、下洗角 ε 以及诱导阻力 D_i 之间的关系。

【解答】

如图 13-8 所示，可以看出有效迎角、迎角以及下洗角之间的关系为 $\alpha_e = \alpha - \varepsilon$。诱导阻力为 $D_i = L'\sin\varepsilon = L'\sin(\alpha - \alpha_e)$。

（5）诱导阻力的影响因素。

根据实验研究的结果可以归纳出，诱导阻力系数计算公式为 $C_{D,i} = \dfrac{C_L^2}{\pi \times e \times AR}$。式中，$C_{D,i}$ 是诱导阻力系数；π 是圆周率；C_L 是升力系数；e 是翼展效率因子；AR 是展弦比。

① 机翼的平面形状对诱导阻力的影响。研究发现，在其他因素相同的条件（例如速度与升力）下，椭圆形机翼的诱导阻力最小（其翼展效率因子 e 为 1），梯形机翼的诱导阻力次之，而矩形机翼的诱导阻力最大。然而椭圆形机翼的制造工艺具有难度，制作成本较高，轻小型飞机多采用梯形机翼降低诱导阻力。其主要的原理是机翼翼尖部分的面积在机翼总面积中所占比例下降，从而减小诱导阻力。

② 展弦比对诱导阻力的影响。机翼的展弦比越大，诱导阻力越小。这是因为在机翼面积相同的情况下，展弦比越大，翼尖部分的面积在机翼总面积中所占比例就越小，形成的下洗气流或者下洗角也较小，因此诱导阻力也就越小。如图 13-9 所示以矩形翼为例，说明展弦比对诱导阻力的影响。

（a）展弦比小　　　　　　　　（b）展弦比大

图 13-9　展弦比对矩形翼诱导阻力影响

从图中可以看出，机翼的展弦比越小，平均下洗速度越大，诱导阻力越大；反之机翼的展弦比越大，诱导阻力也就越小。所以在无限翼展的假设下（$AR \to \infty$），诱导阻力为 0。

③ 升力系数（迎角）对诱导阻力的影响。升力系数越大，诱导阻力越大；反之，升力系数越小，诱导阻力越小。因为在一定迎角范围内，飞机的升力系数与飞行迎角成正比。翼尖涡流由上下翼面的压力差所引发，飞机的飞行迎角越大，压力差就越大，所引发的翼尖涡流强度越强，从而产生的下洗速度就越大。反之，飞行迎角越小，压力差就越小，所引发的翼尖涡流的强度越弱，从而产生的下洗速度就越小。根据 $L = \frac{1}{2}\rho V_\infty^2 C_L S$，升力相同的情况下，飞行速度越大，所需的升力系数越小，也就是飞行迎角较小，形成的诱导阻力也就越小。

【例 13-4】

在飞机设计中使用梯形机翼与大展弦比机翼减小诱导阻力的原理是什么？

【解答】

在飞机设计中使用梯形机翼与大展弦比机翼减小诱导阻力的原理都是使机翼翼尖部分的面积在机翼总面积中所占比例下降，从而减小诱导阻力。

【例 13-5】

无扭转的椭圆形机翼，其展弦比 $AR = 7$，低速飞行迎角 $\alpha = 8°$，升力系数 $C_L = 0.8$，试求该机翼的翼展效率因子 e、下洗角 ε、有效迎角 α_e 以及诱导阻力系数。

【解答】

椭圆形机翼的翼展效率因子 e 为 1。下洗角 $\varepsilon = \frac{C_L}{\pi \times e \times AR} = \frac{0.8}{\pi \times 1 \times 7} = 0.03638 = 2.08°$。

因为 $\alpha_e = \alpha - \varepsilon$，所以有效迎角 $\alpha_e = 8° - 2.08° = 5.92°$。又因为诱导阻力系数 $C_{D,i} = \frac{C_L^2}{\pi \times e \times AR}$，所以 $C_{D,i} = \frac{0.8^2}{\pi \times 1 \times 7} = 0.209$。

（6）诱导阻力的改善措施。

减小诱导阻力的改善措施一般有采用大展弦比的梯形机翼与安装翼梢小翼。

① 采用大展弦比的梯形机翼。梯形机翼具有诱导阻力小、结构轻以及工艺简单的优点，同时，加大机翼的展弦比也可以减小诱导阻力，所以一般低速飞机多采用大展弦比的梯形机翼。无论是梯形还是大展弦比机翼，都具有使翼尖部位的面积在机翼的总面积中所占比例下降的作用，从而减小诱导阻力。

② 安装翼梢小翼。在机翼的翼尖部位安装翼梢小翼（Winglet）或副油箱等外挂物可阻止气流由机翼下表面向上表面流动，从而减弱翼尖涡流，减小诱导阻力，如图 13-10 所示。翼梢小翼在民用客机或运输机的应用中能节省燃油，加大航程。

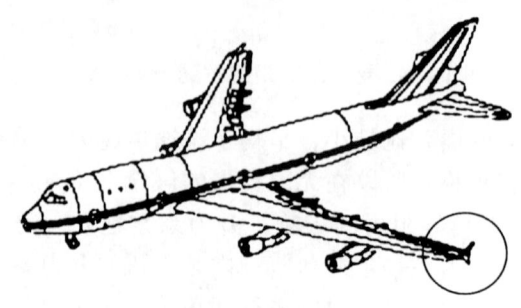

图 13-10 翼梢小翼

航空小常识

翼梢小翼会增加翼根（机翼与机身的结合处）的力矩，机翼的翼梁必须加强，因而增加了额外的重力（强化翼梁的结构重力与翼梢小翼的重力）以及制造施工的复杂度，轻（小）型飞机因为动力小且受限于造价成本，还不如采用"增加展弦比"的方式降低诱导阻力来得划算。

（7）翼尖涡流衍生出的尾涡效应。如图 13-11 所示，翼尖涡流向后扩散形成尾涡（Trailing tip vortex）。尾涡的强度由飞机重力（或飞机的升力与发动机的推力）、飞行速度与机翼形状决定，其中最主要的是飞机重力（或飞机的升力与发动机的推力）。尾涡的强度随着载荷因子的增加以及飞行速度的减小而增大。当后机进入前机的尾涡区，会出现抖动、下沉、改变飞行状态、发动机停止甚至翻转等现象。大飞机后面起降的小飞机，如果距离太近会被卷入大飞机留下尾涡区中，处置不当还会发生事故。大型喷气客机产生的尾部涡流，其体积甚至可以超过一架小飞机，而且留下的尾涡甚至可以持续数分钟不散去，所以机场航管人员在管制飞机起降时，通常要有一定的隔离时间。

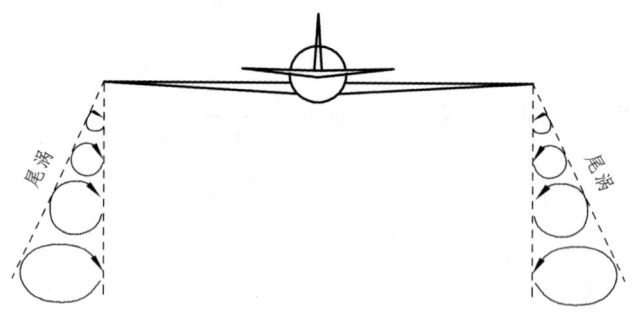

图 13-11 尾涡效应

6．飞机低速飞行时的阻力变化

（1）现象说明。

如图 13-12 所示，低亚声速飞行的阻力以诱导阻力为主，诱导阻力与飞行速度平方的倒数成正比；高亚声速飞行时的阻力以寄生阻力为主，寄生阻力与飞行速度的平方成正比。寄生阻力与诱导阻力的总和即为总阻力,它随着飞行速度增大先减小而后增大。诱导阻力曲线和寄生阻力曲线相交时的总阻力最小,此时的飞行速度称为有利飞行速度,用符号$V_{有利}$表示,对应的飞行马赫数称为有利马赫数,用符号$Ma_{有利}$表示。

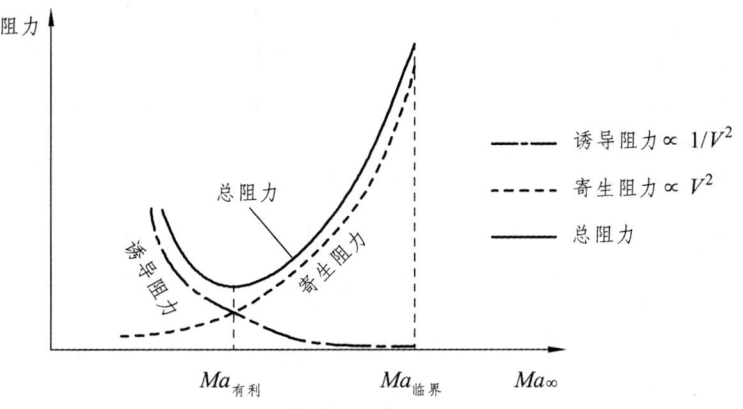

图 13-12　阻力类型随着飞行速度变化

(2)原因探讨。

① 诱导阻力曲线变化趋势。飞机的诱导阻力随着飞行迎角的增大而增加,低速飞行时,为了得到足够的升力,飞机以较大的迎角飞行,机翼上下表面的压力差较大,引发的翼尖涡流的强度较强,所以诱导阻力较大。而飞行速度较高时,飞行所需的升力较小,飞行迎角较小,形成的翼尖涡流的强度较弱,因此诱导阻力也随之减小。

② 寄生阻力曲线变化趋势。飞行的速度越高,气流对飞机的阻滞力就越大,所以寄生阻力随着速度的增加而增大。

③ 总阻力曲线变化趋势。总阻力等于诱导阻力与寄生阻力的总和,在亚声速范围内,飞机总阻力随着飞行速度增大先减小而后增大。当飞行速度小于有利飞行速度时,总阻力随着飞行速度增大而减小;飞行速度大于有利飞行速度时,总阻力随着飞行速度增大而增加。

13.5　飞机的升力系数曲线

气流的三维效应,也即翼尖涡流的存在使得机翼的升力系数比翼型的小,因此飞机的升力数曲线与翼型的有所不同,二维机翼升力系数理论的计算公式必须加以修正。

1. 三维机翼升力系数理论公式

由于翼尖涡流的存在,机翼升力系数与飞行迎角的关系必须在翼型升力系数理论中考虑三维效应的影响。将$C_L = 2\pi\sin\left(\alpha + \dfrac{2h}{c}\right)$修正为$C_L = \dfrac{2\pi\sin\left(\alpha + \dfrac{2h}{c}\right)}{1+\dfrac{2}{AR}}$。这就是三维机翼升力系数理论计算公式。可以看出,如果不考虑飞机失速,展弦比AR越大,升力系数C_L越大;当展弦比趋于无限大,也就是$AR \to \infty$时,三维机翼升力系数C_L等于二维翼型理论值。

2．升力系数曲线随展弦比的变化规律

这里以不对称翼型的矩形机翼为例，说明在不同展弦比时，升力系数曲线的变化，如图 13-13 所示。

（1）升力系数随着展弦比的变小而变小。在相同迎角 α 的情况下，如果展弦比 AR 越小，则机翼的升力系数 C_L 越小。这是因为对于相同平面形状的机翼而言，展弦比越小，翼尖涡流所产生的气流下洗效应对机翼的影响也较显著，有效迎角 α_e 与升力系数 C_L 值也就越小。

（2）升力系数曲线斜率随着展弦比的变小而降低。有限翼展机翼的升力系数曲线斜率 $\dfrac{\partial C_L}{\partial \alpha}$ 随着展弦比减小而降低，这也是因为翼尖涡流引发气流下洗效应越强的缘故。

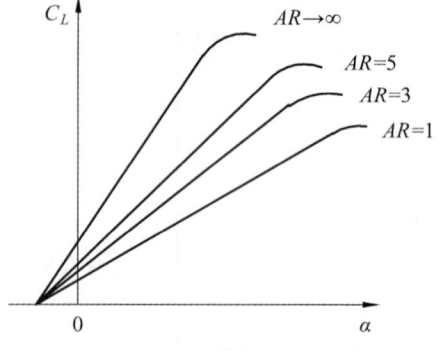

图 13-13　相同形状机翼的升力系数曲线随着展弦比 AR 变化

13.6　飞机的阻力系数曲线

飞机的阻力系数曲线表示飞行阻力系数 C_D 值随着飞行迎角 α 变化的关系曲线。飞机的阻力组成与翼型的不同，所以它们的阻力系数曲线有所差异。对同机型来说，飞机的构型是不变的，低速飞行时的阻力系数 C_D 主要由迎角 α 决定，两者之间的变化关系如图 13-14 所示。

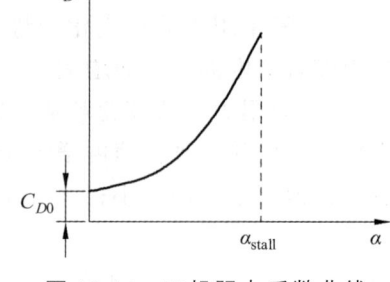

图 13-14　飞机阻力系数曲线

1．阻力系数的组成

如前所述，亚声速飞机如果在不超过临界马赫数的情况下飞行，依据阻力产生原因的不同，可以分为摩擦阻力、压差阻力、干扰阻力以及诱导阻力，其中摩擦阻力、形状阻力与干扰阻力合称为寄生阻力，因此总阻力 = 寄生阻力 + 诱导阻力，阻力系数等于寄生阻力系数与诱导阻力系数之和。

2．零升力阻力系数的定义

零升力阻力系数（Drag coefficient of zero lift）是指飞机升力为零的阻力系数，在中小迎角的情况下，飞机的阻力系数也常写成如 $C_D = C_{D0} + C_{Di}$ 的形式。式中，C_D 为总阻力系数，C_{D0} 为零升力阻力系数，C_{Di} 为诱导阻力系数。在小迎角的情况下，摩擦阻力基本不随迎角变化，压差阻力也很小，因此零升阻力系数基本与寄生阻力系数相等。飞机的零升阻力系数的大小主要取决于翼型的相对厚度、相对弯度、最低压力点位置以及表面粗糙度。翼型的相对厚度增大或相对弯度增大，零升阻力系数增大；翼型的最低压力点位置后移，零升阻力系数减小；飞机的表面越粗糙，零升阻力系数越大。

3．飞机阻力系数随迎角变化的规律

飞行迎角增加时，飞机的阻力系数不断地增大。在小迎角的情况下，阻力系数较小且随着迎角增大的斜率较小;而在大迎角的情况下,飞机的阻力系数较大且随着迎角增大的斜率较大。当飞行迎角超过临界迎角(失速迎角)后,飞机的阻力系数随着迎角增加而急剧增大。

(1)小迎角时的变化原因。

亚声速飞机在小迎角飞行时,摩擦阻力占据飞机阻力的主导地位。由于摩擦阻力系数基本上不随着迎角改变,另外在小迎角的情况下,压差阻力系数随着迎角变化量不大,诱导阻力系数随着升力系数的平方成正比例地缓慢增加,所以飞机的阻力系数较小且随着迎角增大的斜率较小。

(2)大迎角时的变化原因。

亚声速飞机在大迎角飞行时,诱导阻力占据飞机阻力的主导地位。由于诱导阻力系数随着升力系数的平方成正比例的方式以较快的斜率增加,所以飞机的阻力系数较大且随着迎角增大的斜率较大。

(3)超过临界迎角时的变化原因。

当飞行迎角超过临界迎角(失速迎角)后,飞机上翼面的后方产生流体分离的现象,压差阻力系数急剧增加,从而导致阻力系数也急剧增加,此时飞机呈现失速状态。

13.7 飞机的升阻比曲线与极曲线

1. 飞机的升阻比曲线

要确定飞机空气动力性能的好坏,不能单独看升力或阻力的大小,必须综合分析它们的比值。飞机的升阻比曲线就是以综合衡量的观点来看飞机的空气动力特性随着迎角的变化情形。

(1)升阻比的定义。

飞机的升阻比(Lift to drag ratio)是指同一迎角下飞行时,飞机升力与阻力的比值,用符号 K 表示。如果升阻比越大,意味着飞机在飞行时的升力越大或阻力越小,所以升阻比是衡量飞机空气动力性能好坏的重要参数。

(2)飞机特性角的概念。

总空气动力作用在飞机的压力中心上,飞机升阻比的大小与总空气动力相对于升力向后倾斜的角度有关,该角叫作飞机的特性角(Property angle),以符号 θ 表示,如图13-15所示。

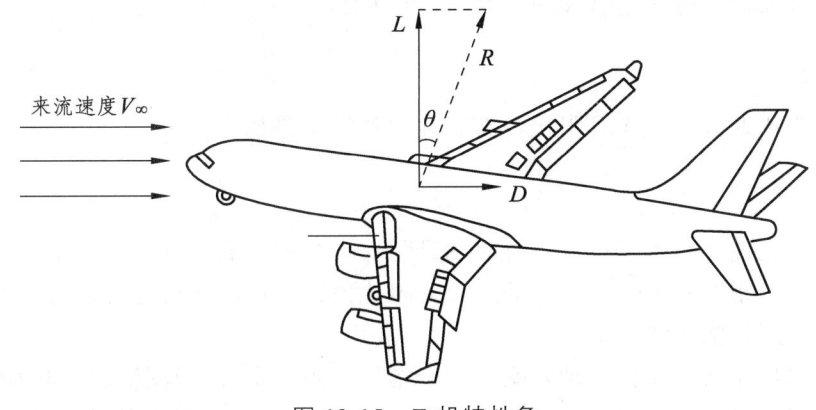

图 13-15 飞机特性角

特性角与升阻比的关系为 $\tan\theta = \dfrac{D}{L} = \dfrac{1}{K}$，即 $\theta = \arctan\dfrac{1}{K}$。飞机的特性角越小，飞机的升阻比就越大；反之，飞机的特性角越大，飞机的升阻比就越小。

（3）升阻比曲线的定义。

我们可以根据风洞实验测出的飞机在各迎角下对应的升力系数与阻力系数值，再根据升阻比的定义，计算出各迎角对应的升阻比的值，并画出升阻比曲线，如图 13-16 所示。

在升阻比曲线中，升阻比最高点称为最大升阻比（Maximum lift drag ratio），用符号 $K_{\max}$ 表示。最大升阻比对应的迎角称为有利迎角（Advantageous angle of attack），它是飞机飞行的最适迎角（Optimum angle of attack），一般是 3°~4°。必须特别注意的是，升阻比最大值所对应的迎角并非是在最大升力系数 $C_{L\max}$ 时达到，最大升力系数所对应的迎角是临界迎角，它是飞机开始失速的迎角，而最大升阻比 $K_{\max}$ 所对应的迎角是有利迎角，它是飞机飞行效率最高时的迎角，这两种迎角代表的物理意义截然不同。

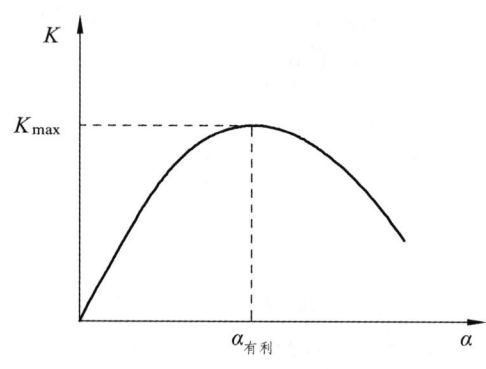

图 13-16　飞机升阻比曲线

（4）升阻比随迎角变化的规律。

从零升力迎角到有利迎角的区域，迎角增大，升阻比增大，而在有利迎角之后，迎角增大，升阻比反而减少。这是因为在中、小迎角下，升力系数斜率是一个常数，而阻力系数随迎角增加得慢，增加的比例小于升力系数增加的比例；而在大迎角下，阻力系数增加得快，增加的比例大于升力系数增加的比例。飞机的最大升阻比是衡量飞机空气动力特性的重要指标之一，性能优良的飞机 $K_{\max}$ 甚至可以达到 50 以上。

【例 13-6】

飞机的升阻比曲线、最大升阻比与有利迎角的定义是什么？

【解答】

飞机的升阻比曲线是指飞机在飞行时的升阻比（L/D）值随着飞行迎角 α 变化的关系曲线。最大升阻比是指在升阻比曲线中的最大升阻比值，对应的飞行迎角即称为有利迎角。

（5）最大升阻比的求法。

飞机的升阻比是表示飞机气动效率的一个指标，主要是飞行马赫数和迎角的函数，一般希望最大升阻比越大越好。在中小迎角的情况下，飞机升力系数与阻力系数的关系，可用

$C_D = C_{D0} + C_{Di} = C_{D0} + kC_L^2$ 来做近似计算。式中：C_D 是阻力系数；C_{D0} 是零升阻力系数；C_{Di} 是诱导阻力系数；k 是常数，称为诱导因子或升致因子；C_L 为升力系数。求最大升阻比时，令 $\dfrac{\partial K}{\partial C_L} = 0$，因为 $\dfrac{\partial K}{\partial C_L} = \dfrac{\partial \left(\dfrac{L}{D}\right)}{\partial C_L} = \dfrac{\partial \left(\dfrac{C_L}{C_{D0} + kC_L^2}\right)}{\partial C_L} = \dfrac{C_{D0} - kC_L^2}{(C_{D0} + kC_L^2)^2}$，所以 $C_{D0} - kC_L^2 = 0 \Rightarrow C_L = \sqrt{\dfrac{C_{D0}}{k}}$，即得 $K_{\max} = \dfrac{1}{2\sqrt{kC_{D0}}}$。

飞机以最大升阻比 $K_{\max}$ 飞行，其气动效率是最高的，最大升阻比所对应的飞行迎角称为有利迎角。飞机的有利迎角一般在升阻比曲线中，阻力系数等于两倍零升力阻力系数所对应的迎角位置。也就是说当飞机以有利迎角飞行时，阻力系数与零升力阻力系数的关系为 $C_D = 2C_{D0}$，此时诱导阻力系数等于零升力阻力系数，即 $C_{Di} = C_{D0}$。

2．飞机的极曲线

（1）极曲线的定义。

以飞机的升力系数当作纵坐标，阻力系数表示横坐标，用迎角为参变数，将升力系数和阻力系数随迎角变化的规律用曲线表示出来，这条曲线叫作飞机的极曲线，如图 13-17 所示。

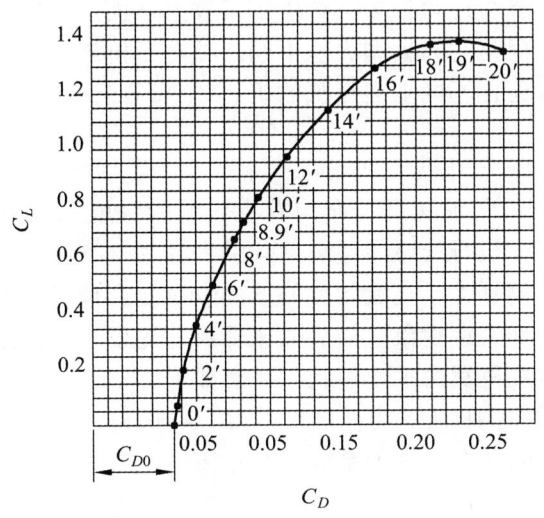

图 13-17　飞机的极曲线

（2）极曲线的重要物理特性。

飞机的极曲线能够综合表达升力系数、阻力系数以及升阻比的特性，但要确实了解飞机的空气动力性能，就必须掌握零升力迎角、零升力阻力系数、有利迎角与最大升阻比以及临界迎角与最大升力系数，也就是如图 13-18 所示各点代表的物理意义。

① 零升力迎角与零升力阻力系数。极曲线与横坐标交点所对应的迎角为零升力迎角，其对应的升力系数等于 0 以及对应的阻力系数为 C_{D0}，如图 13-18 所示 A 点。

② 有利迎角与最大升阻比。从原点向曲线作切线，切点对应的迎角为有利迎角，相应的纵、横坐标值分别为升力系数和阻力系数，其比值为升阻比，即最大升阻比 $K_{\max}$，如图 13-18 所示 B 点，它代表的是飞机飞行效率最高的状态。

③ 临界迎角与最大升力系数。飞机的极曲线最高点对应的迎角为临界迎角,相应的升力系数为最大升力系数 $C_{L\max}$,如图 13-18 所示 C 点,它代表的是即将发生飞行危险的状态。

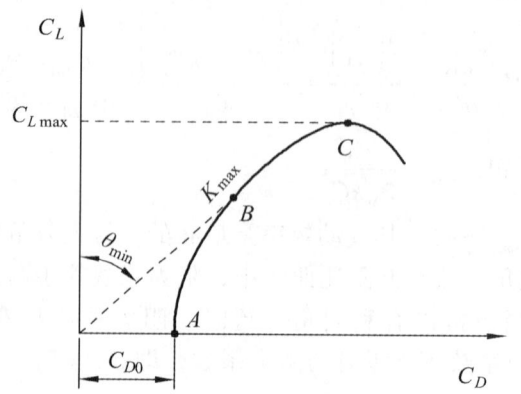

图 13-18　飞机的极曲线的重要物理特性点标示图

13.8　飞机的大迎角失速

飞机失速主要是由于飞行迎角过大,产生了机翼上表面边界层气流分离的现象,它是造成飞机失事的主因之一。但是它和翼型失速不同之处在于机翼的三维效应,也就是翼尖涡流的存在。机翼的三维效应还让不同平面形状的机翼产生局部失速的现象。

1. 不同平面形状的失速选择性

在机翼翼展方向的下洗气流速度分布与翼尖涡流的强度和作用面积有关,空气具有黏性,使得翼尖涡流的强度向机身处逐渐递减,其引发的气流下洗效应也逐渐变弱。然而作用面积占机翼的总面积的比例越大,气流产生的下洗效应就会越强,所以机翼因为平面形状的不同而产生不同类型的局部失速现象。局部失速现象是先发生翼根处或翼尖处,还是翼根与翼尖处同时发生,主要取决机翼的平面形状,详解如下。

(1) 现象说明。如图 13-19 所示为椭圆形机翼、梯形机翼与矩形机翼的局部失速现象,以及沿翼展方向下洗速度的分布与升力系数的变化情形。

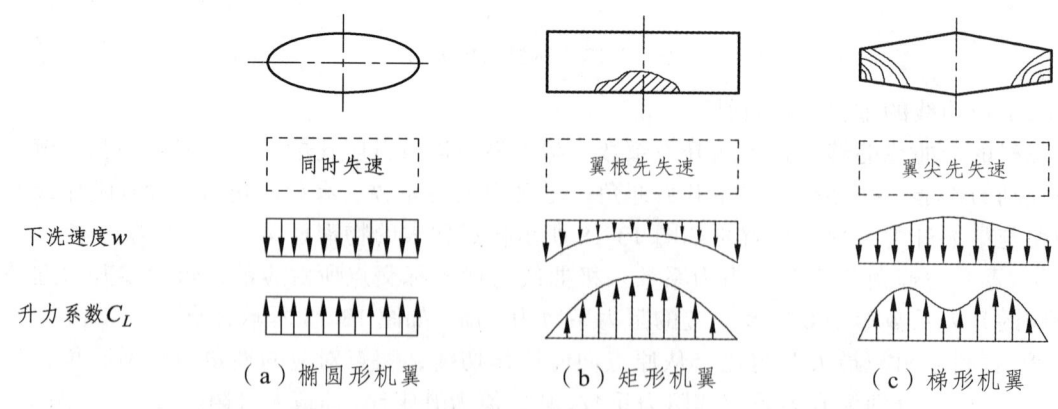

图 13-19　不同平面形状机翼的局部失速特性

椭圆形机翼下洗速度 w 沿着翼展均匀分布,机翼各处同时出现失速现象。矩形机翼翼根部分的下洗速度小,先行出现失速现象。梯形机翼,则是翼尖的下洗速度小,先行出现失速现象。

(2)原因探讨。

① 椭圆形机翼同时失速现象。因为翼尖涡流的强度沿着翼身方向逐渐递减,对气流下洗的衰减效应与翼尖涡流的作用面积沿着翼身方向逐渐增加,两者对气流下洗的增强效应互相抵消,所以机翼各处同时出现失速现象。也因为在机翼各处的下洗气流速度都相同,各机翼剖面的下洗角 ε 相同,而 $\alpha_e = \alpha - \varepsilon$,所以有效迎角 α_e 与升力系数 C_L 都相同。

② 矩形机翼翼根先行失速现象。因为沿着机翼翼展方向的面积都相同,以及翼尖涡流的强度沿着翼身方向对气流下洗的衰减效应,使得翼根部分的下洗气流速度较小,有效迎角 α_e 与升力系数 C_L 较大,所以矩形机翼一定在翼根处先产生失速现象。

③ 梯形机翼翼尖先行失速现象。因为机翼的面积沿着翼展方向逐渐减少,翼尖部位面积在机翼的总面积中所占的比例就下降,该处下洗气流速度较小,有效迎角 α_e 与升力系数 C_L 较大,所以梯形机翼是在翼尖处先产生失速现象。

上面所讨论的 3 种不同平面形状机翼的失速特性,以梯形翼的翼尖失速对飞行最为不利,那是因为梯形翼失速初期对飞机状态影响不大,不能起到明显的预警作用。但因为梯形机翼结构简单与阻力小,目前它仍然被很多飞机采用。

【例 13-7】

一般的大型民航客机是翼根还是翼尖处先行失速?论述其原因。

【解答】

一般的大型民航客机使用后掠机翼,其外形如图 13-20 所示,且在翼尖处先行失速。

其局部失速的理由与梯形翼类似,都是因为翼尖涡流的强度沿着翼身方向逐渐递减,对气流下洗的衰减效应小于翼尖涡流作用面积沿着翼身方向逐渐增大对气流下洗的增强效应的缘故,所以机翼翼尖部分的下洗气流速度较小,有效迎角与升力系数较大,在翼尖处先产生失速现象。

图 13-20 一般大型民航客机外形

2. 抖动迎角和抖动升力系数

飞机失速主要是由于飞行迎角过大,产生机翼上表面边界层气流分离的现象,它是造成飞机失事的主因之一。在失速迎角前,翼尖涡流引发的气流下洗效应使机翼产生局部先行失速,引发机翼与尾翼的振动,从而造成飞机的稳定性和操纵性下降。

(1)原因探讨。

当机翼出现局部先行失速时,上翼面后方有局部的气流分离现象以及大量旋涡,这些旋涡从分离点周期地产生。在前一个旋涡被吹离机翼,而后一个旋涡尚未形成的短暂时间内,气流流态得到短暂改善,升力稍有恢复。但是当下一个旋涡形成时,升力又稍有减小。这样,旋涡断续而周期性地产生,升力就时大时小地周期性变化,迫使机翼发生抖动,如图 13-21 所示。另外,机翼上大量旋涡流经飞机尾翼,还引起整个飞机抖动。

图 13-21　机翼剧烈抖动

飞机抖动的明显程度，一方面与气流分离的范围和严重程度有关，另一方面要看飞机固有频率与气流的振动频率是否相近。如果两者相近，强迫振动的振幅大，抖动则明显。如果两者相差甚远，强迫振动的振幅微小，抖动就感觉不出来。这种抖动现象的出现，表示飞机失速发展过程开始，对飞行员是一种很好的警告，可以防止飞机进入失速。飞机大多设置了人工失速警告装置。

（2）名词解释。

我们将局部剖面出现严重气流分离时的迎角叫作抖动迎角（Jitter attack angle），用符号 α_{jitter} 表示，对应的升力系数叫作抖动升力系数（Jitter lift coefficient），用符号 $C_{Ljitter}$ 表示。从抖动迎角增加到更大的迎角时，上翼面的气流分离区进一步地扩大，整个飞机的升力系数达到最大值，此时的迎角定义为机翼的临界迎角（Critical angle of attack），用符号 α_{cr} 或 α_{max} 表示。临界迎角对应的升力系数为机翼的最大升力系数（Maximum lift coefficient），用符号 C_{Lmax} 表示，如图 13-22 所示。

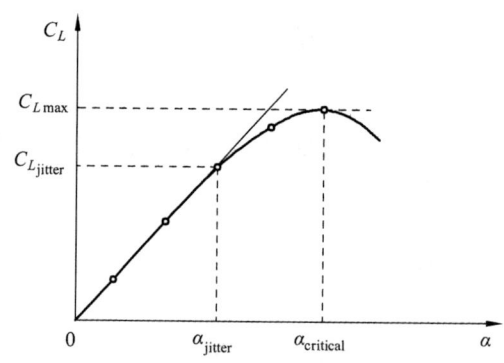

图 13-22　飞机抖动迎角与临界迎角

机翼的抖动迎角、抖动升力系数、临界迎角以及最大升力系数一般由实验测定。

【例 13-8】

试说明激波失速、飞机失速（飞机大迎角失速）以及翼尖失速的定义。

【解答】

激波失速是指飞机的飞行速度超过临界马赫数时，在机翼上表面出现局部激波而引发的激波诱导边界层分离的现象。飞机失速（飞机大迎角失速）是指飞机的飞行速度超过临界迎角，在机翼上表面出现边界层分离的现象。翼尖失速是指采用梯形翼或后掠翼的飞机，因为翼尖涡流效应，在发生大迎角失速前，翼尖部位所引发的局部先行失速现象。

【例 13-9】

试说明临界迎角与抖动迎角的定义以及彼此间的关系。

【解答】

所谓临界迎角是指飞机失速（飞机大迎角失速）时对应的迎角，而抖动迎角是指飞机机翼开始发生局部失速现象时的迎角。除了椭圆形机翼，在发生迎角失速前，飞机机翼都会引发局部先行失速的现象，所以临界迎角比抖动迎角大。

3．改善机翼局部先行失速特性的措施

机翼发生局部先行失速的现象，使得飞机在到达临界迎角（失速迎角）前，产生机翼与尾翼的振动，造成稳定性和操纵性下降。为了保证飞行安全，一般使用机翼扭转的方式加以改善。根据机翼扭转可以分为几何扭转和气动扭转两种方式。

（1）几何扭转。

梯形翼翼尖采用负扭转的方式，矩形翼翼尖采用正扭转的方式，使得有效迎角在沿翼展的各剖面基本上保持一致，从而避免机翼局部先行失速现象的发生。

（2）气动扭转。

由于几何扭转增加制造工艺的复杂性，所以有时也采用气动扭转的方法。气动扭转的翼尖与翼根选用相对弯度或相对厚度不同的翼型，使它们的零升力迎角或临界迎角有所差别，与几何扭转的原理相同，也是使机翼各剖面有效迎角保持一致，从而避免机翼局部先行失速现象的发生。

【例 13-10】

试说明机翼扭转方式中几何扭转和气动扭转的定义。

【解答】

如果机翼各剖面的弦线不在同一平面内，则为几何扭转。如果剖面的局部迎角大于翼根剖面的迎角，则该剖面为正扭转；反之，为负扭转。

有的机翼，虽然各剖面的翼弦在同一平面上（无几何扭转），但是沿着翼展方向采用了不同弯度的非对称翼型，这种布置就叫作气动扭转。

【例 13-11】

试说明为何翼根先行失速会比翼尖先行失速为佳？并列举两种梯形翼飞机防止翼尖先行失速的方法。

【解答】

保证翼根先行失速对飞行有两方面好处。首先机翼内侧剖面的局部分离气流打到水平尾翼上，可使飞行员感受到它所造成的局部失速的抖动警告，从而避免进入全面失速状态。其次，翼根先行失速，可使飞机即使处于局部失速状态，副翼等仍有控制和操纵飞机的足够效率，保证飞机可以从危险的局部失速状态脱离。

梯形翼飞机要防止翼尖先行失速，一般可使用气动扭转与几何扭转两种方式。气动扭转的方式就是在翼尖采用零升力迎角小的翼型；几何扭转的方式就是使翼尖局部迎角小于翼根的迎角（负几何扭转的方式），以保证翼根比翼尖处先行失速。

4．飞机的失速

飞行迎角到达临界迎角时，只要迎角稍微增加，机翼上表面就会出现严重的气流分离现象，使得飞机的升力急速下降，从而无法克服重力，造成飞行上的危险，所以描述飞机飞行失速现象的相关数值是评估飞机飞行性能的重要依据。刚到达临界迎角时的飞行速度称为失速。根据飞机升力计算公式，到达临界迎角时，如果飞行速度低于失速，飞机将无法持续飞行，因此失速是衡量飞机空气动力特性的重要指标之一。

（1）飞机失速的计算。

失速（Stalling velocity），用符号 V_{stall} 表示。平飞时，飞机的升力等于重力。根据 $L=\frac{1}{2}\rho V_\infty^2 C_L S$，以及临界迎角所对应的最大升力系数，可以推论出失速计算公式为 $L=W=\frac{1}{2}\rho V_{\text{stall}}^2 C_{L\max}S$，从而 $L=W=\frac{1}{2}\rho V_{\text{stall}}^2 C_{L\max}S \Rightarrow V_{\text{stall}}=\sqrt{\dfrac{2W}{\rho C_{L\max}S}}$。

然而飞机要完成一次飞行任务必须经过起飞、爬升、巡航、下降和着陆等过程，在其他飞行过程的状态下，飞机的升力 L 不等于重力 W，而要乘以一个系数 n_L，这个系数称为载荷系数（Load factor）。定义 $n_L=\dfrac{L}{W}$，其他飞行状态的失速为 $V_{\text{stall}}=n_L^{1/2}\times V_{\text{stall},\text{平飞}}=n_L^{1/2}\times\sqrt{\dfrac{2W}{\rho C_{L\max}S}}$。

（2）影响飞机失速的因素。

从 $V_{\text{stall}}=n_L^{1/2}\times\sqrt{\dfrac{2W}{\rho C_{L\max}S}}$ 中可以看出，影响飞机失速的因素为飞机的重力（W）、空气的密度（ρ）、最大升力系数（$C_{L\max}$）以及载荷系数（n_L）。

① 飞机重力。为简化计算，一般将飞机的重力假设为定值。实际上飞机的重力包含了飞机机体的重力以及载重力（乘客重力、货物重力、油量以及其他重力），在同等飞行条件下，载重力增加，意味着重力增加，要维持飞行的升力就必须增加，因此失速必然增加。

② 空气密度。空气密度越小，要维持飞行的升力不变，只有提高飞行速度，因此失速就必然增加。飞行时的空气密度与空气湿度、飞行高度与温度有关，其彼此之间的关系已经在第 11 章详述，在此不再说明。

③ 最大升力系数。在起飞与着陆的过程中，使用增升装置可以提高最大升力系数，从而降低失速，使飞机以更低的速度起飞和着陆。

④ 载荷系数。从飞机失速的计算公式中可以看出，载荷系数越大，其对应的失速越大。

5．失速预警

为了保证飞行安全，必须防止飞机进入失速状态。要做到这一点，必须在飞机接近失速时，给飞行员一个准确的失速警告。失速预警可包括机翼局部失速预警以及人工失速警告设备两类。

（1）机翼局部失速预警。

机翼先行产生局部失速现象会使飞机发生抖振，也使驾驶杆和脚蹬产生抖动，有一种操纵失灵的感觉。此感觉就告诉飞行员飞机已经接近失速，这时飞行员必须及时向前推杆减小迎角，防止飞机失速。

(2)人工失速警告设备。

梯形翼与后掠翼对局部先行失速所产生的抖动现象并不明显,不能起到明显的预警作用,但却是飞机经常使用的机翼构型,所以现代飞机都安装了人工失速警告设备,例如失速警告喇叭、失速警告灯与抖杆器。这些人工失速警告设备用迎角探测器探测飞机的迎角,当迎角增大到接近临界迎角的某个值时(飞行速度比失速大7%),人工失速警告设备就会对飞行员发出失速警告,防止飞机进入失速状态。

13.9 增升装置介绍

升力系数的大小主要取决于迎角和机翼的几何外形。迎角超过临界迎角后,飞机产生失速从而危及飞行安全,而且迎角过大,飞机的稳定性和操纵性也显著地变差,所以增大迎角以增加飞机的升力系数的措施受到一定的限制,例如起飞迎角不得超过失速迎角的0.8倍。可以在飞机上安装增升装置(High lift device)以提升低速时的升力,襟翼(Flap)和前缘缝翼(Leading edge slat)是民用航空飞机最常用的增升装置,其在机翼上的位置如图13-23所示。

1. 增升装置的作用

在机翼上安装增升装置的目的是在较低速度下得到较大的升力,降低飞机起飞着陆时的速度,以改善飞机起飞着陆性能与安全性。

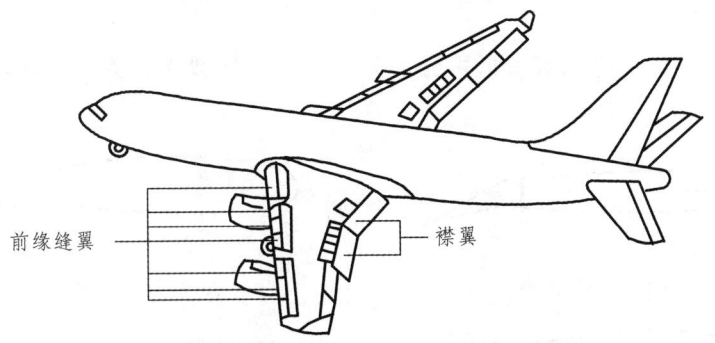

图 13-23 襟翼和前缘缝翼在民航机翼的位置

航空小常识

随着现代民机大型化与高速化的发展,起飞离地和着陆接地速度越来越高。其原因主要有两个:一是大型飞机使用高速机翼(例如后掠机翼与薄翼机翼等),而高速机翼主要从有利于高速飞行角度设计,在低速下的飞行性能并不好,从而使得飞机必须使用较高的飞行速度,才能达到需要的升力;二是大型飞机的重力大,在须安全起飞和平稳着陆的要求下必须使用较大的升力,因此飞机起飞和着陆的速度越来越大。如果不采用增升装置,则未来机场跑道将越建越长,但是机场跑道过度增长不现实,就需要进一步发挥增升装置的更大潜力。

2. 后缘襟翼的增升原理

襟翼是常用的一种增升装置，通常的襟翼，指的是后缘襟翼（Trailing edge flap）。后缘襟翼的增升原理大致有 3 种：增加机翼的弯度、增加机翼弦长（面积）以及推迟气流分离。

（1）增加机翼的弯度。

使用襟翼可以增加机翼翼型的弯度，因为机翼的升力系数与弯度有关。从二维机翼升力系数公式 $C_L = 2\pi \sin\left(\alpha + \dfrac{2h}{c}\right)$ 中可以得知，在相同 α 时，$\dfrac{h}{c}$ 越大，C_L 就越大，产生的升力也越大。

（2）增加机翼弦长（面积）。

使用襟翼可以增加机翼的弦长，也意味着机翼的平均几何弦长 $\bar{C}$ 增加。根据公式 $S = b \times \bar{C}$ 以及 $L = \dfrac{1}{2}\rho V_\infty^2 C_L S$，相同情况下，机翼的面积增加，升力也随之增加。

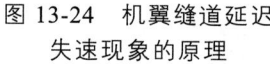

（3）推迟气流分离。

机翼开设缝道，加工成襟翼，可以延缓气流分离现象，因为下翼面的压力较大，可使气流通过缝道流向上翼面，如图 13-24 所示。

图 13-24　机翼缝道延迟失速现象的原理

3. 后缘襟翼的类型

如图 13-25 所示，后缘襟翼大抵可分为简单襟翼、开裂式襟翼、开缝襟翼以及后退式襟翼 4 种类型。

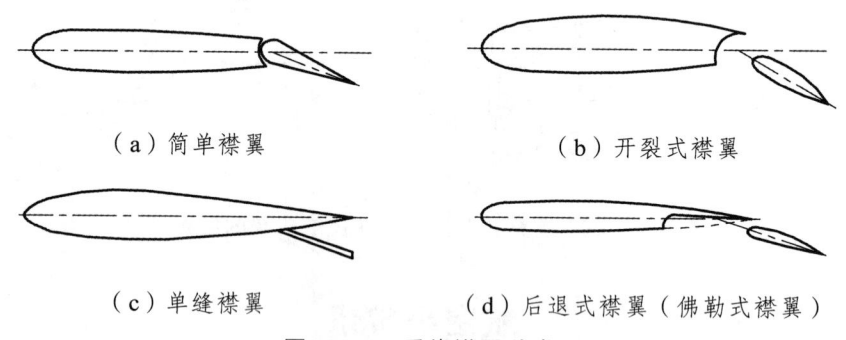

（a）简单襟翼　　　　　　　　（b）开裂式襟翼

（c）单缝襟翼　　　　　　　　（d）后退式襟翼（佛勒式襟翼）

图 13-25　后缘襟翼种类

（1）简单襟翼是指安装在机翼后缘可转向的小翼面。不使用时，闭合成为机翼后缘的一部分，使用时则向下偏转一定的角度。它的增升原理是改变机翼剖面形状，增大机翼弯度，从而增大升力。由于其增升效率低以及构造简单，所以多用于轻型飞机。

（2）开裂式襟翼是指安装在机翼后缘下表面一块可以向下偏转的板件。不使用时收回，紧贴合在机翼下表面，成为机翼后缘的一部分，使用时向下打开并下偏转。它的增升原理是增加机翼的弯度，除此之外，当板件打开时，可以在板件和机翼下表面后部之间形成低压区，对机翼上表面气流具有吸引作用,使得机翼的上表面流速增加,从而增加升力。开裂式襟翼,由于其增升效果比简单襟翼好,结构亦十分简单,在小型低速飞机上应用得较广泛。

(3)开缝襟翼是在简单襟翼基础上做了改进,将安装在机翼后缘可转向小翼面的铰接点移至机翼下后方。使用时将其向下打开,不仅可以增加机翼的弯度,还可以使下翼面的气流通过缝道流向上翼面,延迟气流分离。其增升原理主要是增加机翼的弯度与延迟气流分离。开缝襟翼的增升效果好于简单襟翼,最大升力系数甚至可增大 85%~95%,而临界迎角降低得不多。为了进一步提升开缝襟翼的增升效果,有的飞机还采用了双开缝襟翼、三开缝襟翼。开缝襟翼一般多用于中、小型飞机。

(4)后退式襟翼的特点是襟翼在放下的同时还能向后滑动,在增大翼型相对弯度的同时,还增大了机翼的面积。这种襟翼的增升效果很显著,临界迎角降低也很小。后退式襟翼一般与开缝式襟翼结合,我们称之为后退式开缝襟翼,其特点是在襟翼向下偏转增大相对弯度的同时,还向后滑动,增大了机翼面积,同时还能开 1~3 条缝,因此,增升效率比其他襟翼都高,增升效果一般可达到 110%~140%,目前广泛应用于大、中型飞机。

4. 各种类型后缘襟翼的升力曲线

各种类型后缘襟翼的增升工作原理不同,其造成的增升效果也就不同。各种类型后缘襟翼的升力曲线列于如图 13-26 所示,以便了解其增升效果。

5. 前缘襟翼、前缘缝翼与机动机翼

对于翼型很薄的高速飞机,在低速大迎角(甚至中小迎角)飞行时很容易在机翼的前缘就出现气流分离的情况,导致失事,因此要加装前缘襟翼(Leading edge flap)或前缘缝翼(Leading edge slat)以改善流动情况。有的飞机甚至装有可随时操纵的前缘和后缘机动机翼(又称变弯度机翼),从而大大提高了机动性能。

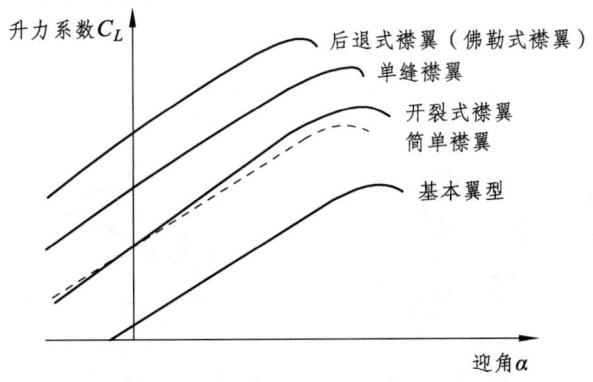

图 13-26 各种后缘襟翼的升力系数与迎角的关系图

(1)前缘襟翼设置在机翼前缘,多用于高速飞机。高速飞机一般采用前缘半径较小的薄翼型,当它以一定迎角飞行时,翼型前缘上表面并没有形成平滑的流道,气流很容易在该处产生分离,如图 13-27 所示。

放下前缘襟翼,既能增大翼型的相对弯度,又能减小前缘相对于气流的角度,使气流平顺地流过,因此,前缘襟翼能延迟气流分离的产生,提高临界迎角和最大升力系数,如图 13-28 所示。

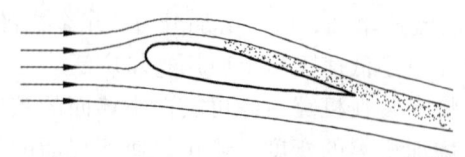
图 13-27 薄翼在翼型前缘发生气流分离

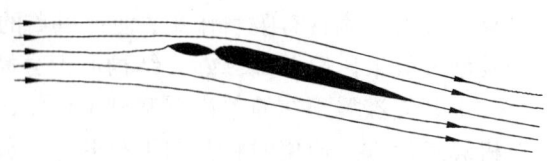
图 13-28 前缘襟翼的增升原理

高速飞机使用后缘襟翼时，后缘襟翼向下偏转，哪怕角度不大，在机翼前缘也会产生气流分离，这大大降低后缘襟翼的增升效果。前缘襟翼具有能延迟机翼前缘气流分离的特性，因此，与后缘襟翼配合使用，可以提高后缘襟翼的增升效果。

（2）前缘缝翼是指安装在机翼前缘的一个小翼面，其主要的功能同前缘襟翼，延迟高速飞机的翼型前缘容易出现的气流分离，所以亦常与后缘襟翼配合使用。

① 制动方式。前缘缝翼设置于机翼前缘，能在大迎角的情况下自动张开，而在小迎角的情况下自动关闭。这是由于在不同迎角下，机翼前缘的压力分布不同。在大迎角的情况下，机翼的前驻点后移，机翼前缘为负压力，前缘缝翼自动张开。而在小迎角的情况下，机翼前缘承受正压力，前缘缝翼受到正压力而紧贴于机翼前缘。

② 增升原理。高速飞机的薄翼翼型前缘容易出现气流分离的现象，在接近临界迎角时，前缘缝翼自动张开，机翼前缘会形成一条缝隙，可以使下翼面的气流通过缝道流向上翼面，得到加速，随后贴近上翼面流动，能增大上翼面边界层的空气动能，延缓气流分离的产生，使临界迎角增大、最大升力系数提高，阻力系数也增大，如图 13-29 所示。

必须注意的是，较小迎角飞行时，机翼上表面气流分离的趋势较弱，此时如果打开前缘缝翼，不仅不能增大升力系数，反而会抵消机翼上下表面之间的压力差而降低飞机的升力系数，因此只有在飞机的飞行迎角接近临界迎角或机翼气流分离严重时，前缘缝翼才能起到增升作用。

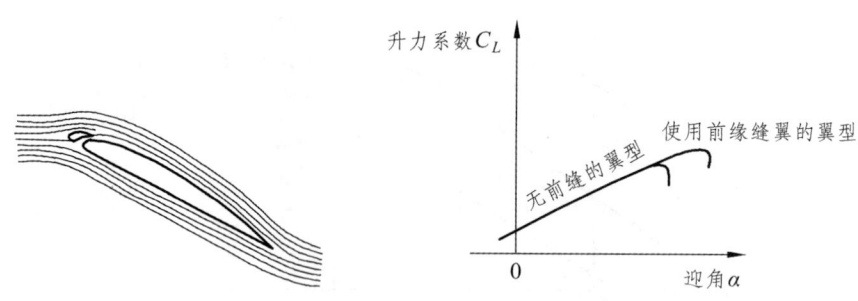

图 13-29 前缘缝翼的增升原理

（3）机动襟翼（Motorized flap）是在机动飞行中进行调节前缘襟翼与后缘襟翼偏度的装置，根据可变弯度的概念，在飞行中适时调整襟翼的偏度，以保持最佳的机翼弯度和形状。这种襟翼在放下位置上没有固定，放下角度在一定速度范围内随着飞行速度的增大而改变，所以称为机动襟翼。机动襟翼可由人工调节，也可以通过计算机进行自动调节。自动调节的机动襟翼能够在飞行中根据飞行速度、飞行高度和迎角的变化，自动改变前缘襟翼与后缘襟翼的偏角，进而在所有速度和高度范围内有效地改变飞机的空气动力性能。

6. 边界层控制装置

边界层控制装置是用人工方法使机翼上表面的边界层气体流速加快，增加边界层的能量，得以延迟边界层气流分离，达到增大临界迎角和提高最大升力系数的目的。此装置通常有两种：一种是安装在靠近机翼上表面的前缘附近，向边界层吹出从发动机压缩机引来的高压空气，以增加边界层空气向后流动的速度，我们称之为边界层吹除增升装置，如图13-30（a）所示。另一种是机翼上表面的后部，利用抽气泵通过机翼表面的小孔或缝隙，向机翼内的管道抽吸空气，减小边界层的厚度，使边界层内空气顺利地向后流动，以延迟边界层气流分离，我们称之为边界层吸取增升装置，如图13-30（b）所示。

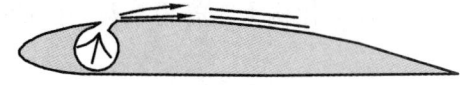 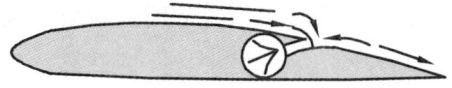

（a）边界层吹除增升装置（机翼上翼面的前缘吹气）　　（b）边界层吸取增升装置（机翼上翼面的后半部吸气）

图13-30　边界层控制装置的工作原理

在以上介绍的几种增升装置中，前缘缝翼、前缘襟翼与机动襟翼主要用于飞行中提高低速大迎角的性能，从而增强飞机的机动性。后缘襟翼（襟翼）常用于飞机的起飞和着陆中。在起飞时要求飞机尽快加速，后缘襟翼一般放小角度，就是为了提高起飞离地姿态时的升力系数从而减小起飞离地速度，同时又不会过多地增大飞机的阻力，使得飞机能够有效缩短起飞滑跑距离。而飞机离地后到达一定高度必须将后缘襟翼收起，这是为了减小飞行的阻力。飞机在着陆时，后缘襟翼一般放下大角度（通常是全放），这是为了提高飞机着陆接地时的升力系数从而减小着陆接地速度，同时增大飞机接地后的滑跑阻力，可以有效地缩短接地后的滑跑距离。有些飞机常将前缘襟（缝）翼与后缘襟翼配合使用，使得机翼的升力系数提高更多，而且可以消除机翼前缘的气流分离，提高后缘襟翼的增升效果。

【例 13-12】

试说明后缘襟翼常与前缘襟（缝）翼搭配使用的原因。

【解答】

飞机在飞行迎角较小时，机翼上表面气流分离的趋势较弱，此时如果打开前缘缝翼，不仅不能增大升力系数，反而会抵消机翼上下表面之间的压力差而降低升力系数，因此，只有当飞机的飞行迎角接近临界迎角或机翼气流分离严重时打开前缘缝翼，才能起到增升作用。对于翼型很薄的高速飞机，特别是后缘襟翼向下偏转时，哪怕角度不大，在机翼前缘也会产生气流分离，这将大大降低后缘襟翼的增升效果。前缘襟翼具有能延迟机翼前缘气流分离的特性，常与后缘襟翼配合使用，可以提高后缘襟翼的增升效果。

13.10 放下襟翼对飞机空气动力特性的影响

飞机在起飞和着陆时，必须放下后缘襟翼。但是放下襟翼提高升力系数同时，也会导致阻力系数、升阻比、零升力迎角、压力中心、临界迎角等变化。

1．阻力系数增加

后缘襟翼放下后，升力系数增加，因而诱导阻力增加，同时因为飞机的迎风面积增加，压差阻力也增加，所以飞行阻力与阻力系数随之增加。

2．升阻比减少

后缘襟翼放下后，在常用的迎角范围内，阻力系数增加的比例大于升力系数，因此升阻比会随之减少。

3．零升力迎角减小

根据升力系数公式，可以得知零升力迎角：$\alpha_0 = -\dfrac{2h}{c}$，后缘襟翼放下后，机翼的弯度变大，所以零升力迎角随之减小。

4．压力中心后移

后缘襟翼放下后，机翼后缘的弯度变大，上下翼面后缘部分的压力差变大，因此机翼后缘的升力增加，压力中心随之后移。

5．临界迎角减小

后缘襟翼放下后，机翼后缘的弯度变大，后缘的正压力梯度变大，从而边界层产生气流逆流的趋势增强，导致机翼在较小迎角下形成强烈的气流分离，所以临界迎角比不放后缘襟翼的小。

后缘襟翼一般用于飞机的起飞和着陆中，飞机起降时放下，巡航时收起以避免增加过多的阻力。在使用后缘襟翼的同时，前缘襟（缝）翼也开启，避免过早发生失速现象。

13.11 飞机的减升与增阻装置

在某些场合，我们希望尽快减小飞机的升力并增大飞行的阻力以满足飞行要求，例如飞机着陆接地后和中断起飞距离时，希望减小飞机的升力以便增大机轮与地面摩擦力，并增大飞行的阻力使飞机尽快减速。因此，大型飞机机翼上都安装扰流板（Spoiler），如图 13-31 所示。

1．扰流板的制动方式

扰流板未打开时紧贴在机翼表面上，不影响机翼表面气流的正常流动。扰流板打开时，前部气流受阻，压差阻力增加，同时流经机翼平顺气流遭到破坏，导致升力减小，因此减升与增阻的目的达到，如图 13-32 所示。

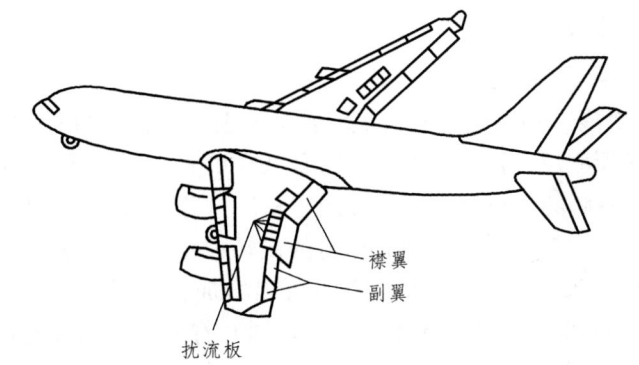

图 13-31　扰流板在民航飞机机翼的位置图

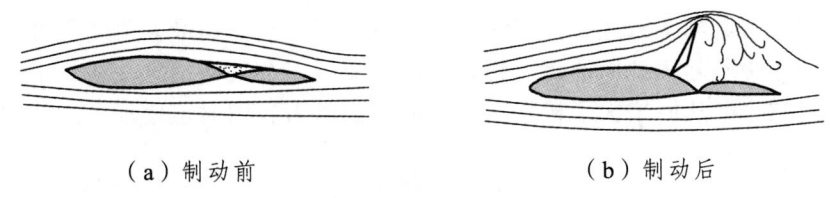

（a）制动前　　　　　　　　（b）制动后

图 13-32　扰流板制动方式

2．扰流板的分类

扰流板是一种非常有效的辅助操纵面，在飞行时可以配合副翼进行横向操纵或者当作减速板使飞机减速。按照其作用不同，扰流板可分为飞行扰流板（Flight spoiler）和地面扰流板（Round spoiler）两种。

（1）飞行扰流板主要是配合副翼进行横向操纵以提高副翼操纵效能以及作为飞行减速板使用。

（2）地面扰流板主要用于减升与增阻以帮助飞机着陆时的刹车减速，以缩短着陆滑跑的距离。

飞行扰流板与地面扰流板的作用不同，其制动原理和使用时机也就不同。一些大型民机在机翼上表面的襟翼前边位置布置数块扰流板，靠近机身几块为地面扰流板，靠外侧几块为飞行扰流板，如图 13-33 所示。

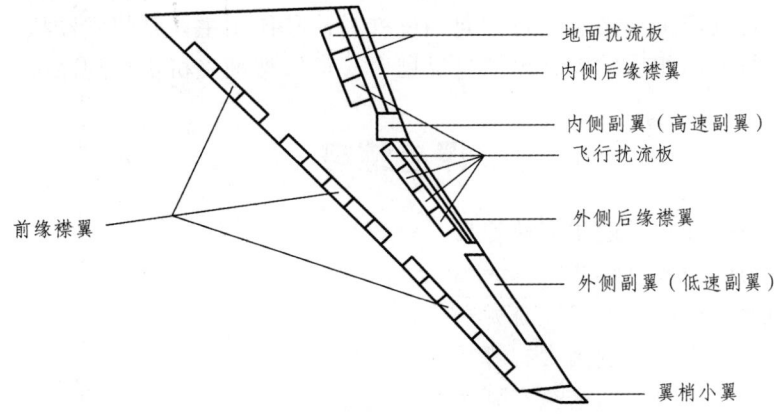

图 13-33　飞行扰流板与地面扰流板在机翼位置

3．扰流板的制动原理

（1）飞行扰流板。

① 提高副翼操纵效能。副翼是控制飞机滚转的主要操纵面，进行控制滚转运动时，机身两边副翼偏转的方向必须相反。扰流板未制动时紧贴在机翼表面，制动时向上偏折，因此要提高副翼操纵效能，机身一侧的飞行扰流板可按规定角度打开，而另一侧则不动，并且飞行扰流板与上偏的副翼必须在同侧都上偏，以提升机身的翻转力矩，达到提高副翼操纵效能的目的。

② 作为飞行减速板使用。扰流板在制动时可以增加压差阻力与降低飞机升力，所以当作飞行减速板使用时，机身两边的飞行扰流板必须同时打开，使得飞行阻力增加造成飞机减速，而且流经机翼平顺气流遭到破坏，这样就减小升力，提高了飞机的下降率。

（2）地面扰流板。

主要的作用是帮助刹车减速，使用时两边同时打开，上偏到最大角度（可达 40°～60°）。飞机着陆接地后或中断起飞地面滑跑时打开地面扰流板，会破坏空气在机翼上表面的平顺流动，使升力迅速减小，从而增大了机轮与地面的摩擦阻力，同时也增加了空气阻力，使飞机能够迅速减速。

4．扰流板的使用时机

（1）飞机一般飞行（巡航）时地面扰流板被锁定。

由于流经机翼平顺气流使升力急剧减小，为了防止升力减小过多，飞机巡航时地面扰流板被锁定，也不允许把扰流板手柄扳过"飞行"固定位置。

（2）飞机在着陆进场时不得使用飞行扰流板。

在着陆进场时不允许飞机的下降率过大，所以在距离地面 300 m 的高度以下不得使用飞行扰流板。

（3）飞机在着陆触地后地面扰流板开锁。

轮子刚接触地面时，地面扰流板开锁，两侧机翼上所有的扰流板（包含飞行扰流板和地面扰流板）全部打开，减升与增阻，缩短了飞机着陆滑跑的距离。在着陆的过程中，不仅仅只有扰流板打开，同时作用的还有飞机的前缘缝翼、前缘襟翼、后缘襟翼以及反推力装置。下降时，前缘缝翼在飞机速度降低时打开，增加升力防止飞机失速，同时前缘襟翼和后缘襟翼也完全展开，可以增加空气阻力并消除气流旋涡，使气流平滑沿着翼面流动，提高着陆安全性。反推力装置则产生与飞机飞行方向相反推力，其作用主要是将发动机喷出的气体折向前方，产生与飞行方向相反的力，也就是反推力，可以帮助飞机更快地减速。

课后练习

（1）试说明飞行迎角与迎角失速定义。

（2）飞机阻力的组成有哪些？

（3）低亚声速飞机的阻力组成有哪些？

（4）飞机摩擦阻力的影响因素有哪些？

（5）改善飞机摩擦阻力的措施有哪些？

（6）飞机压差阻力的影响因素有哪些？

（7）改善飞机压差阻力的措施有哪些？
（8）飞机干扰阻力的定义是什么？
（9）飞机诱导阻力的定义是什么？
（10）翼尖涡流的定义是什么？
（11）有效迎角α_e、迎角α以及下洗角ε之间的关系是什么？
（12）改善飞机诱导阻力的措施有哪些？
（13）试说明一般低速飞机多采用大展弦比的梯形机翼来减小诱导阻力的原因。
（14）试说明飞机在低速飞行时的阻力变化情形。
（15）写出三维机翼升力系数理论的计算公式。
（16）在哪种假设条件下三维机翼升力系数理论的计算公式可以简化成二维机翼升力系数理论的计算公式？
（17）零升力阻力系数的定义是什么？
（18）列举飞机的零升阻力系数的影响因素。
（19）升阻比的定义是什么？
（20）试说明飞机的特性角的定义与其和升阻比之间的关系。
（21）飞机的升阻比曲线、最大升阻比与有利迎角的定义是什么？
（22）什么是飞机极曲线，以及其重要物理特性点有哪些？
（23）抖动迎角与抖动升力系数的定义是什么？
（24）飞机的飞行迎角达到抖动迎角时，机翼的升力系数随着迎角的增加是增大还是减小？其原因是什么？
（25）飞机的飞行迎角达到抖动迎角时，机翼的升力系数曲线斜率是上升还是下降，其原因是什么？
（26）改善机翼局部先行失速特性的措施有哪些？
（27）试说明几何扭转与气动扭转改善机翼局部先行失速特性的原理。
（28）试说明后缘襟翼的增升原理。
（29）试说明高亚声速飞机前缘襟翼的增升原理。
（30）高亚声速飞机的前缘襟翼为何常与后缘襟翼配合使用？
（31）试说明高亚声速飞机前缘缝翼的增升原理。
（32）高亚声速飞机的前缘缝翼为何只有在飞机的飞行迎角接近临界迎角或机翼气流分离严重时打开，才能够起到增升作用？
（33）试说明边界层控制装置的增升原理。
（34）放下襟翼对飞机空气动力特性的影响有哪些？
（35）放下襟翼后，飞机阻力系数增加的原因是什么？
（36）放下襟翼后，飞机零升力迎角减小的原因是什么？
（37）放下襟翼后，飞机临界迎角减小的原因是什么？
（38）扰流板的功用有哪些？
（39）试说明飞行扰流板的功用。
（40）试说明飞行扰流板的制动原理。
（41）试说明地面扰流板的制动原理。

第 14 章　后掠翼飞机的空气动力特性

高亚声速飞机的飞行速度一旦超过临界马赫，机翼上表面就会出现局部激波和激波诱导边界层分离的现象，除了使得飞行阻力突然增大造成飞机难以加速外，还会出现飞机抖振的现象，最终导致飞机失去控制，甚至造成严重的飞行事故，所以规定高亚声速飞机的飞行速度不可以超过临界马赫数。为了提高飞机的临界马赫数，目前高亚声速飞机广泛地采用后掠翼，从而增加飞行速度。

14.1　后掠角的定义

所谓后掠角是指机翼前缘 1/4 弦长位置的连线和翼根弦长垂直线的夹角，用符号 θ 表示，如图 14-1 所示。后掠角的大小表示机翼后掠的程度，后掠角越大，飞机的后掠效应越显著。

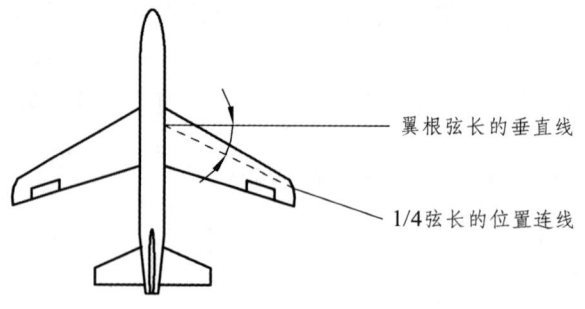

图 14-1　后掠角定义

和平直翼飞机相比，后掠翼飞机因为机翼斜置，飞行时产生的相对气流并不与机翼垂直。高亚声速飞机多选用后掠翼以扩大飞行马赫数范围，但是低亚声速飞机一般不采用后掠翼，因为没有必要通过后掠翼来解决飞机的气动力问题，即使使用也主要是利用其来调配重心和焦点的相对位置，以确保飞机的纵向稳定。

14.2　后掠角延迟临界马赫数的原理

如图 14-2 所示，对于平直翼，来流速度方向与机翼前缘垂直，垂直于机翼的气流速度 V_n 就是来流的速度 V_∞。对于后掠翼，V_∞ 不与机翼前缘垂直，它被分解成两个分量，一个是垂直于机翼前缘的法向速度分量 V_n，另一个则是平行于机翼前缘的切向速度分量 V_t，其中 $V_n = V_\infty \cos\theta$，$V_t = V_\infty \sin\theta$。

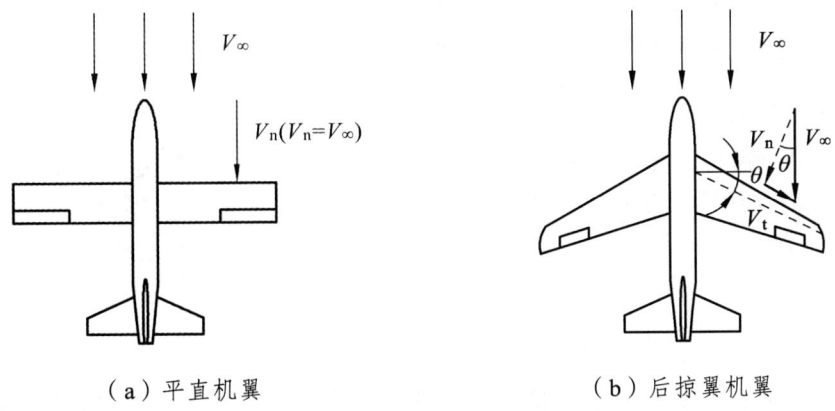

（a）平直机翼　　　　　　　　（b）后掠翼机翼

图 14-2　后掠角延迟临界马赫数原理

空气动力特性主要取决于 V_n，而 V_n 总是小于 V_∞，所以后掠翼飞机的飞行速度增大到平直翼飞机的临界速度时，后掠翼上表面还不会产生局部激波。与平直翼相比，后掠翼在更高的飞行速度下才会出现激波，从而推迟了激波的产生，即使产生了激波，也能减弱激波的强度，减小飞行的阻力。

1．后掠翼可以延迟临界马赫数

相对于平直翼，后掠翼可以在较高的飞行速度下，局部气流达到声速，也就是说后掠翼可以延迟临界马赫数，扩大飞行马赫数的使用范围。

2．临界马赫数会随着后掠角的增大而增大

目前高速飞机很多都是后掠翼，其后掠角为 30°～60°。根据 $V_n = V_\infty \cos\theta$，从关系式中可以看出 θ 越大，V_n 就越小，只有在更高的飞行速度下后掠翼上表面才可能达到局部声速，也就是说飞机的后掠角越大，临界马赫数就越大。由此可知，临界马赫数随着后掠角的增大而增大，后掠角越大，提升（延迟）临界马赫数的效果就越明显。

14.3　后掠翼的翼根效应和翼尖效应影响

气流沿着机翼前缘向后的流动过程中，平行于机翼前缘的切向速度分量 V_t 不会发生改变，而垂直于机翼前缘的法向速度分量 V_n 出现先减速、后加速、再减速的变化，这样导致气流合速度的方向发生左右偏斜，如图 14-3 所示。流经后掠翼上表面的流线呈 S 形弯曲，出现了所谓的翼根效应和翼尖效应。

1．翼根效应的定义

低速的条件下，后掠翼翼根部分的上表面前段的流管略为扩张变粗，造成流速略为减慢，压力略为升高。而在

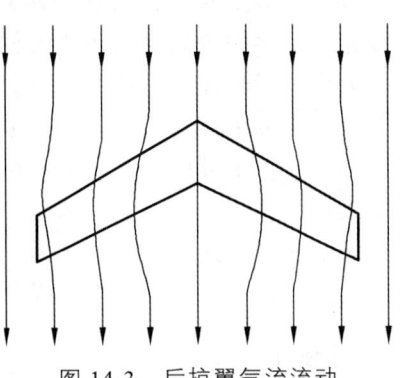

图 14-3　后掠翼气流流动

后段，流管略为收缩变细，造成流速略为加快，压力略为减小。与此同时，因为流管最细的位置后移，使最低压力点的位置向后移动，这种现象称为翼根效应（Wing root effect）。

2．翼尖效应的定义

低速的条件下，后掠翼翼尖部分的上表面前段的流管略为收缩变细，造成流速略为加快，压力略为降低，而在后段，流管略为扩张变粗，造成流速略为减慢，压力略为升高。与此同时，因为流管最细的位置前移，使最低压力点的位置向前移动，这种现象称为翼尖效应（Wingtip effect）。

3．造成的影响

后掠翼的翼根效应与翼尖效应会造成机翼的升力系数分布不同、翼尖处先行产生局部失速以及局部激波等现象。

（1）机翼的升力系数分布不同。

后掠翼的翼根效应使得翼根部分的上表面负压力峰减弱，也就是机翼上表面负压力的平均值减小，升力系数也随之减小；而翼尖效应使翼根部分的上表面负压力峰增强，也就是机翼上表面负压力的平均值增大，升力系数也随之增大。后掠翼各翼型沿弦线方向的上表面负压力分布与沿翼展方向各翼型的升力系数分布，如图 14-4 所示。

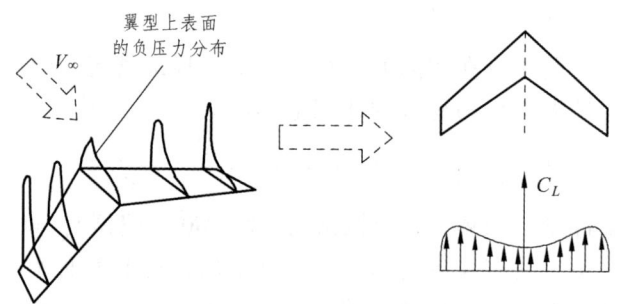

图 14-4　后掠翼翼根效应和翼尖效应影响

（2）翼尖处先行产生局部失速。

机翼失速的原因主要是流经上翼面气流先加速后减速的效应导致机翼后缘产生正压力梯度，当后缘的正压力梯度过大时，产生气体回流而引发流体分离，因而失速。从翼根效应与翼尖效应来看，后掠翼在翼尖处上翼面先加速后减速的效应比翼根处的大，翼尖处在较小迎角时，会因为后缘的正压力梯度过大而引发流体分离，从而导致失速，也就是后掠翼在翼尖处产生局部先行失速的现象。

（3）翼尖处先行产生局部激波。

气流在上翼面前缘的加速性使得飞行速度接近声速时，上翼面会达到声速，当飞行速度继续增加，机翼就产生局部激波。从后掠翼的翼根效应与翼尖效应来看，后掠翼在翼尖处上翼面前缘的加速性比翼根处的大，翼尖处在较小飞行速度时，就产生局部激波的现象，也就是后掠翼在翼尖处产生先行局部激波的现象。

【例 14-1】

试问后掠翼的翼根效应和翼尖效应对翼型（翼剖面）升力系数的影响是什么？

【解答】

后掠翼的翼根效应和翼尖效应使得翼根处翼型的升力系数比翼尖处的小。

【例 14-2】

试问后掠翼的翼根效应和翼尖效应对延迟临界马赫数的影响是什么？

【解答】

后掠翼由于翼根效应和翼尖效应，在翼根处和翼尖处临界马赫数的大小并非完全一样，空气在流过翼根处接近前缘的地方，由于翼根效应，上翼面前缘的加速性变小，也就是上翼面前缘的流速增加不多，只有在较大飞行马赫数下，最低压力点的气流速度才达到局部声速，所以临界马赫数较高。而空气在流过翼尖靠近前缘的地区，由于翼尖效应，上翼面前缘的加速性变大，也就是上翼面前缘的流速迅速增加，在较小的飞行马赫数下，最低压力点的气流速度就达到局部声速，所以临界马赫数较低。也就是说，翼根效应引起翼根部分的临界马赫数数提高，而翼尖效应引起翼尖部分的临界马赫数降低。

14.4 后掠翼在亚声速区域对空气动力特性的影响

1．后掠翼对压力系数的影响

机翼的空气动力特性只取决于垂直于机翼前缘的法向速度分量，且从压力系数的计算公式 $C_P = \dfrac{P - P_\infty}{\dfrac{1}{2}\rho V_\infty^2}$ 中可以推知，对于翼面上某点，后掠翼及相应平直翼的压力系数关系式为

$C_{P\text{后掠翼}} = \dfrac{P - P_\infty}{\dfrac{1}{2}\rho V_\infty^2} = \dfrac{P - P_\infty}{\dfrac{1}{2}\rho (V_\infty \cos\theta)^2} \cos^2\theta = \dfrac{P - P_\infty}{\dfrac{1}{2}\rho V_n^2} \cos^2\theta = C_{P\text{平直翼}} \cos^2\theta$。可以看出，后掠翼的压力系数比平直翼的小，且后掠角越大，压力系数也越小。

2．后掠翼对升力系数的影响

同样地，后掠翼及相应平直翼的升力系数关系式为 $C_{L\text{后掠翼}} = C_{L\text{平直翼}} \cos^2\theta$，可以看出后掠翼的升力系数比平直翼的小，且后掠角越大，机翼的升力系数值也越小。

3．后掠翼对升力系数曲线斜率的影响

后掠翼飞机取 V_∞ 与翼型弦线的夹角为迎角 α，V_n 与翼型弦线的夹角为迎角 α_n，根据几何关系可以得到 $\alpha = \alpha_n \cos\theta$，所以 $\left.\dfrac{\partial C_L}{\partial \alpha}\right|_{\text{后掠翼}} = \dfrac{\partial C_{L\text{后掠翼}}}{\partial \alpha} = \dfrac{\partial (C_{L\text{平直翼}} \cos^2\theta)}{\partial (\alpha_n \cos\theta)} = \dfrac{\partial C_{L\text{平直翼}}}{\partial \alpha_n} \cos\theta$。可以看出，后掠翼的升力系数曲线斜率比平直翼的小，而且随着后掠角 θ 的增大而变小。

4．后掠翼对阻力系数的影响

如果后掠翼飞机的飞行速度为 V_∞，要产生与相应平直翼同等的阻力，必须满足 $D_{\text{后掠翼}} =$

$D_{平直翼}\cos\theta$ 以及 $V_n = V_\infty \cos\theta$，因为 $D_{后掠翼} = \frac{1}{2}\rho V_\infty^2 C_{D后掠翼} S$，$D_{平直翼} = \frac{1}{2}\rho V_n^2 C_{D平直翼} S$，所以得出 $\frac{1}{2}\rho V_\infty^2 C_{D后掠翼} S = \frac{1}{2}\rho V_n^2 C_{D平直翼} S \cos\theta = \frac{1}{2}\rho V_\infty^2 (\cos\theta)^2 C_{D平直翼} S \cos\theta$，从而得出 $C_{D后掠翼} = C_{D平直翼} S \cos^3\theta$。可以看出，后掠翼的阻力系数曲线斜率比平直翼的小，而且随着后掠角 θ 的增大而变小。

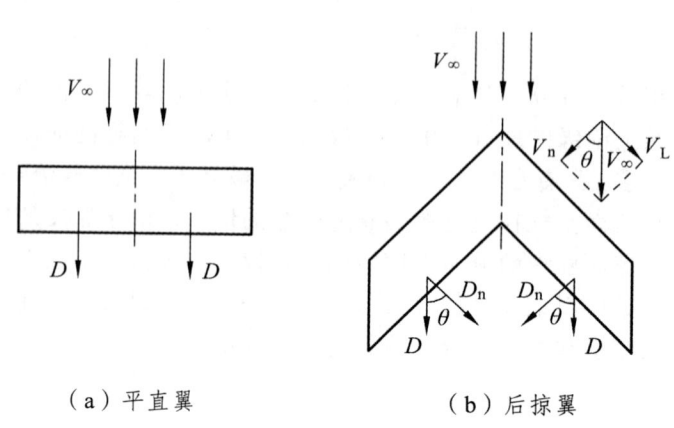

（a）平直翼　　　　　（b）后掠翼

图 14-5　平直翼与后掠翼的阻力

5．后掠翼对最大升力系数与临界迎角的影响

因为斜置的关系，垂直于机翼前缘的气流速度变小，临界迎角与最大升力系数比平直翼的小，而且后掠角越大，其临界迎角与最大升力系数变得更小。当然升力系数曲线斜率随着后掠角变大而变小也是造成最大升力系数 $C_{L\max}$ 下降的一大主因，其升力系数曲线如图 14-6 所示。

6．后掠翼对临界马赫数的影响

按照经验公式 $Ma_{\text{cr},后掠翼} = Ma_{\text{cr},平直翼} \dfrac{2}{1+\cos\theta}$，后掠翼的临界马赫数比平直翼的大，而且随着后掠角 θ 的增大而变大。其主要原因在于后掠翼导致流经机翼前缘的气流速度变小，因而需要更大的飞行速度，机翼垂直上表面才会达到局部声速。

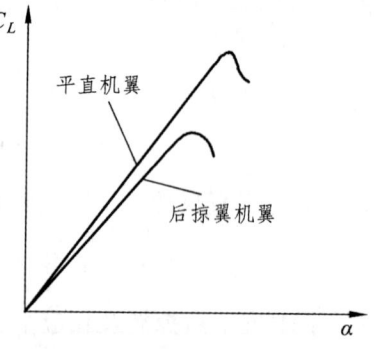

图 14-6　后掠翼与平直翼升力系数曲线的比较图

【例 14-3】

如果后掠翼的 $\theta = 50°$，对应平直翼的临界马赫数为 0.75，该后掠翼的临界马赫数是多少？

【解答】

因为关系计算式 $Ma_{\text{cr},后掠翼} = Ma_{\text{cr},平直翼} \dfrac{2}{1+\cos\theta}$，所以该后掠翼所对应的临界马赫数为 $Ma_{\text{cr},后掠翼} = 0.75 \times \dfrac{2}{1+0.64} = 0.91$。

7．展弦比对后掠翼升力系数的影响

从三维机翼升力系数理论计算公式 $C_L = \dfrac{2\pi\sin\left(\alpha + \dfrac{2h}{c}\right)}{1 + \dfrac{2}{AR}}$ 可知，在相同迎角与后掠角的情况下，展弦比 AR 越大，升力系数 C_L 越大；反之 AR 越小，C_L 越小。原因在于展弦比 AR 越大，翼尖部分的面积在机翼总面积中所占比例就越小，翼尖涡流所引发的下洗气流效应也就越小。

8．综合讨论

（1）后掠翼具有延迟临界马赫数的功能。

后掠翼由于机翼斜置的关系，导致流经机翼的气流速度变小，因此需要更大的飞行速度才能在上翼面达到局部声速，且临界马赫数随着后掠角的增大而增大。

（2）后掠翼使飞机在亚声速区域的空气动力特性变小。

后掠翼的压力系数、升力系数、升力系数曲线斜率、最大升力系数、临界迎角，以及阻力系数比相应平直翼来得小，且后掠角变大，对应的值变小。主要原因在于空气动力特性只取决于法向速度分量 V_n，而与切向速度分量 V_t 无关。V_n 总是小于相对气流的速度 V_∞，而且后掠角 θ 越大，V_n 的值越小。

（3）后掠翼的升力系数随着展弦比的增大而增大。

三维效应产生了机翼翼尖涡流从而引发气流下洗作用。下洗效应越大，机翼的升力系数就越小；反之下洗效应越小，机翼的升力系数就越大。升力系数随着展弦比 AR 的增大而增大，这是因为 AR 越大，翼尖部分的面积在机翼总面积中所占比例就越小，翼尖涡流所引发的下洗气流效应就越小。

14.5　后掠翼在跨声速区域的空气动力特性

1．临界马赫数随着后掠角的增大而增大

后掠翼具有延迟临界马赫数的功能，且后掠角越大效果越明显，其主要的原因在于法向速度分量小于相对气流，两者关系式为 $V_n = V_\infty \cos\theta$。

2．后掠翼在跨声速区域的阻力特性

对于平直翼而言，飞行速度在临界马赫数与声速之间时，飞机的阻力系数随着飞行马赫数的增加而急速增加，一旦超过声速，飞机的阻力系数随着飞行马赫数的增加而逐渐减少。后掠翼与平直翼相比，阻力系数 C_D 随着飞行马赫数 Ma_∞ 变化趋势是不同的，如图 14-7 所示。

从图中可以看出，与平直翼相比，后掠翼阻力系数有以下不同，且后掠角越大，差异越明显。

（1）阻力系数在较大飞行马赫数下才开始急剧增加。

平直翼飞机在跨声速区域阻力系数急剧增加的原因是机翼上表面气流产生局部激波。后掠翼由于机翼斜置的关系，存在关系式 $V_n = V_{后掠翼} \cos\theta$。与平直翼相比，后掠翼在更大的飞

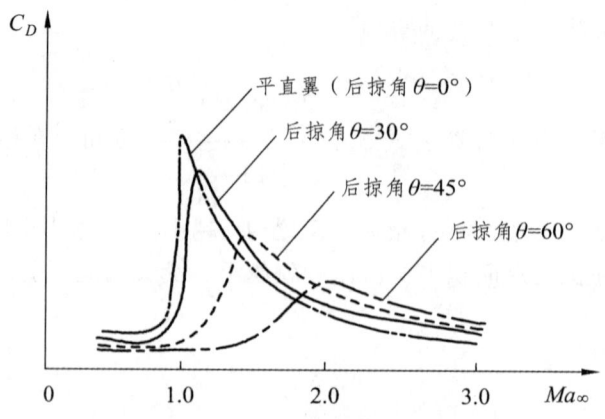

图 14-7 后掠翼阻力系数随着飞行马赫数变化趋势

行速度才产生局部激波,而且 θ 越大,V_n 值就越小,产生局部激波的飞行速度也就越大。因此在较大飞行马赫数下,后掠翼的阻力系数才开始急剧增加,而且后掠角越大,阻力系数开始急剧增加时所对应的飞行马赫数也就越大。

(2)最大阻力系数会在飞行马赫数大于 1.0 时才出现。

如前所述,平直翼飞机的最大阻力系数在飞行马赫数等于 1.0 时才出现,后掠翼因为 V_n 总是小于 V_∞,且 θ 越大,V_n 越小,这样在更大的飞行速度时 V_n 才等于声速,因此最大阻力系数在飞行马赫数大于 1.0 时才出现。

(3)阻力系数在跨声速区域随着飞行马赫数的变化较为缓和。

只有在较大的飞行马赫数才能出现最大阻力系数,而且 $D_{后掠翼} = D_{平直翼} \cos\theta$,所以阻力系数在跨声速区域随着飞行马赫数的变化较平直翼的缓和,且后掠角越大,其变化趋势就越缓和。

3. 后掠翼在跨声速区域的升力特性

后掠翼的升力系数随飞行马赫数的变化较为缓和,后掠角越大,其变化趋势就越趋于缓和,如图 14-8 所示。

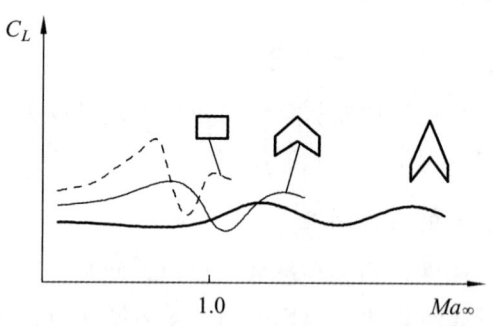

图 14-8 后掠翼在跨声速区域的升力变化趋势

与平直翼相比,后掠翼升力系数随着飞行马赫数变化趋势有以下不同,且随着后掠角越大,差异越明显。

(1)升力系数在亚声速区域随着飞行马赫数的变化较为缓和。

从关系式 $C_{L后掠翼} = C_{L平直翼} \cos^2\theta$ 与 $Ma_{cr,后掠翼} = Ma_{cr,平直翼} \dfrac{2}{1+\cos\theta}$ 中可以得到,后掠翼的升

力系数较平直翼小，而临界马赫数较平直翼大，所以后掠翼升力系数在亚声速区域随着飞行马赫数的变化趋势较平直翼缓和，后掠角越大，其变化趋势就越缓和。

（2）升力系数在跨声速区域随着飞行马赫数的变化较为缓和。

升力系数在跨声速区域随着飞行马赫数的变化是由上下翼面激波的产生与位置移动，以及激波的强度导致，后掠翼由于机翼斜置的关系，若要在跨声速区域产生与平直翼相同的增减幅度，就需要更大的飞行速度。因此，后掠翼飞机的升力系数在跨声速区域随着飞行马赫数的变化趋势较平直翼缓和，后掠角 θ 越大，其变化趋势就越缓和。

14.6 后掠翼在超声速前后缘与亚声速前后缘

机翼的边界可划分为前缘、后缘、侧缘，平直翼在飞行马赫数小于 1.0 时，该机翼前缘即为亚声速；飞行马赫数等于 1.0 时则为声速前缘；飞行马赫数大于 1.0 时，则为超声速前缘。同理，机翼后缘的划分也是如此。对于后掠翼，存在关系式 $Ma_n = Ma_{后掠翼} \cos\theta$，当 $Ma_n < 1.0$ 时，该机翼前缘即为亚声速；当 $Ma_n = 1.0$ 时则为声速前缘；当 $Ma_n > 1.0$ 时则为超声速前缘。即便后掠翼飞机作超声速飞行，只要是亚声速前缘，机翼就不会产生前缘激波，只有在声速前缘与超声速前缘的情况下，机翼才会产生前缘激波。

14.7 采用后掠翼机翼可能带来的问题

后掠翼虽然可以提高（延迟）临界马赫数，从而使高亚声速飞机在更高的飞行速度下飞行，但是也可能对飞机的飞行性能或安全性产生不利的影响。

1．后掠翼机翼的低速特性较差

与平直翼相比，后掠翼用以产生升力的有效速度减小，所以升力系数减小。因此后掠翼飞机在低速飞行时，不能产生足够的升力，低速特性不如平直机翼好。后掠翼升力系数较小，导致飞机在起飞离地和着陆接地的速度大，滑跑距离较长。

2．后掠翼机翼的失速特性不良

与梯形翼一样，后掠翼飞机在翼尖处先产生失速，同时临界迎角与最大升力系数也较小。翼尖部位的边界层先分离，而翼根部位却没有，这样使得机翼压力中心前移，造成机头自动上仰，迎角增大，边界层进一步分离，机翼面临全面失速。并且，后掠翼飞机的临界迎角与最大升力系数较小，对机翼失速的影响加重。此外，翼尖失速使副翼的操纵效率大大降低，造成飞机的横向操纵性能不足，飞机不容易从危险的局部失速状态脱离。

3．后掠机翼结构的受力形式不佳

由于后掠的缘故，机翼翼根承受扭矩较大，机翼后梁与机身的接头受力也较大，因此高亚声速民机机翼的后掠角不会太大，一般在 30° 左右，主要用于提高临界马赫数。

14.8 后掠翼飞机延缓翼尖失速的措施

后掠翼的许多优点在于高速，而缺点主要针对低速飞行。后掠翼最大的问题就是翼尖失速，其造成附加一个抬头力矩，将给飞机的纵向平衡带来影响，同时加速机翼的整体失速。此外，翼尖过早失速，还将影响副翼在大迎角飞行时的效能，甚至造成安全性危害。目前延缓翼尖失速的措施大体有采用负几何扭转或者气动扭转的方式、在机翼上表面安装翼刀或机翼前缘做成锯齿状、在翼尖部分安装涡流产生器，以及在翼尖部分设置前缘缝翼等。

1. 采用几何扭转或者气动扭转的方式

与梯形翼类似，后掠翼可以依照第 13 章关于防止梯形翼翼尖先行局部失速的措施。所谓采用几何扭转的方式就是将机翼各剖面的弦线设置在不同平面上，将翼尖相对于翼根向下扭转，使得翼尖的局部迎角减少。有的机翼各剖面弦线都在同一个平面上，虽然没有做几何扭转，但是可采用气动扭转方式，即沿翼展方向采用不同弯度的非对称翼型。适当地增大翼尖部面的厚弦比，可延缓翼尖失速。机翼常见的是采用气动扭转的方式，或者几何扭转与气动扭转结合使用。

2. 在机翼上表面安装翼刀或机翼前缘做成锯齿状

除了三维效应引发翼尖涡流导致气流下洗效应外，导致翼尖失速另一个原因是机翼向后倾斜，使得上翼面气流自动流往翼尖方向造成边界层堆积，气流提前分离，如图 14-9 所示。

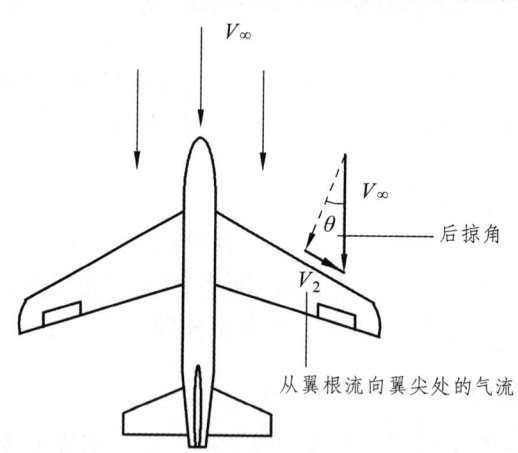

图 14-9　气流由翼根流向翼尖的原因

为防止气流由翼根流向翼尖，一般使用翼刀和前缘锯齿。

（1）安装翼刀。

在后掠翼安装一定高度的金属薄片，也就是翼刀（Wing fence），利用翼刀阻挡气流向翼尖的方向流动，如图 14-10（a）所示。

（2）在机翼前缘做成锯齿状。

在机翼的前缘做成锯齿状或缺口状，利用前缘锯齿（Sawtooth leading edge）和前缘缺口（Notched leading edge）产生的涡流来阻挡气流向翼尖的方向流动，如图 14-10（b）与 14-10（c）所示。

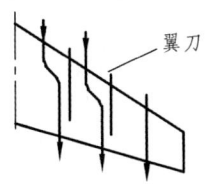 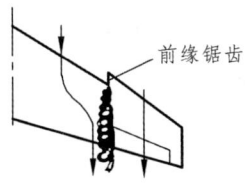 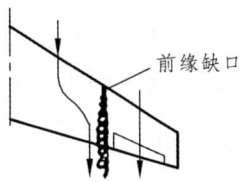

（a）翼刀的作用　　　　　（b）锯齿状前缘的作用　　　　（c）前缘缺口的作用

图 14-10　翼刀和锯齿状前缘效应

3．在机翼翼尖部分安装涡流产生器

涡流产生器（Vortex generator）是改善后掠翼飞机失速特性不良的装置，其作用原理是利用旋涡从外部气流中将能量带进边界层，加快边界层内气体流动，防止气流分离。它的构造是一种低展弦比小翼段，垂直成排并以一定角度安装在机翼上表面，当气体流经涡流产生器时，涡流产生器产生升力，同时因为展弦比小，产生较大的翼尖涡流。涡流产生器将从边界层外取得较高能量的空气，并将其与边界层内低能量的空气混合以增强机翼承受正压力梯度的能力，达到延缓气流分离的目的，如图 14-11 所示。

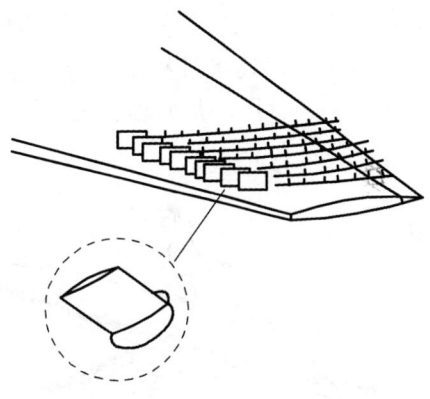

涡流产生器可以安装在低速与高亚声速飞机的机翼上，起到防止边界层分离和增加升力的作用，飞机的空气动力特性得以改善。

图 14-11　涡流产生器

4．在机翼翼尖部分设置前缘缝翼

前缘缝翼在大迎角（接近临界迎角）时自动张开，使得下翼面的气流通过缝道流向上翼面，增大上翼面边界层的空气动能，延缓气流分离的产生，使得临界迎角增大，改善翼尖失速现象。

14.9　突破声障

1945 年英国研制了两架飞机，安装了当时先进的喷气发动机，速度达到声速。但过了不多久，这两架飞机先后在空中解体坠毁。经过研究发现接近声速时，传统外形飞机即使增大发动机的动力，速度也无法增长，飞机会产生强烈振动。如果不改变飞机的气动外形，飞行速度难以超过声速，这成为当时不可逾越的障碍，称为声障。

1．声障的定义与发生原因

声障是一种物理现象，超过临界马赫时，飞机机翼就会产生局部激波的现象。局部激波的产生，除了使得气动阻力陡增而让飞机难以加速外，更严重的是流经机翼表面的气流发生非常复杂的变化，导致机翼自发性抖动与操纵困难，从而使飞机失去控制，甚至造成严重的飞行事故。我们定义：大展弦比的平直翼飞机，接近声速时，发生阻力陡增、自发性抖振与自动低头俯冲的现象，如果不改变飞机的气动外形，无论如何增加发动机的推力也无法超过声速，这一障碍即为声障（Sound barrier）。

2．因应作为

现代喷气式飞机解决声障问题的主要方式：现代高亚声速民用客机采用大展弦比、较小后掠角的后掠翼，得以提升飞行速度，避免产生声障；超声速飞机利用大后掠角、小展弦比的机翼配合跨声速面积律快速通过声障。

（1）声障问题由流经机翼的气流产生局部激波导致，而采用后掠翼可以提高飞机的临界马赫数，所以现代高亚声速民用客机采用大展弦比与较小后掠角的后掠翼（展弦比 AR 为 7~9，后掠角为 30°~40°），以较高的速度并不受声障影响飞行，例如波音 747 使用展弦比为 7.4、后掠角为 37.5°的后掠翼，将航速提高到 0.85 马赫，进行巡航，如图 14-12 所示。

（2）超声速飞机利用了跨声速面积律，以小展弦比、大后掠角的机翼减少声障的影响，如图 14-13 所示，其原理叙述如下。

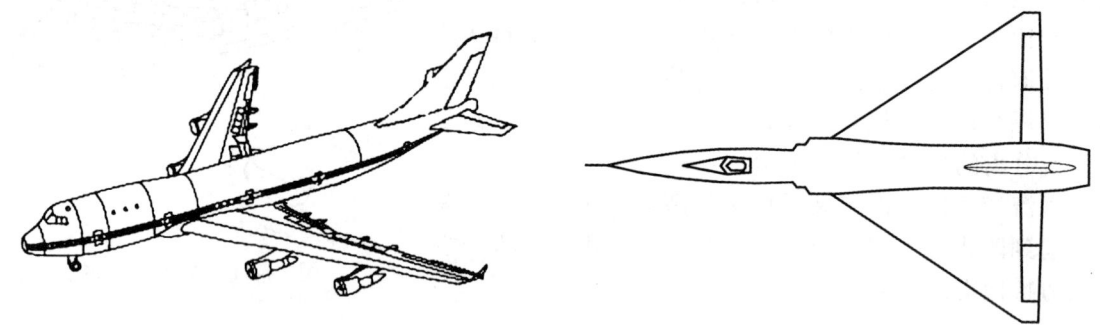

图 14-12　波音 747 外形　　　　　　图 14-13　超声速飞机气动力外形

① 跨声速面积律。实验与研究发现，飞机在跨声速飞行时，如果沿纵轴的截面面积（从机头至机尾的飞机中心方向看）的变化曲线越平滑，产生的跨声速阻力就越小，这就是跨声速面积律（Transonic area law）。在实际的应用上，超声速飞机将机翼结合处的机身削减，使机身收缩，并将纵轴机身连接处以外区域的截面面积加大，这也就是超声速飞机"蜂腰"的由来。

② 小展弦比与大后掠角的机翼。高亚声速飞机采用大展弦比、较小后掠角的后掠翼以延迟产生声障的临界马赫数，从而提高亚声速飞行的速度。但是超声速飞机进行跨声速和超声速飞行时，必须采用大后掠角、小展弦比的机翼。采用大后掠角的原因是后掠角越大，临界马赫数的延迟效果越显著，在跨声速区域随着飞行马赫数的变化越缓和，以及相同的飞行马赫数时产生的激波阻力越小。采用小展弦比的原因是在保证产生升力所需要的机翼面积的情况下，弦长更长。而更长的弦长又在保持机翼最大厚度不变的情况下，使机翼表面气流的加速缓慢，从而提高临界马赫数并减少局部激波强度。除此之外，梯度比较小的后掠翼或三角翼，使得飞机在跨过声速时受到局部激波的影响减少。所以超声速飞机多采用大后掠角、小展弦比与小梯度比的后掠翼或者直接是三角翼。例如，首次也是唯一曾出现的超声速飞机——协和号就是使用展弦比为 1.7 的三角翼。但是不可讳言的是，三角翼在低速飞行时诱导阻力大，起飞与着陆的性能差，从而会影响飞机的航程和灵活性。

【例 14-4】

三角翼的优缺点是什么?

【解答】

三角翼的优点是在超声速飞行时波阻较小且机翼的刚性好,适合机动飞行。其缺点则是低速飞行时机翼的诱导阻力较大、升阻较小以及起飞与着陆的性能较差,从而影响飞机的航程和灵活性。

14.10　空气动力加热与越过热障

喷气式飞机突破声障后终于实现了超声速飞行,但是旧的问题解决了,遇到的新问题是克服空气动力加热问题,也就是所谓的"热障"问题。

1．空气动力加热的定义

飞机在飞行时,由于空气黏性使得流经机体的气体受到摩擦、阻滞和压缩而导致速度下降、温度升高。由于空气的黏滞效应以及激波与机体之间的高温压缩气体效应将气流的动能转变为热能,从而对机体表面进行加热的现象,称作空气动力加热(Aerodynamic heating)。

2．热障的定义

飞机在做亚声速飞行时,气流动能小,摩擦阻滞产生的热量少,很快在空中散失,机体表面温度增加不多,但超声速飞行时,空气动力加热的问题随着飞行马赫数的增加逐渐严重。飞行马赫数等于 2.0 时,机头的温度超过 100 ℃,而飞行马赫数等于 2.5 时,机体表面的温度就升至 200 ℃ 左右,而且随着飞行马赫数的提高,机体表面的温度还会急剧上升。飞行马赫数超过到某一个值时,机体材料结构强度减弱,刚度降低,飞机外形受到破坏,甚至发生灾难性的颤振。这种飞行速度超过一定界限时因气流的空气动力加热效应所引起机体表面温度急剧升高而造成飞行速度提升的障碍即称为热障(Thermal barrier),一般认为出现热障的速度大约为飞行马赫数 2.5。

3．目前的改善措施

由于钛合金的工作温度可达 400~550 ℃,而且具有良好的耐腐蚀性,所以在飞机上已经普遍采用。然而钛合金的加工成型困难,价格比较昂贵。随着太空(航天)飞机的飞行速度越来越快,新的防热材料也将不断出现。

14.11　地面效应

在起飞、着陆阶段贴近地面飞行时,气流会受到地面的影响,导致飞机的空气动力发生变化,造成了升力、阻力以及安全性的影响,这种现象统称为地面效应。

1. 地面效应的定义

地面效应（Ground effect）又称为翼地效应（Wing-in-ground effect，WIG），指飞机接近地面飞行时，地面影响了机翼的流动特性，是一种能够使飞机诱导阻力减小，同时获得比空中飞行更高升阻比的流体力学效应。

2. 地面效应的发生原因

一方面，机翼下表面绕过翼尖往上表面流动的气流受到地面的阻挡，致使翼尖涡流强度减弱，导致诱导阻力与平均下洗气流速度减小。另一方面，通过下翼面的气流受到地面的阻滞作用，流速减慢，压力增大且一部分空气改向上翼面流动，上翼面气体流速进一步加快，压力减小，致使飞机的升力增加。因为上述两个原因，导致了飞机的空气动力变化。

3. 地面效应的作用范围

研究指出，地面效应的作用范围（垂直高度）约等同于飞机的翼展长度，飞行高度越贴近地面，飞机的空气动力特性受地面效应的影响越大。而当飞行高度超过其作用范围（垂直高度）时，地面效应对飞机的影响几乎可以忽略不计。

4. 地面效应造成的影响

（1）地面效应对升力系数曲线的影响。

在一定迎角范围内，地面效应的影响使升力系数普遍提高，同时使飞行临界迎角减小，最大升力系数降低，如图14-14所示。

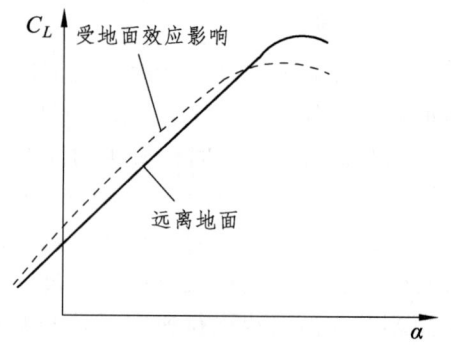

图14-14　地面效应对升力系数曲线影响

这是因为贴近地面飞行时，翼尖涡流强度减弱，平均下洗速度减小，有效迎角增大，所以机翼的实际升力增大。另外，机翼下表面的气流受到阻滞，流速减慢，压力增大；机翼上表面流速进一步加快，压力减小，这样上下表面的压力差增大，从而机翼的升力增大。由于升力增大，在各迎角下对应的升力系数也就普遍提高。但是机翼上表面的流速加快，有效迎角增大，造成气流提前分离，致使临界迎角减小，最大升力系数降低。

（2）地面效应对升阻比的影响。

地面效应造成飞机的升力增大、诱导阻力减小，升阻比必然增大。因为同等的速度和推力下，近地飞行会有更大的升力与升阻比，所以地面效应能够有效地提升飞机的燃料效率。不过飞机只有在起飞或降落时才会这么接近地面，才能从地面效应中获得好处。

（3）地面效应对飞行安全的影响。

地面效应的作用范围约等同于一个翼展长度的垂直高度。虽然地面效应可使飞机获得较大的升阻比，但是也会对飞行安全造成影响。

① 地面效应在起飞时对飞行安全的影响。飞机爬升超过了地面效应的作用范围以后，升力会突然地减少，造成升力不足，如果此时不能加速到更安全的速度，飞机将会无法支持自身重力，导致飞行高度突然地非正常下降。如此低的高度根本不可能留给飞行员足够的空间和时

间来恢复控制，因而容易导致飞机坠毁。飞行员必须谨慎地处理地面效应在起飞时造成的影响。

② 地面效应在降落时对飞行安全的影响。飞机降落时在最后几米高度可能因为获得地面效应的上扬力而突然上升（此情况称为"Balloon"），如果不及时处理，飞机将在减速时突然急速提升高度，其降落速度非常接近失速，极易变成失速状态。如果跑道足够长，那么慢慢减速可以应对地面效应对飞机造成的影响，否则只有放弃直接降落，加速获得飞行的上扬力，绕圈回来，再次降落。

利用地面效应可以设计出全新的飞行器——地效飞机，于 20 世纪 60、70 年代，美、苏、法、德、英、日等国都研制过地效飞机。其中，苏联研制的"母鹞"式地效飞机最为成功。地效飞机的运输成本、设计与制造费用低，而且是低空飞行，不易被雷达侦测，所以应用前景十分广阔，既可以用于反潜反舰、扫雷布雷、军用运输等军事领域，也可用于货物运输、污染监测、资源调查等民用领域。

课后练习

（1）后掠角的定义是什么？
（2）后掠角延迟临界马赫数的原理是什么？
（3）临界马赫数的定义是什么？一旦出现激波，就表示飞机的飞行速度一定超过声速吗？
（4）后掠翼飞机的翼根效应和翼尖效应对飞行的气动力影响是什么？
（5）后掠角在亚声速区域对空气动力特性的影响是什么？
（6）后掠翼的展弦比对升力系数的影响是什么？
（7）后掠角对临界马赫数的影响是什么？
（8）如果后掠角 $\theta = 30°$，对应平直翼的临界马赫数为 0.75，该后掠翼的临界马赫数是多少？
（9）后掠角在跨声速区域对阻力系数的影响是什么？
（10）后掠翼的超声速前后缘与亚声速前后缘的定义是什么？
（11）后掠翼低速特性较差的原因是什么？
（12）试叙述后掠翼的主要优缺点。
（13）试叙述后掠翼发生翼尖局部先行失速现象的原理。
（14）后掠翼飞机延缓翼尖失速的措施有哪些？
（15）采用几何扭转方式或者气动扭转方式延缓机翼局部先行失速的原理是什么？
（16）如何采用几何扭转或者气动扭转的方式延缓后掠翼尖失速的情况？
（17）在机翼上安装翼刀或机翼前缘做成锯齿状延缓后掠翼尖失速的原理是什么
（18）在机翼翼尖部分安装涡流产生器延缓后掠翼翼尖失速的原理是什么？
（19）声障的定义是什么？
（20）声障的发生原因是什么？
（21）现代喷气式飞机面对声障问题主要的方式是什么？
（22）跨声速面积律在超声速飞机外形设计的实际应用有哪些？

（23）空气动力加热的定义是什么？
（24）热障的定义是什么？
（25）地面效应的定义是什么？
（26）地面效应的发生原因是什么？
（27）地面效应的作用范围是多少？
（28）地面效应在起飞时对飞行安全的影响是什么？
（29）地面效应在降落时对飞行安全的影响是什么？
（30）地效飞机在空气动力特性上的优点是什么？
（31）地面飞机在目前航空上的应用是什么？

第 15 章 现代喷气式飞机的飞行性能

飞机的空气动力特性是评估飞行性能的重要依据，是评价飞机优劣的主要指标。在飞行的过程中，飞机不可能保持飞行状态总是相同，为了实现其设计目标的有效性，通常使用"性能"这个术语来进行描述，不同的飞机对各种飞行性能指标的要求也是不同的。必须针对飞行任务做性能分析，才能有效地掌控飞机的设计目标与状态，才可以确定起飞、着陆所需跑道长度与速度，航程，航时，燃料消耗量，更可以避免一些安全性的危害，提升飞行安全性。本章以喷气式飞机为例，对飞行性能分析进行介绍及说明。

15.1 飞机性能分析的基本观念

飞行性能主要由飞机的空气动力特性和动力装置特性决定，而它们又与大气状况有很大关系。飞机的重力会因为装载不同和燃油的消耗而变化，而飞行速度与载荷系数又是表现飞行性能的重要基本参数。

1．国际标准大气的概念

飞机在大气层内飞行时的环境条件，我们称之为飞行环境。空气动力及发动机的推力都与大气特性有关。为了便于计算、整理和比较飞行性能数据，按照国际标准大气（International standard atmosphere，ISA）制定出标准的飞机性能数据，作为统一参照的标准。飞行手册中列出的飞行性能数据是在国际标准大气的条件下得出的，实际大气情况必须对国际标准大气性能数据进行修正。

2．飞行速度的定义

制定国际标准大气时假定大气是静止的，实际上大气是运动的。在航空领域，定义大气气候造成的空气流动速度为风速（Wind speed），用符号 V_w 表示。飞机重心（质心）相对于静止大气的运动速度定义为空速（Air speed），用符号 V_a 表示；空速与风速的总和称为地速（Ground speed），用符号 V_g 表示。地速 V_g、空速 V_a 与风速 V_w 的关系表示为 $V_g = V_a + V_w$，如图 15-1 所示。

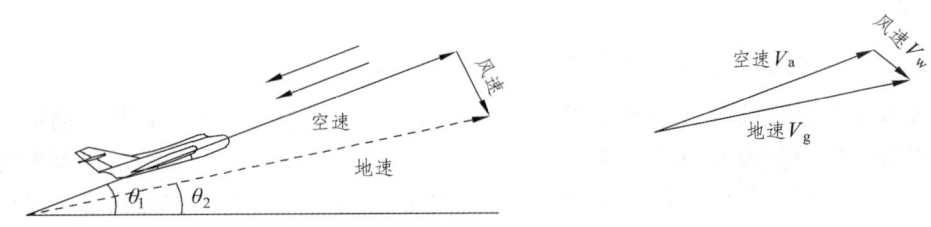

图 15-1　地速、空速与风速的关系

平静的大气中,也就是无风,即风速 $V_w = 0$ 时,空速 V_a 才等于地速 V_g。为了方便起见,通常将飞机相对于静止大气之间的飞行速度利用相对运动原理转换成来流通过静止飞机的速度,与空速的大小相等而方向相反,我们称之为相对风速(Relative wind speed)。

3．飞机飞行时的 4 种作用力

如第 9 章所述,飞机在飞行中受到重力 W、推力 T、升力 L 以及阻力 D 这 4 种作用力的影响,如图 15-2 所示。其中,飞机的重力 W 由地心引力产生,力的方向指向地心。推力 T 是由飞机的动力装置产生的向前驱动力,与相对风速的方向相反。升力 L 主要因为空气流经飞机机翼而产生,与相对风速的方向垂直,以向上为正。阻力 D 是阻滞飞机前进的力,与相对风速的方向相同。升力与阻力由相对运动引起,它们又统称为飞机的空气动力。

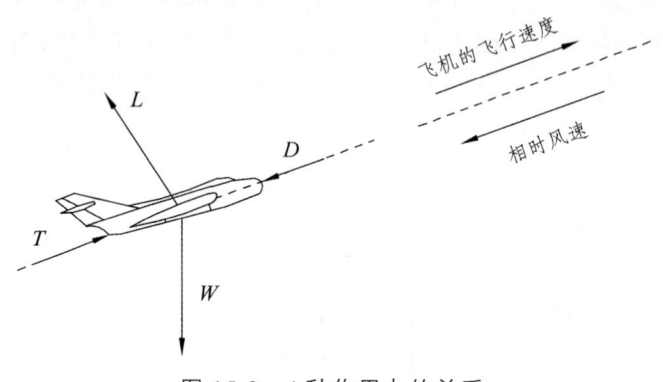

图 15-2　4 种作用力的关系

根据牛顿第二定律 $F = ma = m\dfrac{dV}{dt}$,当合力 F 不等于 0 时,加速度 a 不等于 0,飞机的速度随着时间而改变,称为受力不平衡状态。在受力不平衡的状态下飞行,飞行速度的大小、方向就会发生变化,所以飞机做变速度运动,改变原有的运动状态或飞行姿态。反之,如果合力 F 等于 0 时,飞机处于受力平衡的状态,做等速度直线飞行,此时飞机的加速度 $a = \dfrac{dV}{dt} = 0$。

4．飞机的飞行重力

飞机的飞行重力等于质量和地球引力加速度的乘积,即 $W = mg$。飞行重力随着燃油的消耗等因素不断变化,但是为了简化计算,通常把它当作已知的常数值,不同的飞行阶段选用不同的飞行重力。分析飞机的起飞性能时,使用起飞重力 W_{TO},分析着陆性能时,使用着陆重力 W_L。其他性能指标的分析,如果没有特别述明,我们通常用正常飞行重力,也就是 $W_{飞机} = \dfrac{W_{TO} + W_L}{2}$。

5．现代喷气式发动机的工作状态

涡轮发动机是现代喷气式飞机应用最广的发动机,主要分为涡轮螺旋桨发动机、涡轮风扇发动机以及涡轮喷气发动机 3 大类,飞机动力装置特性主要与采用的发动机类型有关。现代喷气式发动机采用工作状态推力表示动力,工作状态通常分为起飞推力状态、最大连续工作状态、最大巡航工作状态以及慢车工作状态。

（1）起飞推力状态是发动机工作的最大推力状态，为避免涡轮温度太高，发动机在该状态的连续工作时间受到严格限制。

（2）最大连续工作状态是发动机连续工作时最大的许可推力。

（3）最大巡航工作状态是设计巡航高度时批准使用的最大推力。

（4）慢车工作状态是发动机能够保持稳定工作的最小转速的工作状态，在地面滑行或着陆时需要最小推力时使用。

6．喷气式发动机的性能指标

飞机动力装置的核心是航空发动机，主要的功能是产生拉力或推力，从而使飞机起飞、前进与加速。现代高速飞机主要采用涡轮喷气式和涡轮风扇式发动机。评定喷气式发动机的主要指标有推力（Thrust）、耗油率（Specific thrust，SFC）与推重比（Thrust-weight ratio）等指标，当然发动机的体积的尺寸、安全可靠性、寿命的长短以及维修方便性与成本的经济性亦是发动机的评定指标，然而这些指标多与飞机与发动机的外形设计、成本管理和估算有关，牵扯甚广，不属于本书范畴。

（1）推力。

推力（Thrust）是使飞机产生向前的驱动力，用符号 T 表示，是衡量发动机效率的主要指标。同等条件下，发动机产生的推力越大，飞机的可加速性越好。

① 可用推力。可用推力（Available thrust）是指飞机在特定高度下飞行时，发动机给定的油门状态下所能提供的实际推力，用符号 $T_{可用}$ 表示。

② 需求推力。需求推力（Required thrust）是指飞机在特定高度下飞行时，克服飞行阻力所需要的推力，用符号 $T_{需求}$ 表示。

③ 剩余推力。剩余推力（Excess thrust）是指飞机在飞行时，可用推力减去需求推力后的差值，用符号 ΔT 表示。

从以上定义中可知，可用推力 – 需求推力 = 剩余推力，也就是 $\Delta T = T_{可用} - T_{需求}$。

（2）耗油率。

耗油率（Fuel consumption rate）是衡量发动机经济性的重要指标，用符号 $TFSC$ 表示。它表示单位时间内产生单位推力的燃油消耗量，又称为单位推力小时耗油率，公制单位为 kg/（N·h）。发动机耗油率越小，代表越省油。

（3）推重比。

推重比（Thrust weight ratio）是飞机和航空发动机重要的技术性能指标，用符号 T/W 表示，表示发动机或飞机单位重力所产生的推力。它体现出喷气发动机与飞机结构的设计水平。飞机的最大平飞速度、爬升率、升限、机动性等飞行性能都与推重比有关，推重比越大，其体现的性能越优良。增大推重比有两个途径：一是减小飞机或发动机本身的重力，采用更轻的材料制造；二是增大发动机的推力。

7．飞机的空气动力性能指标

飞机的基本性能在很大程度上取决于其空气动力特性，而决定飞行性能最重要的空气动力特性主要是飞机的临界迎角（最大升力系数）、临界马赫数与最大升阻比等几个性能指标。前文已有详细叙述，这里仅做简单的归纳与介绍。

（1）临界迎角（α_{critical} 或 $\alpha_{\max}$）是指飞机失速时对应的迎角，当飞行迎角大于临界迎角时，飞机升力系数急剧下降，而阻力系数急剧增加，此时无法保持正常飞行，这就是失速。临界迎角对应的升力系数，称为最大升力系数（$C_{L\max}$），也是以某速度飞行时升力系数的最大值。

（2）临界速度（Ma_{critical}）是指机翼开始产生局部声速时的飞行马赫数。亚声速飞机一旦超过临界马赫数，除了阻力突然增大、难以加速，还会出现飞机抖振，容易造成飞行事故。简单地说，临界马赫数就是亚声速飞机的最大速度限制。

（3）最大升阻比。升阻比是综合衡量飞机的空气动力性能的指标，为飞行马赫数和迎角的函数。总是希望最大升阻比越大越好，所以这里分别介绍最大升阻比的物理定义、求法、观察角度。

① 最大升阻比的物理定义。飞机以最大升阻比 $K_{\max}$ 飞行时，它的气动效率将是最高的，关系式为 $K_{\max} = \left(\dfrac{L}{D}\right)_{\max}$。最大升阻比所对应的飞行迎角称为有利迎角，也就是气动力效率最高时的迎角。

② 最大升阻比的求法。飞机以最大升阻比飞行时，诱导阻力系数 C_{Di} 等于零升力阻力系数 C_{D0}，最大升阻比可以表示为 $K_{\max} = \dfrac{1}{2\sqrt{kC_{D0}}}$。式中，$k$ 为常数，称为诱导因子（Induced factor）或升致因子（Lift induced factor）。

③ 最大升阻比的观察角度。最大升阻比可从两个角度去观察，一个观察角度是对于飞机设计人员来说，可以由计算、模拟和风洞试验改变升力和阻力。这种情况与实际的飞行情况不同，升阻比的最大值既不是在升力最大时出现，也不是在阻力最小时出现，而是在升力与阻力的比值最大时出现。在不同的重力与机翼参数条件下，选择一个巡航状态，找出一个最佳迎角（Optimum angle of attack）以获得最佳升阻比，这些选择可以将航程、续航能力或者任何一个性能指标最大化。除了这个最佳选择外，使用其他空速或迎角飞行都会导致飞机性能损失。另一个观察角度是对于飞行员来说，飞机进行水平直线飞行时，升力等于重力，最大升阻比就简单地意味着阻力最小。

【例 15-1】

如果飞机的重力是 W，零升力阻力系数为 C_{D0}，最大升阻比为 $K_{\max}$，机翼面积为 S，飞机做等速度水平直线飞行（平飞）时，阻力最小或气动力效率最高的飞行速度是多少？

【解答】

飞机做等速度水平直线飞行时，$L = W$。当以最大升阻比 $K_{\max}$ 飞行时，飞机的阻力系数 $C_D \approx 2C_{D0}$ 且最大升阻比为 $K_{\max} = \dfrac{1}{2\sqrt{kC_{D0}}}$。根据最大升阻比的定义 $K_{\max} = \left(\dfrac{L}{D}\right)_{\max}$ 以及 $L = W$，可求得 $D = \dfrac{L}{K_{\max}} = \dfrac{W}{K_{\max}}$。所以飞机平飞时，如果升阻比为最大值，所受阻力最小。根据阻力公式 $D \approx \dfrac{1}{2}\rho V^2 C_D S$，以最大升阻比飞行时的阻力为 $D \approx \dfrac{1}{2}\rho V^2 C_D S = \rho V^2 C_{D0} S$，因此阻力最小的飞行速度为 $V = \sqrt{\dfrac{W}{K_{\max}\rho C_{D0} S}}$。式中，$K_{\max} = \dfrac{1}{2\sqrt{kC_{D0}}}$。

15.2 载荷系数

为了说明飞机在各种飞行姿态与状态下的受力情况,我们引入一个无因次系数 n_L,这个系数称为载荷系数(Load factor),定义为飞机承受的负载除以自身重力。飞机的速度、高度和飞行方向等飞行状态随着时间变化的飞行动作,或者飞行中遇到的阵风,对飞机结构的影响最为严重,因此以飞行的升力取代负载,载荷系数公式为 $n_L = L/W$。所谓的"飞机过载"指的就是 n_L,在做飞机结构设计时必须确定能够承受的载荷,不能超过规定的载荷系数 n_L 值,否则抖振就会发生。这里以巡航、垂直平面内机动与水平平面内机动飞行,以及等速爬升、等速下滑的直线飞行为例,说明 n_L 的计算。

1. 巡航飞行时的载荷系数

如图 15-3 所示,飞机在做水平直线或者巡航飞行时,升力等于重力,所以飞机的载荷系数 $n_L = L/W = 1$。

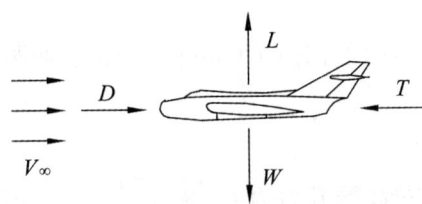

图 15-3 飞机巡航或水平直线飞行受载情况

2. 垂直平面圆周运动时的载荷系数

如图 15-4 所示,飞机以速度 V_∞ 沿着半径 R 做铅垂平面圆周机动飞行,速度的方向在不断地变化,升力为向心力 $\left(\dfrac{mV_\infty^2}{R} = \dfrac{WV_\infty^2}{Rg}\right)$ 加上重力分量 $W\cos\theta$,即 $L = \dfrac{WV_\infty^2}{Rg} + W\cos\theta$。得到载荷系数:$n_L = \dfrac{L}{W} = \dfrac{\dfrac{WV_\infty^2}{Rg} + W\cos\theta}{W} = \cos\theta + \dfrac{V_\infty^2}{gR}$。

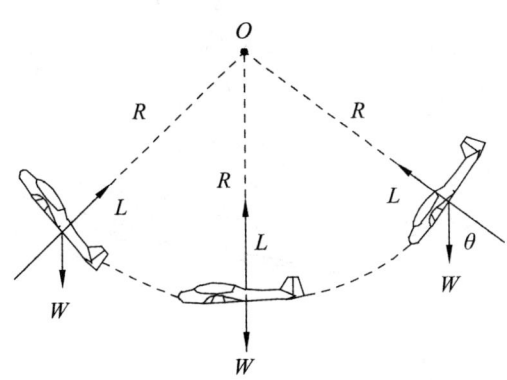

图 15-4 飞机在垂直平面内机动飞行受载情况

从以上关系式可以得出如下结论。

（1）飞机在做垂直平面圆周运动时的载荷系数大于 1。所谓机动飞行（Maneuver flight）是指飞行状态（速度、高度和飞行方向）随时间变化的飞行动作。飞行状态改变的范围越大，所需的时间越短，飞机的机动性就越好，而载荷系数 n_L 也必须较大。飞机做俯冲拉起或从平飞状态突然向上拉高的机动飞行时，升力比重力大很多，所以载荷系数 n_L 大于 1。

（2）飞机做垂直平面圆周运动时于航迹最低点的载荷系数为最大。根据 $n_L = \cos\theta + \dfrac{V_\infty^2}{gR}$，当 θ 取 0，即 $\cos\theta$ 为最大值 1 时，在航迹最低点的位置，也就是 $\theta = 0$ 位置的载荷系数最大。

（3）飞行速度越大与飞行轨迹半径越小的飞机较容易失速或损坏。飞行的速度越大、机动飞行的轨迹半径越小，升力与载荷系就越大，飞机就越容易失速或损坏。

（4）机翼翼根部位通常要承受较大的负载。飞机在垂直平面内做俯冲拉起或从平飞状态突然向上拉高的机动飞行时，机翼所承受的升力远远地超过飞机的重力，在这种情况下，机翼翼根部位要承受较大的负载。

【例 15-2】

试计算飞机从平飞状态突然向上拉高（Pullup）做铅垂面圆周运动时的载荷系数。

【解答】

飞机从平飞状态突然向上拉高的升力为 $L = W + \dfrac{WV_\infty^2}{Rg}$。根据载荷系数定义 $n_L = \dfrac{L}{W}$，可得 $n_L = \dfrac{L}{W} = 1 + \dfrac{V_\infty^2}{gR}$。

3．水平平面圆周运动时的载荷系数

如图 15-5 所示，飞机以速度 V_∞ 沿着半径 R 做水平平面圆周运动的机动飞行时，飞行速度不变，但是方向不断改变，如果航向改变的角度大于 360°，我们称之为水平盘旋，如果航向改变的角度小于 360°，我们称之为水平转弯。

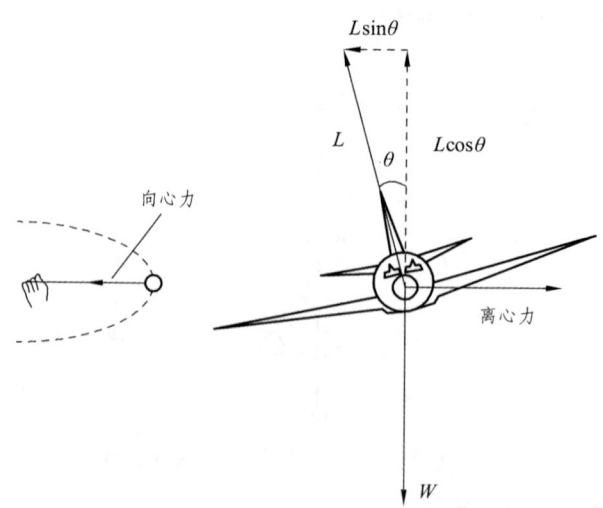

图 15-5　飞机在做水平转弯或盘旋的受力情况

从图中可以看出，$L\sin\theta$ 是为了克服圆周运动时离心作用的向心力 F_n，而 $L\cos\theta$ 是为了克服重力作用的向上抬举力，可得 $L\sin\theta = F_n = \dfrac{mV_\infty^2}{R} = \dfrac{WV_\infty^2}{Rg}$、$L\cos\theta = W$。此时载荷系数为 $n_L = \dfrac{L}{W} = \dfrac{\frac{W}{\cos\theta}}{W} = \dfrac{1}{\cos\theta}$。由此有以下结论。

（1）飞机在进行水平转弯或盘旋时首先必须操纵副翼。因为向心力 $F_n = L\sin\theta$，所以在操纵飞机进行水平转弯或盘旋时，首先操纵副翼使飞机倾斜产生倾侧角，升力才能在水平方向产生分量，提供进行水平转弯或盘旋的向心力。

（2）飞机在进行水平转弯或盘旋时的载荷系数总是大于 1。由 $n_L = \dfrac{L}{W} = \dfrac{1}{\cos\theta}$ 可知载荷系数大于 1。在做水平转弯或盘旋时，飞行员必须将驾驶杆向后拉，使飞机抬头，增大迎角，得以提高升力，防止飞行高度掉落。

（3）在水平转弯或盘旋时的载荷系数随着倾侧角的增大而增大。根据载荷系数 $n_L = \dfrac{1}{\cos\theta}$，而 $\cos\theta$ 的值随着 θ 的增大而变小，所以载荷系数随着倾侧角的增大而增大。倾侧角 θ 越大，做水平转弯或盘旋的机动飞行时所需的升力就越大。在实际飞行中，由于飞机结构强度、临界迎角和发动机推力的限制，能够产生的升力与最大倾侧角均有限。目前一般战斗机正常转弯的最大倾侧角为 75°~80°，升力为飞机重力的 4~6 倍；一般运输机正常转弯的最大倾侧角为 30°~40°，升力为飞机重力的 1.16~1.31 倍。

【例 15-3】

试用飞机的重力 W、飞行速度 V_∞、圆周半径 R 与重力加速度 g 求出飞机在做水平转弯或盘旋时的载荷系数。

【解答】

绘出如图 15-5 所示，得出 $L\sin\theta = F_n = \dfrac{mV_\infty^2}{R} = \dfrac{WV_\infty^2}{Rg}$、$L\cos\theta = W$。因为 $L^2 = (L\cos\theta)^2 + (L\sin\theta)^2 = W^2 + \left(\dfrac{WV_\infty^2}{Rg}\right)^2 = W^2\left[1 + \left(\dfrac{V_\infty^2}{Rg}\right)^2\right]$，所以其载荷系数为 $n_L = \dfrac{L}{W} = \dfrac{W\sqrt{1+\left(\dfrac{V_\infty^2}{Rg}\right)^2}}{W} = \sqrt{1+\left(\dfrac{V_\infty^2}{Rg}\right)^2}$。

4．等速爬升的载荷系数

为获得飞行高度，飞机沿着一定的角度倾斜向上的等速度飞行，称为等速爬升。根据牛顿第一运动定律（又称为惯性定律），只有外力为 0，飞机才能等速度飞行。如图 15-6 所示为等速爬升飞行时重力、推力、升力以及阻力的关系。

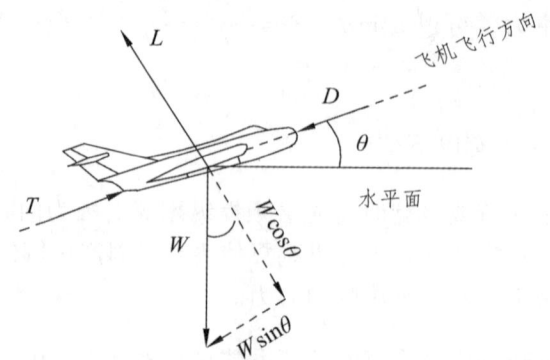

W—重力；T—推力；L—升力；D—阻力；θ—爬升角。

图 15-6　飞机等速爬升的受力情况

做等速爬升，必须满足 $L-W\cos\theta=0$ 与 $T-D-W\sin\theta=0$，从而得到 $L=W\cos\theta$ 与 $T=D+W\sin\theta$。此时载荷系数为 $n_L=\dfrac{L}{W}=\dfrac{W\cos\theta}{W}=\cos\theta$。由此有以下结论。

（1）飞机在做等速爬升飞行时的载荷系数总是小于 1。因为 $\cos\theta$ 小 1，所以载荷系数总是小于 1。

（2）飞机在做等速爬升飞行时可用推力必须大于需用推力。根据 $T=D+W\sin\theta$，飞机在做等速爬升时所需的推力必须大于飞行的阻力，这样才有剩余推力，才能进行等速爬升。

（3）注意事项。爬升角（Climbing angle）是指飞机上升轨迹与水平面之间的夹角，也就是来流与水平线之间的夹角，用符号 $\theta_{爬升}$ 表示。而飞机的仰角（Angle of elevation）是指飞机机体坐标的纵轴与水平线之间的夹角，用符号 χ 表示。至于迎角（Attack angle）是指来流与机翼弦线的延长线之间的夹角，用符号 α 表示。飞机的爬升角与仰角、迎角以及机翼安装角 $\theta_{安装}$ 之间的关系如图 15-7 所示。

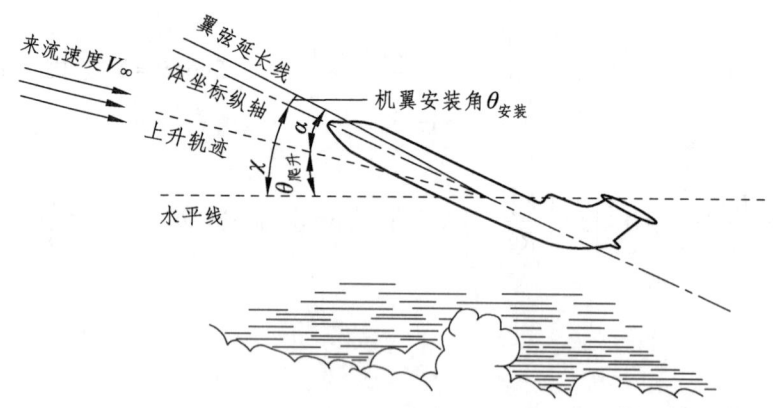

图 15-7　飞机爬升角与仰角、迎角和机翼安装角间的关系

从图中可看出，爬升角 = 仰角 + 机翼安装角 - 迎角，即 $\theta_{爬升}=\chi+\theta_{安装}-\alpha$。在探讨飞机的爬升角与仰角的关系时，一般将安装角忽略，因此 $\theta_{爬升}=\chi-\alpha$。

5．等速下滑的载荷系数

等速下滑是指飞机在零推力的状态下，沿直线等速下降的运动。根据牛顿第一运动，飞机的受力必须等于0。重力、升力以及阻力等关系如图15-8所示。

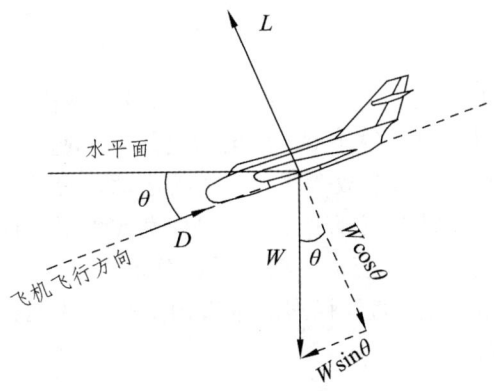

W—重力；T—推力（$T=0$）；L—升力；D—阻力；θ—下滑角。

图15-8　飞机等速下滑的受力情况

外力要为0，必须满足 $L - W\cos\theta = 0$ 与 $D - W\sin\theta = 0$，这样载荷系数为 $n_L = \dfrac{L}{W} = \dfrac{W\cos\theta}{W} = \cos\theta$。由此有以下结论。

（1）飞机在做等速下滑飞行时的载荷系数总是小于1。因为 $\cos\theta$ 小于1，所以载荷系数总是小于1。

（2）飞机在做等速下滑时下降的距离随着升阻比的增加而变大。根据 $L = W\cos\theta$、$D = W\sin\theta$，可以得到升阻比 $K = \dfrac{L}{D} = \dfrac{W\cos\theta}{W\sin\theta} = \dfrac{1}{\tan\theta}$，也就是下滑角 $\theta = \arctan\dfrac{1}{K}$，因此飞机的升阻比越大，下滑角就越小，下降的距离就越长。下滑角和下滑距离与飞机的重力无关。

【例15-4】

试证明飞机在等速下滑飞行时，下滑角和下滑距离仅与飞机的升阻比有关，而与飞机的重力无关。

【解答】

绘出如图15-8所示，得出 $L = W\cos\theta$ 与 $D = W\sin\theta$。因为 $\tan\theta = \dfrac{D}{L} = \dfrac{W\sin\theta}{W\cos\theta} = \dfrac{1}{K} \Rightarrow \theta = \arctan\dfrac{1}{K}$，故得证。

【例15-5】

试说明飞机在等速下滑飞行时，下滑角与升阻比之间的关系。

【解答】

飞机在等速下滑飞行时，下滑角与升阻比之间的关系为 $\theta = \arctan\dfrac{1}{K}$，所以飞机的升阻比越大，下滑角就越小；反之升阻比越小，下滑角就越大。

6．综合讨论

根据前面的分析结果可以知道，在不同的飞行状态下，飞机载荷系数的大小往往不一样，其值可能等于1、大于1、小于1、等于0，甚至为负值。等速度水平直线飞行（平飞）或巡航时的升力等于飞机的重力，载荷系数等于1；圆周运动、等速爬升与等速下滑飞行时的升力通常不等于重力，载荷系数通常不等于1。例如垂直或水平平面圆周运动时，载荷系数总是大于1，而等速爬升与等速下滑飞行时，载荷系数总是小于1。飞机以零升力迎角向下俯冲时，载荷系数等于0。平飞时突然遇到强烈的垂直向下阵风或飞行员在平飞状态猛然推杆向下俯冲时，载荷系数为负值。

【例 15-6】

如图 15-9 所示，如果飞机在平飞时受到突如其来的垂直向上或向下阵风，其载荷系数是多少？

（a）飞机平飞遭遇到垂直向上突风　　（b）飞机平飞遭遇到垂直向下突风

图 15-9　例 15-6 图示

【解答】

原先平飞时，$L = W$。受到突如其来的垂直向上阵风时，飞机迎角、升力系数与升力的改变量以及载荷系数分别为

（1）$\Delta\alpha \approx \tan\alpha = \dfrac{w}{V_\infty}$；

（2）$\Delta C_L \approx \dfrac{\mathrm{d}C_L}{\mathrm{d}\alpha} \times \Delta\alpha = \dfrac{\mathrm{d}C_L}{\mathrm{d}\alpha} \times \dfrac{w}{V_\infty}$；

（3）$\Delta L \approx \Delta C_L \times \dfrac{1}{2}\rho V_\infty^2 S = \dfrac{1}{2}\dfrac{\mathrm{d}C_L}{\mathrm{d}\alpha}\rho V_\infty w S$；

（4）因为 $L = W + \Delta L \approx W + \dfrac{1}{2}\dfrac{\mathrm{d}C_L}{\mathrm{d}\alpha}\rho V_\infty w S$ 且 $n_L = \dfrac{L}{W}$，所以 $n_L = 1 + \dfrac{1}{2}\dfrac{\mathrm{d}C_L}{\mathrm{d}\alpha}\dfrac{\rho V_\infty w S}{W}$。

同理，受到突如其来的垂直向上阵风时，飞机迎角、升力系数与升力的改变量以及载荷系数分别为

（1）$\Delta\alpha \approx \tan\alpha = -\dfrac{w}{V_\infty}$；

（2）$\Delta C_L \approx \dfrac{\mathrm{d}C_L}{\mathrm{d}\alpha} \times \Delta\alpha = \dfrac{\mathrm{d}C_L}{\mathrm{d}\alpha} \times -\dfrac{w}{V_\infty}$；

（3）$\Delta L \approx \Delta C_L \times \dfrac{1}{2}\rho V_\infty^2 S = -\dfrac{1}{2}\dfrac{\mathrm{d}C_L}{\mathrm{d}\alpha}\rho V_\infty wS$；

（4）因为 $L = W + \Delta L \approx W - \dfrac{1}{2}\dfrac{\mathrm{d}C_L}{\mathrm{d}\alpha}\rho V_\infty wS$ 且 $n_L = \dfrac{L}{W}$，所以 $n_L = 1 - \dfrac{1}{2}\dfrac{\mathrm{d}C_L}{\mathrm{d}\alpha}\dfrac{\rho V_\infty wS}{W}$。

因为 $\dfrac{\mathrm{d}C_L}{\mathrm{d}\alpha}$ 为正值，所以飞机在承受垂直向上的突风时，载荷系数 n_L 大于 1.0，而飞机在承受垂直向下的突风时，载荷系数 n_L 小于 1.0，若其遇到强烈的垂直向下的阵风，载荷系数 n_L 甚至为负值。

【例 15-7】

试证明飞机在零升力迎角向下俯冲时，载荷系数等于 0。

【解答】

飞机在零升力迎角时，升力系数 C_L 为 0，所以升力 L 为 0，根据载荷系数的定义 $n_L = L/W$，得 $n_L = L/W = 0$。

【例 15-8】

如图 15-10 所示，飞机进行俯冲，已知此时 $\theta = 45°$，$R = 1\,000$ m，测得载荷系数 $n_L = 0$，求此时飞机的飞行速度 V_∞。

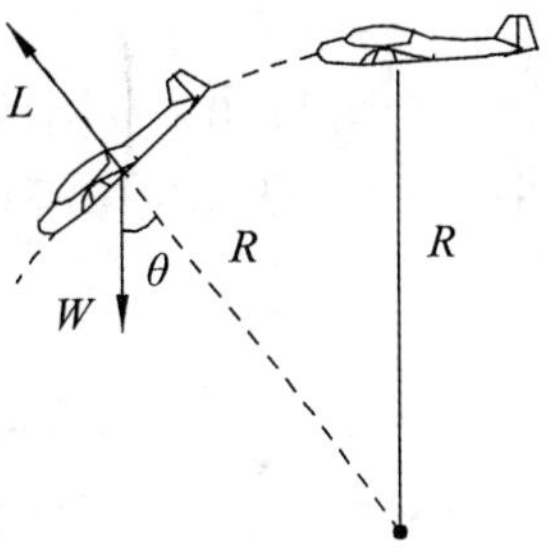

【解答】

飞机进行俯冲时的升力为 $L = W\cos\theta - \dfrac{WV_\infty^2}{Rg}$，从而载荷系数为

图 15-10　例 15-8 图示

$$n_L = \dfrac{L}{W} = \dfrac{W\cos\theta - \dfrac{WV_\infty^2}{Rg}}{W} = \cos\theta - \dfrac{V_\infty^2}{gR}。$$

所以当 $n_L = \cos\theta - \dfrac{V_\infty^2}{gR} = \cos 45° - \dfrac{V_\infty^2}{9.81 \times 1\,000} = 0.707 - \dfrac{V_\infty^2}{9.81 \times 1\,000} = 0$ 时，飞机的飞行速度 $V_\infty = \sqrt{(0.707 \times 9.81 \times 1\,000)} = 83.28$ (m/s)

15.3　飞机基本飞行性能

等速运动是指飞机的速度的大小与方向不随着时间而改变的运动，飞机必须处于受力平衡的状态。严格来讲，等速运动是不存在的，即使飞行速度和高度不变，燃油的消耗也会使飞机的重力不断改变，受力不可能一直平衡。如果飞机动参数随着时间的变化非常缓慢，至少在一段时间内，可以认为飞机处于平衡状态，这就是所谓的"拟平衡（Quasi-equilibrium）"或"拟等速运动（Quasi-equal velocity motion）"的观念。基本飞行性能指的就是飞机在"等速运动"或"拟等速运动"时的运动特性，包括平飞性能、等速爬升性能、升限，以及等速下滑性能等。

1．飞机的等速直线运动

如图 15-11 所示，作用在飞机上的外力有升力 L、阻力 D、推力 T 和重力 W。如果保持等速直线飞行，这些作用力必须保持平衡状态，也就是所有作用力的合力必须为 0。

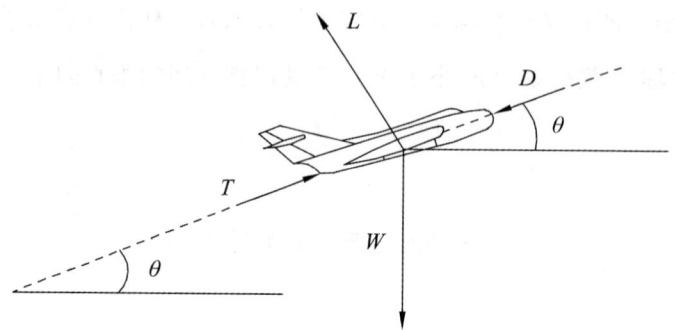

L—升力；D—阻力；T—推力；W—重力；θ—航迹角。

图 15-11　飞机飞行时作用在飞机上外力

合力为 0（受力为 0），如果航迹角 $\theta=0$，则飞机为等速水平飞行（又称为平飞）；如果 $\theta>0$，则飞机做等速爬升运动；如果 $\theta<0$ 且推力 $T=0$，则飞机做等速下滑运动。

2．飞机的平飞性能

平飞（Level Flight）是指飞机在某高度进行的等速水平直线飞行。平飞是飞机在整个飞行过程中最简单也是最常见的运动形式，是认识更复杂的运动形式的基础，其主要性能包括平飞最大速度、平飞最小速度以及平飞速度范围。

（1）飞机保持等速平飞的条件。

如图 15-12 所示，等速度水平飞行的条件是升力等于飞机的重力、动力装置提供的推力等于阻力，即满足 $L=W=\frac{1}{2}\rho V^2 C_L S$ 与 $T=D=\frac{1}{2}\rho V^2 C_D S$ 的条件。

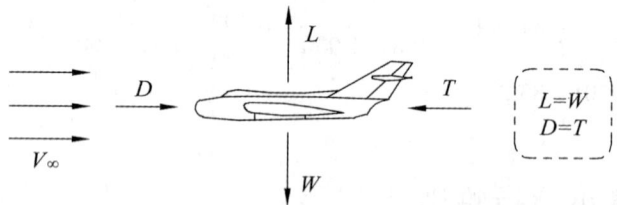

图 15-12　飞机保持等速度平飞条件

（2）飞机的平飞速度。

飞机必须有足够的升力来平衡重力，才能保持平飞，产生升力的飞行速度，我们称之为平飞速度，用符号 $V_{平飞}$ 表示。从 $L=W=\frac{1}{2}\rho V_{平飞}^2 C_L S$ 可以导出平飞速度的计算式为 $V_{平飞}=\sqrt{\frac{2W}{\rho C_L S}}$。

（3）飞机平飞速度的影响因素。

影响平飞速度的因素有飞机重力 W、机翼面积 S、空气密度 ρ 和升力系数 C_L。飞机载重越大，维持平飞状态所需飞行速度就越大。飞机在特定高度平飞时，机翼面积和空气密度都不变，飞行速度只与重力和升力系数有关。虽然在实际飞行中重力随着燃油的消耗而逐渐减少，但是为简化飞行性能计算，把飞机重力视为常数。这样平飞速度可视为只与升力系数有关，而升力系数又随着迎角的变化而改变。因此，飞机的飞行迎角减小，平飞速度增大；飞行迎角增大，平飞速度减小。

【例 15-9】

试使用薄翼理论证明，飞机在特定高度平飞且飞行迎角小于临界迎角时，飞行迎角增大，平飞速度减小。

【解答】

因为飞机满足平飞的条件之一是 $L=W=\frac{1}{2}\rho V^2 C_L S$，所以得到 $V_{平飞}=\sqrt{\frac{2W}{\rho C_L S}}$。根据薄翼理论 $C_L=2\pi\alpha$，代入平飞公式得 $V_{平飞}=\sqrt{\frac{2W}{\rho C_L S}}=\sqrt{\frac{2W}{\rho(2\pi\alpha)S}}=\sqrt{\frac{W}{\rho\pi\alpha S}}$。因此飞行迎角小于临界迎角时，增大飞行迎角，平飞速度减小。

（4）平飞需求推力曲线。

飞机在平飞时推力和阻力相等，所以需求推力曲线可用阻力曲线表示，如图 15-13 所示。A 点对应的速度是平飞时阻力最小的速度，称为平飞有利速度（Flat fly favorable velocity），用符号 $V_{有利}$ 表示，也称为平飞最小阻力速度（Minimum drag velocity of flat flight），用符号 V_{MD} 表示。

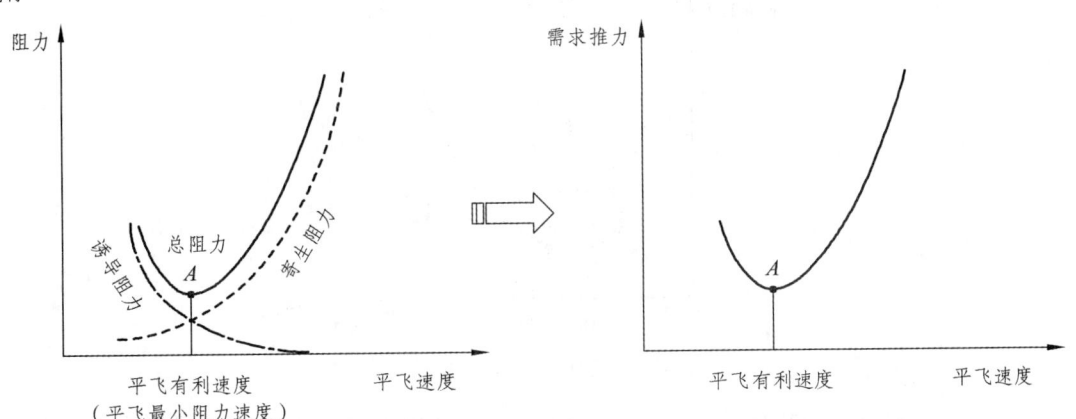

图 15-13　飞机平飞需求推力曲线

从平飞的成立条件 $L=W$、$T=D$，以及升阻比公式 $K=L/D$，可以求出 $T_{需求}$ 的计算公式为 $T_{需求}=W/K$。从需求推力公式中可以看出，飞机的重力越大，保持平飞所需推力就越大。在相同重力条件下，升阻比越大，所需的推力也就越小。升阻比又与飞行迎角有关，而升阻比随着迎角的增加先增加而后减少（见图 15-14），所以平飞时的需求推力随着迎角的增加先减小而后增大。

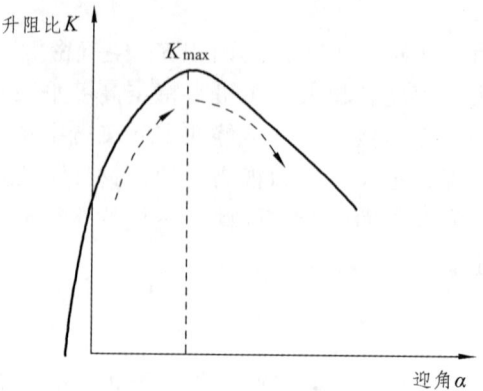

图 15-14　飞机升阻比随迎角变化趋势

【例 15-10】

试述飞行速度、飞机重力、升阻比与迎角对飞机的平飞需求推力的影响是什么？

【解答】

飞机的平飞需求推力随着飞行速度增大先减小而后增大。平飞需求推力与飞机重力成正比，与升阻比成反比，随着迎角的增加先减小而后增大。

（5）平飞需求功率曲线。

为保持水平直线飞行，动力装置必须提供一定的推力克服阻力，而每秒对飞机所做的功就是飞机的平飞需求功率，用符号 $P_{需求}$ 表示，公式表示为 $P_{需求}=T_{需求}\times V_{平飞}$。可以看出，平飞功率的大小取决于推力和速度，如图 15-15 所示。

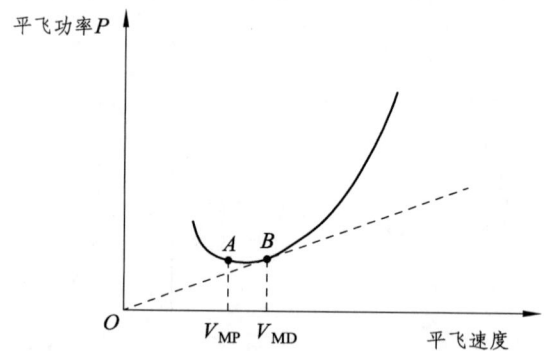

图 15-15　飞机平飞需求功率曲线

从图中可以看出，飞机的平飞需求功率随着平飞速度的增加先减小而后增大。A 点对应的速度就是飞机保持等速水平直线飞行时所需功率最小的速度，称为平飞经济速度（Flat fly economic velocity），用符号 $V_{经济}$ 表示，也称为平飞最小功率速度（Minimum power velocity of flat flight），用符号 V_{MP} 表示。从平飞功率曲线原点向曲线所引切线的切点，也就是 B 点，对应的速度则为前述的平飞最小阻力速度，以此速度平飞时所需推力最小。

（6）平飞推力曲线。

把相同高度的平飞需用推力曲线和相应的满油门状态下的可用推力曲线绘制在一起，称为平飞推力曲线，如图 15-16 所示。喷气式飞机利用发动机向后喷气产生推力，而螺旋桨飞机利用螺旋桨拍击大气空气产生拉力，从而使飞机获得向前的驱动力，因此平飞推力曲线既可适用于喷气式飞机也适用于螺旋桨飞机。

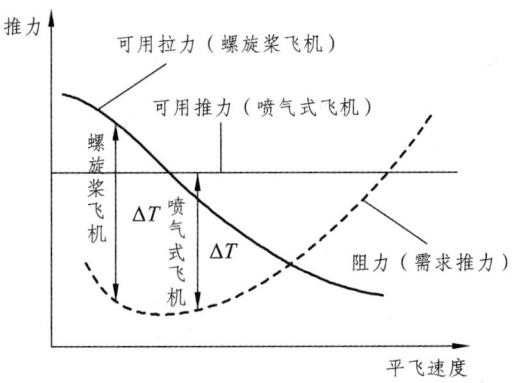

图 15-16　飞机平飞推力曲线

平飞时可用推力 $T_{可用}$ 是指在特定高度下飞机平飞时，发动机在给定的油门状态下所能提供的实际推力；需求推力 $T_{需求}$ 是指同等条件下，克服飞行阻力所需推力。两者之间的差值称为剩余推力：$\Delta T = T_{可用} - T_{需求}$。从公式中可以推知，如果最大可用推力小于所需推力，飞机根本不能保持平飞。如果 $\Delta T > 0$，则可使飞机加速或爬升，所以 ΔT 越大，飞机机动性能就越好。螺旋桨飞机因为最大可用拉力随着速度的增大而减小，因此其最大剩余拉力不会在最小阻力时产生。

（7）飞机平飞性能的判定指标。

飞机的平飞性能的判定主要依据最大平飞速度（V_{max} 或 Ma_{max}）、最小平飞速度（V_{min} 或 Ma_{min}）以及平飞的速度范围。

① 最大平飞速度。所谓飞机的最大平飞速度 V_{max} 是指在一定的高度和重力下，发动机满油门（最大推力状态）工作时，飞机所能达到的稳定平飞速度，也就是飞机在某一特定高度下做等速水平直线飞行（平飞）所能达到的极限速度。从理论上看，最大平飞速度是飞机最大推力所对应的平飞速度，而要维持平飞，飞机的推力必须等于阻力，且根据阻力计算公式 $D = \frac{1}{2}\rho V_\infty^2 C_D S$，得出最大平飞速度为 $V_{max} = \sqrt{\dfrac{2T_{max}}{\rho C_D S}}$。然而最大平飞速度并不是飞机实际上的最大速度。发动机不能长时间在最大功率状态下工作，再加上飞机结构强度与稳定性的限制，实际上飞机的平飞最大速度通常小于 V_{max}。

【例 15-11】

试说明飞机在飞行中为何不能用比最大平飞速度更大的飞行速度平飞？

【解答】

飞机的最大平飞速度是飞机在最大推力状态时的平飞速度，是该飞机在某一特定高度下做等速水平直线飞行（平飞）所能达到的极限速度，因此不能有比最大平飞速度更大的飞行速度。

【例 15-12】

试说明飞机实际上平飞的最大速度为何通常小于飞机的最大平飞速度。

【解答】

飞机的最大平飞速度是理论上的最大速度，但是发动机不能长时间在最大推力状态下工作，再加上飞机结构强度与稳定性的限制，所以实际的平飞最大速度通常小于飞机的最大平飞速度。

【例 15-13】

试证明飞机的最大平飞速度的公式为 $V_{\max} = \sqrt{\dfrac{2T_{\max}}{\rho C_D S}}$。

【解答】

飞机在最大推力时的平飞速度满足的一个条件是 $T = D = \dfrac{1}{2}\rho V^2 C_D S$，因此求得飞机的最大平飞速度为 $V_{\max} = \sqrt{\dfrac{2T_{\max}}{\rho C_D S}}$。

② 最小平飞速度。所谓飞机的最小平飞速度是指飞机在一定的高度和重力下能够保持平飞状态的最小稳定速度。从理论上，最小平飞速度是飞机临界迎角所对应的速度，也就是飞机升力系数为最大时的平飞速度。要维持平飞，升力 L 必须等于飞机的重力 W，且根据升力计算公式 $L = \dfrac{1}{2}\rho V_\infty^2 C_L S$，飞机的最小平飞速度为 $V_{\min} = \sqrt{\dfrac{2W}{\rho C_{L\max} S}}$。然而最小平飞速度仅是理论上的值，并不是实际的最小速度。实际飞行时，$C_{L\max}$ 为开始失速的升力系数，为了安全起见，使用允许/安全升力系数 $C_{L,安全} \approx (0.7 \sim 0.9) C_{L\max}$ 来计算平飞的最小速度。对于飞机的性能要求来说，平飞最小速度越小越好，因为平飞最小速度越小，飞机就可用更小的速度接地，以改善飞机的着陆性能。飞行高度的增加，密度将减小，最小平飞速度也随之增加。

【例 15-14】

试说明飞机实际上平飞的最小速度为何通常大于理论的最小平飞速度。

【解答】

根据飞机最小平飞速度的定义，$V_{\min} = \sqrt{\dfrac{2W}{\rho C_{L\max} S}}$。为了安全起见，以 $C_{L,安全} \approx (0.7 \sim 0.9) C_{L\max}$ 代替 $C_{L\max}$，所以飞机实际上的平飞最小速度通常大于理论的最小平飞速度。

③ 平飞的速度范围。从平飞最大速度到最小速度的区域范围称为飞机的平飞速度范围，从理论上来说在此范围中的每一个速度都可以保持平飞。但是飞机不能以最大平飞速度长时间飞行，因为耗油太多，而且发动机容易损坏，缩短使用寿命，除作战或特殊需要外，一般以比较省油的巡航速度飞行，这个速度一般为飞机最大平飞速度的 70%~80%。飞机也不可能在临界迎角下飞行，必须以大于平飞最小速度飞行。因此在实际上，飞机的平飞的速度范围会小于理论的范围。不过飞机的平飞速度范围越大，平飞性能越好。

3．飞机的等速爬升性能

爬升是飞机取得高度的基本方法，飞机沿向上倾斜的轨迹所做的等速直线飞行称为等速爬升飞行。飞机的等速爬升性能的判定指标主要依据等速爬升速度、等速爬升角、等速爬升梯度与等速爬升率。

（1）飞机保持等速爬升的条件。

从图 15-17 中，可以得到飞机做等速爬升运动时的成立条件为 $L-W\cos\theta=0$、$T-D-W\sin\theta=0$。

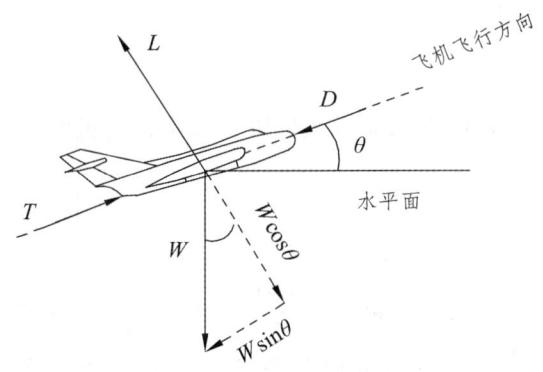

W—重力；T—推力；L—升力；
D—阻力；θ—爬升角。

图 15-17　飞机等速爬升的受力情况

（2）等速爬升速度。

飞机在爬升过程中，需要一定的升力来平衡重力的分量，也就是 $L=W\cos\theta$，为了产生这个升力所需的速度叫作等速爬升速度（Constant climbing velocity），用符号 $V_{爬升}$ 表示。根据 $L=\frac{1}{2}\rho V_\infty^2 C_L S$ 与 $L=W\cos\theta$，可以得到 $L=\frac{1}{2}\rho V_{爬升}^2 C_L S=W\cos\theta$，据此得到 $V_{爬升}=\sqrt{\frac{2W\cos\theta}{\rho C_L S}}$ 或 $V_{爬升}=V_{平飞}\sqrt{\cos\theta}$。等速爬升过程中 $\cos\theta$ 总是小于 1，所以爬升速度比同样迎角平飞的速度小，所需的升力也较小。在实际飞行中，$\cos\theta$ 值几乎接近于 1，可以认为爬升所需速度与平飞速度相等。

（3）等速爬升角的计算。

因为 $L-W\cos\theta=0$、$T-D-W\sin\theta=0$，从而得到等速爬升角（Constant climbing angle）的计算公式为 $\theta=\arcsin\frac{(T-D)}{W}=\arcsin\frac{\Delta T}{W}$。

（4）等速爬升梯度的定义。

所谓等速爬升梯度（Constant climbing gradient）是指飞机等速爬升时爬升高度与水平距离的比值，即计算公式 $\tan\theta = \dfrac{H}{X}$，如图 15-18 所示。

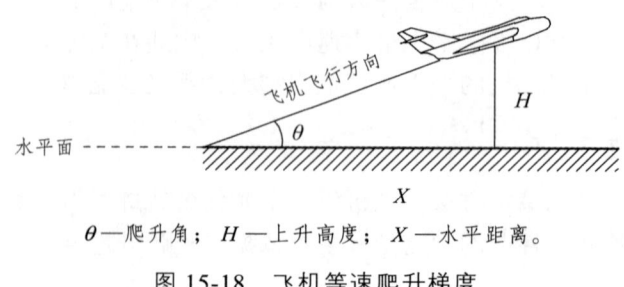

θ—爬升角；H—上升高度；X—水平距离。

图 15-18　飞机等速爬升梯度

从图中可以知道，等速爬升角的确定不仅由 $\theta = \arcsin\dfrac{(T-D)}{W} = \arcsin\dfrac{\Delta T}{W}$ 获得，也能够从 $\tan\theta = \dfrac{H}{X} \Rightarrow \theta = \arctan\dfrac{H}{X}$ 中得到。

【例 15-15】

试证明喷气式飞机的剩余推力越大或飞机重力越小，飞机的等速爬升角和等速爬升梯度越大。

【解答】

如图 15-17 所示，根据公式 $\theta = \arcsin\dfrac{(T-D)}{W} = \arcsin\dfrac{\Delta T}{W}$，可以知道喷气式飞机的剩余推力越大或飞机重力越小，飞机的等速爬升角越大。实际上，爬升角一般都不大，从而 $\sin\theta = \dfrac{(T-D)}{W} = \dfrac{\Delta T}{W} \approx \tan\theta$，也就可以知道，喷气式飞机的剩余推力越大或飞机重力越小，飞机的等速爬升梯度越大。故得证。

（5）等速爬升率。

所谓等速爬升率（Constant climbing rate）是指飞机在单位时间内等速爬升所获得的高度，也就是飞机的等速爬升速度 $V_{爬升}$ 在爬升时的垂直分速，用符号 V_y 表示，如图 15-19 所示。

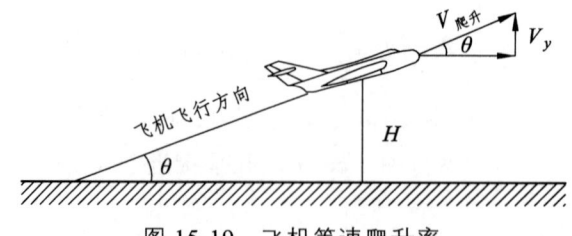

图 15-19　飞机等速爬升率

对于飞行员而言，等速爬升有两种最主要的形式：最大爬升率爬升与最陡爬升率爬升，如图 15-20 所示。

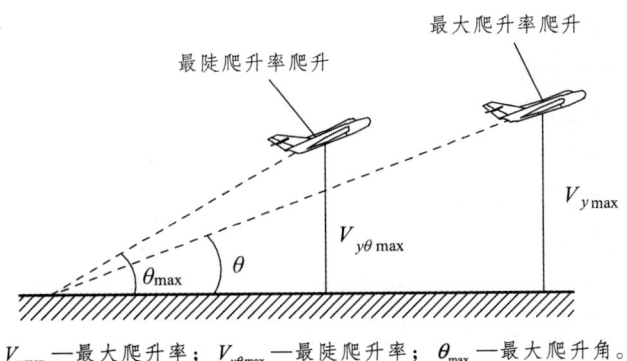

$V_{y\max}$ —最大爬升率；$V_{y\theta\max}$ —最陡爬升率；$\theta_{\max}$ —最大爬升角。

图 15-20　最大爬升率爬升与最陡爬升率爬升

① 最大爬升率（Maximum climbing rate）爬升是指飞机以最大爬升率 $V_{y\max}$ 向上等速爬升的方式，是飞行员驾驶最有用的爬升方式，又称为最佳爬升率（Best climbing rate）。以最大爬升率爬升时，可以在相同时间内达到最高的高度，在较高的高度飞行，可以获得较高的飞行效率，因此，飞机飞行总是希望尽快地爬升到所需的巡航高度。实际上飞机的最大爬升率随着高度的增加而减少。

② 最陡爬升率（Steepest climbing rate）爬升是指飞机以最大爬升角向上等速爬升的方式，又称为最大爬升坡度爬升（Maximum climbing gradient climb）。飞机在以最陡爬升率 $V_{y\theta\max}$ 爬升时能够在相同水平距离内达到最高的高度。可以想象一架飞机在山谷中飞行，如果要飞过山顶，飞行员当然希望在最短的水平距离内爬升到尽可能高的高度，那就必须以最陡的角度飞行。实际上飞机的最陡爬升率随着高度的增加而增加。一般而言，最陡爬升率小于最大爬升率，到达绝对升限高度时，最陡爬升率与最大爬升率两者相等。

【例 15-16】

试证明最陡爬升率是在飞机剩余推力最大的时候发生，而最大爬升率是在飞机剩余功率最大的时候发生。

【解答】

最陡爬升率是飞机以最大爬升角 $\theta_{\max}$ 等速爬升时所对应的上升速度 V_y，而最大爬升率是以最大爬升率 $V_{y\max}$ 等速爬升时所对应的上升速度 V_y。因为等速爬升角为 $\theta = \arcsin\dfrac{\Delta T}{W}$，所以 $\theta_{\max} = \arcsin\dfrac{\Delta T_{\max}}{W}$，因此最陡爬升率是在飞机剩余推力最大的时候发生。又因为等速爬升率为 $V_y = V_{爬升} \sin\theta = V_\infty \sin\theta$，且 $\sin\theta = \dfrac{\Delta T}{W}$，得到 $V_y = \dfrac{V_\infty \Delta T}{W} = \dfrac{\Delta P}{W}$，也就是 $V_{y\max} = \dfrac{\Delta P_{\max}}{W}$，因此最大爬升率是在飞机剩余功率最大的时候发生。

4．升　限

飞机的升限（Ceiling）是指飞机上升限度的简称，也就是飞机依靠自身动力所能上升的最大飞行高度。一般而言，升限分成静升限和动升限两种，飞机稳定上升达到的最大高度称静升限（Static ceiling）；利用飞机的动能以跃升的方法达到的最大高度称动升限（Dynamic ceiling）。动升限值高于静升限值，一般所说的升限指的是静升限。飞行高度逐渐增加时，空气密度降低，从而影响发动机的进气量，其推力也将减小。当飞机达到一定高度时，推力不足造成飞机无法继续爬升，只能维持平飞，此高度即为飞机的升限（静升限）。静升限可分为绝对升限与实用升限两种表示方式。

（1）两种静升限的定义。

① 绝对升限（Absolute ceiling）是指飞机以特定的重力和给定的发动机工作状态能够保持等速直线平飞的最大高度，也是爬升率等于零时的高度。要达到爬升率等于零的平飞高度，所需的时间为无穷大，飞机尚未达标时，燃油就耗尽了，所以绝对升限又称为理论升限（Theoretical ceiling），在实际上并不具有什么意义，一般不使用这个术语。

② 实用升限（Service ceiling）是指飞机试图捕捉的最大可用高度。实际中根本不可能到达理论升限，为了具有一定的推力储备和良好的操纵性，飞机不得不在低于理论静升限的高度上飞行。高机动性飞机规定对应于垂直上升速度 $V_{y\max}$ 为 5 m/s 时的平飞飞行高度为最大平飞飞行高度，此高度即为实用升限，而低亚声速飞机则规定对应于垂直上升速度 $V_{y\max}$ 为 0.5 m/s 时为实用升限。

（2）提升措施。

提高飞机升限的措施主要有增大发动机在高空时的推力、提高飞机的升力、降低飞行阻力、减轻飞机重力等。

【例 15-17】

何谓爬升率？试述"最大爬升率"与"最陡爬升率"之间的定义与关系，以及两者在何种情况下会相等。

【解答】

最大爬升率爬升是指飞机以最大爬升率爬升的方式；最陡爬升率爬升是指飞机以最大爬升角爬升的方式。一般而言最大爬升率的爬升速度大于最陡爬升率。实际上，最大爬升率随着飞行高度的增加而减少，而最陡爬升率随着高度的增加而增加。当飞机到达绝对升限时，最大爬升率等于最陡爬升率。

【例 15-18】

试说明气温升高时对喷气式飞机升限的影响。

【解答】

气温升时，空气的密度会降低，从而影响发动机的进气量。进入发动机的进气量减少，致使飞机的可用推力降低，所以造成飞机的升限降低。反之，如果气温降低，飞机的升限提高。

5．飞机的等速下滑性能

下降是飞机降低高度的基本方法，沿向下倾斜的轨迹做的等速直线飞行叫下降。飞机在下降过程中作用于飞机的外力与平飞与爬升一样，有升力、重力、推力和阻力，而在飞机推力趋近于零的下降过程称为下滑，如图 15-21 所示。飞机下滑性能的判定指标主要是依据下滑速度、最小下滑角与最大下滑距离。

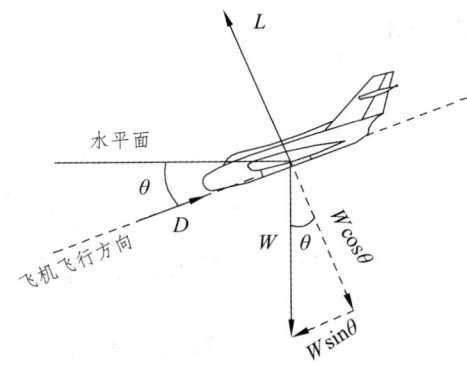

W—重力；T—推力（$T=0$）；L—升力；D—阻力；θ—下滑角。

图 15-21　飞机等速下滑的受力情况

航空小常识

飞行时飞行员要做好丧失动力的准备，许多人认为一旦失去动力，飞机马上会从天上掉下来。但是事实并非如此，飞机在没有动力的情况下仍然可以飞行相当长的一段距离，没有发动机的飞机就等于性能不佳的滑翔机。飞机失去动力时，飞行员应该尽量延长在空中滑翔的时间，这样有更多的时间选择紧急着陆地点，再次启动发动机并与空中交通管制员联络。高度损失是保证飞机持续滑翔的动力来源，所以为了保证滑翔时间最长，必须将下降率降到最低，此时对应的速度为最久滑翔速度。

（1）飞机保持等速下滑的成立条件。

根据牛顿第二运动定律：当外力的合力为 0 时，飞机的加速度必定为 0，此时速度的大小和方向都不会发生变化。飞机做等速下滑时的成立条件为 $L = W\cos\theta$、$D = W\sin\theta$。

（2）等速下滑速度。

飞机在等速下滑过程中需要一定的升力来平衡重力的分量，产生这个升力所需的速度称为等速下滑速度（Constant gliding velocity），用符号 $V_{下滑}$ 表示。根据 $L = \frac{1}{2}\rho V_{\infty}^2 C_L S$ 与 $L = W\cos\theta$，可以得到 $L = \frac{1}{2}\rho V_{下滑}^2 C_L S = W\cos\theta$，据此得到等速下滑速度为 $V_{下滑} = \sqrt{\dfrac{2W\cos\theta}{\rho C_L S}}$ 或者 $V_{下滑} = V_{平飞}\sqrt{\cos\theta}$。此例中 $\cos\theta$ 总是小于 1，所以下滑的速度比同样迎角平飞的小，所需的升力也较小。下滑角不大时，一般认为等速下滑速度与平飞速度相等。

（3）等速下滑角的确定。

根据等速下滑运动成立条件，可以得到 $\theta = \arctan\dfrac{1}{K}$，其中 $K = \dfrac{L}{D}$。所以等速下滑时的下滑角仅与升阻比有关，而最小等速下滑角就是飞机等速下滑时最大升阻比所对应的下滑角，即 $\theta_{\min} = \arctan\dfrac{1}{K_{\max}}$。

(4)等速下滑梯度的定义。

如图 15-22 所示,等速下滑梯度(Constant gliding gradient)是指飞机等速下滑时下降高度与下滑水平距离的比值,即 $\tan\theta = \dfrac{H}{X}$。

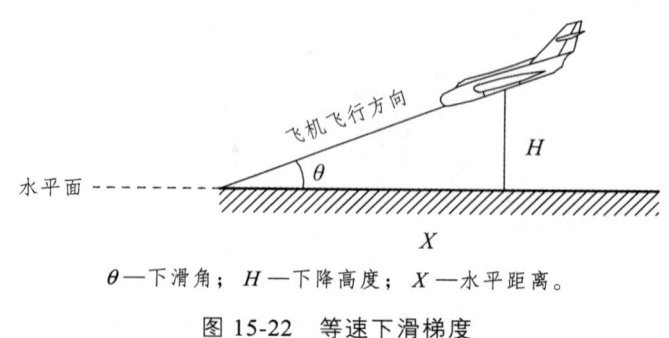

θ—下滑角;H—下降高度;X—水平距离。

图 15-22 等速下滑梯度

等速下滑角不仅可从 $\theta = \arctan\dfrac{1}{K}$ 中获得,也可从 $\tan\theta = \dfrac{H}{X} \Rightarrow \theta = \arctan\dfrac{H}{X}$ 中得到,可以推知,下滑水平距离的长短,取决于下降高度和等速下滑角。如果下降高度越高或等速下滑角越小,则飞机下滑时的水平距离就越长。飞机以最大升阻比等速下滑时,下滑角最小,所以在相同的高度以有利迎角下滑的水平距离最长。我们常依据滑翔比(Glide ratio)的大小评估飞机做等速下滑时下滑水平距离的长短。滑翔比是下滑水平距离与下降高度的比值,滑翔比越大,在相同高度的情况下,下滑的水平距离就越长。

【例 15-19】

试证明飞机下滑时,在相同高度的情况下,以有利迎角下滑的水平距离最长。

【解答】

绘出如图 15-22 所示,可以看出,下滑角越小时,在相同高度的情况下,下滑的水平距离就越长。因为飞机下滑时的成立条件为 $L = W\cos\theta$、$D = W\sin\theta$,所以 $\tan\theta = \dfrac{\sin\theta}{\cos\theta} = \dfrac{D}{L} = \dfrac{1}{K}$,可以看出以最大升阻比下滑时,飞机的下滑角最小,而在 $K = K_{\max}$ 时,对应的迎角为有利迎角。因此飞机下滑时,以有利迎角下滑的水平距离最长。

【例 15-20】

试证明飞机下滑时,滑翔比越大,在相同高度的情况下,下滑的水平距离就越长。

【解答】

从图 15-22 中可以看出,下滑角越小,在相同高度的情况下,下滑的水平距离就越长。因为滑翔比 = 1/下滑梯度 = $1/\tan\theta = K$,所以下滑角 θ 越小时,滑翔比就越大,下滑的水平距离就越长。

【例 15-21】

试说明为何在最大下滑水平距离的下滑速度等于有利速度。

【解答】

因为在最大升阻比下滑时,飞机的下滑角最小,下滑的水平距离最长,所以最大升阻比所对应的下滑速度即为最大下滑水平距离的下滑速度。根据下滑的定义,飞机在推力为零的下降过程称为下滑,可以得到 $L \approx W$ 的关系式,前提是下滑角不大($\cos\theta$ 值接近于 1)。升力固定,最大升阻比则发生在阻力最小值时,此时对应的速度即为有利速度。因此飞机在下滑时,最大下滑水平距离的下滑速度等于有利速度。

(5) 影响飞机下滑性能的因素。

所有使升阻比减小的因素,例如放下起落架、襟翼,飞机结冰等都将使下滑角增大,从而飞机的下滑性能变差。

15.4 飞行包线

飞行包线是以飞行速度、飞行高度与载荷系数等飞行参数为坐标,以飞机飞行的各种限制条件,将可能出现的飞行参数各种组合情况用一条封闭的曲线包围,这样的图形就叫作飞机的飞行包线(Flight envelope)。飞行包线有很多种,同类型的飞机在完成飞行任务的各个不同阶段有不同的飞行包线;研究的目标不同,选取的飞行参数不同,也会得到不同的飞行包线,一般以飞机的平飞包线与机动飞行包线最为常见。

1. 飞行包线的意义

为确保飞行安全,必须对飞行速度范围、高度范围、飞行载荷等飞行参数做出一些限制,避免发生飞机结构损坏、解体、失速等影响飞行安全的事故或征候发生。飞行包线就是以飞机的飞行速度、飞行高度与载荷系数等飞行参数为界限所做的封闭几何图形,用以表示飞行速度、高度范围和飞行条件的限制。一般而言,飞行包线的范围越广代表飞机的性能越好。

2. 飞行包线的限制

飞行包线对飞行的限制是各种飞行参数的组合只能出现在飞行包线所局限的范围内或者在飞行包线的边界线上。为了安全,大多数飞行是在飞行包线以内进行的,但在紧急的情况下,飞机飞行也会超过正常飞行包线。原则上飞机不得超出飞行包线飞行,否则将被视为结构受到损伤,必须进行特殊检查。

3. 飞机的平飞包线

我们以飞行高度为纵坐标,飞行速度为横坐标,标示出飞机在做等速水平飞行时高度-速度范围的边界线,飞机只能在这个边界线或所局限的范围内正常飞行,边界线以外各点代表的平飞速度和高度的组合情况不可以出现在正常的飞行中,此封闭几何图形称为平飞包线(Flat flying envelope)。

（1）飞机平飞包线的高度与速度范围。

在理论上，平飞包线的高度范围是由海平面到飞机能保持平飞（等速度水平飞行）的最大高度之间的范围，也就是海平面到绝对升限之间的飞行高度区域，而速度范围是指最大平飞速度V_{max}和最小平飞速度V_{min}之间的飞行速度区域。但飞机不可能到达绝对升限，在实际上并不具有什么意义，所以通常我们采用比绝对升限小的实用升限，使飞机保持一定的推力储备和良好的操纵性。同时受到最大升力系数、发动机可用推力和飞机机构强度限制，飞机实际飞行时的平飞最大速度比最大平飞速度V_{max}小，而平飞最小速度比最小平飞速度V_{min}大，因此实用的平飞包线比理论平飞包线范围要小一些。

（2）超声速飞机的平飞包线。

飞机的平飞包线是用最小平飞速度和最大平飞速度曲线将各个高度上可能出现的平飞速度包围起来，描绘出平飞速度随着飞行高度的变化，如图15-23所示为超声速飞机平飞包线。

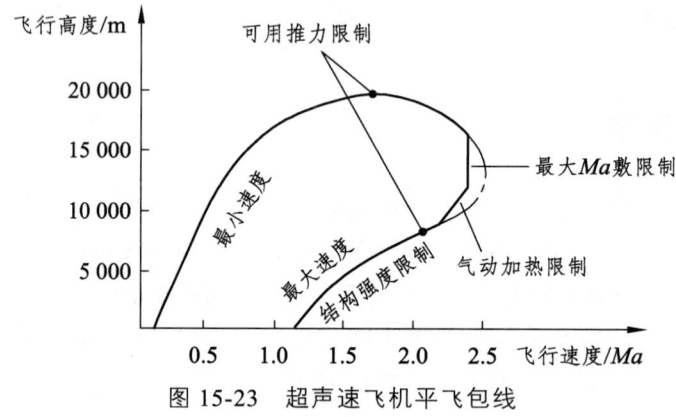

图 15-23　超声速飞机平飞包线

飞机实际飞行受到飞行安全、结构强度、发动机可用推力的限制、气动加热以及操纵稳定性（最大马赫数）的限制。

① 飞机的飞行安全限制。飞机的最小平飞速度就是失速。为了飞行安全，飞机不可能超出临界迎角，所以平飞最小速度必须要比理论值V_{min}大。

② 发动机的可用推力限制。飞机的最小平飞速度是飞机升力系数为最大升力系数时的平飞速度。平飞时，升力等于重力，推力等于阻力且与密度成正比。飞行高度逐渐增加，最小平飞速度增加，但是阻力也增加，且飞机接近临界迎角飞行，增大的阻力可能超过发动机的最大可用推力，这样飞机就不再保持平飞（等速水平飞行），因此飞机的最小平飞速度在高空时还受到发动机可用推力的限制。

③ 飞机的结构强度限制。飞机的最大平飞速度主要受限于最大动压与发动机剩余推力，为保证飞机结构不被过大气动载荷破坏，就必须限制其最大动压$q_{max}=\frac{1}{2}\rho V_{max}^2$。低空飞行时，空气密度大所以动压大，飞机的速度主要受到动压的限制，不可超过结构强度允许的最大值。随着高度上升，空气密度下降，空气逐渐稀薄，影响着发动机的进气量，导致最大可用推力减少。发动机在高空时，剩余推力与高度成反比，速度的增加对发动机剩余推力增大的贡献极小，当发动机的最大可用推力小于飞机的飞行阻力时，飞机将无法保持平飞（等速水平直线飞行），所以飞机的最大平飞速度在低空时受到动压的限制，而在高空时受到发动机可用推

力的限制。另外，发动机不能长时间在最大功率状态下工作，飞机实际上的平飞最大速度值小于V_{max}。

④ 气动加热的限制。Ma 数越大，由于超声速激波的气动加热导致的飞机表面温度越高。对铝合金结构的飞机而言，$Ma > 2$ 时就必须考虑气动加热的影响。飞行高度增大，空气密度下降，气动加热的限制要小些。

⑤ 操纵稳定性（最大 Ma 数）的限制。由于气动结构布局的原因，飞机的飞行马赫数大到一定程度时会出现操纵与稳定性严重恶化，所以必须对最大 Ma 数加以限制。

【例 15-22】

试列举飞机实际上使用的平飞最大速度通常小于飞机的最大平飞速度 V_{max} 的原因。

【解答】

飞机实际上使用平飞的最大速度通常小于 V_{max} 的原因大致可分成飞机的结构强度限制、发动机可用推力的限制、气动加热的限制以及操纵稳定性（最大 Ma 数）的限制。

（3）高亚声速飞机的平飞包线。亚声速飞机由于最大 Ma 数小于临界马赫数，可以将气动加热的限制忽略，因此其飞行包线可简化为如图 15-24 所示。

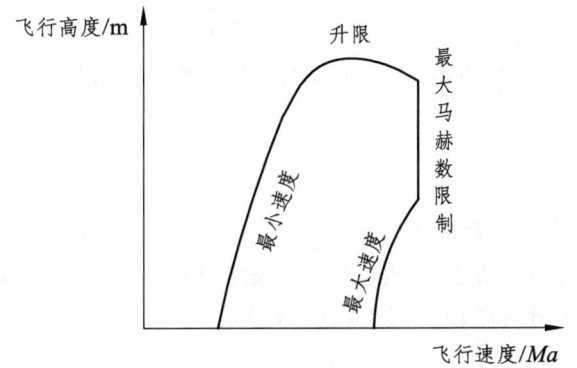

图 15-24　高亚声速飞机平飞包线

从图中可以看出，飞机飞行包线的左边受到最小速度的限制；右边受最大速度和最大马赫数限制；顶端则受到飞机升限的限制。

4．飞机的机动飞行包线

为了研究飞机结构的强度，以飞行速度和载荷系数为坐标，用最大飞行速度、最大正过载（最大正载荷系数）n_{Lmax} 和最小负过载（最小负载荷系数）n_{Lmin} 为边界，画出的就是速度-过载包线（Velocity-overload envelope），又称为机动飞行包线（Maneuver flight envelope），如图 15-25 所示。

在飞机的速度-过载包线（机动飞行包线）中，极限过载 n_{Lmax} 与 n_{Lmin} 受到飞机的机动性和结构强度的限制，最大速度受到发动机功率与飞机结构强度的限制，正负失速 C_{Lmax} 与 C_{Lmin} 受到飞机的升力特性和迎角变化范围的限制。在飞行时，飞机的载荷系数与速度不可以超过包线的局限范围，超出则将发生危险甚至造成飞行安全事故。

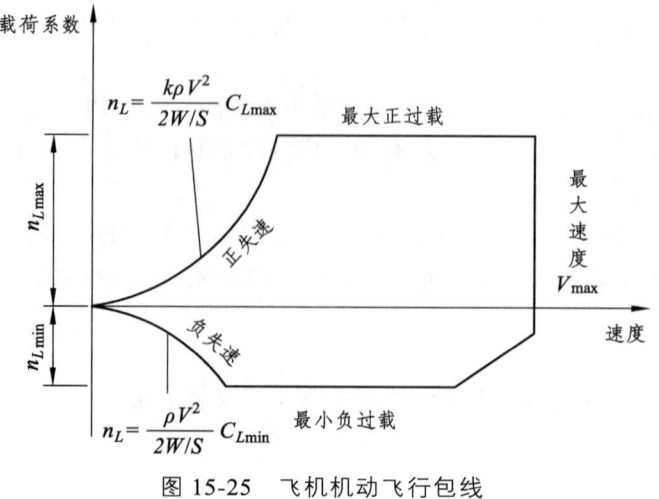

图 15-25　飞机机动飞行包线

15.5　飞机的续航性能

当飞机爬升到一定高度（巡航高度）时，飞行状态就转为等速水平飞行，一般把适于持续（在飞行任务中最为经济省油）进行、接近等速水平飞行的状态，称为巡航状态。巡航飞行在整个飞行任务过程中所占的比例最大，所以研究飞机的续航性能的重点放在巡航阶段上。

1. 航程与航时

飞机续航性能的主要指标为航程与航时。

（1）航程（Flight range）是指飞机耗尽可用燃油沿预定方向飞过的水平距离。飞机每次航行包括上升、巡航与下滑等阶段，其中巡航阶段是飞行过程的主要部分，如图 15-26 所示。

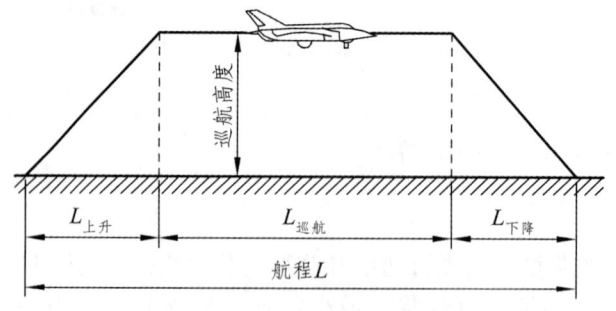

图 15-26　飞机航程定义

在图中，$L_{上升}$、$L_{巡航}$ 与 $L_{下滑}$ 分别表示上升、巡航与下滑阶段飞过的水平距离，所以飞机的航程为 $L = L_{上升} + L_{巡航} + L_{下滑}$。

（2）航时（Flight time）　是指飞机不进行空中加油的情况下，耗尽其自身携带的可用燃料，所能持续飞行的时间。对航时而言，不一定沿某一航线飞行，但一般也包括上升、巡航与下滑阶段，航时就是这 3 个阶段飞行时间的总合。

【例 15-23】

试简单说明航程（飞行距离）、飞行速度与续航时间的关系。

【解答】

航程是指飞机不进行空中加油，沿着预定方向所能达到的最远的水平飞行距离；而航时是指飞机不进行空中加油，耗尽其本身携带的可用燃油所能持续飞行的时间。

巡航在飞行过程中所占的比例最大，所以研究飞机续航性能的重点放在巡航阶段上，航程、航时与飞行速度之间的关系可以简单表示为"航程 = 飞行速度 × 续航时间"。

2．可用燃油量与耗油特性

航程与航时取决于飞机的可用燃油量与小时耗油量和千米耗油量等特性。

（1）可用燃油量。

飞机装载的燃油量 W_{fuel} 并不能全部用于续航飞行，一部分用于地面试车和滑行的燃油量 W_1；一部分用于着陆前在机场上空进行小航线飞行的燃油量 W_2；还有一部分是受油箱结构影响抽不尽的死油量 W_3；此外为保障飞行安全还必须预留总油量的 5%～10% 作为备份（W_4）。所以飞机的可用燃油量 $W_{fuel,可用}$ 为装载燃油量扣除前述油量得到：$W_{fuel,可用} = W_{fuel} - W_1 - W_2 - W_3 - W_4$。如果是巡航阶段，可用燃油量 $W_{fuel,巡航可用}$ 还必须扣除上升阶段的耗油量 W_5 与下滑阶段的耗油量 W_6，则 $W_{fuel,巡航可用} = W_{fuel} - W_1 - W_2 - W_3 - W_4 - W_5 - W_6 = W_{fuel,可用} - W_5 - W_6$。

（2）耗油特性。

发动机的耗油特性主要由小时耗油量和千米耗油量两个物理量描述。

① 小时耗油量又称为燃油流率（Fuel flow rate）$\dot{W}_F$，它是指单位时间内飞机消耗的燃油量，用符号 q_h 表示，其公制单位为 kg/h。

② 千米耗油量是指飞机相对于地面飞行 1 km 消耗的燃油量，称为千米耗油量，用符号 q_{km} 表示，其公制单位为 kg/km。千米耗油量的倒数，我们称之为燃油里程（Specific range），它是指消耗单位油量飞机所能飞行的距离，用符号 SR 表示，$SR = \dfrac{1}{q_{km}}$。

③ 两者与耗油率的关系。发动机的燃油耗油率（Fuel consumption rate）TFSC 是指单位时间内产生单位推力的燃油消耗量，又称为单位推力小时耗油率，用符号 $q_{h,k}$ 表示，其公制单位为 kg/(N·h)。结合小时耗油量与千米耗油量的定义，可以得到 $q_h = q_{h,k} \times T$、$q_{km} = \dfrac{q_h}{V} = \dfrac{q_{h,k} \times T}{V}$。

3．巡航性能的计算

（1）巡航段的航时与航程计算。

巡航飞行时，随着燃油的消耗，飞机重力不断地减轻，不可能是严格意义上的等速水平直线运动。但是飞机重力变化缓慢，对于短时间巡航，等速平飞运动方程仍然适用，也就是必须满足 $T_{可用} = T_{需求} = D$ 和 $L = W$ 的关系式。根据升阻比的定义 $K = \dfrac{L}{D}$，因此可得 $W = KT$。由于平飞时飞机的重力减轻值为燃油消耗量，所以可获得航时与航程的计算公式。

① 巡航段航时的计算。根据发动机的小时耗油量与燃油耗油率的定义,可以得到巡航段航时的计算式为 $t = -\int \dfrac{\mathrm{d}W}{q_\mathrm{h}} = -\int \dfrac{\mathrm{d}W}{q_{\mathrm{h,k}}T} = -\int \dfrac{K}{q_{\mathrm{h,k}}} \dfrac{\mathrm{d}W}{W}$。

② 巡航段航程的计算。根据发动机的千米耗油量与燃油耗油率的定义,可以得到巡航段航程的计算式为 $R = -\int \dfrac{\mathrm{d}W}{q_\mathrm{km}} = -\int \dfrac{V\mathrm{d}W}{q_{\mathrm{h,k}}T} = -\int \dfrac{KV}{q_{\mathrm{h,k}}} \dfrac{\mathrm{d}W}{W}$。

为了获得最久航时和最大航程,t 与 R 的计算公式中必须使 $\dfrac{K}{q_{\mathrm{h,k}}}$ 与 $\dfrac{KV}{q_{\mathrm{h,k}}}$ 在瞬间均保持最大值,也就是说,飞机在飞行过程中必须正确合理选择飞行状态和发动机工作状态,才能实现最佳巡航。

(2)飞机最久航时速度与最大航程速度的意义与获得。

在预定高度飞机转为巡航飞行,这个阶段的飞行事故率最低,飞行员只需进行必要的监控。巡航飞行一般选择以最为经济的速度,它是执行巡逻任务或远距离飞行的经济速度,根据任务要求不同,飞行员选定的巡航速度也不相同,分成最久航时速度(Maximum cruise time velocity)与最大航程速度(Maximum cruise range velocity)。

① 最久航时速度的意义与获得。所谓最久航时速度是指要求飞机以最长滞空时间(Endurance time)飞行的巡航速度,以此速度飞行时,发动机单位时间内所耗燃油量(小时耗油量)最少,从而获得最长的续航时间。实验与研究证明,螺旋桨飞机在最小功率时以对应的速度实现最久航时巡航,而喷气式飞机则是在最小阻力时以对应的速度实现最久航时巡航。通常飞机在执行巡逻或搜寻任务时使用最久航时速度做巡航飞行。

② 最大航程速度的意义与获得。所谓最大航程速度是指要求飞机以最远航程飞行的巡航速度,以此速度飞行时,发动机的千米耗油量最少,从而获得最大的飞行航程。实验与研究证明,螺旋桨飞机是在最小阻力时以对应的速度实现最大航程巡航,而喷气式飞机则是在最小阻力与速度比时以对应的速度实现最大航程巡航。民用客机的巡航多以最大航程速度飞行。

(3)飞机航程的影响因素。

根据巡航段航程计算公式 $R = -\int \dfrac{\mathrm{d}W}{q_\mathrm{km}} = -\int \dfrac{V\mathrm{d}W}{q_{\mathrm{h,k}}T} = -\int \dfrac{KV}{q_{\mathrm{h,k}}} \dfrac{\mathrm{d}W}{W}$,能够推论飞机航程的影响因素大致为飞机重力、机翼气动特性、发动机特性与飞行高度。

① 飞机重力。从巡航段航程的计算公式中可以看出,在相同燃油耗油率的情况下,重力越大,飞机所能飞行的航程越小。

② 机翼气动特性。在相同燃油耗油率的情况下,飞机的气动特性越好(升阻比越大),飞机飞行的航程越大。喷气式飞机在巡航飞行时最大航程速度为有利速度(最大升阻比所对应的速度)的 1.316 倍。

③ 发动机特性。飞机的燃油消耗率或千米耗油量越小,飞机所能飞行的航程越大。

④ 飞行高度因素。飞行高度越大,大气密度越低,发动机的千米耗油量越小,也就是燃油里程越大。但是如果飞机的高度太高,发动机推力可能受到限制,通常最有利的巡航高度是低于升限的较高高度。

【例 15-24】

试证明喷气式飞机在巡航飞行时最大航程速度为有利速度的 1.316 倍。

【解答】

有利速度是飞机最大升阻比 $K_{\max}$ 对应的速度，也就是巡航飞行时最小阻力对应的速度。飞机在飞行高度、构型与飞行状态固定情况下，在中小迎角时的升力系数与阻力系数的关系可以用 $C_D = C_{D0} + C_{Di} = C_{D0} + kC_L^2$ 来做近似计算。式中，C_D 是飞机的阻力系数；C_{D0} 是零升力阻力系数；C_{Di} 是诱导阻力系数；k 是常数，称为诱导因子或升致因子；C_L 为升力系数。

飞机平飞时，必须满足 $L=W$ 的关系式与升阻比 K 的定义，巡航飞行时最小阻力对应的速度推导如下：

（1）$K = \dfrac{D}{L} = \dfrac{D}{W} = \dfrac{C_D}{C_L} = \dfrac{C_{D0} + C_{Di}}{C_L} = \dfrac{C_{D0} + kC_L^2}{C_L} \Rightarrow D = W\dfrac{C_D}{C_L} = W\dfrac{C_{D0} + kC_L^2}{C_L}$。

（2）因为 $\dfrac{\mathrm{d}D}{\mathrm{d}C_L} = \dfrac{\mathrm{d}\left(W\dfrac{C_{D0}+kC_L^2}{C_L}\right)}{\mathrm{d}C_L} = W\left[\dfrac{2kC_L^2 - (C_{D0}+kC_L^2)}{C_L}\right] = W\left[\dfrac{(kC_L^2 - C_{D0})}{C_L}\right] = 0$，所以巡航飞行的最小阻力对应的升力系数为 $kC_L^2 - C_{D0} = 0$，可得 $C_{L,D\min} = \sqrt{\dfrac{C_{D0}}{k}}$。

（3）飞机巡航时，必须满足 L=W 的关系式，所以 $L = W = \dfrac{1}{2}\rho V_{D\min}^2 C_{L,D\min} S$，故可获得最小阻力对应的速度为 $V_{D\min} = \sqrt{\dfrac{2W}{\rho C_{L,D\min} S}} = \sqrt{\dfrac{2W}{\rho S\sqrt{\dfrac{C_{D0}}{k}}}}$。

（4）喷气式飞机在最小的阻力与速度比时以对应的速度实现最大航程巡航，相应推导步骤如下。

因为 $\dfrac{D}{V} = \dfrac{W\dfrac{C_D}{C_L}}{\sqrt{\dfrac{2W}{\rho C_L S}}} = \sqrt{\dfrac{\rho WS}{2}}\dfrac{C_D}{\sqrt{C_L}} = \sqrt{\dfrac{\rho WS}{2}} \times \dfrac{C_{D0}+kC_L^2}{\sqrt{C_L}}$，所以 $\dfrac{\mathrm{d}\left(\dfrac{D}{V}\right)}{\mathrm{d}C_L} = \dfrac{\mathrm{d}\left(\sqrt{\dfrac{\rho WS}{2}}\times \dfrac{C_{D0}+kC_L^2}{\sqrt{C_L}}\right)}{\mathrm{d}C_L} =$

$\sqrt{\dfrac{\rho WS}{2}} \times [2kC_L^{0.5} - 0.5(C_{D0}+kC_L^2)C_L^{-1.5}] = 0$，从而获得飞机在最大航程巡航时相应的升力系数关系式为 $1.5kC_L^{0.5} - 0.5C_{D0}C_L^{-1.5} = 0 \Rightarrow 1.5kC_L^2 - 0.5C_{D0}$，因此可得 $C_{L,R\max} = \sqrt{\dfrac{C_{D0}}{3k}}$。

飞机巡航时，必须满足 $L=W$ 的关系式，所以 $L = W = \dfrac{1}{2}\rho V_{R\max}^2 C_{L,R\max} S$，故可得时最大航程巡航为 $V_{R\max} = \sqrt{\dfrac{2W}{\rho C_{L,R\max} S}} = \sqrt{\dfrac{2W}{\rho S\sqrt{\dfrac{C_{D0}}{3k}}}}$。

（5）因此 $V_{R\max} = \sqrt{\dfrac{2W}{\rho C_{L,R\max}S}} = \sqrt{\dfrac{2W}{\rho S\sqrt{\dfrac{C_{D0}}{3k}}}} = 3^{1/4}\sqrt{\dfrac{2W}{\rho S\sqrt{\dfrac{C_{D0}}{k}}}} = 1.316\sqrt{\dfrac{2W}{\rho S\sqrt{\dfrac{C_{D0}}{k}}}} = 1.316 V_{D\min}$。

航空小常识

飞机的重力因为燃油损耗量随着飞行时间的增长而降低，对于重力轻微降低，飞行员可以通过改变迎角来做出适当调整，以保持巡航状态。但是，大型飞机，如波音747，其最有效的高速飞行方法是保持机身和飞行方向一致。因此飞行员希望在整个飞行过程中保持最有效迎角，这样随着时间的增长飞机越飞越高。实际上飞行高度不断地增加是不被管制部门允许的，飞机只能采用阶梯巡航的方式飞行。

15.6 飞机的起飞与着陆性能

每次飞行，总以起飞开始，以着陆结束，起飞和着陆是实现一次完整飞行不可缺少的两个重要环节。除应有良好的空中飞行性能外，飞机还必须具有很好的起飞与着陆性能。飞机的起飞性能主要由起飞距离、起飞滑跑距离和离地速度，着陆性能则主要由着陆距离、接地速度和着陆滑跑距离决定。

1．飞机的起飞性能

（1）起飞距离的定义。

飞机从静止开始滑跑、离开地面，并上升到安全高度为止所经历整个加速运动的过程，称为飞机的起飞过程，其过程中经过的水平距离即为起飞距离（Takeoff distance），如图15-27所示。

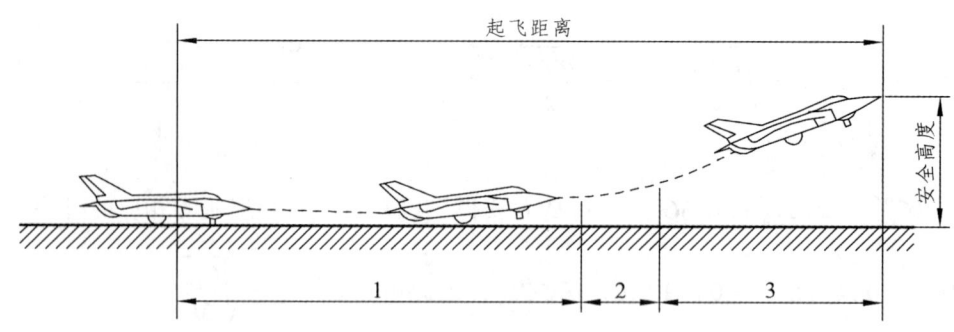

1—地面加速滑跑阶段；2—离地阶段；3—加速爬升阶段。

图 15-27 飞机起飞过程

在图中，L_1、L_2 与 L_3 分别表示飞机地面加速滑跑、离地和加速爬升3个阶段飞过的水平距离，而它们的总和即为飞机的起飞距离，也就是 $L_{起飞} = L_1 + L_2 + L_3$。起飞距离与飞机起飞重力（飞机本身的重力与起飞时的载重）、发动机的推力、大气条件、增升装置的使用以及爬升角的选择有关。

（2）起飞滑跑距离。

飞机是重于空气的航空器，要离开地面，需要足够的升力来克服重力，所以起飞前必须积累速度，使飞机产生足够的升力，当速度加大到产生的升力能平衡重力时，即可离地。飞机从静止到离地升空之间的水平距离称为起飞过程的滑跑距离（Taxiing distance）。起飞滑跑距离的长短是衡量飞机起飞性能好坏的重要标志，其距离越短代表起飞性能越好。滑跑距离由离地速度和滑跑阶段中的加速度决定。

① 起飞滑跑段的运动方程式。起飞滑跑阶段时飞机先加速滑跑，当滑跑速度加速到一定数值（离地速度的 0.6~0.75 倍）开始抬起前轮，继续滑跑直到离地升空，如图 15-28 所示。

x 方向的运动方程式为 $m\dfrac{\mathrm{d}V}{\mathrm{d}t}=\dfrac{W}{g}\dfrac{\mathrm{d}V}{\mathrm{d}t}=T\cos\theta-D-F$；$y$ 方向的运动方程式为 $0=T\sin\theta+L+N-W$。在实际飞行中 θ 很小，$\cos\theta\approx1$ 与 $\sin\theta\approx0$，运动方程式可以简化为 $\dfrac{W}{g}\dfrac{\mathrm{d}V}{\mathrm{d}t}=T-D-F$（$x$ 方向）与 $L+N=W$（y 方向）。起飞滑跑阶段是沿着 x 方向的正加速运动，所以 $T-D-F>0$。

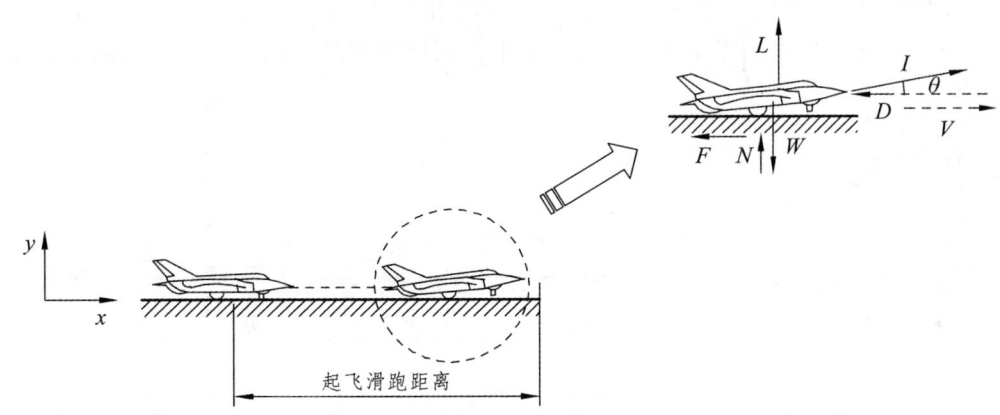

L—升力；D—阻力；T—推力；W—重力；N—正向力；F—摩擦力；θ—爬升角；V—飞机飞行速度。

图 15-28 飞机在起飞滑跑段时的受力估计

② 起飞滑跑距离的计算。从前面推导的起飞滑跑段的运动方程式、阻力计算公式、升力计算公式以及摩擦力与地面的垂直反作用力的关系式可以推导出 $\dfrac{W}{g}\dfrac{\mathrm{d}V}{\mathrm{d}t}=T-\dfrac{1}{2}\rho V^{2}C_{D}S-f\left(W-\dfrac{1}{2}\rho V^{2}C_{L}S\right)=T-fW-\dfrac{1}{2}\rho V^{2}(C_{D}-fC_{L})S$，从而推导出 $\mathrm{d}t=\dfrac{\dfrac{W}{g}}{T-fW-\dfrac{1}{2}\rho V^{2}(C_{D}-fC_{L})S}\mathrm{d}V$。

因为 $\dfrac{1}{2}\rho V^{2}(C_{D}-fC_{L})S$ 的值与 T 值和 fW 值相较非常小，可以忽略不计，而 $T-fW$ 值为简化计算起见，通常视为常数。又因为 $\mathrm{d}L=V\mathrm{d}t$，所以可得起飞滑跑距离 L_{1} 的计算公式为 $L_{1}\approx$

$\int_0^{V_{离地}} \dfrac{\dfrac{W}{g}}{T-fW} dV \approx \dfrac{W}{2g} \dfrac{V_{离地}^2}{T-fW}$。式中，$W$ 为飞机的重力，T 为发动机的推力，$V_{离地}$ 为起飞离地速度，f 为轮子与地面的摩擦系数。

（3）起飞离地速度的计算。

起飞滑跑时，当升力正好等于飞机重力时瞬时速度也就是起飞时支撑飞机重力所需要的速度，称为起飞离地速度（Liftoff velocity），用 $V_{离地}$ 表示。根据其定义，配合升力计算公式可知 $L=\dfrac{1}{2}\rho V_{离地}^2 C_{L离地} S = W$，所以起飞离地速度为 $V_{离地}=\sqrt{\dfrac{2W}{\rho C_{L离地} S}}$。可以看到，飞机的起飞重力越大，离地时的空气密度以及升力系数越小，起飞离地速度也就越大，这样必须有越长的滑跑距离才能加速到起飞要求，所以飞机的起飞性能也就越差。

2．飞机的着陆性能

（1）着陆距离的定义。

飞机从安全高度开始放下起落架下滑，历经平飞减速、接地滑跑直至完全停止下来所经历的整个过程称为飞机的着陆过程。着陆过程通常由下滑、拉平、平飞减速、飘落触地和地面减速滑跑 5 个阶段组成，其过程中经过的水平距离即为着陆距离（Landing distance），如图 15-29 所示。

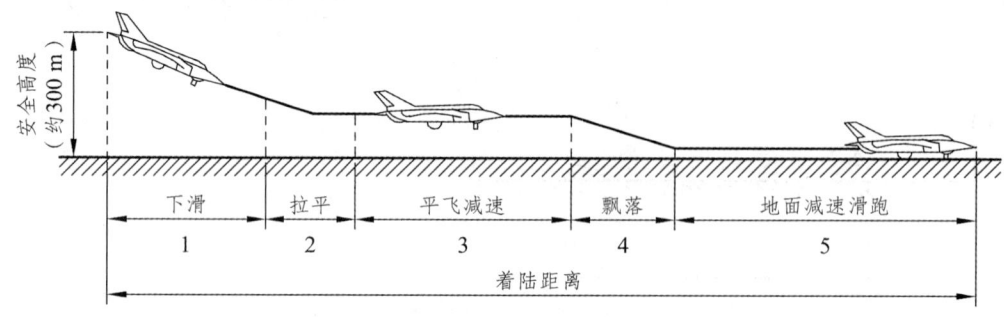

图 15-29 飞机着陆过程

在图中，L_1、L_2、L_3、L_4 与 L_5 分别表示着陆过程中下滑、拉平、平飞减速、飘落触地与地面减速滑跑经过的水平距离，它们的总和即为飞机的着陆距离 $L_{着陆}$，即 $L_{着陆} = L_1 + L_2 + L_3 + L_4 + L_5$。和起飞距离一样，着陆距离也受到飞机的重力与大气条件的影响。

（2）着陆接地速度的计算。

着陆接地速度（Touchdown velocity）是指飞机在着陆过程中接地瞬间的速度。飞机在着陆时的接地速度越小越好，因为这意味着，着陆时就越安全，着陆滑跑的距离也越短。正常接地时，可以认为飞机升力与重力相等，所以和起飞离地速度一样，着陆接地速度可以使用升力的计算公式 $L=\dfrac{1}{2}\rho V_{接地}^2 C_{L接地} S = W$ 导出其计算公式：$V_{接地} = k\sqrt{\dfrac{2W}{\rho C_{L接地} S}}$。在着陆过程的飘落触地阶段，飞机要向前飘落一段才接地，接地速度要比升力平衡重力所需速度略小一些，这样就选取一个略小于 1 的修正系数（$k \approx 0.95$）。如果着陆重力过大或者在机场温度较高以及海拔较高的机场着陆，接地速度都会过大，使飞机受到较大的地面撞击力，损坏起落架和机体受力结构。另外，也使着陆滑跑距离过长，导致飞机冲出跑道的事故发生。为了飞机着陆的安全，着陆时的重力不能超过规定，而且在不超过临界迎角和护尾迎角的条件下，接地迎角应该取最大值，后缘襟翼在着陆时则要放下到最大的角度，以最大的限度来增加着陆接地时的升力系数，以减小接地速度。

（3）着陆滑跑距离的计算。

飞机从接地开始到滑跑停止所经过的距离叫作着陆滑跑距离，通常计算时将其过程视为等减速直线运动并作近似处理，因此着陆滑跑阶段的距离 L_5 与时间 t_5 分别近似为 $L_5 = \dfrac{V_{接地}^2}{2a_{平均}}$、$t_5 = \dfrac{V_{接地}}{a_{平均}}$。式中，$V_{接地}$ 为飞机的着陆接地速度，$a_{平均}$ 为平均减速度（平均负加速度），通常用 $a_{平均} = \dfrac{g}{2}\left(\dfrac{1}{K_{接地}} + f\right)$ 近似求得，其中的 g 为重力加速度，K_{max} 为升阻比，f 为轮子与地面的摩擦系数。从 $L_5 = \dfrac{V_{接地}^2}{2a_{平均}}$ 中可以看出，飞机着陆滑跑距离与接地速度、滑跑减速的快慢有关，接地速度越小或者滑跑减速越快（平均减速度越大），其着陆滑跑的距离就越短。为了使着陆滑跑阶段尽快地将速度降下来，着陆后飞机要打开减升增阻的扰流板，使用刹车与发动机的反推装置。

【例 15-25】

试列举 3 项影响飞机的起飞与着陆性能（离地速度与接地速度）的因素。

【解答】

综合本章前面的内容所述，影响飞机的起飞与着陆性能的因素大致有起飞与着陆时的飞机重力、空气密度、升力系数或迎角。

3．改善飞机起飞与着陆性能的措施

（1）使用增升装置。

机翼上安装后缘襟翼，在起飞着陆时放下可以增加升力，得以提升 $C_{L离地}$ 与 $C_{L接地}$，从而减小起飞离地速度 $V_{离地}$ 与着陆接地速度 $V_{接地}$，它是改善起降性能最常用的设计措施。

（2）增大飞机的推重比。

增大发动机的推力，可以使起飞滑跑时的加速度增大，飞机可以很快地增速到离地速度，缩短起飞滑跑的距离，这就是现代喷气式战斗机加装后燃器的原因。

（3）使用增阻装置及刹车。

使用减升与增阻装置，可以让飞机在着陆滑跑时的平均减速度（平均负加速度）增大，缩短着陆滑跑的距离。如同第 13 章所述，飞机在轮子接触地面时，地面扰流板就开锁以减升与增阻，增加风阻、轮子与地面的摩擦力，而使用轮子刹车加强地面的摩擦力也可以缩短飞机着陆滑跑的距离，从而改善飞机的着陆性能。除此之外，使用阻力伞或减速伞，以及发动机的反推装置亦可缩短着陆滑跑的距离，达到改善飞机着陆性能的目的。

课后练习

（1）绘图并说明空速与风速的关系。
（2）飞机可用推力、需求推与剩余推力的定义是什么？
（3）飞机可用推力、需求推与剩余推力3者之间关系是什么？
（4）飞机推重比的定义是什么？
（5）如何增大飞机的推重比？
（6）飞机临界迎角、临界马赫数、最大升阻比与有利迎角的定义是什么？
（7）载荷系数的定义是什么？
（8）巡航飞行时的载荷系数是什么？
（9）绘图并说明飞机从平飞状态突然向上拉高时的载荷系数是多少。
（10）绘图并说明飞机盘旋时的载荷系数是多少。
（11）飞机盘旋时的载荷系数随着倾侧角增大是增加还是减小？
（12）飞机等速爬升与等速下滑飞行时的载荷系数是大于1还是小于1？
（13）飞机保持等速平飞的条件是什么？
（14）试述平飞速度的影响因素及其对平飞速度的影响。
（15）最大平飞速度与最小平飞速度的定义是什么？
（16）飞机实际使用的平飞速度范围比理论上平飞速度范围小的原因是什么？
（17）绘图并列出飞机等速爬升时的运动方程式。
（18）绘图并列出飞机等速下滑时的运动方程式。
（19）什么是飞机的静升限和动升限？
（20）什么是平飞、等速爬升和等速下滑？写出它们的平衡方程。
（21）绝对升限与实用升限哪个大？
（22）最大爬升率与最陡爬升率在何种情况下相等？
（23）绘图并说明高亚声速飞机的平飞飞行包线表示的意义。
（24）绘图并说明飞机的机动飞行包线表示的意义。
（25）试说明最大航程巡航与最久航时巡航的意义。
（26）试列举与说明3项飞机航程的影响因素。
（27）写出飞机起飞和着陆的定义及过程。
（28）试列出飞机起飞离地速度的计算公式及其影响因素。
（29）试列举飞机着陆接地速度及其影响因素。
（30）试列举与说明两种改善飞机起飞性能的方法。
（31）试列举与说明3种改善飞机着陆性能的方法。

第 16 章　飞机的平衡、稳定与操纵

在飞行过程中，阵风扰动会对飞机的飞行姿态与飞行航道造成影响，从而产生飞行状态的变化。从力学的角度来看，飞行状态的改变终究是作用力和作用力矩在飞机上导致的结果，而飞机的平衡、稳定性和操纵性即阐述飞机在力和力矩的作用下，飞机状态保持和改变的基本原理。

16.1　飞机飞行的自由度

如图 16-1 所示，飞机是三维空间的自由体，在空中的一切运动，无论怎样错综复杂，都可视为随着重心移动与绕着重心转动。

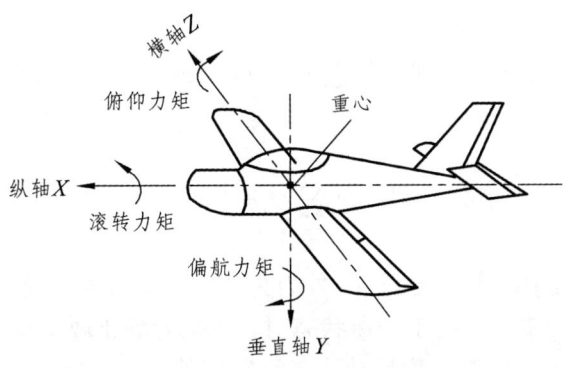

图 16-1　飞机机体坐标系

从图中可以看出，飞机随着重心的运动分别是沿着纵轴（X 轴）、垂直轴（Y 轴）以及横轴（Z 轴），绕着重心的转动则是绕着纵轴、垂直轴以及横轴，所以飞行的运动共有 6 个自由度，也就是说这 6 个自由度是沿着机体坐标系 3 个坐标轴的移动和绕着 3 个坐标轴的转动。我们将绕着纵轴（X 轴）的运动称为滚转运动（Rolling motion），绕着垂直轴（Y 轴）的运动为偏航运动（Yawing movement），以及绕着横轴（Z 轴）的运动为俯仰运动（Pitching movement），如图 16-2 所示。

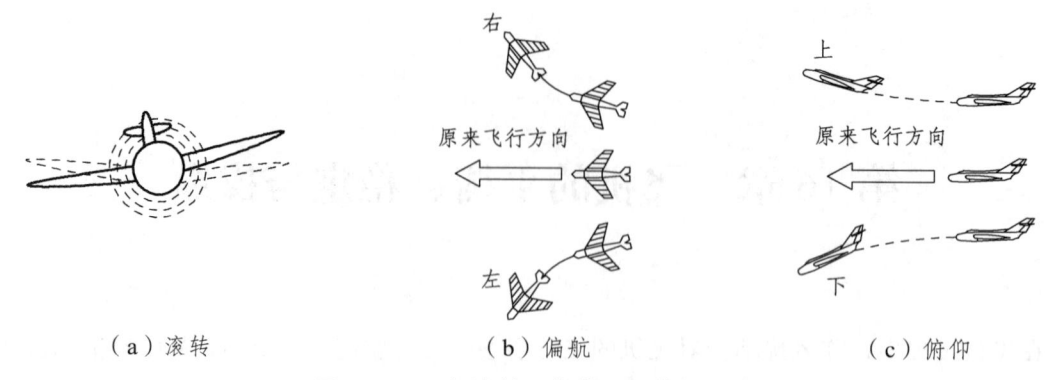

图 16-2 飞机滚转、偏航以及俯仰运动

16.2 飞机的平衡

飞机的平衡（Equilibrium）是指飞机受到的所有外力与力矩的总和为零，此时飞机为静止或作等速度的稳定飞行。

1．平衡的条件

飞机处于平衡时，受到的外力与外力作用于重心的力矩总和必须为零，也就是必须同时满足合力为 0 与合力矩为 0 两个条件。

（1）作用力方程式。

外力 F 总和必须为 0，所以必须满足 $\sum F_i = 0$。式中，$i = X, Y, Z$，依序分别表示为纵轴、垂直轴与横轴。

（2）合力矩方程式。

力矩 M 总和必须为 0，所以必须满足 $\sum M_i = 0$。式中，$i = X, Y, Z$，依序分别表示为纵轴、垂直轴与横轴。

根据牛顿第一运动定律（惯性定律），外力为 0 时，飞机的加速度必定为 0，此时飞行速度的大小和方向都不发生变化。处于平衡状态时，飞机为静止或呈现等速度运动状态。反之，如果不是平衡状态，飞机就做变速度运动，飞行速度的大小或方向发生变化，因此飞机原有的运动状态或飞行姿态改变。例如，如果推力大于阻力，产生前进方向的加速度运动；反之，如果推力小于阻力，产生前进方向的减速度运动。如果横轴（Z 轴）的合力矩不等于 0，飞机就产生俯仰运动。由此可知，飞行姿态和飞行轨迹的改变都是作用在飞机上的力和力矩无法达到平衡的结果。

【例 16-1】

试述飞机平衡的定义。

【解答】

飞机的平衡定义是指飞机所有相对于重心的外力总和以及力矩总和都为零。

【例 16-2】

写出飞机平衡的条件。

【解答】

飞机的平衡定义是指飞机所有相对于重心的外力总和以及力矩总和都为零，所以要达到平衡状态，飞机的运动方程式必须满足合力为 0 与合力矩为 0 两个条件。

2．平衡问题的分类

根据飞机的运动可以将其平衡问题归纳为纵向平衡（Longitudinal equilibrium）、横向平衡（Lateral equilibrium）与方向平衡（Directional equilibrium）或垂直轴平衡（Perpendicular equilibrium）。

（1）纵向平衡。

飞机不绕着横轴转动，也就是不会产生俯仰运动的飞行状态称为纵向平衡。此时满足运动方程式 $\sum F_{x,i} = 0$；$\sum F_{y,i} = 0$；$\sum M_{z,i} = 0$，$i = 1,2,3,\cdots,n$。要达到纵向平衡，飞机在纵轴与垂直轴的合力，以及俯仰力矩的合力矩都必须为 0。反之，如果无法满足纵向平衡，飞机就会产生俯仰运动。

（2）横向平衡。

飞机不绕着纵轴转动，也就是不会产生滚转运动的飞行状态称为横向平衡。此时满足运动方程式 $\sum M_{x,i} = 0$，$i = 1,2,3,\cdots,n$。要达到横向平衡，飞机滚转力矩的合力矩必须为 0。反之，如果无法满足横向平衡，飞机就会产生滚转运动。

（3）方向平衡。

飞机不绕着垂直轴转动的飞行状态称为方向平衡，又叫作垂直轴平衡。由于处于方向平衡时不会产生偏航运动，也有人将方向平衡称为航向平衡。此时满足运动方程式 $\sum M_{y,i} = 0$，$i = 1,2,3,\cdots,n$。要达到方向平衡（垂直轴平衡或航向平衡），飞机偏航力矩的合力矩必须为 0。反之，如果无法满足方向平衡，飞机就会产生偏航运动。

易记口诀

纵向平衡不俯仰；横向平衡不滚转；方向平衡不偏航。

3．横侧平衡现象

所谓飞机的横侧平衡现象（Roll-yaw equilibrium phenomenon）是指当横向平衡状态或航向平衡状态被破坏时，引发的另一种平衡状态遭到破坏的现象。简单地说，它是飞机飞行时的滚转运动与偏航运动相互影响的一种现象。在自然界，许多现象都是彼此联系、彼此依赖以及彼此制约的，飞机的横向平衡和航向平衡之间也是如此。一旦航向平衡被破坏，横向平衡也不能保持，反之亦然。例如，飞机受到阵风，产生向右偏航，结果飞行速度方向和飞机对称面之间便产生一个测滑角，破坏了机翼相对气流的对称性，引起两边机翼升力不相等，左机翼升力大，右机翼升力小，形成向右的滚转力矩，因此横向平衡也被破坏，如图 16-3 所示。

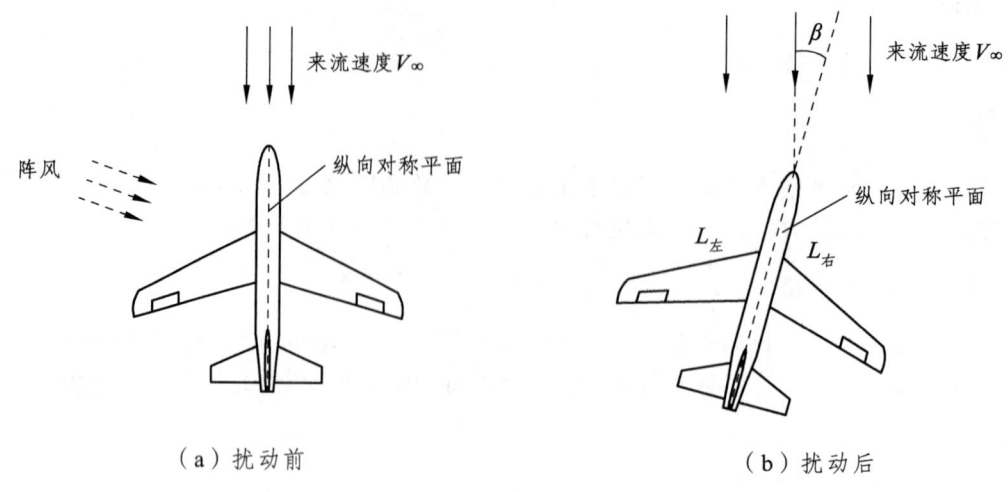

(a) 扰动前　　　　　　　　　　　　(b) 扰动后

图 16-3　横向平衡与航向平衡之间的相互关系

为避免飞行阻力增加，空速的方向（来流的方向）一般平行于飞机的对称面，也就是侧滑角 $\beta=0$，但是外界的扰动或水平转弯操纵不当常造成飞机侧滑。横向平衡和航向平衡之间的关系密切且相互影响，两者结合在一起，统称为飞机的横侧平衡（Roll-yaw equilibrium），飞行员经常需要同时操纵副翼和方向舵来保持这种平衡。

16.3　飞机飞行的稳定性

飞机在飞行的过程中，常常遇到一些偶然、突发与瞬时的因素，例如受阵风扰动或者飞行员偶尔触动一下驾驶杆或脚蹬，都会使飞机的平衡状态遭到破坏，此时，飞机姿态与速度的变化较剧烈，造成飞行员难以掌控，影响着预定任务的完成和飞行的安全，这就对稳定性提出了要求。

1．稳定性的定义与分类

飞行稳定性是指处于平衡状态的飞机，受到外界扰动而偏离平衡位置之后，能否自动恢复到原来平衡位置的趋势或过程。飞行稳定性可以分为静态稳定性（Static stability）与动态稳定性（Dynamic stability）。

2．静态稳定性的定义

飞机的静态稳定性是指飞机在受到扰动时是否具备恢复到原来平衡状态的趋势。如图 16-4 所示为钢球受到突发性扰动的示意图，假设钢球原来处于静止平衡状态，现在给它一个瞬时小扰动，例如推它一下，使其偏离平衡状态。如果在凹型面经过若干次来回摆动，钢球最后自动恢复到原来的平衡位置，称为正性静态稳定（Positive static stability）或静态稳定。如果钢球在水平面上，因为黏滞效应，慢慢达到平衡，但是不会回到原来的平衡位置，也就是在新的位置达到新的平衡，称为中性静态稳定（Neutral static stability）。如果在凸型面，钢球沿着弧形坡道滚下，离原来的平衡位置越来越远，假设凸型面为无限大（弧形坡道无限长），则根本不可能达到平衡状态,更不会自动地恢复到原来的平衡位置,称为负性静态稳定(Negative static stability)或静态不稳定(Static instability)。

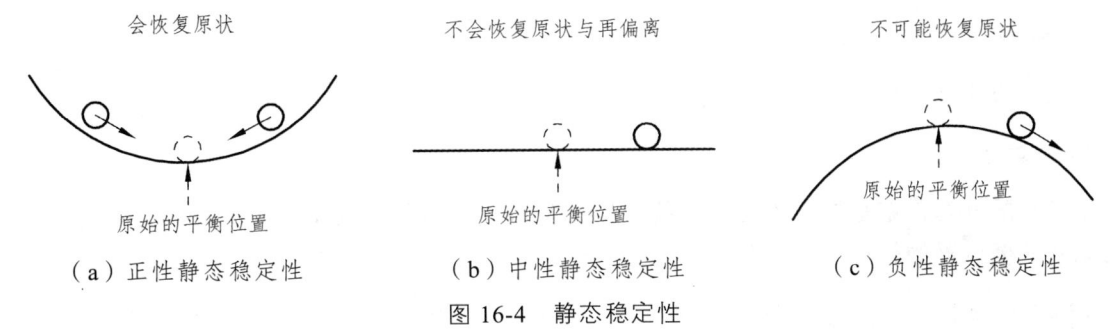

图 16-4　静态稳定性

对飞机而言,其稳定性如何与圆球情况在实质上类似。如果因为外界瞬时的微小扰动而偏离,飞机有回到原来平衡状态与位置的趋势,称为飞机的静态稳定;如果没有回到原来平衡状态与位置的趋势,称为飞机的静态不稳定。设计者与制造商都希望受到阵风扰动后,飞机能回到原来的平衡状态与位置从而确保预定飞行任务计划的完成与维护飞行安全,其静态稳定性是其设计要求中非常重要的环节。

3．动态稳定性的定义

飞机的动态稳定性是飞机指在外界扰动消失后是否具备恢复到原来平衡位置的收敛性。扰动都会使飞机的平衡状态遭到破坏,而扰动消失回到原来平衡位置的运动过程都会产生振荡。如果飞机飞行时扰动产生的振荡振幅随着时间增长而消失或减小,则此运动过程称为正性动态稳定(Positive dynamic stability)或动态稳定,如图 16-5(a)所示。如果扰动产生的振荡振幅随着时间的增长而保持不变,则此运动过程称为中性动态稳定,如图 16-5(b)所示。如果扰动产生的振荡振幅不仅不随着时间的增长而衰减,反而逐渐增大,则此运动过程称为负性动态稳定(Negative dynamic stability)或动态不稳定(dynamic instability),如图 16-5(c)所示。

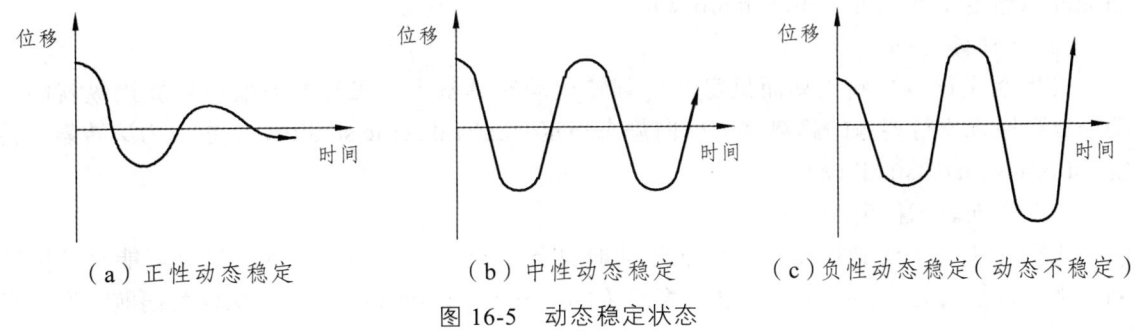

图 16-5　动态稳定状态

4．动态稳定与静态稳定的关联性

我们知道飞机具备静态稳定的特性,只是表示在受到外界扰动时,飞机具有自动恢复到平衡状态的趋势,但不能表示在整个过程中,最后一定能够恢复到原来的平衡状态,所以静态稳定是飞行稳定性的必要条件,但不够充分。唯有同时满足静态稳定和动态稳定条件,飞机飞行才能保持稳定。动态稳定与静态稳定的关系密切，通常只要选择适当的静稳定性，就能获得良好的动稳定特性。

【例 16-3】

试述飞机静态稳定的定义。

【解答】

飞机的静态稳定是指飞机受到干扰（例如乱流或阵风）打破原来的平衡状况时具有恢复到原来平衡位置的趋势。

【例 16-4】

试述飞机飞行稳定的条件。

【解答】

飞机飞行稳定的条件是指飞机同时满足静态稳定和动态稳定的条件与特性。

16.4 飞机静态稳定问题的分类与设计

1．静态稳定问题的分类

根据飞机平衡问题的分类，静态稳定问题可分为纵向静态稳定（Longitudinal static stability）、横向静态稳定（Lateral static stability）与方向静态稳定（Directional static stability）3 种类型。

（1）纵向静态稳定。

简单地说，飞机在飞行中受到扰动产生俯仰运动时具备不经飞行员或航空驾驶操纵就能够自动恢复到原来飞行迎角的趋势称为纵向静态稳定（Longitudinal static stability），也称为俯仰静态稳定（Pitching static stability）。

（2）横向静态稳定。

飞机在飞行中受到扰动而机身产生翻转运动时具备不经飞行员或航空驾驶操纵就能自动恢复到原来飞行姿态的趋势称为横向静态稳定（Lateral static stability），也称为滚转静态稳定（Rolling static stability）。

（3）方向静态稳定。

飞机在飞行中受到扰动产生偏航运动时具备不经飞行员或航空驾驶操纵就能自动恢复到原来飞行航向的趋势叫作方向静态稳定（Directional static stability），也称为偏航静态稳定（Yawing static stability）。

2．保持纵向静态稳定的方法

如前所述，纵向静态稳定又称俯仰静态稳定，也就是飞机在飞行中受到扰动产生俯仰运动时具有不经飞行员的操纵就能让飞行迎角自动恢复到原有位置的趋势。纵向静态稳定性取决于水平尾翼的面积、飞机重心与空气动力中心（焦点）的位置，以及两者之间的距离，所以保持方法有调整飞机的配重与水平安定面。

（1）调整飞机的配重。

调整飞机配重的作用就是确定飞机重心与空气动中心（焦点）的位置，以及两者之间的距离。

① 重心位置与纵向静稳定性的关系。飞机各部分重力的合力作用点称为飞机的重心（Centre of gravity），重心所在的位置称为重心位置（Centre-of-gravity position）。飞机飞行中，重心位置不随着姿态改变，其在空中的一切运动，无论怎样错综复杂，都可以视为随着重心移动或绕着重心的转动。空气动力中心（Aerodynamic center）可视为飞机空气动力（升力）增量的作用点，其位置不随着迎角改变。在飞机的稳定性设计中，如果重心在空气动力中心（焦点）之前则飞机具有纵向静稳定性；反之，则为纵向静不稳定，如图16-6所示。

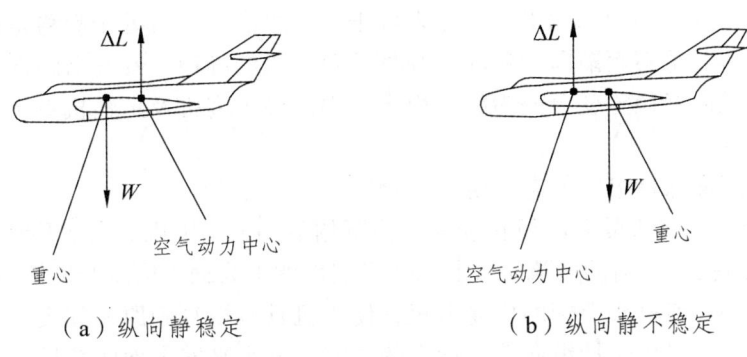

图 16-6　重心位置与静稳定性关系

② 调整飞机的配重保持纵向静态稳定的原理。传统飞机纵向的静态稳定性设计，是使飞机重心的位置位于空气动力中心之前，可使飞机受到扰动而导致飞行迎角增加时，升力的增量同时对重心产生一个低头力矩（恢复力矩），以稳定飞行姿态避免飞机迎角持续增大。这样在扰动造成飞行迎角增大与升力增加时，有恢复到原来的飞行迎角的趋势，所以飞机具有纵向静态稳定性。反之，如果重心位置位于空气动力中心之后，随着迎角增大，升力的增量对重心产生一个抬头力矩（偏离力矩），将使飞机更加偏离原来的飞行姿态，最后导致失速，所以飞机并不具备纵向静态稳定性，如图16-7所示。

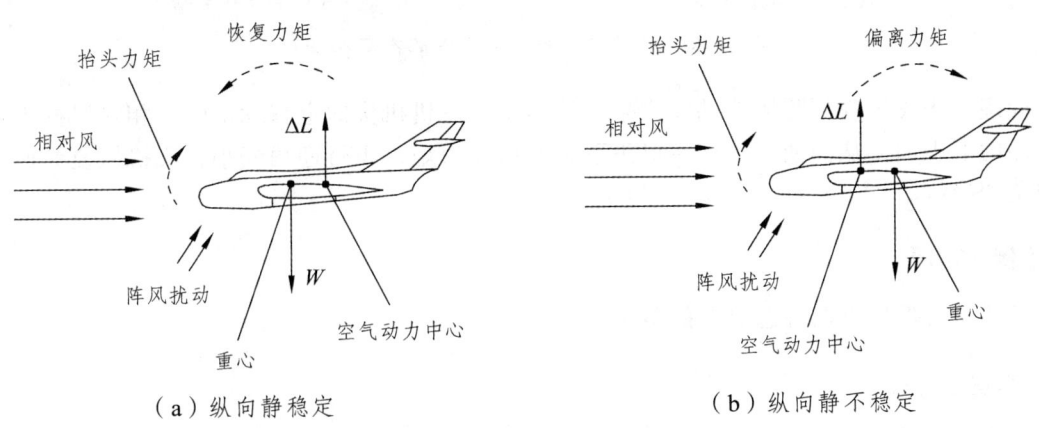

图 16-7　飞机配重保持纵向静态稳定原理

从图中可以看出，只有飞机重心位于空气动力中心之前，飞机才具有纵向静态稳定性，重心与空气动力中心两者之间的距离越远，飞机的纵向静态稳定性越强。

③ 纵向静稳定裕度的定义。在小迎角时，飞机纵向静态稳定性只取决于全机焦点和重心之间的相对位置。重心位置在之前，飞机是纵向静态稳定的；重心与重合，飞机是纵向中性静态稳定的；重心位置在之后，则飞机是纵向静态不稳定的。全机焦点位置 $\bar{X}_F$ 与重心位置 $\bar{X}_W$ 之间的距离称为纵向静稳定裕度（Stability margin）K_F，也就是 $K_F = \bar{X}_F - \bar{X}_W$。式中，$\bar{X}_F$ 与 $\bar{X}_W$ 分别为空气动力中心（焦点）、重心的位置距飞机机翼前缘的水平距离与平均空气动力弦长的比值。为保证纵向静稳定性，不但要求 $K_F > 0$，而且要求 K_F 达到一定的数值。不同用途的飞机对 K_F 有着不同的要求，民用飞机纵向静稳定裕度在平均空气动力弦长的 10%～15%。低速飞行时，飞机的焦点位置固定不变，但是重心位置却随燃料的消耗、装载的改变以及投弹等发生移动。如果重心原来位于焦点之前，飞机处于静稳定的状态，但是倘若因为前述原因造成重心逐渐向后移动，则将导致飞机的静稳定性逐渐降低。当重心移到焦点之后，原来的纵向静稳定就会成为静不稳定，因此民用客机及运输机对于重心变化的范围必须有严格的限制。

（2）水平安定面保持纵向静态稳定的原理。

如图 16-8 所示，飞机受到阵风扰动而产生下俯运动（飞机机头向下移动）的同时，相对风（与飞机行进路径反方向的气流）撞击水平安定面的上表面，从而产生使机尾向下的力矩，其效应等于产生一个使机头上仰的恢复力矩，使飞机具有恢复到原来的飞行迎角的趋势，所以水平安定面具有使飞机保持纵向静态稳定的功能，且水平安定面的俯视面积越大，飞机的纵向静态稳定性越强。

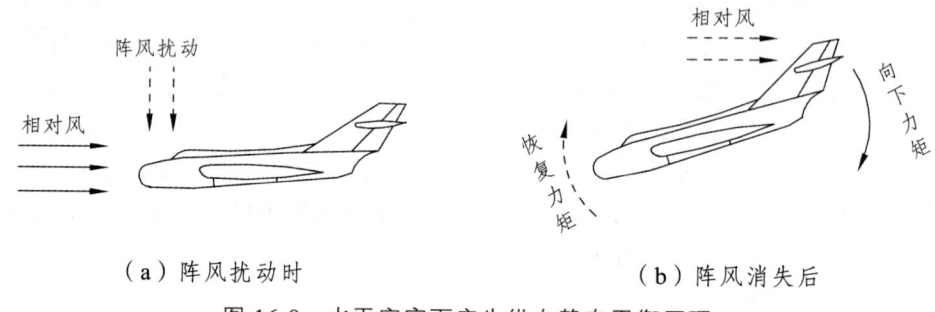

（a）阵风扰动时　　　　　　　　（b）阵风消失后

图 16-8　水平安定面产生纵向静态平衡原理

同理，当飞机受到阵风扰动而产生上仰运动（飞机机头向上移动）时，相对风撞击水平安定面的下表面，从而使飞机产生机头下俯的恢复力矩，飞行迎角变小，飞机恢复到原来飞行迎角的趋势。

【例 16-5】

试述飞机保持纵向静态稳定的条件。

【解答】

飞机要保持纵向静态稳定不仅要求纵向静稳定裕度 $K_F > 0$，而且还要求 K_F 达到一定的数值。也就是使飞机重心在空气动力中心（焦点）之前，且两者之间保持一定的距离。

【例 16-6】

试述飞机保持纵向静态稳定方法。

【解答】

飞机的纵向静态稳定性取决于水平尾翼的面积、飞机重心与空气动中心（焦点）的位置，以及两者之间的距离，所以具备纵向静态稳定性的方法有调整飞机的配重与水平安定面两种。

3．保持横向静态稳定的方法

横向静态稳定又称为滚转静态稳定，是指飞机受到扰动产生滚转运动时具有不经飞行员的操纵而自动恢复到原来飞行姿态的趋势。保持横向稳定的方法有上反角与后掠角。

（1）上反角保持横向静态稳定的原理。

将机身水平放置，机翼基准面与水平线的夹角，称为反角，用符号 ψ 表示。从飞机侧面看去，如果翼尖上翘，就叫上反角，ψ 为正，如图 16-9 所示。

上反角的角度增加，升力会变小，当飞机受到阵风扰动而向左滚转的同时，右侧机翼的上反角增加，导致右边的升力减低，而左侧机翼上反角减少，导致左边的升力增加。两侧机翼的升力差使得飞机产生向右翻转的恢复力矩，具有恢复到原来飞行姿态的趋势，如图 16-10 所示。

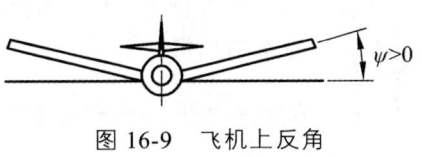

图 16-9　飞机上反角

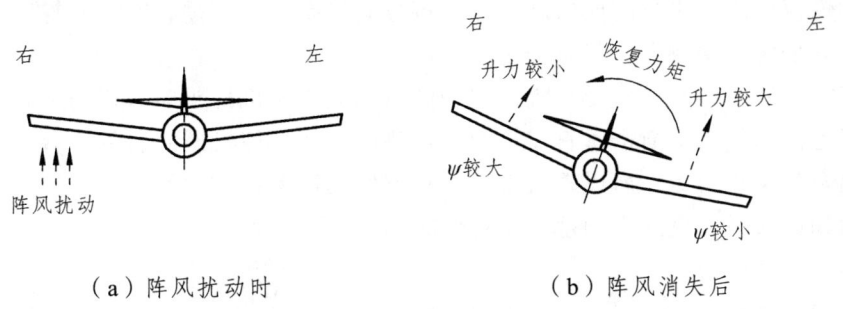

（a）阵风扰动时　　　　（b）阵风消失后

图 16-10　上反角保持横向静态稳定原理

同理，飞机向右滚转时，右侧机翼的上反角变小，升力较大，而左侧机翼的上反角变大，升力较小，两侧机翼的升力差导致飞机产生向左翻转的恢复力矩，具有恢复到原来飞行姿态的趋势。

【例 16-7】

试问飞机上反角的意义，向左滚转时，左侧机翼的上反角以及机翼的升力是变大还是变小？

【解答】

绘出如图 16-10 所示，机身水平放置，如果翼尖高于翼根的水平面，则具有上反角。机翼向左滚转时，左侧机翼的上反角变小，由于升力与上反角成反比，所以升力变大。

（2）后掠角保持横向静态稳定的原理。

飞机受到阵风扰动向右滚转时，相对气流对右侧机翼的有效分速（相对风垂直于机翼的分速）变大，导致右边的升力较大，而相对气流对左侧机翼的有效分速变小，导致左边的升力较小。两侧机翼的升力差，使得飞机产生向左翻转的恢复力矩，具有恢复到原来飞行姿态的趋势，如图 16-11 所示。

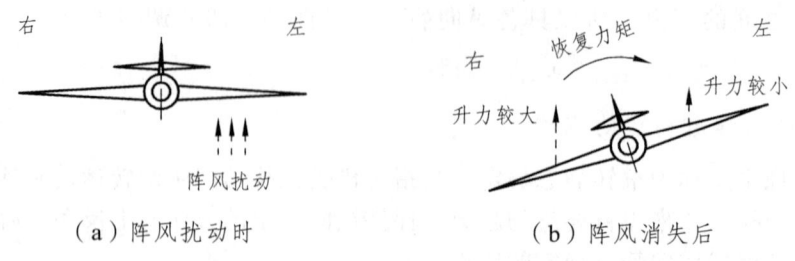

（a）阵风扰动时　　　　　　　（b）阵风消失后

图 16-11　后掠角保持横向飞机静态平衡原理

同理，后掠翼飞机向左滚转时，左侧机翼的有效分速变大，升力较大，而右侧机翼的有效分速变小，升力较小，两侧机翼的升力差使得飞机产生向右翻转的恢复力矩，具有恢复到原来飞行姿态的趋势。

4．保持方向静态稳定的方法

方向静态稳定又称为偏航静态稳定，是指飞机受到扰动产生偏航运动时具备不经飞行员操纵而自动恢复到原来飞行航向的趋势。保持方向静态稳定有垂直安定面与后掠角方法。

（1）垂直安定面保持方向静态稳定的原理。

如图 16-12 所示，当飞机受到阵风扰动向右偏航（飞机机头向右移动）时，相对风（与飞机路径反方向的气流）撞击垂直安定面的左侧面，产生使机尾向右的力矩，其效应等于产生使机头向左的恢复力矩，所以垂直安定面具有使飞机保持方向静态稳定的功能。垂直安定面的侧视面积越大，飞机的方向静态稳定性越强。

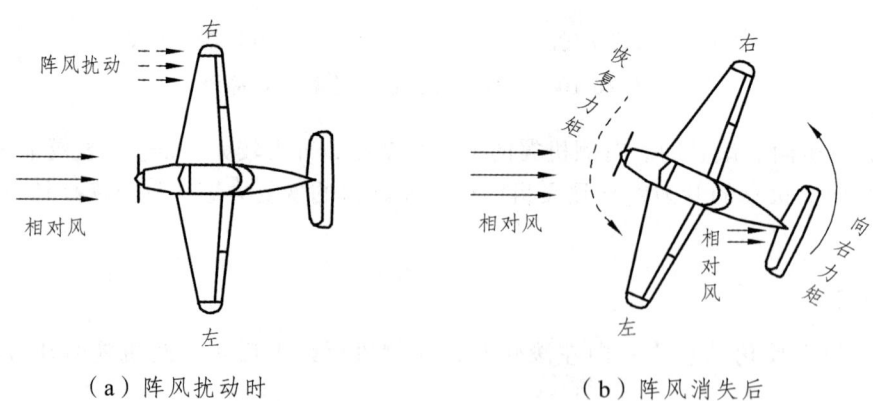

（a）阵风扰动时　　　　　　　（b）阵风消失后

图 16-12　垂直安定面保持航向静态稳定原理

同理，当飞机向左偏航时，相对风撞击到飞机垂直安定面的右侧面，产生使机头向右的恢复力矩，使飞机具有恢复到原来飞行航向的趋势。

（2）后掠角保持方向静态稳定的原理。

如图 16-13 所示，当飞机受到阵风扰动向右偏航（飞机的机头向右移动）时，因为后掠角的缘故，右侧机翼的前视面积变小，导致飞机右侧的阻力较小，而左侧机翼的前视面积变大，导致飞机身左侧的阻力较大。两侧的阻力差，使机头产生向左的恢复力矩，使飞机具有恢复到原来飞行航向的趋势。

同理，后掠翼飞机向左偏航时，左侧机翼的阻力较小而右侧机翼的阻力较大，两侧的阻力差，使机头产生向右的恢复力矩，使飞机具有恢复到原来飞行航向的趋势。

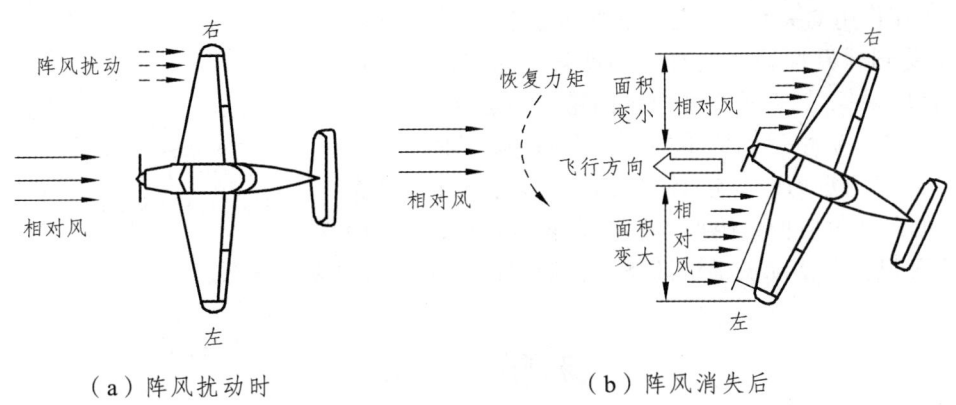

（a）阵风扰动时　　　　　　　（b）阵风消失后

图 16-13　后掠角保持方向静态稳定原理

16.5　飞机飞行的动态稳定

飞机的动态稳定性是指在外界扰动消失后，飞机的运动过程是否具备自动恢复到原来平衡位置的收敛性，其研究重点在于飞机恢复到原来平衡位置的运动过程的收敛性与飞行安全性。和静态稳定一样，根据平衡状态，将飞机动态稳定问题，归结为纵向动态稳定、横向动态稳定以及方向动态稳定 3 种类型。由于滚转运动与偏航运动两者关系密切且彼此影响，这里一并讨论，这样就将动态稳定问题分成纵向动态稳定（Longitudinal dynamic stability）与横侧动态稳定（Roll-yaw dynamic stability）两个类型。

1. 飞机的纵向动态稳定

飞机的纵向动态稳定是指飞机受到扰动会产生俯仰运动，最终恢复到原来纵向平衡位置的过程，而扰动产生的振荡也随着时间不断减小直至消失。纵轴动态稳定过程主要由飞机的纵向静态稳定力矩（Longitudinal static stability moment）、在俯仰摆动中的俯仰惯性力矩（Pitching inertia moment）以及俯仰阻尼力矩（Pitching damping moment）相互作用的结果来确定，其运动可以简化为短周期俯仰振荡运动与长周期纵向动态稳定运动两种典型模式。

（1）纵向动态稳定过程所受的力矩类型。

① 纵向静态稳定力矩。要使飞机具备纵向动态稳定的条件，首先必须有足够的纵向静稳定力矩，简单地说，飞机具备动态稳定，首先必须满足静态稳定。飞机的纵轴静态稳定力矩主要由纵轴静稳定裕度与水平安定面产生的恢复力矩组成。

② 俯仰惯性力矩是指飞机在俯仰摆动（飞机机头上下摆动）的过程中，因为惯性作用

使得飞机继续维持原先转动方向的力矩。如果飞机具有纵轴的动态稳定性，其上下摆动将受到空气的黏滞效应与俯仰阻尼力矩作用而逐渐衰减，慢慢消失。

③ 俯仰阻尼力矩是指飞机在俯仰摆动（飞机机头上下摆动）的过程中，产生与摆动角速度方向相反的附加力矩，此力矩对飞机绕着重心的上下摆动起阻尼的作用。飞机的俯仰阻尼力矩主要由水平尾翼产生。当飞机抬头时，飞行迎角增加的同时，水平尾翼的附加升力也随之增加，其效应等同于机头产生下俯力矩（低头力矩），阻止飞机继续抬头转动，如图 16-14 所示。

④ 相互作用的关系。飞机具备纵向静态稳定的特性，只是表示受到外界扰动时具有自动恢复到原来纵向平衡状态的趋势，并不能表示在整个纵向稳定的运动过程中，飞机最后一定能够恢复到原来的飞行姿态。除了必须具有足够的纵向静稳定力矩，还必须具有足够的俯仰阻尼力矩，空气的黏滞效应使得俯仰惯性力矩逐渐衰减，慢慢消失，这样飞机俯仰摆动振幅逐渐减小，最终恢复至原来的飞行姿态。

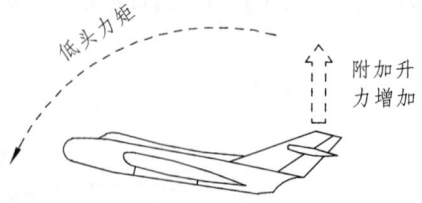

图 16-14 俯仰阻尼力矩产生

科学小常识

阻尼（Damping）是指任何振动系统，由于外界作用或系统本身固有的原因引起的振动幅度逐渐下降的特性，其物理意义是使作用力衰减或者使运动中的物体产生能量耗散作用，简单地说，就是阻止物体继续运动的效应。如果物体受到外力作用而振动，将产生一种使外力衰减的反力，这个反力就称为阻尼力或者减振力。阻尼力和作用力的比值称为阻尼系数。阻尼作用在日常生活随处可见，例如，弹一下摇头娃娃，虽然娃娃当时产生摇摆，但是会慢慢停止，此过程中弹簧就称为阻尼装置。

（2）纵向动态稳定运动的形态及特征。

飞机在扰动消失后从俯仰摆动（机头上下摆动）恢复到原有飞行姿态的运动过程可以简化看成两种典型周期性运动模式组合，一种是周期很短且衰减很快的短周期俯仰振荡运动（Short period pitching oscillation motion），另一种则是周期长且衰减很慢的长周期纵向动态稳定运动（Long period longitudinal dynamic stabilization motion）。

① 短周期俯仰振荡运动模式。

a. 运动特性。短周期运动俯仰振荡运动主要发生在扰动消失后的最初阶段，它是一种周期短且衰减快的俯仰振荡运动。在运动过程中，飞机主要绕重心摆动，其外在表现为迎角和俯仰角速度呈周期性变化，飞行速度的大小基本保持不变，如图 16-15 所示。

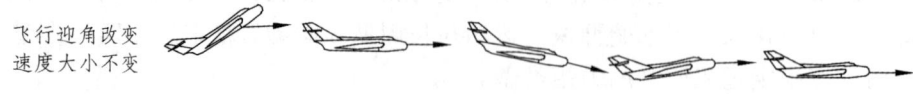

图 16-15 短周期俯仰振荡运动

b. 过程描述。短周期俯仰振荡运动过程中，产生的静态稳定力矩迫使飞机返回原来的飞行姿态，也就是回到阵风扰动前的迎角。但是飞机的惯性作用导致的俯仰惯性力矩，不可能在原先的迎角时飞机就停止，还会继续转动并超过原来迎角，因此又产生方向相反的静态稳定力矩,迫使飞机再朝原来的飞行姿态转动。这一反复过程造成了飞机的迎角和俯仰角速度不断变化,但是空气的黏滞效应与飞机的俯仰阻尼力矩与静态稳定力矩的相互作用使俯仰振荡的振幅迅速地衰减,这种周期性的俯仰振荡运动在开始的几秒钟内就基本结束,所以称为短周期俯仰振荡运动。

② 长周期纵向动态稳定运动模式。

a. 运动特性。长周期纵向动态稳定运动主要发生在短周期俯仰振荡运动结束之后,它是一种周期长且衰减慢的振荡运动。在运动过程中,飞机的纵向力矩基本恢复平衡,不再绕着横轴做俯仰运动。飞机外在的表现为飞行迎角基本保持不变,而其飞行速度与航迹呈缓慢地变化,如图 16-16 所示。

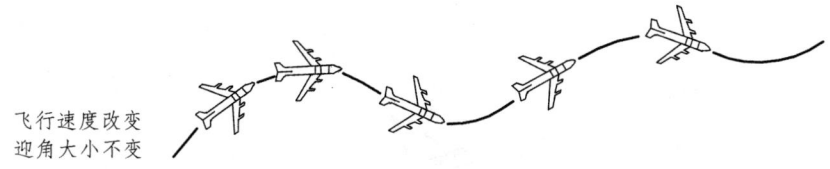

图 16-16　长周期纵向动态稳定运动

b. 过程描述。长周期纵向动态稳定的运动过程中,纵向力矩基本恢复平衡,但是飞机受作用其上的外力,仍然处于不平衡状态,航迹是上下弯曲的。飞机的重力、升力、阻力和发动机推力之间的相互作用,使得飞行高度增加,导致升力与飞行速度减少,造成航迹逐渐转为向下弯曲。而向下弯曲的航迹又导致高度减少,造成升力及飞行速度增加,飞机的航迹又逐渐转为向上弯曲。如此反复,形成了飞机重心的上下缓慢振荡。纵向动态稳定的运动过程衰减很慢,周期非常长,因此称为长周期纵向动态稳定运动。

③ 两种运动模式对飞行的影响。从前述内容中可以得知,短周期俯仰振荡运动的变化周期短,飞机的迎角和俯仰角速度的变化非常快,飞行员往往来不及反应并干预,因此会造成乘客的不适,甚至影响飞行的安全。接近临界迎角时,飞行迎角的改变可能造成飞机失速的危险。为了保证飞行的安全,在失速与最大允许速度之间发生的任何短周期俯仰振荡,都要求必须有足够的俯仰阻尼力矩。长周期纵轴动态稳定模式,振荡周期长,飞行速度与航迹角变化缓慢,飞行员有足够的时间进行修正,通常不涉及飞行安全问题,所以对该运动模式的要求比前者的低。

2．飞机的横侧动态稳定

讨论横侧动态稳定问题时,侧滑角与滚转角是研究横侧运动的重要参数。

(1) 侧滑角与滚转角的定义及相互关系。

侧滑角与滚转角的定义在第 9、10 章中提及,但为了学习方便,这里简要回顾。

① 侧滑角指的是来流与飞机纵向对称平面之间的夹角,用符号 β 表示。飞机受到阵风扰动产生侧滑时,来流位于飞机纵向对称面的右方称为右侧滑,而位于左方称为左侧滑。由此可知,飞机向左偏航产生右侧滑,向右偏航产生左侧滑,如图 16-17 所示。

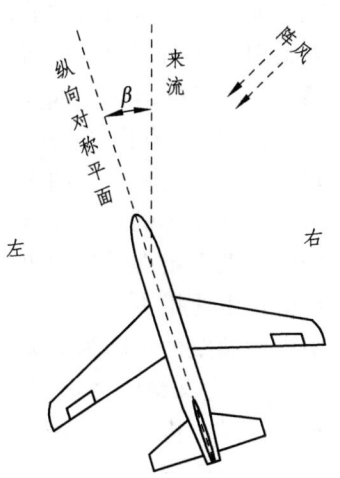

图 16-17　飞机侧滑角

来流一般与飞机的对称面平行，也就是侧滑角 $\beta=0$，以防止增加阻力。但有的时候外界扰动或水平转弯操纵不当会产生侧滑。另外在有些情况下，飞机还须采用适当的侧滑角以利飞行，例如在侧风着陆与不对称动力飞行时侧滑角就不为 0。

② 滚转角指的是飞机重心的垂直线与对称平面之间的夹角，用符号 φ 表示。飞机受到阵风扰动产生滚转时，对称平面位于飞机重心垂线的右方称为向右滚转，而位于左方称为向左滚转，如图 16-18 所示。

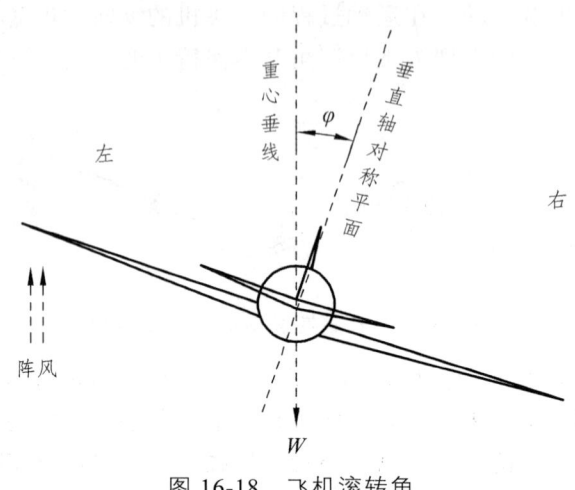

图 16-18　飞机滚转角

③ 相互作用的关系。飞机受到阵风扰动产生滚转运动，φ 会改变，而产生的偏航运动会造成 β 的改变。φ 与 β 的改变不是彼此独立而是相互影响。

（2）横侧运动间的相互影响。

飞机的滚转运动会引发偏航运动，而偏航运动也会造成滚转运动，所以滚转运动与偏航运动常合并为飞机的横侧运动（Roll-yaw motion）问题。

① 交叉力矩的定义。所谓交叉力矩（Cross moment）是指由滚转运动引起的偏航力矩以及由偏航运动引起的滚转力矩。飞机向右滚转会引发其向右偏航，向左滚转会引发其向左偏航，而由滚转运动引发的偏航力矩称为交叉偏航力矩（Cross yawing moment）。飞机向右偏航会引发其向右滚转，向左偏航会引发其向左滚转，而由偏航运动引发的滚转力矩称为交叉滚转力矩（Cross rolling moment）。

② 交叉偏航力矩产生的原因。向右滚转时，右机翼的迎角变大，阻力增大，左机翼迎角变小，阻力减小，两侧机翼阻力的不平衡使飞机向右偏航。同理，向左滚转时两侧机翼阻力不平衡使飞机向左偏航。另外，向右滚转时，飞机的垂直安定面随之向右下方运动，来流经过垂直安定面因其两边侧面的空气动力不平衡，导致在垂直安定面产生指向左侧的侧力，也会产生使机头向右偏转的偏航力矩。同理，向左滚转会使飞机向左偏航。这些由滚转运动引发的偏航力矩即为交叉偏航力矩。

③ 交叉滚转力矩产生的原因。向右偏航时，流经右机翼气流的有效速度变小，升力减小，流经左机翼的有效速度变大，升力增加，两侧机翼升力不平衡使飞机向右滚转。同理，向左偏航使飞机向左滚转。另外，向右偏航时，飞机的垂直安定面也随之向右偏转，相对风（与飞机路径反方向的气流）撞击垂直安定面的左边侧面，撞击力与飞机纵轴有一定的距离，

因而产生使机身向右的滚转力矩。同理,向左偏航产生使机身向左滚转的力矩。这些由偏航运动引发的滚转力矩即为交叉滚转力矩。

(3)横侧动态稳定运动过程所受的力矩类型。

横侧动态稳定是指飞机受到扰动会产生滚转运动与偏航运动,而在扰动消失后恢复到扰动前原有姿态。扰动产生的振荡最终随着时间增长减小直至消失。飞机是否可以达到横侧动态稳定乃由横侧静态稳定力矩(Roll-yaw static stability moment)、转动惯性力矩(Rotational inertia moment)以及横侧气动力阻尼力矩(Roll-yaw aerodynamic damping moment)相互作用结果来确定。

① 横侧静态稳定力矩是指维持横向静态稳定(滚转静态稳定)与方向静态稳定(偏航静态稳定)时受到扰动所产生的恢复力矩,一般由飞机的上反角、后掠角与垂直安定面产生的恢复力矩组成。

② 转动惯性力矩是指飞机绕着纵轴与垂直轴加速转动时,因为惯性作用而使飞机继续维持转动的力矩,其大小与飞机结构尺寸、质量大小及分布等因素有关。

③ 横侧气动力阻尼力矩是指飞机受瞬时扰动引起滚转与偏航运动,在恢复到原来飞行姿态的运动过程(横侧动态稳定的过程)中,因为作用在飞机上的气动力而产生的阻尼力矩。当飞机因为瞬时扰动导致滚转和偏航运动时,机翼与垂直尾翼部件上的气动力变化产生与已有滚转与偏航运动方向相反的阻碍转动力矩,此种力矩称为气动力阻尼力矩。滚转运动引起的气动力阻尼力矩由机翼起主要作用,偏航运动引起的气动力阻尼力矩由垂直尾翼起主要作用。

④ 相互作用的关系。飞机具备横侧静态稳定的特性,只是表示受到外界扰动产生滚转与偏航运动时飞机具有自动恢复到原来飞行姿态的趋势,并不能保证其在整个横侧稳定的运动过程中,最后一定能够恢复到原来的飞行姿态。飞机除了必须具有足够的横侧静态稳定力矩,还必须具有足够的横侧气动力阻尼力矩,空气的黏滞效应使得转动惯性力矩逐渐衰减,慢慢消失,才能够使飞机的横侧摆动振幅逐渐减小,最终恢复至原来的飞行姿态。

(4)横侧动态稳定运动的形态及特征。

飞机受到扰动产生横侧运动后,在自动恢复到原来平衡姿态的整个过程中,依照其外在所表现的主要特性,可以简单分为滚转收敛模式(Rolling convergence model)、螺旋运动模式(Spiral motion model)与荷兰滚模式(Holland rolling model)。

① 滚转收敛模式。在飞机的横侧动态稳定的运动模式中,滚转收敛模式可视为近似单纯的绕飞机纵轴的滚转运动。

a. 运动形式。滚转收敛模式外在表现的形式,如图 16-19 所示。

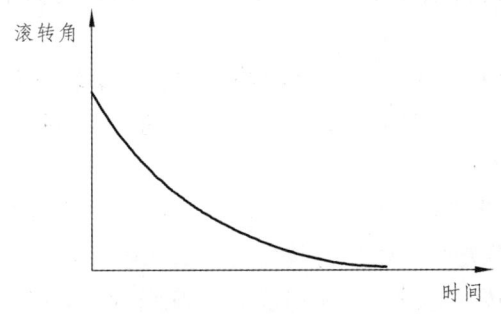

图 16-19 滚转收敛运动模式的外在表现形式

b. 运动特性。在整个运动过程中，飞机的滚转角和滚转速度迅速变化，而侧滑角和偏航角的变化很小，因此可以将其视为单纯的滚转运动。

c. 对飞行的影响。飞机的滚转惯性较小而滚转阻尼力矩较大，正因为飞机的阻尼效应与空气的黏滞效应，扰动引发的滚转运动很快衰减而消失。所以滚转收敛模式可以看成衰减很快的滚转运动，目前飞机的设计都能满足滚转收敛模式的稳定性要求。

② 螺旋运动模式。在飞机的设计中，如果方向静稳定性（偏航静稳定性）过大而横向静稳定性（滚转静稳定性）过小，一旦受到扰动产生横侧运动，当飞机自动恢复到原有飞行姿态时，将会产生螺旋不稳定运动。

a. 运动形式。螺旋运动模式是一种非周期性的、运动参数变化比较缓慢的横向与航向的组合运动模式，此状态下飞机的侧滑角 β 近似为零，偏航角 φ 大于滚转角 Φ，所以螺旋运动模式主要是略带滚转与侧滑角近似为零的偏航运动。如果方向静稳定性（偏航静稳定性）过大而横向静稳定性（滚转静稳定性）过小，一旦受到扰动产生滚转与侧滑，飞机就会产生缓慢地螺旋下降，其外在表现的形式如图 16-20 所示。

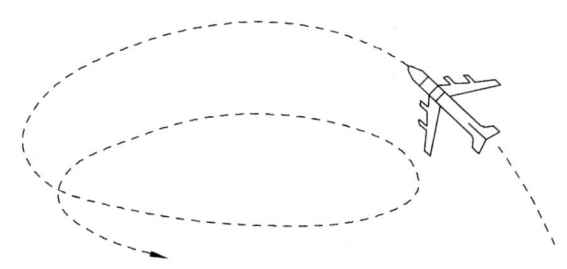

图 16-20 螺旋运动模式的外在表现形式

b. 运动特性。螺旋运动模式中，横向静稳定性（滚转静稳定性）过小，再加上恢复原有航向时产生的交叉滚转力矩，飞机因为扰动所产生的滚转运动不但得不到纠正，反而会继续加大。而且滚转后的升力垂直分量将小于飞机的重力，一旦受到扰动产生滚转与侧滑，飞机的机身就会向一侧偏转倾侧，且机头下沉并不断地对准来流而沿着螺旋线航迹盘旋下降，形成螺旋发散运动。

c. 对飞行的影响。虽然螺旋运动模式受到扰动后所产生的振荡振幅不仅不随着时间的增长而衰减、收敛，反而逐渐增大，呈现螺旋性的发散，好在螺旋运动模式的发展速度比较缓慢，也就是飞机的运动参数变化极慢，飞行员有足够时间进行纠正，所以其对飞行安全并无重大的危害。

③ 荷兰滚模式。在飞机计中，如果横向静稳定性（滚转静稳定性）过大而方向静稳定性（偏航静稳定性）过小，一旦受到扰动产生横侧运动后，飞机在自动恢复到原有飞行姿态时，将产生荷兰滚模式的不稳定。

a. 运动形式。荷兰滚模式是频率较快（周期仅为几秒）的横向与航向的组合振荡运动，其发生的原因在于横向静稳定性（滚转静稳定性）过大而方向静稳定性（偏航静稳定性）过小，一旦受到扰动产生滚转与侧滑，飞机机身就会倾侧，形成机头偏航的飘摆不稳定运动，其外在表现形式如图 16-21 所示。

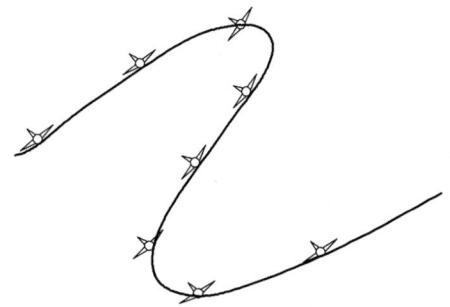

图 16-21　荷兰滚模式的外在表现形式

　　b. 运动特性。由于横向静稳定性（滚转静稳定性）过大而方向静稳定性（偏航静稳定性）过小，一旦受到扰动发生滚转和侧滑时，过大的横向静稳定性（滚转静稳定性）会使滚转很快得到修正，机翼复平。但是方向静稳定性来不及修正偏航，在机翼复平后，方向静稳定性引发的交叉滚转力矩使飞机产生反向滚转，然后过大的横向静稳定性（滚转静稳定性）又在偏航运动来不及修正的情况下使得机翼再次复平。如此反复地运动，飞机进入一方面反复滚转、一方面左右偏航的飘摆不稳定运动状态。

　　c. 对飞行的影响。荷兰滚模式不稳定的危害性在于飞机飘摆的振荡频率高和周期短，而且振幅会逐渐地增大与迅速地左右摇晃。飘摆振荡周期只有几秒，修正飘摆振荡实已超出人的反应能力，且修正过程极易造成推波助澜作用，使得飘摆振荡的振幅与频率加大。飞行员对这种高频率振动很难控制，往往造成飞行的危险，所以在飞机的设计过程中必须避免这种运动现象的发生。

　　（5）横侧动态稳定性的影响因素与改善措施。

　　① 影响因素。横侧动态稳定性的主要影响因素是横向静稳定性（滚转静稳定性）与方向静稳定性（偏航静稳定性）的比例，如果方向静稳定性过大而横向静稳定性过小，一旦受到扰动产生横侧运动，飞机将产生螺旋不稳定运动；如果横向静稳定性过大而方向静稳定性过小，飞机将产生荷兰滚不稳定运动。

　　② 改良考虑的出发点。横向静稳定性（滚转静稳定性）主要由机翼的上反角和后掠角决定，而方向静稳定性（偏航静稳定性）主要由飞机的垂直安定面与后掠角决定。飞机在螺旋运动不稳定运动中的运动参数变化极慢，飞行员有足够时间进行纠正，对飞行安全无重大危害。然而在荷兰滚不稳定运动中飘摆的振荡频率高与周期短，飞行员极难控制，所以改善飞机横侧动态稳定性主要以改良荷兰滚不稳定运动来考虑。

　　③ 改善措施。荷兰滚的发生原因主是因为横向静稳定性（滚转静稳定性）过大而方向静稳定性（偏航静稳定性）过小。横向静稳定性（滚转静稳定性）主要由机翼的上反角和后掠角决定，而方向静稳定性（偏航静稳定性）主要由飞机的垂直安定面与后掠角所决定。后掠角的设计关系到临界马赫数的确定，因此只有改变机翼上反角与垂直安定面。现代大型高速运输机，往往不用上反角以避免横向静稳定性过大，有的飞机甚至使用下反角使横向和航向静稳定性保持在适当的比值。现代大型高速运输机的重力大，垂直安定面保持方向静稳定性（偏航静稳定性）的功能降低，相比之下，飞机的横向静稳定性（滚转静稳定性）会显得过大，因此在高空和低速飞行时为防止荷兰滚飘摆不稳定运动，广泛使用偏航阻尼器（Yawing damper），降低荷兰滚可能造成飞行的危害。

【例 16-8】

试问现代大型高速运输机往往不使用上反角设计，而改用下反角的原因。

【解答】

原因主要在于避免横向静稳定性（滚转静稳定性）过大，所以改用下反角使横向和航向静稳定性保持在适当的比值，以避免荷兰滚不稳定运动可能造成的飞行危害。

16.6 飞机的操纵性

飞机不仅应有自动保持原有平衡状态的稳定性，而且由于执行任务与飞行阶段的不同，必须经常地改变飞行姿态。例如，飞机在起飞、爬升、巡航、下降与着陆等飞行过程中的飞行状态都不相同，这就要求飞机必须具有一定的操纵性。所谓飞机的操纵性（Maneuverability）是指飞机在飞行员操纵与控制下，从一种飞行状态过渡到另一种飞行状态的特性，飞行员的操纵反应过于灵敏或过于迟钝都会给飞行操纵带来安全的隐患。

1．飞机的操纵性与稳定性的关系

飞机操纵性的好坏与稳定性的大小有密切联系，稳定性越大则飞机保持原有飞行状态的能力就越强，要改变原来飞行状态就越不容易，操纵起来也就越费劲。反之，稳定性过小，则飞机的机动性过大，飞行员很难精确控制飞机，飞机也容易因为操纵反应过大而造成失速或结构上的损坏。因此很稳定的飞机，操纵性往往不灵敏；操纵很灵敏的飞机，则往往不太稳定。战斗机的操纵必须灵敏，而民用客机应有较高的稳定性。例如，重心位在空气动力中心之前，有助于飞机的纵轴稳定，所以民用客机非常注意飞机的配重，使重心在空气动力中心之前，以确保飞机的纵轴稳定性。战斗机往往为了机动性，而放弃其稳定性，因此在设计战斗机时，飞机的重心位在空气动力中心之后，以确保其机动性（操纵灵敏性）。在设计飞机时，稳定性与操纵性要综合考虑，才可以获得最佳的飞机性能。

2．飞机操纵性问题的分类与定义

飞机的操纵性，就是指飞机在飞行员的操纵下改变其飞行状态的特性，又称为飞行的可控性（Controllability）。和稳定性一样，飞机的操纵性可以分成纵向操纵性（Longitudinal maneuverability）、横向操纵性（Lateral maneuverability）以及方向操纵性（Directional maneuverability）。

（1）纵向操纵性是指飞机按照飞行员的操纵指令，绕着横轴转动，增大或减少迎角，改变其原来飞行姿态的能力。简单地说，就是飞机在飞行员的操纵下改变其原有俯仰姿态的能力。

（2）横向操纵性是指飞机按照飞行员的操纵指令，绕着纵轴转动，增大或减少滚转角，改变其原来飞行姿态的能力。简单地说，就是指飞机在飞行员操纵下改变其原有滚转姿态的能力。

（3）方向操纵性是指飞机按照飞行员的操纵指令，绕着垂直轴转动，向左或向右偏转，改变其原来飞行航向的能力。简单地说，就是指飞机在飞行员操纵下改变其原有偏航姿态的能力。

易记口诀

纵向操纵会俯仰；横向操纵会滚转；方向操纵会偏航。

16.7 飞机的飞行操纵

飞行操纵是飞行员通过操纵指令调整飞机的操纵面（Control surface）与配平片（Trimming tab）以完成对飞行状态与气动力外形的控制，实现其飞行姿态与航向的改变。在空气动力学中，探讨飞机飞行操纵的问题，重点在于飞行操纵的装置与其制动的原理。

1．飞机的操纵面

通常飞行员操纵飞机的升降舵（Elevator）、方向舵（Rudder）或副翼（Aileron）3个操纵面来实现飞行姿态与航向的改变。其中，升降舵控制飞机的俯仰运动；方向舵控制飞机的偏航运动；副翼控制飞机的滚转运动，操纵面在飞机的位置如图16-22所示。

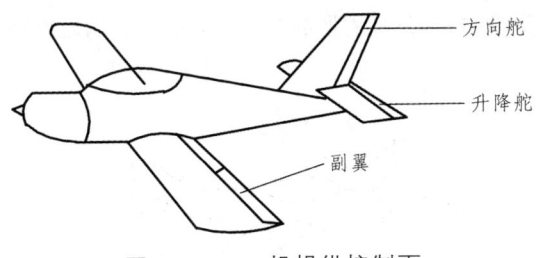

图 16-22 飞机操纵控制面

2．飞机操纵面的制动原理

飞机操纵面的制动原理可通过第3章提及的体积守恒定律与伯努利定律来解释，也就是来流流经弯曲表面，较凸表面的流线较密，所以流管较细，流速较快，压力较小，而另一表面的流线较疏，流管较粗，流速较慢，压力较大，如图16-23所示。

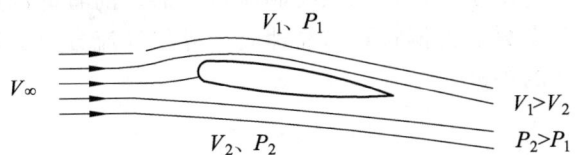

图 16-23 伯努利定理解释飞机操纵制动原理

操纵面的偏转引起的压力差达到飞行控制的效果，具体制动原理叙述如下。

（1）飞机的纵向操纵是飞行员通过操纵指令控制飞机产生俯仰运动，以达到改变其飞行迎角的目的。飞机的升降舵用来控制俯仰运动，使用时机身两边的升降舵必须同时向上或同时向下。如图16-24所示为升降舵控制飞机进行上仰运动的制动原理，升降舵向上偏转，上翼面的速度比下表面的较慢，压力比下表面的大，所以尾端产生向下压的力矩，其效应等于使飞机机头上抬的力矩，飞机的飞行迎角增加。

同理，如果飞机欲执行下俯运动，则升降舵必须向下偏转。

（2）飞机的横向操纵是飞行员通过操纵指令控制飞机产生滚转运动，以达到倾侧的目的。飞机的副翼用来控制滚转运动，使用时机身两边的副翼偏转的方向必须相反。如图 16-25 所示为副翼控制飞机向右滚转的制动原理，当飞机执行向右滚转控制时，右边的副翼必须向上偏转，而左边的副翼必须向下偏转，按照体积守恒定律与伯努利定律，右侧机翼上产生向下压的力，左侧机翼上产生向上举的力，因此产生向右滚转的力矩，带动飞机向右翻转。

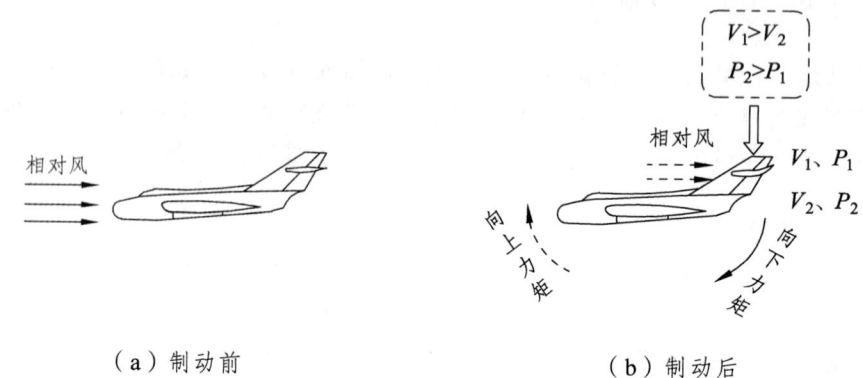

图 16-24　升降舵控制飞机上仰运动的制动原理

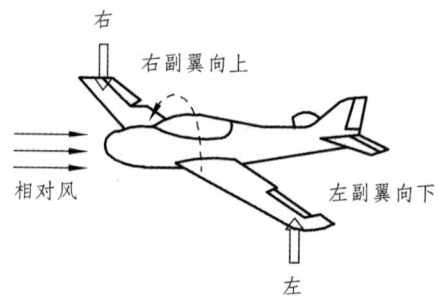

图 16-25　副翼控制飞机右滚运动的制动原理

同理，如果飞机执行向左滚转运动，左边的副翼必须向上偏转，右边副翼则必须向下偏转。飞机在控制滚转时，常使用飞行扰流板与涡流发生器，前者的作用是增加飞机的翻滚力矩，而后者的作用是延缓副翼在大偏转角与高速时边界层气流分离，这两种装置都有助于飞机横向（滚转）操纵效率的提高。

【例 16-9】

试叙述飞机扰流板的功能。

【解答】

扰流板具有辅助执行滚转操纵、让飞机在空中减速以及在飞机着陆后减小升力和增强刹车效果的作用。

航空小常识

民航机追求的是让旅客享受稳定、安全与舒适的航程，如果客机在空中翻转，舱内旅客一定觉得不舒服，所以民航机的副翼多用于提高升力或增加阻力，以减少飞机起飞和降落滑行的距离，使用时，飞机两边的副翼偏转方向必须同向。

（3）飞机的方向操纵是飞行员通过操纵指令控制飞机产生偏航运动，以达到改变飞机飞行航向的目的。方向舵用来控制飞机的偏航运动，如果飞机执行向左偏航运动，方向舵必须向左偏转；反之，如果飞机执行向右偏航运动，方向舵必须向右偏转。如图 16-26 所示为方向舵控制飞机向左偏航的制动原理，方向舵向左偏转，按照体积守恒定律与伯努利定律，方向舵左面的速度比右面的慢，从而导致左面压力比右面的大，因此产生向左偏转的力矩，带动飞机向左偏航。

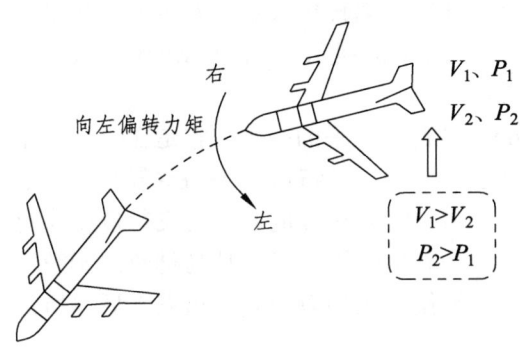

图 16-26　方向舵控制飞机向左偏航的制动原理

同理，如果飞机执行向右偏航运动，方向舵必须向右偏转。

3．飞机配平

飞机的配平片（Trimming tab）是一个有效的辅助操纵装置，这里对配平的意义、作用等进行说明。

（1）配平的意义。

所谓配平就是利用装置对飞机的操纵面，也就是飞机的副翼、升降舵与方向舵进行微调，以达到稳定飞行姿态与航向的功能，这样可以降低飞行员调整或保持希望的飞行姿态所需的力量。大型飞机通常针对飞机的操纵面（副翼、升降舵、方向舵）都设有配平调整片装置，小型飞机往往只配备有升降舵的配平。透过调整配平片的位置，能够使操纵面的舵压达到 0，飞行员感觉不到舵压对手的作用，这就是达到配平关断（Trim off）状态。此时飞行员即使把手从驾驶杆拿开，飞机仍然能够正常稳定飞行。

（2）配平的作用。

配平的作用主要是由配平机构带动飞机的配平片或飞机的操纵面消除不平衡力矩和稳定飞行时驾驶杆的杆力，得以降低飞行员长时间操纵飞机带来的疲劳。配平一般分为人工配平（Manual trim）和自动配平（Auto trim）两种类型。人工配平由飞行员驱动配平机构（Trim mechanism）实现，而自动配平在飞行员不参与的条件下由自动配平系统完成。

（3）配平的必要性。

在大坡度转弯或者频繁地调节油门时，配平机构使飞机达到配平关断状态基本上是不可能的，容易造成飞行的不稳定，也影响其他的基本操作。飞机配平用于巡航状态或者姿态稳定的飞行中，得以降低飞行员的操纵负担。飞机改变飞行姿态进入到另一个稳定状态，例如从爬升到巡航，或者从巡航到下滑等过程之后，都应该再次调整配平，重新达到稳定飞行状态。在飞机接近反效速度时，操纵面的操纵效率已大幅降低，此时调整配平根本不起作用。

（4）配平迎角的定义。

水平安定面是维持飞机纵向静态稳定的装置之一，等速直线飞行时，不同的飞行速度要求不同的迎角，迎角不同则机翼升力的大小与压力中心的位置也就不同，对飞机的重心也就产生大小不同的低头力矩，因此必须通过纵向配平的方式去改变升降舵的偏转角或者水平安定面的配平角，使得水平尾翼产生与之平衡的抬头力矩，以保持飞机的纵向平衡。每个迎角下的等速直线飞行都有一个升降舵的偏转角或水平安定面的配平角，这个迎角就叫作配平迎角（Trim angle of attack），又称为平衡迎角（Equilibrium angle of attack）。

（5）马赫数配平的定义。

马赫数配平（Mach trim）是自动配平的一种，它是在飞行员不参与的条件下由自动配平系统完成的配平方式。跨声速飞行时，马赫数增大和空气动力中心（焦点）后移，飞机自动进入俯冲而易造成飞行危险。为了克服这种危险，当飞行速度超过临界马赫数时，马赫数传感器输出信号给配平计算机。计算机的输出指令是马赫数的函数，它会改变升降舵的偏转角或者水平安定面的配平角，以补偿空气动力中心（焦点）后移所产生的低头力矩，自动平衡纵向力矩。

（6）配平油箱的功用。

配平油箱（Trimming tank）装在飞机尾部，一般安装在水平安定面内。飞行时，燃油管理系统可以根据需要将燃油送进或排出配平油箱，调整飞机重心的位置以减小水平尾翼配平迎角从而达到降低飞行阻力的目的。

16.8 有害偏航力矩

所谓有害偏航是指由于副翼偏转造成飞机两侧机翼之间诱导阻力的差值改变而产生的偏航力矩，其值虽然不大，但是对飞机的横侧操纵（Roll-yaw control）不利，所以称为有害偏航力矩（Harmful yawing moment）。

1. 产生原因

飞机的滚转运动是利用飞机的副翼来控制，两边的副翼偏转的方向必须相反，也就是一侧副翼向上偏转，另一侧副翼则向下偏转。副翼向上偏转时，该侧机翼的升力减少，伴随升力产生的诱导阻力也就随之减小；同理，副翼向下偏转时，该侧机翼的升力增加，诱导阻力也随之增加。副翼偏转时造成两侧诱导阻力改变所引发的偏航效应等同于产生与飞机滚转运动交叉偏航力矩方向相反的偏航力矩。例如，向左滚转时，左侧机翼的副翼是向上偏转的，左侧机翼的升力减小，诱导阻力就随之减小；而右侧机翼的副翼是向下偏转的，右侧机翼的升力增加，诱导阻力就随之增加。两侧机翼诱导阻力改变所引发的偏航效应等同于产生一个向右偏航的力矩，此力矩即为有害偏航力矩。同理，向右滚转时，副翼偏转产生的有害偏航力矩是向左偏航的力矩。从前文"飞机滚转运动所产生的交叉偏航力矩"内容可知，向左滚转所产生的交叉偏航力矩是向左偏航的力矩，而向右滚转所产生的交叉偏航力矩是向右偏航的力矩。这样副翼偏转产生的有害偏航力矩较飞机滚转运动所产生的交叉偏航力矩小且其方向相反，两者相互抵消，使得飞机的横侧操纵效率降低。

2．不利的影响

有害偏航力矩造成飞机的横侧操纵效率（Roll-yaw control efficiency）减少，导致飞机的滚转操纵效率（Roll control efficiency）降低以及对飞机水平转弯操纵（Horizontal turn control）有不利的影响，其原因叙述如下。

（1）造成飞机的滚转操纵效率降低。

飞机向左滚转引发向右的有害偏航力矩，而有害偏航力矩引发的交叉滚转力矩是向右的，与飞机原先向左滚转的力矩相互抵消，减少原先向左滚转的操纵力矩，其向右滚转时也是相同原理。由此可知，有害偏航力矩造成飞机的滚转操纵效率降低。

（2）对飞机水平转弯操纵不利。

飞机向左滚转进入盘旋，主要是利用原先左滚转的操纵力矩引发的交叉偏航力矩使飞机向左偏航，但是两侧机翼之间的诱导阻力差引发了向右的有害偏航力矩，因此原本向左滚转，但操纵力矩产生的交叉偏航力矩与有害偏航力矩相互抵消从而对飞机的盘旋或水平转弯产生不利的影响，飞机向右滚转进入盘旋也是相同原理。由此可推知，有害偏航力矩对飞机的盘旋或水平转弯操纵不利。

3．改善措施

克服有害偏航力矩的方法是使用差动副翼（Differential aileron）与弗来兹副翼（Frise aileron）。

（1）差动副翼的使用原理。

差动副翼，其主要原理是滚转时，向上偏转副翼的上偏角度大于向下偏转副翼的下偏角度，这种副翼使造成诱导阻力减少的一侧机翼产生较大的寄生阻力（压差阻力），以平衡两侧机翼的诱导阻力差值的改变，从而消除有害偏航力矩带来的不利影响。

（2）弗来兹副翼的使用原理。

弗来兹副翼是另外一种可以用来克服有害偏航力矩带来不利影响的副翼，其主要的原理是将副翼的转轴由副翼的前缘向后移，并安排在副翼的下表面。当副翼向下偏转时，即使达到最大偏转角，副翼的前缘也不会露出机翼的上表面，而副翼向上偏转时，即使偏转很小的角度，副翼的前缘也会露出机翼的上表面。此设计使副翼上偏的一侧机翼所增加的寄生阻力大于副翼下偏的另一侧机翼，以平衡两侧机翼的诱导阻力差值的改变，从而消除有害偏航力矩带来的不利影响，其结构如图16-27所示。

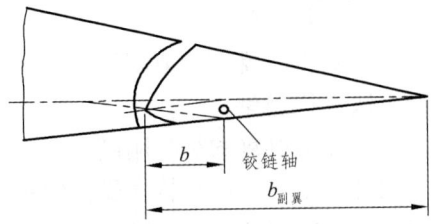

图16-27 弗来兹副翼结构

16.9 副翼反逆

所谓副翼反逆是指飞机在高速飞行时,由于气动力负载而引起的机翼扭转弹性变形过大,使得偏转副翼所引起的总滚转力矩与预期方向相反,甚至可能造成飞行安全的现象。

1. 产生原因

机翼实际上是一个弹性体,而副翼一般又安装在扭转刚度较低的翼尖部位,机翼扭转弹性变形过大,在偏转副翼时使副翼失效或使飞机产生与操纵要求相反的滚转运动。如图 16-28 所示。飞机操纵副翼所产生的滚转力矩,称为操纵力矩,以符号 M_1 表示,因为机翼扭转弹性变形所产生的与滚转力矩方向相反的力矩,称为反操纵力矩,以符号 M_2 表示。当飞行速度较小时,操纵力矩 M_1 大于反操纵力矩 M_2,此时副翼的操纵效率虽然因为机翼的扭转弹性变形而有所降低,但仍然能够对飞机进行正常的横向操纵(滚转操纵)。当飞行速度到达到某一定值时,M_1 等于 M_2,再操纵副翼就不会产生滚转力矩,这种现象叫作副翼失效(Aileron failure),而在副翼失效时所对应的飞行速度称为副翼反逆临界速度(Aileron inverse critical velocity),用符号 $V_{反逆临界}$ 表示。如果飞行速度继续增加,大于副翼反逆临界速度时,M_1 小于 M_2,此时操纵副翼反而造成飞机往预期相反的方向滚转,我们称之为副翼反逆(Aileron inverse)或副翼反操作(Aileron reverse operation)。

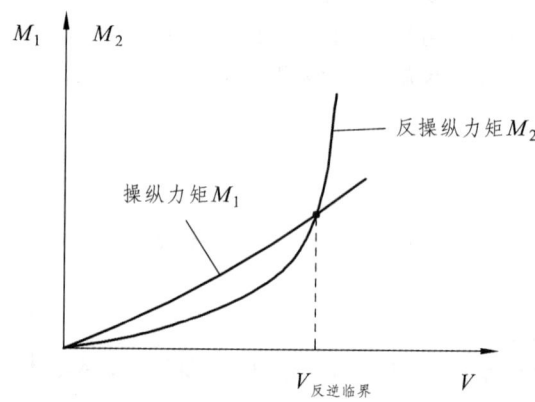

图 16-28 操纵力矩和反操纵力矩与飞行速度的关系

由此可知,飞行速度等于大于副翼反逆临界速度($V \geqslant V_{反逆临界}$)时,副翼失效或副翼反逆现象就会产生。为了确保飞行的安全,飞行速度必须小于副翼反逆临界速度。为了提高飞行速度,必须提高副翼反逆临界速度。

2. 预防措施

为了防止副翼失效或副翼反逆现象的发生,可使用提高机翼的抗扭刚度与采用混合副翼两种方法进行避免。

(1) 提高机翼的抗扭刚度。

刚度是指材料或结构在受力时抵抗弹性变形的能力,而副翼失效与副翼反逆现象是因为高速飞行机翼扭转弹性变形过大所造成的。机翼的抗扭刚度增大能够使飞行速度对机翼所产生的扭转弹性变形降低,因此机翼的抗扭刚度越大,副翼的反逆临界速度也就越高。飞机设计必须提高机翼的抗扭刚度，设计的副翼反逆临界速度要比预期飞机所能达到的最大允许速度还要大，以防止副翼失效与副翼反逆现象发生。在维护保养时，一旦发现机翼蒙皮上的腐蚀损伤、疲劳裂纹以及碰撞产生的外形凹陷，都必须及时维修处理，避免结构与外形的损伤导致机翼抗扭刚度的降低，从而造成副翼反逆临界速度的减小。

（2）采用混合副翼。

在每侧机翼的后缘安排两组副翼：一组安排在靠近机翼翼尖部位，称为外侧副翼（Outboard aileron）；一组安排在接近机翼的翼根部位，称为内侧副翼（Inboard aileron）。两组副翼合称为混合副翼（Hybrid aileron）。低速飞行进行滚转操纵时，可以仅使用外侧副翼或内外侧两组副翼合并使用。而在高速飞行进行滚转操纵时，仅可使用内侧副翼，因为内侧副翼靠近翼根所以机翼扭转的刚度大，不会产生副翼失效或副翼反逆现象，得以保障飞机高速飞行的横向操纵性（滚转操纵性）与飞行安全。由此，内侧副翼又称为高速副翼，外侧副翼又称为低速副翼，其位置如图 16-29 所示。

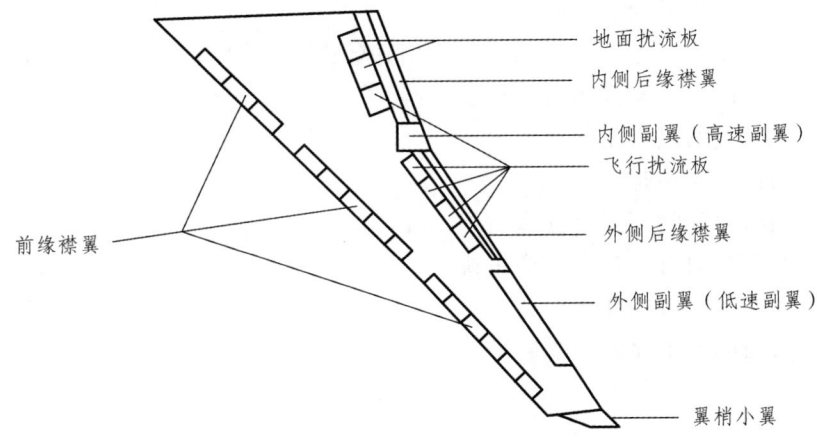

图 16-29　内侧副翼与外侧副翼在机翼上的位置

课后练习

（1）飞机飞行 6 个自由度的定义是什么？
（2）飞机平衡的满足条件是什么？
（3）飞机纵向平衡、横向平衡与方向平衡的定义是什么？
（4）飞机横向平衡满足的条件是什么？
（5）飞机方向平衡满足的条件是什么？
（6）飞机静态稳定性与动态稳定性的定义是什么，并阐述两者的关联性。
（7）飞机纵向平衡、横向平衡与方向平衡的定义是什么？
（8）试举例说明两种保持纵向静态稳定的方法。
（9）试举例说明两种保持横向静态稳定的方法。
（10）试举例说明两种保持方向静态稳定的方法。
（11）试举例飞机在纵向动态稳定的运动过程中所受的力矩类型。
（12）短周期俯仰振荡运动模式的定义是什么？

（13）长周期俯仰振荡运动模式的定义是什么？

（14）侧滑角的定义是什么？

（15）滚转角的定义是什么？

（16）交叉力矩的定义是什么？

（17）交叉偏航力矩的定义是什么？

（18）交叉滚转力矩的定义是什么？

（19）飞机在横侧动态稳定运动过程中滚转收敛模式的定义是什么？

（20）横侧动态稳定性的主要影响因素是什么？

（21）试问现代大型高速运输机往往不使用上反角设计，而改用下反角的原因是什么？

（22）试问现代大型高速运输机广泛使用偏航阻尼器的原因是什么？

（23）飞机操纵性的定义是什么？

（24）飞机的操纵性与稳定性的定义与两者之间的关系是什么？

（25）飞机的主要操纵面有哪些？

（26）飞机的升降舵、方向舵与副翼的功用是什么？

（27）飞机配平的意义与作用是什么？

（28）马赫数配平的定义是什么？

（29）配平油箱的功用是什么？

（30）有害偏航力矩的定义是什么？

（31）有害偏航力矩对飞机飞行产生哪些不利的影响？

（32）副翼反逆的定义是什么？

（33）副翼反逆的发生原因与预防措施是什么？

参考文献

[1] JOHN DAVID ANDERSON. Introduction to flight[M]. New York: McGraw-Hill Higher Education, 2005.
[2] ANDERSON JOHN D JR. Modern compressible flow: with historical perspective[M]. 2nd Edition. New York: McGraw-Hill Book Company, 1990.
[3] 原渭兰. 气体动力学[M]. 北京：科学出版社, 2013.
[4] 王秉良，等. 飞机空气动力学[M]. 北京：清华大学出版社，2013.
[5] 王保国，刘淑艳，黄伟光. 气体动力学[M]. 北京：北京理工大学出版社，2005.
[6] 孔珑. 可压缩流体动力学[M]. 北京：水利电力出版社，1991.
[7] 徐敏. 空气与气体动力学基础[M]. 西安：西北工业大学出版社，2015.
[8] 何庆芝. 航空航天概论[M]. 北京：北京航空航天大学出版社， 1997.
[9] 陈大达. 民航特考——空气动力学重点整理及历年考题详解[M]. 中国台湾：秀威资讯科技出版社，2013.
[10] 夏树仁. 飞行工程概论[M].中国台湾：全华出版社，2009.
[11] FRANK M WHITE. 流体力学[M]. 陈建宏，译. 中国台湾：晓园出版社，1986.
[12] 中村宽治. 飞机的构造与飞行原理（图解版）[M]. 简佩珊，译. 中国台湾：晨星出版社，2011.
[13] 陈大达，王斌武. 工程流体力学基础[M]. 成都：西南交通大学出版社，2020.